비철학자들을 위한 철학 입문

비철학자들을 위한 철학 입문

Initiation à la philosophie pour les non-philosophes

루이 알튀세르 지음

안준범 옮김 | 진태원 해제

현실문화

차례

출판사 Presses Universitaires de France는 프랑수아 보데르 선생과 올리비에 코르페 선생, 현대출판기록물연구소IMEC의 담당자가 이 책의 간행에 협력해주신 데 감사를 표한다.

편집자 G. M. 고슈가리언은 아래 분들께 감사를 표한다. 폴 가라퐁, 크리스틴 가르동, 프랑수아 마트롱, 페터 쉐틀러, 추치엔토, 파비엔느 트레비상, 마리아 블라두레스쿠, 재키 에팽, 상드린 페레, 로리 털러, 알튀세르 연구 학술지 『데칼라주Décalages』 편집위원회, IMEC의 담당자.

일러두기

- 이 책은 Louis Althusser, *Initiation à la philosophie pour les non-philosophes* (Presses Universitaires de France, 2014)를 번역한 것이다.
- 원서의 《 》 표시는 " "로 옮겼다.
- 원서의 기울임체(도서명 외)는 볼드체로 처리했다.
- ( )은 원서의 것이고, 〔 〕는 이 유고집 편집자 G. M. 고슈가리언이 추가한 내용, [ ]는 옮긴이가 원문의 이해를 돕기 위해 보충한 내용이다.
- 원서의 주는 모두 고슈가리언의 것이다.
- 복수의 의미로 번역·해석될 수 있는 용어는 "[/]"를 사용해 그 의미를 밝혀주었으며 필요한 경우 원어를 달았다.
- 외국 인명 표기는 국립국어원에서 펴낸 외래어 표기법을 원칙으로 하되, 국내에서 널리 사용되는 인명은 관행을 따르기도 했다.

서문

기욤 시베르탱-블랑 Guillaume Sibertin-Blanc

G. M. 고슈가리언이 정성껏 원고를 정돈한 덕에 여기서 최초로 공간되는 『입문』에는 많은 이의 시선에 하나의 종합으로 여겨질 것과 알튀세르 저술의 현재성과의 가장 직접적인 공명이 결합되는 적잖은 기이함이 있다. 이 종합에서는, 전반적 서술의 통일성이 종종 예기치 못한 병렬들과, 알튀세르가 ("과학자들의 자생적 철학"에 관한 1967년 강의들[1] 및 『레닌과 철학Lénine et la philosophie』에서부터 『아미앵에서의 주장Soutenance d'Amiens』 및 1976년 그라나다 강연인 「철학의 전화 La transformation de la philosophie」에 이르는) 자신의 연쇄적 전위들을 통

1. 특히 제5강. 알튀세르 생전에는 미간으로 남았던 이 텍스트에서 재차 경이로운 풍요로움을 느끼게 될 것이다. 1966년 10월~1968년 2월 사이의 '연구 노트' 역시 그러하다. L. Althusser, "Du côté de la philosophie(cinquième cours de philosophie pour scientifiques)"(1967), in *Écrits philosophiques et politiques*, t. II, éd. F. Matheron, Paris, Stock-IMEC, 1995, 2e éd. Le Livre de poche, 1997, p. 267-308; "Notes sur la philosophie(1967-1968)", *ibid.*, p. 313-356.

해 시도한 명제들을 배제하지 않는다. 알튀세르 저술의 현재성은 1977~1978년에 "마르크스주의의 **열린** 위기"에 대한 텍스트들에서 진단되며, 이 현재성은 『입문』에 저작의 위상과, 어쩌면 잠재적 동기와, 마침내 **정세적** 근거를 부여한다. 마르크스주의의 정치적이고 이론적인 위기라는 정세. 노동자 운동 및 그 조직들의 위기와 대중적 소수자 사회운동들의 도약이 연동된 정세. 이 사회운동들은 노동자 계급투쟁의 역사적 형태들(당, 노조)의 외부로부터이긴 하지만 여하튼 마르크스주의 이론의 "유한성"을 다시 문제화한다. [알튀세르의] 1978년의 발표문 「오늘의 마르크스주의Le marxisme aujourd'hui」의 마무리 부분을 다시 읽어보면, 『입문』의 출발점에 필적하는 것을 보게 될 터이다. "사실 이론적 문제들은 지식인들의(대학교수들 또는 정치인들, 지도적이든 아니든, '지적'이든 '육체적'(sic)이든) 머리 안에서 좌우되지 않으니, 지식인들은 저 문제들의 돌출도 정립도 개시도 정하지 못한다. (⋯) 마르크스주의는 심층적 변화들의 전야에 있으며, 그 변화들의 최초의 신호들은 가시적이다. 마르크스주의 이론은, 이 이론을 포기하지 않기 위해서, '우리의 선행하는 철학적 의식을 청산해야' 한다던 마르크스의 저 오래된 말을 오늘날 자신의 말로 삼을 수 있으며 삼아야만 한다. 우선적으로는 마르크스의 '철학적 의식'을, 언제나 '선행하는' 그것을 청산하기. 이것이 분명 철학자들과 지식인들과 지도자들만의 사안이 아님을, 당들만의 사안도 아님을 알기에. '모든 사람이 철학자'(그람시)이니. 종국적으로 이것은 전투의 시련을 겪는 인민 대중의 사안이다."[2]

그런데 왜 그 지점에서 하나의 "입문initiation"을 제안하는가? 입문한다 함은 어떤 새로운 요소 안으로 들어섬일 터. [그것이] 행복한 삶의 기술이든, 관능적 실천의 비밀이든, 비의적 앎의 신비이든. 통과 의례를 마친 이들에게만 허용되는 제한된 동아리로 신참들을 들여보내주는 것들. 알튀세르가 자신의 "교과서manuel"—이 용어가 특히 적합한데—라고도 부르는 이 책[『비철학자들을 위한 철학 입문』]은, 역으로, 철학에 대한 하나의 소여 관념이 **존재한다**는 가장 비의적이지 않은 확증으로부터 출발한다. 이 소여 관념은 책의 제목이 고지하는, 교육적 옹립 기획을 즉각 폐지하는 것처럼 보인다. 그런데 이런 성찰이 무효가 아니라면, 이는 이러한 관념 자체가 단순치 않고 이중적이며 모순적이기 때문이다. 알튀세르에게 이와 같은 이중성은 우선, 그가 1968년 이래로 엥겔스와 레닌의 초기 정식화들에서 출발해 부단히 다시 쓰는(『레닌과 철학』, 『혁명의 무기로서의 철학La Philosophie comme arme de la révolution』, …) 그리고 『입문』이 최대치로 작동시키는 테제에 따르면, 철학의 유물론적 경향과 관념론적 경향 간 분할에서 유래한 것이 아니다. 더 심층적으로 이와 같은 이중성은 육체노동과 정신노동의 분할로부터, 사유와 인식의 양식들에서 이 분할이 기대고 있는 위계로부터, 지적 기능의 전문화로부터, 지적 기능이 보유한 앎을 교육받는다고 간주되며 명령을 이행하듯 그렇게 앎을 "실행"하도록 강요당하는 이들 "실천의 사람들"과 저 지적 기능이 맺는 양면 관계인 교육주의와 지배로부터 유래한다. 이러한 분할 안으로 기입되면서, 철학에 대한 소여 관념은 이

2. L. Althusser, "Le marxisme aujourd'hui"(1968), rééd. in *Solitude de Machiavel*, éd. Y. Sintomer, Paris, Puf, coll. "Actuel Marx Confrontation", 1998, p. 308-309.

렇게 두 형태를 취한다. 먼저 "비철학자들의 자생적 철학"이라는 형태. 세계에 대한 실천적이고 지적 태도의 통합. 여기서는 "수동적 행위"의 다소 모순적 형식들 안에서, 돌아가는 세계에 대한 신중하거나 체념적인 수용과 언제나 세계 변형을 가져오는 "합리주의적" 세계 이해가 결합된다. 다음으로는 "직업 철학자들"이 스스로 자신들의 실천에 대해 만들어내는 자생적 관념. 텍스트들의 의미를 찾아 무한한 주해 작업에 전념하는 괴상한 사람들. 가르칠 수 없는 분야로 타고났다고 자처하는 이 분야를 가르치는 일을 전공으로 하는 특이한 교수들. 이 두 자생적 철학 또는 철학에 대한 이 두 소여 관념은 동일한 내용도, 동일한 역사도, 양자를 관통하며 양자 공히 "자생적"이게끔 하는 계급투쟁들의 역사와 맺는 동일한 관계도 갖지 않는다. 하지만 이 둘 사이에는 언제나 이미 관계들의 직물이 촘촘한데, 이는 직업 철학자들이 자신들의 활동에 대해 품는 표상을 비철학자들이 내면화하기 때문은 아닐 터이다. 새로운 "긴 우회"를 수단으로 하여, 알튀세르가 전형적인 철학적 행위의 반열에 올려놓은, 탈중심화, 취해진 거리의 구획, 다시 말해 절단하는 입장 정립인 **테제**에 따라 이 관계들을 느슨하게 풀어주는 것이야말로 『입문』의 임무에 다름 아니라고 생각할 수 있겠다.[3] 1969~1970년간의 원고「생산관계들의 재생산La reproduction des rapports de production」서두에서, 알튀세르는 그람시가 부하린에게 토로했던 그 불만을 그람시 본인에게 되돌려주면서, 철학자들이 자신들의 고유한 활동에 대해 품

---

3. 관념론적 변증법의 관점과는 다른 관점에서 마르크스의 헤겔에 대한 비판적 관계를 다시 사유하기 위한 저 유명한 "스피노자로의 우회": L. Althusser, *Éléments d'autocritique*(1972), rééd. in *Solitude de Machiavel, op. cit.,* p. 181-189.

는 자생적 관점의 중심 측면을 그람시가 간과한다고 비난했다. 비철학자들도 철학자들은 추상들의 세계에 산다고 표상하면서 나름대로 파악하는 바로 그 중심 측면.[4] 다시 말하지만, 모순적 표상이니, 이 동일한 "추상들"이 한쪽["철학자들"]에게는 "보통 사람들"의 사정권 밖에 있는 자신들의 전공 분야의 탁월함을 나타내며 다른 한쪽["비철학자들"]에게는 구름 속에 머리를 파묻고 사는 괴상한 동물들을 비웃으며 "청산"할 기회를 제공하기 때문이다. 추상들에 대한 질문을 정확히 실마리로 삼는 것이야말로 『입문』의 독창성들 중 하나이다.

이 질문의 주요 효과는 "실천의 **우위 아래**서의 이론과 실천의 통일성"이라는 유물변증법의 원리를, 알튀세르가 부단히 자신을 그람시와 구분하려 하게 된다는 점에서 그만큼 더 주목할 만한 [알튀세르와] 그람시와의 애초 친족관계 안에서, **프락시스**의 철학의 편극과 정반대 편극에 종속시키는 데에 있다. 프락시스의 철학은 실천의 우위를 해석학적 원리로 삼고, 가장 사변적인 철학들에 내포된 "구체적" 요소를, 또는 이 철학들의 "역사적 요소"를 구성하는 "실천성$_{praticité}$"—사물들 안에서 사물들의 구체적인 역사적 "핵"(사물들

---

4. A. Gramsci, *Cahiers de prison*, 10e cahier("L'anti-Croce"), § 12; § 13을 보라. 거기서 그람시는 [니콜라이] 부하린이 마르크스주의 사회학에 대한 『대중 교과서』를 "비철학자들의 철학"과 인민이 "철학"에 대해 "자생적으로" 품는 관념을 비판하는 것으로 시작하지 않았다고 비난한다. Cf. L. Althusser, *Sur la reproduction*, Paris, Puf, coll. "Actuel Marx Confrontation", 1995, p. 32.

『입문』에서 실질적 재론 대상이 되는 자신의 "이데올로기적 국가장치들" 이론을 상세히 실험하는 이 원고는, 알튀세르 본인에 의해, **철학이란 무엇인가**라는 권두의 질문과 **마르크스-레닌주의 철학이란 무엇인가**(또는 "과학적 실천 안에서의 그리고 프롤레타리아 계급투쟁 실천 안에서의 혁명적인 철학적 개입"이란 무엇인가)라는 2권에서 재고해야만 했던 질문 사이의 "긴 우회"라고 제시되었음을 상기하자.

의 "실천적 의미")이라고 주어지는 어떤 의미의 "추출"로서의 추상이라는 특정 실천을 이미 전제하는 것을 이 철학들 자체 안에서 다시 포착하는 데에 몰두한다. 이 대목에서 알튀세르는 여전히 관념론의 경험주의적 변주를 볼 것인데, 이러한 변주를 통해 **프락시스**의 철학들 자체의 잠재적 관념론이 누설된다. 역으로, 『입문』은 전투적 철학관을 실천 안에 배치하는데, 이 관점은 적의 입장들을 점령하도록, 그러한 입장들에 의해 즉각 점령되고 분할되는 것을 각오하고 그것들을 "선제적으로" 포위하도록 강제한다. 철학적 장을 무한히 분할하는 유물론과 관념론 사이 경향적 갈등을 연출하기 위해 알튀세르가 의거하는 것은 이론들의 추상들과 대립되는 실천의 구체성이 아니다. 외려 관념론적 경향의 강한 고리에서 끌어낸 아리아드네의 실이 거대한 우회를, 철학에 대한 소여 관념 즉 철학자들이 "관념들"에 지나친 힘을 부여하는 걸 허용하는 소여 관념에서 출발하는 우회를 안내한다. 관념들**의 위에 있는** 지나친 힘을 제 것으로 하지 않고서는, 또는 추상들과 특권적 관계를 유지한다고 가정되는 특정한 관념 "담지자들"을 선택하지 않고서는 이루어질 수 없는 우회. 하지만 저 소여 관념에서의 출발은 추상 "양식들" 또는 "외양들"의 다수성을 펼쳐내기 위함일 따름인데, 이것들은 실천들의 다양성 안에 내포된다. 사회적이고, 기술적이며, 심미적인 실천들, (그전까지 알튀세르가 특권화한 두 "모델"에 따른다면) 생산적이고 정치적인 실천들. 하지만 또한 (앞의 실천들에 못지않게 다음의 두 실천에서 "구체를" 모두 … **추상적 관계들 아래** "전유"한다는 이중적 패러다임을 보는 쪽으로 기우는 명확한 서술 순서에 따른다면) **우선적으로** 언어적 실천과 성적 실천이 있다. 따라서 이 다수성에 대한 분석이 이론과 실천의 통일성의 복수화를 좌우한다. 추상의 미분만큼이나 변이적인 통일성. 이 미분은 매번 추상에 조건이 되지만, 그러면서도 추상을 단순한 (또는 반영적, 또는 표현적, 또는 응용적) 동일성으로 여기지 못하게끔 해준다. 그리하여 이론에 대한 실천의 우위라는 유물론 조항은 단순한 해석학적 원리로 기능하기를 멈춘다. 알튀세르가 채택하는 외관상 유형론적 서술 형식 하에서, 이러한 우위 자체가 **실천들의 토픽**에 종속되는데, 이 토픽에 따라 실천들의 형상들은 불가피하게 이질적인 것들이 되며, 따라서 토픽 자체도 환원할 수 없게 **과잉결정되는 것**이 된다.

그로부터 『입문』은 이중의 사정권 위에서 서술된다. 실천들에 전제가 되고 실천들에 의해 물질화되며 변형되는 추상 체제들에 맞춰 실천들의 이와 같은 토픽을 제시하는 것, 그것은 철학적 실천에 대한 미분적 규정을 겨냥하는 것이다. 따라서 이는 철학적 실천을 다른 실천들 가운데 다시 위치시키는 것이다. 그렇다고 해서 철학적 실천이 다루는 추상들(그 실천의 "범주들")의 종별성에 대한 질문을 앎의 다른 과정들에서 이 추상들이 발휘하는 분화된 효과들의 측정과 분리하지는 않으면서. 기술적, 과학적, 미학적, 분석적, 정치적 과정들인 앎의 다른 과정들, 철학적 노동이 이 과정들의 고유한 추상들을 "착취" 또는 변형하는 것인 그러한 과정들. 역으로 보자면 이는 각각의 실천 안에서 작동하는 추상들의 **내재적 복합성**을 정립하는 것이니, 이론적으로 동질적이라고 가정되는 또는 단일한 어느 추상 체제 안에서 인지될 수 있는 것보다 훨씬 더 많은 사유를 이 실천이 담지한다. 구별되는 체제들의 추상들은 자신들을 생산하는 실천들과는 **다른 실천들** 안에 "기입"되는바, 이로 인해 추상들의 토픽적 기입은 사유와 인식의 사회적 과정들의 복합성을 설명하는 수단이 된다. 이 사회적 과정들은 저 자신들의 조건들과 효과들을 결코 충만하게 제어할 수 없으며, 자신들로서는 결코 저 자신들의 고유한 내재성 환경을 구성하지 못한다. 극단적으로는, 추상 개념은 "구체"와의 경험주의적 또는 실증주의적 대립에서 빠져나와, 사유가 모든 "이론 심급"을 초과함을 의미하게 된다. 그 심급의 담지자들에 대한 규정과 자격 부여가 어떤 것이든 간에. 이를 역으로 말해보자면, "이론적 실천들"과 "비非이론적 실천들"의 구별은 한계─구별이 되는 경향이 있는바, 이는 그러한 구별이 사라진다는 뜻이 아니고, ["그러한 구별이"] 환원할 수 없게 계쟁적으로litigieuse 존속한다는 것을, 그 구별이 앎들의 위계가 정해지고 앎과 앎이 아닌 것의 논쟁적 배분이 정해지는 어떤 몰아가기forçage에 의해서만 획정될 수 있다는 것을 뜻한다.

하지만 이러한 계기, 알튀세르의 **완숙한 반反이론주의** 계기라 부를 수 있을 이 계기는 또한 철학에 대한 **정치적 규정**을 가장 근원적으로 강조하는 계기이기도 하다. 정치를 다른 수단에 의해 지속하는 것 또는 "이론에서의 계급투쟁"(적어도 "최종 심급"에서라는 것이니, 이는 철학이 그것으로 "환원"되지 않으며 그것으로부터 "도출"되지 않는다는 점도 뜻하는 것이다)으로서의 철학이라는 규정. 또한 이 계기에서는 철학적 장을 분할하는 "경향들의 갈등"이 계급 적대들을 "이론" 및 "실천"과 이것들의 관계에 대한 관념론적 규정들과 유물론적 규

16

정들에(그리고 "최종 심급에서는" 이론과 실천 둘 중 어느 하나의 "우위"가 취하는 반反정립적 의미들에) 회통시킨다고 여겨진다. 그래서 쟁점은 철학적 추상들의 종별성을 식별하는 것이 아니라 계급 지배에 본질적인 어떤 지배이데올로기의 통합 임무를 철학적 장에 부여하는 관념론적 추상 작업을 규명하는 것이다. 역으로 보자면, 이는 **유물론이 추상과 맺는 관계**라는 문제를, 또는 철학에서의 "유물론적 경향"의 능력이라는 문제를 불가피하게 제기하는 것이다. 철학의 실천을 변형해, 결국 추상의 힘을 지배와 착취의 기성 질서를 "공고히 하는" 지배적 관념들에 실천들을 예속시키는 힘과는 다른 힘으로 만들어 내는 그러한 능력.

철학이 정치에 절대적으로 봉합된 것으로 보이는 계기에 어떻게 철학과 정치 사이에서 하나의 **차이**를 견지할 것인지를 아는 문제가 이러한 정치적 규정에 수반되었음이 강조될 수 있었다.[5] 또는 알튀세르가 『입문』에서 썼듯이, 철학이 "신학의 시녀"였던 때 이후에도 계속해서 ["철학이"] 지배이데올로기의 시녀인 마당에 어떻게 철학을 "정치의 시녀" 즉 정치적 방향성과 이것을 학적으로 보장하는 노선에 권위를 부여하거나 아니면 체계적 세계관의 사변적 정신 또는 "일관성"이라는 보충을 프롤레타리아 이데올로기에 부가하는 것을 담당하는 시녀와는 다른 것으로 만들어낼 것인지를 아는 문제도. 『입문』은 이 문제에 대한 또 하나의 다른 정식화를 제시하는데, 어떤 의미에서는 더 "추상적인" 이것은 그렇지만 "마르크스주의의 열린 위기"라는 진단과 더 긴밀하게 통한다. 관념론 철학과 유물론 철

5. S. Lazarus(dir.), *Politique et philosophie dans l'oeuvre de Louis Althusser*, Paris, Puf, coll. "Pratiques théoriques", 1993, p. 29-45와 p. 81 이하를 보라.

학을, 또는 이 둘이 결코 단순 대립의 도식 안에 놓이지 않는다는 점을 강조하고자 한다면(그렇다고 이것이 문제를 변화시키는 것은 전혀 아닌데), 적대적 경향들이면서도 언제나 얽혀 있으며 자신들의 불균등한 결합을 통해 "철학"의 장을 분할하는 것들인 관념론과 유물론을 어떻게 하나의 동일한 장치 안에 기입할 것인가라고 정식화되는 문제. "마르크스주의 철학"(변증법적 유물론)에 관한 문제제기로부터 철학의 "마르크스주의적 실천"이라는 문제제기로의 전위가 항상 더 명확하게 부각시킬 이 문제는 유물론을 형식상으로는 동질적일 어떤 다른 경향에 맞서 투쟁하는 하나의 경향 정도로 간주하는 것을 지향한다. 또는 ["이 문제는"] 차라리, 구성적으로 관념론적이고, 계급 지배에 유기적으로 연결되어 있으며, 자신의 조건이자 자신에게 개입해오는 정치적-이데올로기적 투쟁들에 대해 거부하면서 구조적으로 질서를 갖추는 철학적 장의 한복판에 있는 하나의 **아노미**로 유물론을 간주하는 것을 지향한다.

『입문』에서 "철학의 시작"에 대한 플라톤적 무대에 할애된 논지보다 상기 내용을 더 잘 제시하는 것은 전무하다. 알튀세르는 1967년부터 여러 차례에 걸쳐(『과학자들을 위한 철학 강의』 제5강과 "철학에 관한 노트들"에서, 부차적으로는 『레닌과 철학』에서, 주요하게는 재차 『생산관계들의 재생산에 대하여』의 서두에서), "철학적 심급"의 역사 내내 실존 조건들과 동시에 거대 변동의 조건들인 그 심급의 출현 조건들에서 출발해 그 심급을 규정하는 것과 관련되는 모든 문제를 저 무대에 투사했다. 어떤 과학적 "단절"과 계급투쟁의 사회적이고 이데올로기적인 조건들의 어떤 "혁명"의 매번 특이한 어떤 결절과 관련되는 모든 문제를. 이와 같은 정세들 즉 "과학적-정치적 접속들"
이 철학적 심급에 해당하는 임무로 지정하는 것은 과학적 합리성
이 계급 지배의 언어들 안에서 잠재적으로 유발하는 전복들을 축
출 또는 **삭제**하면서도 그 합리성의 변동을 등록한다고 하는 모순
적 임무와, 어떤 이론적-이데올로기적 공간의 비가역적 변형을 이
변형에 대한 부인을 실행하는 그런 지적 구조의 내부에서 사유한다
고 하는(계열적 방식으로: 하나의 "인식 이론") 임무이다. 오로지 이 플
라톤적 무대 위에서만 ― 알튀세르는 이 무대에 관해서, 철학의 역
사적 출현 조건들에 대한 단순한 경험적 관찰이 이 무대와 얼마나
얽혀 있었는지를, 그리고 이는 이 기원적 무대의 반복 이외의 다른
역사를 갖지 않는 어떤 "철학적 무의식"을 각색하는 **환상**의 무대임
을 한 번 이상 제시할 것인데―, 철학에서의 **관념론**이 최종적 분석
에서 귀착되는 것인 이러한 부인이 철학적 심급 자체에 본질적인 것
은 아닌지를, 따라서 관념론 본연의 언술에 구성적인 것은 아닌지
를 묻는 문제가 존속한다.

이와 같은 면에서, 이 무대["플라톤적 무대"]가 말해줄 수 없는 것
만큼이나 말해주는 것에 의해서도 이 무대는 중요하다. 플라톤주의
를 원형으로 하는 철학적 현대화aggiornamento의 "복고적" 개입이 "부
르주아" 모더니티의 정치적-이데올로기적 공간과 대면하게 될 때
이 무대는 그만큼 더 유의미해진다. 반응적이기보다는 공세적인 철
학을 동원하는 공간. 자신이 호도해야 했던 이데올로기적 투쟁의
전복들과의 관계에서 "뒤쳐지기"보다는 어떤 부상하는 계급의 이데
올로기적 투쟁에 복무하는 와중에 준비한 사회정치적 혁명을 "앞서

는" 철학을 동원하는 공간. 이데올로기적 실천과 정치적 실천 그리고 이데올로기적 국가장치들에 관한 장들이 전개되면서— 결국엔 『입문』의 거의 절반이 이 부분에 할애되는데—, 중심적 방식으로 재정립되는 문제는 **헤게모니**의 문제에 다름 아니다. 그런데 헤게모니는 알튀세르에게는 지배의 종별적 양식이 아니라 **부르주아계급에 의해 종별적으로 창안된** 지배 양식을 지칭하는 경향을 보인다. 그리고 이 지배양식을 증언하는 것은 헤게모니의 두 계급적 특이성(또한 헤게모니의 "보편성"의 두 측면이기도 한)이다. 요컨대 부르주아계급의 국가를 비할 데 없을 정도로 완벽하게 하는 것과, 부르주아계급이 경제적으로 그러는 것에 못지않게 정치적으로도 언제나 착취해야 했던 저 피지배계급들의 찬동을 가져다줄 미증유의 수단들을 다듬어내는 것. 이런 맥락에서, 이데올로기적–정치적 투쟁들의 장에 철학을 봉합하는 것은 그 어느 때보다도 더 단단해지며, 저 자신의 고유한 범주들에 입각한 철학의 총체화 노동은 주관적으로도(지배계급 자체의 통합 그리고 피지배계급들의 동의를 얻기 위해 이 계급들의 "가치들"과 "이익들"의 헤게모니화[6]) 객관적으로도("국지적"이고 "권역적"인 이데올로기들의 지배적 통합) 지배이데올로기 형성에 필수불가결한 이데올로기 통합 노동과 엄밀하게 보조를 맞추게 된다. 이로부터 두 테제가 전면에 나온다. 하나의 테제에서는, 이데올로기적 요소가 지배하는 또는 부상하는 계급의 투쟁들과 연관되는데, 이 이데올로기적 요소 안에서 헤게모니의 "이론적 실험실"인 철학은 알튀세르가 "실존하지 않는" 것들이라 부르는 이 특수한 추상들과 언제나 맞춰

---

6. 여기서 다시금 그람시와 매우 가까운 정식화들을 따름. 예컨대 16장에서 재론되는 "지배"와 "지휘"의 변증법에서도 보게 되듯이.

가면서 자신의 범주적 정정들과 창안들을 실행한다. "실존하는 것"
을 사유의 전체 안에서 총체화하는 것은 없음. 원리상 모든 사물에
"사물의 위치와 기원과 기능과 방향"을 할당하는 그런 전체, 자신
이 절대화하는 어떤 기성 질서에 대한 가장 추상적인 정당화와 아
울러 어떤 지배계급이 자신의 미래를 제어한다는 허구를 스스로에
게 보장하기 위한 수단을 다듬어내는 그런 전체, 하지만 자신이 내
포됨과 동시에 배제되는 전체의 포화 상태를 가능케 하는 모종의
실존하지 않는 것(종교 이데올로기에서의 "철학자들의 신", 법-도덕 이데
올로기에서의 "인격" 또는 "인식과 행위의 주체")의 개입이 없는 그런 전
체. 실천들 및 실천들의 추상 체제들의 토픽이 여기서 강화하게 되
는 테제는, 1969년 원고에서 "주요한" 이데올로기들과 "부차적" 이데
올로기들 사이의 구별 아래 제출되었던, 이데올로기들의 환원할 수
없는 다수성에 대한 테제이다. 또는 역으로 말해 이 테제는, 이데
올로기적 국가장치들의 규율적 "의례들"에 모든 실천이 예속된다는
것을 통해, 계급투쟁이 모든 실천으로 연장되는 것에 대한 테제이
다. 이데올로기적 장치에 복종하는 행위자들의 감각과 인식의 통합
을 각각의 이데올로기적 장치가 이미 진행하며, (종교적, 과학적, 법적,
도덕적, 정치적, …) 철학적 추상은 이데올로기들 자체의 과잉-통합
을 어느 특수한 이데올로기의 지배 아래 실행함으로써 개입한다. 필
경 철학은 ("과학이 대상을 갖는다는 의미에서의") **대상**을 갖지 않기에,
철학이 갖는 것은 분명 **질료**이다. 지배계급의 실천들과 투쟁들에 의
해 규정적인 것이 되는 권역적 이데올로기. 철학적 범주들의 종교
이데올로기 안에서의 오래된 노고로부터 근대철학의 법 이데올로

기와의 구성적 관계로의 이행이 ─평면적 대체가 아니라 애매함과 모호함의 노동이 그 한복판에 기입되는 "지배의 전이"임을 알튀세르는 강조하는데─ 예증하는 그것. 이를 증언하는 것은 근대철학이 자신의 주인-기표로 삼는 **주체** 범주와 이 주인-기표의 체계적 연장이 자신의 전제가 되는 근대 사유의 많건 적건 모든 철학소("주체, 대상, 자유, 의지, 소유(들), 재현, 인격, 사물…"[7])뿐만 아니라, 어떤 구성의 요청들에 따라 사유되는 체계라는 관점 자체와, 반증 질문들을 배분하는 철학적 언술 "담지자"라는 표상, 그리고 다시금 "입법자 주체"[8]라는 이론적 실천적 관념이다. 마침내 이 모든 것의 효과인즉슨, 철학을 **국가에**, 그리고 국가의 이데올로기적 장치들에, 따라서 부상하는 계급의 이데올로기적 통합을 위한 투쟁 즉 국가가 자리요 수단이자 효과인 그런 투쟁에 봉인하는 것이다. 그리하여 지배이데올로기의 통일성은 이중적 통합 작업으로서의 **이중적 기입에** 반드시 종속되어야만 하는 것으로 보인다. 국가의 기입이자 국가 안으로의 기입, 철학의 기입이자 철학 안으로의 기입. 이러한 경험적-초월적 이중화의 함의는 국가가 이런저런 방식으로 **철학 자체의 한복판에서** 저 자신이 **재현**되도록 한다는 것. 그래서 **체계**가 철학에는, 또는 들뢰즈가 동일한 계기에서 철학의 "정신론noologie"이라 부르는 것에는 본질적이다. 철학의 특권적 서술 형식일 뿐만 아니라 체계가 앎들의 사회적 과정 안에서 "국가를 재현"함으로써 "철학에서 국가 형식을 재생산"하는 바로 그러한 한에서 철학의 **실존 형식**이기도

7. L. Althusser, *Éléments d'autocritique*, *op. cit.*, p. 171, n. 22.

8. Cf. L. Althusser, *Sur la reproduction*, *op. cit.*, p. 88, (근대적인 법적 공리계들의 체계성에 관해서는) p. 84-96; *Éléments d'autocritique, op. cit.*, p. 171-172, n. 22 참조.

한 체계.

이로부터 『입문』에서는 부단히 난점이 압축된다. 요컨대 알튀세르가 지배계급의 투쟁들과 피지배계급의 투쟁들 사이의 필연적 비대칭을 강조하면 할수록, 관념론 경향이 **철학** 그 자체와 점점 더 동일시되어, 관념론 경향은 철학의 역사와 주요한 연쇄적 형상들을 지배하게 된다. 하지만 또한 점점 더 "철학에서의 프롤레타리아 계급 입장"으로서의 마르크스주의 유물론의 구획은 이 유물론의 절대적 특이성을 강조하는 경향을 갖거나 또는 내가 앞서 아노미적이라고 했던 차원에서 철학적 전장에 나타나는 경향을 갖는다. 알튀세르에게는 이러한 특이성에 대한 정식화가 여럿이다. 그는 결코 합리주의적 정식화를 제거하지 않을 터인데, 이 정식화에 따르면 마르크스주의 철학만이 저 자신의 입장을 그 안에서 정립하는 그러한 역사적 투쟁들의 장을 부인하지 않는 것으로 간주된다—"부인을 단념했던 실천, 자신이 하는 것을 알기에 자신이 존재하는바 그대로에 따라 행하는 실천."[9] 『입문』에서 보게 될 이 특권은, 이 특권의 상관물을 고려한다면, 그만큼 더 의심스럽다. 의심스럽기는 매한가지인 이 상관물은 철학적 관념론을 부르주아에게 고정시키려는 것이다. 저 자신들의 고유한 투쟁들에 대해 무자비하게 무의식적인 부르주아에게. 실존 질서의 객관적 기제들, 맹목적으로 투쟁하기에 더더욱 강력한 한계로 부르주아를 되돌리는 그러한 기제들에 의해 지탱되는 부르주아에게…. 하지만 또 다른 정식화, [합리주의적 정식화와] 상이하긴 하지만 [그것에] 못잖은 리스크가 걸린 정식화가 철학의 "마르

---

9. L. Althusser, *Lénine et la philosophie*,   135.
réed. Solitude de Machiavel, op. cit., p.

크스주의적 실천"을 철학 본연의 구성적인 정치적-이데올로기적 규정들에 맞서는 투쟁으로 간주하는 걸 지향한다. **철학 안에서의 대항-철학적 실천**이라 불러야 할 그런 것으로. 이는 틀림없이 과장하는 것이다. 마찬가지로 애초부터, 『자본을 읽자Lire le Capital』에서부터, "읽기"(많이 논의된 것)와 "쓰기"(논의가 확실히 덜 된 것) 같은 지적 실천의 허위로 자명自明한 행위들에 대한 문제화에서부터 과장이 있었노라고 생각할 수도 있겠다.

재차 여기서 주목되는 것은 역사유물론에 의해 생산된 것으로 여겨지는 "철학적 단절"의 **괴리**décalage 또는 **지체**retard라는 문제이다. 주지하는바, 알튀세르의 시도들은 그 문제에 대한 해석에 부단히 집중되어왔다. 계급투쟁에 대한 유물론적 역사 **과학**과 마르크스주의 **철학** 사이의 논쟁적인 만큼이나 유명한 구별에 비교조적 의미작용을 부여하려는 시도들. 그 구별을 복합적 역사에 내재적인 일련의 난점들의 지표로 삼음으로써. "마르크스주의 이론"(이 이론의 종결될 수 없는 **철학적 지체**의 **내재적 시대착오성**anachronisme으로부터 출발해 과학/철학이라는 이 이론의 이중성을 사유하는)과 노동운동(어떤 절대 지식을 장악한 운동 "노선"에 권위를 인가하는 당-국가 단일체에 의해 운동의 조직적이고 이데올로기적인 분할들을 분쇄하는 것에서 출발해 이 분할들을 문제화하는)과 이 양자의 "역사적 융합"(융합의 위기와 이완에서 출발해 융합의 곤경들을 질문하는, 1977~1978년 개입들에서 알튀세르의 진단의 결절점, 여기서는 정치적이면서도 이론적인 모든 문제가 다시 열려야만 하는 것으로 여겨지는)으로 된 복합적 역사. 더 정확히는, 알튀세르 사유 궤적의 이 지점에서, 변증법적 유물론이 부르고 싶어 했던 이러한 "새로운 철학"이 아니라 "철학의 새로운 실천"이 과연, [그것이] 단순한 말들의 치환과는 다른 것이라면, 무엇을 뜻하는지를 아는 것이야말로 문제이다. 마르크스주의가 의미하는 바가 곧 철학적 전장 안에서 프롤레타리아계급 입장으로서의 저 실천에 대한 요청일 터. 이러한 면에서, 『입문』은 1967~1968부터 정식화된 [알튀세르의] 자기비판을 재론하면서도, 외려 그것을 급진화하니, 그것으로부터 더욱 역설적인 결과들을 빚어낸다 하겠다. 저 시기의 알튀세르는 "마르크스의 철학적 침묵"에 대해 『자본을 읽자』에서 묵시적으로 압도적이었던 해석을 포착해 "나중에 구성된 어떤 마르크스주의 철학(엥겔스, 레닌, 그리고 … 우리)을, 마치 이것이 이미 실천적 상태로 마르크스의 과학적 텍스트에 실존했다고 믿는 척하면서 『자본』이라는 기원적 텍스트에 투사"[10]했노라고 회의한다. 이는 이미 이와 같은 철학이 "구성 가능" 하다는 관념과 그런 철학 중 하나를 정련한다는 자부에 대해 문제제기를 했던 것이며, 이 철학이 **실천적 상태로** 실존한다는 가정을 이 철학이 **자신의 실천적 차이 안에서** 비로소 실존한다는 따라서 자신의 개입의 타율적 조건들(이론적이고 정치적인 이데올로기들 안에서 투쟁의 요청들)로부터, 그리고 이 철학에 "특수한 형식(대항-체계로 제시되는 이데올로기적 형식)"을 처방하는 정세로부터 분리될 수 없다는 테제로 전위시켰던 것이다—조건들, 정세, 개입 형식은 분명히 이 철학의 쟁점과 고유한 효과들을 이루는 것이 상실되지 않는 한 "추출"될 수 없는 것들이다.

10. L. Althusser, "Notes sur la philosophie", *op. cit.*, p. 332-333(note du 15 novembre 1967).

[알튀세르가]『레닌과 철학』이래로 철학적 개입의 실존 형식을 향해 기울였던 이러한 주목은『입문』에서도 재확인될 것이다. 무엇보다도 거기서는, 마르크스주의적-유물론 철학의 무한히 계쟁적인 이 현존 양식에 부여되는 실정성의, 이 실정성이 제아무리 역설적이더라도, 급진화에 주목하게 될 것이다.[11] 계쟁적이라 함은 마르크스의 **과학적** 텍스트들 안에서 그런 것이 아니라 분리된 두 양태에서 그런 것이니, 공산주의 지도자들의 정치적 저작(그들의 정치적 **저술**들로만 동일시될 수는 없는) 안에서, 그리고 명시적으로 철학적 저술들의 **주변** 지점에서 그런 것이다. 그런데 저 명시적으로 철학적인 저술들의 **희귀함** 자체와 (확실히 "포이어바흐에 관한 테제"의 단편적 형식을 필두로 한) 단편적 형식은 이제 능동적 **거부**라는 의미를 띤다. 체계의 부재가 누설하는 것은 어떤 "지체" 또는 잠재적 마르크스주의 철학의 흔적인 "징후적" 결핍이 아니다. 현실을 절대적으로 제어한다는 관념론적 환상을 키우는 허구적 자율성을 이 철학에 부여하는 것으로 귀착될 그런 고유한 서술 형식 안에서 이 철학을 명시적으로 끌어내야만 했을 것이다. 스탈린의『변증법적 유물론과 사적 유물론』이 여기서 하나의 "일탈적 예외"로 나타난다고 하더라도, 알튀세르 자신이 암시하는바, 그는 이미 엥겔스에게 현존하던 주장을 끝까지 밀어붙였을 따름이다. "변증법의 법칙들"과 "유물론의 법칙들"에 대한 인식의 경계를 긋는다는 바로 이 주장에 대한 탈구축이 정확히『입문』에서 완수될 것이다. 체계에 대한 거부가 당장엔 철학적 개입의 정립적이고, 분할적인 따라서 반정립적인, 이러한 특성의

---

11. 이보다 앞선 그라나다 강연 「마르크스주의의 전화」(1976)를 보라. [「마르크스주의의 전화」는 「철학의 전화」의 오기로 보인다.]

26

엄밀한 이면을 이룬다. 1967~1968년 이후 알튀세르에 의해 강력하게 긍정된 이 특성은 이제 저 모든 것에 대한 적대를 압축한다. 국가에 대한, 이데올로기적 헤게모니화에 대한, 철학 자체에 대한, 그리고 아마도 궁극적으로는, **장치**라는 저 자신의 정치적 물질성 안에 있는 조직화에 필수적 이데올로기에 대한 [적대].[12]

어떤 의미에서 명확한 것은 테제/체계의 이 대립이, 스스로를 선포하는 것에 의해 부단히 연기되는 "철학의 이 새로운 실천의 미래"를 향한 어떤 전방 탈주만을 나타낸다는 점이다. 철학의 실존 형식, **철학적으로 필수적이면서도 정치적으로 과잉결정되는** 형식으로서의 체계에 의해 제기되는 문제가 이데올로기적 계급투쟁에 내재적인 어떤 문제와 상관적이라는 점을 논외로 한다면 말이다. 피지배자들의 이데올로기를 어떻게 통합할 것인가, 요컨대 **피지배자들의 지배 이데올로기**라는 모순적 지평에 위치하면서도, 그렇지만 이런 이데올로기 안으로 지배의 이데올로기를 끌어들이지 않으면서, 또는 프롤레타리아 독재를 통한 해방이라는 공산주의 정식화에 내재하는 비틀림이 집약된 인상적 표현에 따른다면 "지배계급을 그들의 계급 권력 형식들 안에 가두지 않"으면서,[13] 피지배자들의 이데올로기를

---

12. "투쟁의 모든 조직화에서는 투쟁을 위해 그리고 투쟁 안에서 조직의 고유한 통일성을 방어하고 보장하게끔 되어 있는 특유의 이데올로기가 분비된다. (…) 당이 조직화 실천 안에서 통합되고, 극적인 시기에 저 자신의 대의와 장래를 확신하기 위해서는, 저 자신의 이데올로기의 진리에 대해 그리고 저 자신의 이론과 실천의 균열 없는 통일성에 대해 천명된 보장에 필적하는 것이 필요할 것이다. (…) 이데올로기의 이 오인 기능이 당 자체 안에서, 당 지도자들과 투사들 사이의 차이 안에서 '통치자들과 피통치자들' 사이의 분리인 부르주아 국가 구조 자체를 재생산하는 것으로 귀착될 수도 있음을 더는 지각하지 못할 정도로."(L. Althusser, "Le marxisme aujourd'hui", *Solitude de Machiavel*, p. 306). Cf. *Sur la reproduction*, *op. cit.*, p. 263-264.

13. 본문 352쪽.

어떻게 헤게모니화 할 것인가? 대조적으로, 니체 또는 키르케고르의 "철학적 게릴라"를 지나는 길에 상기시키면서, 그들의 철학적 - 이데올로기적 - 국가적 적수에 맞서는 "일반화된 전면전"을 주장하기 위해 대단히 강한 비우호적 입장에 서서 그 게릴라를 해석하면서 『입문』이 특히 의미하는 바는 마르크스주의 자체에서 이 반反체계주의가 지니는 양가성이다. 반체계주의는 대립물의 통일 속에서만, 또는 상쇄 - 경향으로서만 의미를 지닌다. 피지배계급들이 자신들의 사유에 "대중적 이데올로기 형식"을 부여함으로써 자신들의 고유한 통일성을 획득하려 하는 헤게모니 투쟁과 모순적으로 쌍을 이루는 경향. 그리고 따라서, 항상 필연적인 임무이지만 "부르주아 이데올로기와 부르주아 철학의 함정들을 늘 경계하면서 철학을 통합자로서의 철학의 역할에 맞춰 부단히 재개하는 더 정확히 말하자면 **올바르게 조립하는**"[14] ― 함정 중에서도 으뜸은 바로 이 통합자 역할 자체인데… ― 임무와 모순적으로 쌍을 이루는 경향.

이와 같은 모순으로부터, 이 모순을 실천적으로 활성화하는 조건들에 대한 질문을 다시 던져야 할 화급함이 아니라면, 무엇을 도출한단 말인가? 그러니 알튀세르 텍스트의 "거대한 우회"에 자리를 내주기에 앞서, 이 텍스트의 독자들로 하여금 철학에서 아직 실존하지 않는 어떤 실천, 여하튼 작동되었어도 그 어떤 모델이 고정되지 않은 실천, 하물며 철학적 전통의 텍스트들은 그 어떤 방법도 처방하지 않은 실천, 저마다가 당대의 투쟁에서 취하는 입장에 따라 실행해야 할 실천, 그런 실천으로의 이러한 입문의 도정에 스스로 나

---

14. 본문 364쪽.

서게끔 하기에 앞서, 『입문』과 동시대적인, 마르크스주의 위기에 대한 진단을 마지막으로 되돌아봐야 할 것이다. 이 계기에, 알튀세르는 10년 전 중국 문화혁명에 대한 분석을 통해 내놓았던 정식화들을 다시 작업하는 한편으로, 노동운동의 이론가들만이 아니라 이들을 본뜬, 정치 지도자들 역시 "철학적 심급"을 점점 점유하기가 어려워진다고 보는 듯하다. 그는 마르크스 또는 레닌을, 그람시 또는 마오를, 철학적 개입에 대한 전방위적인 정치적 규정의 숱한 현실화로서의, 저 심급의 진정한 "담지자들"로 간주했다. 하지만 아마도 이와 동시에 여기서 되돌아봐야 하는 것은 『입문』의 실마리 자체가 불러일으키는 궁극적 난점이다. 철학의 이 새로운 실천에 종별적 추상 양태가 실존할 수 있는가? 다시 말하자면, 이 실천은 오로지, 자신의 관념론적 적수의 지형 위에서만, 따라서 관념론의 총체화하는 범주들의 구도 안에서만, 그리고 "실존하지 않는 것들"로 관념론의 총체성을 보충하는 것에 의해서만 투쟁하게 되는 것 아닌가? 이론의 여지 없이. 그렇지만 이를 다시 보자면, 실존하지 않는 것의 전혀 다른 실천이 군데군데서 단속적 묘사로 소묘됨을 보게 될 것인데, 이러한 실천이 최종적으로 "우회"의 형식 자체를 좌우한다. (관념론적 총체성들의 주변에 있는) **아무것도 아닌 것**에 대한, (관념론에 의해 실행된 억압들과 부인들에 대응하는) **폐기된 것들**에 대한, (완전한 진리를 보유하며 "모두를 위해 모두를 대신해" 말하는 무한한 진리 언술의 자리를 채운다고 자부하는 관념론의 균열들 안에 있는) 침묵들에 대한, 이런 것들에 대한 반복적 주목을 저 실천의 이질적 경우들에 맞춰 제시하는 것은 당연할 것이다. 『아미앵에서의 주장』에서, 마르크스적인 "전체"를, 이 전체를 구조화하는 현실적 차이들 또는 환원할 수 없는 불균등성들에 의해서만이 아니라 모든 것이 "이러한 전체로 들어갈" 수 없다는 이러한 결과에 의해서도("모든 것이 하부구조 아니면 상부구조인 것이라고는 (…) 말해지지 않는"), 헤겔적 "총체성"에서 분리해내면서, 알튀세르는 지나는 길에 이렇게 지적했다. 『자본』의 주변에서 "사회들과 역사에 대한 마르크스주의 이론은 그것들의 부정비용과 그것들로부터 폐기된 것들에 대한 하나의 완전한 이론을 내포한다"라고, 마치 가치-형태에도 사용가치 코드에도 기입될 방도를 찾지 못하는 특정한 "잔여들"이 생산과정으로부터 떨어져 내리듯이 그렇다고.[15] 그런데 『입문』의 도처에서 이러한 관심, 알튀세르가 유물론 철학자에 대한 초상의 중핵에 둔 관심, "아무짝에도 쓸모없는" 것에 관한 관심, 그리고, 목적론에 대한 스피노자적 비판 너머에서, 그 어떤 "유용성"에 의해서도 구제되지 못하는 경험들과, 그 어떤 "의미"에 의해서도 구원되지 못하는 사건들과, 그 어떤 것에 의해서도 회복되지 못하는 고통들과, 부단히 부활하는 불안들과, 비가역적 상실들 또는 "되돌릴 수 없는 **실패들**"[16]에 관한 관심, 바로 이러한 관심이 울려 퍼진다. "보충"에 대한, 철학이 사유하고 인식한다고 자처하는 전체를 철학이 가득 채울 수 있게 해주는 상상적 견고함을 철학에 의해 부여받는 이 실존하지 않는 것들에 대한, 관념론적 작업의 전도된 형상? 알튀세르가 역설하는바, 여전히 관념론 자체는, 모종의 잔여적 또는 초과적 요소를 다른 식으로 거부하지 않고서는, 이 특별한 추상들에 "철학적 실존"을 제공할 수

---

15. L. Althusser, *Soutenance d'Amiens* (1975), in *Solitude de Machiavel, op. cit.*, p. 214.

16. 본문 71쪽.

없다. 관념론에서 그 요소 자체는 실존하지 않는 것으로 취급되어 억압되거나 또는 부인되며 심지어는 권리 상실에 처한다.[17] 철학의 역사 자체는 "놀라운 **양**의 **버려지는 철학들** (…) 숱한 이론적 부스러기"[18]에 의해, 그리고 또한 철학에서의 경향들의 갈등 자체로부터 억압된 것들에 의해 점철된다. 『입문』은 **철학의 철학적 역사** 즉 철학의 지배적 역사일 수 있을 따름인 역사가 아니라 **철학의 소수자 역사**인 ["철학의"] 서발턴 역사라는 지평 아래 놓인다(프랑스에서는 푸코와 랑시에르의 작업들과 연관되는).

알튀세르가 마르크스주의를 "유한한 이론"으로 조사하기를 요청하는 계기에, 또한 알튀세르가 다른 이들을 쫓아 "당 외부에서, 심지어 노동운동 외부에서" 투쟁하는 운동들을 마침내 시인하는 이 계기에, 당의 이데올로기적 국가장치로서의 고유한 기능과의 관계에서 당을 "외부화한다"는 임무가 "국가 외부"에서의 계급투쟁이라는 슬로건에서 과장되는 계기에, 그가 아래 내용을 제시하는 것이 우연이겠는가. "지배적인 관념론 철학이(그리고 타자의 압력에 의해 너무나 자주 타자가 제기하는 질문들 안에서만 사유하도록 강제된 피지배적인 유물론 철학마저도) 실존과 역사의 찌꺼기라고, 주목을 받을 자격이 없는 대상들이라고 **무시하고, 거부하고, 검열하고, 포기했던** 이 모든 것의 역사"에 대한 권리. "무엇보다도 **노동**, 그것의 조건들, 착취, 노예, 농노, 프롤레타리아, 공장이라는 지옥에 있는 아동과 여

---

17. 유물론적 경향 자체를 관념론적으로 다루는 것의 두 얼굴이 있다고 하자. 그 경향에 대한 신경증적 억압(과 그 결과로 관념론을 관념론에서 억압된 것의 영원한 회귀에 노출시키는), 아니면 (아리스토크세누스의 말을 문자 그대로 가져온다면, 플라톤 자신의 은밀한 욕망에 맞춰, 데모크리토스의 저술들을 대량 파괴한 것에 대한 편집증적 해석에 따라) 그 경향의 권리를 정신병적으로 상실시키기.

18. 본문 318쪽.

성, 빈민가, 병, 마모"뿐 아니라 "무엇보다도 **몸**, 섹스에서 기인하는 몸의 욕망, 셀 수 없이 많은 권위가 감시했고 여전히 감시하는 남녀의 이 수상적은 부분. 무엇보다도 **여성**, 남성의 이 오래된 소유, 그리고 통제의 모든 시스템에 의해 유년기부터 구획이 정해지는 **아동**. 무엇보다도, 보호시설이라는 '인도적' 감옥으로 갈 운명인 **광기**. 무엇보다도 법이 추적하는 **죄수**, 그리고 추방당한 자, 유죄선고를 받은 자, 고문 받은 자. 무엇보다도 희랍인들이 보기에 **야만인들**, 그리고 우리가 보기에 '거류 외국인들' 또는 '이방인들' 또는 '원주민들'도."[19] 철학적 교리들에 대한 인식이 과연 여기서 나름의 중요성을 온전히 보존하는가는 문제가 되지 않는다. 다만 알튀세르는, 자신이 1968년에 **타자의 독학**에 판돈을 걸었듯이, 노동자 디츠겐을 내세운 마르크스와 엥겔스를 내세우는 레닌의 독학에 판돈을 걸면서도, 이들의 가르침을 행하려 하지는 않는다. 입문한다는 것은, 적어도 —이는 여기서 왕왕 불안함으로 이해될 터인데— "아직 시간이 있다면", 솔선해 시작한다는 것 또는 다시 시작한다는 것을 의미한다. 거의 동일한 계기에 알튀세르가 쓰길 "그런데 그 어느 때보다도 더 대중들이 움직이고 있다. 이를 이해하기 위해서는 그들을 '들어야' 한다." "이는 실존하는 정치를 '확장'한다는 것이 아니라 정치가 태어나고 행해지는 바로 그곳에서 정치를 들을 줄 안다는 것이다. 하나의 중요한 경향이 현실적으로 모습을 드러내 정치를 그것의 부르주아적인 법적 지위로부터 빠져나오도록 한다. 당/노조라는 낡은 구별은 혹독한 시련에 처하고, 전혀 예기치 못한 정치적 이니셔티브

19. 본문 94~95쪽.

들이 당의 외부에서 심지어는 노동운동의 외부에서(생태주의, 여성과 청년의 투쟁, 등등), 확실히 거대한 혼란이지만 그럼에도 풍요로울 수 있는 그런 혼란에서 태어난다."[20] 또한 철학적 실천의 이러한 변형 또는 철학에서의 마르크스주의적 입장의 재창안이라는 이니셔티브는 피지배계급들의 투쟁의 비의적이지 않은 가르침 아래 온전히 견지된다. 이로부터 나오는 것이 『입문』의 서두와 마무리에서 (하지만 또한 "주체 없는 과정의 침묵하는 행위자"인 분석가에 대한 장과 더불어, "안다고 가정된 주체" 모두를 가장 근원적으로 다시 문제시하는 중앙부 장에서도) 발견될, 유물론 철학자에 대한 두 초상의 공명이다. 마무리에 나오는 초상: 투사 철학자. "이론 안에서 싸우는 사람"이지만, 이데올로기적이고 정치적인 계급투쟁의 실천들을 필두로 한 다른 실천들 안에서의 투쟁에 의해서만 비로소 싸움을 배울 수 있는 사람. 서두에 나오는 초상: 이들 사유하는 자들은 "[그들은] 저 자신들이, 점차적으로만, 절제하면서만, 철학자가 될 수 있다는 것을, 그리고 자신들의 철학은 **외부로부터** 오리라는 것을 안다. 그래서 그들은 침묵하고 듣는다."

---

20. L. Althusser, *Solitude de Machiavel,* op. cit., p. 289, p. 308.

편집 노트

G. M. 고슈가리언 G. M. Goshgarian

"내 야심은, 당신도 알다시피, 교과서들을 쓰는 거야"라고 알튀
세르는 [자신의 애인이자 이탈리아 철학자이자 번역가인] 프란카 마도
니아Franca Madonia에게 보낸 1966년 2월 28일 자 편지에서 쓰고 있
다. 그가 1960년대에 완성하지 못했던 두 "교과서"는 두 얇은 단
편으로만 출간되었다. '이론과 실천의 통일'에 관한 장문의 원고 서
문의 발췌가 1966년 4월 『마르크스·레닌주의 연구Cahiers marxistes-
léninistes』 지면에 '역사유물론과 변증법적 유물론Matérialisme historique
et matérialisme dialectique'이라는 제목으로 나온 것이 하나이고, 1970년
에 알튀세르가 이데올로기와 이데올로기적 국가장치들에 관한 자
신의 유명한 논문을 끌어온 원고 「생산관계들의 재생산」의 1장이
된 9쪽짜리 '철학에 대한 잠정 정의définition provisoire de la philosophie'
가 다른 하나다.

『재생산에 대하여Sur la reproduction』의 1장은 2권으로 연장되어야만 했는데, 〈독자에게 전하는 알림〉에 따르면, 1권의 '긴 우회' 이후 '철학에 대한 과학적 정의'를 발전시키려 한 것이 2권이다. 그런데 『재생산에 대하여』의 1권 전체가 출간[1995]된 것은 저자 사후 5년이 지나서였다. 2권에 대해 말하자면, [알튀세르는] 그것을 아예 쓰지도 않았다. 그렇지만 알튀세르는 1970년대 중반에, 말하자면, 실존하지 않는 이 철학 교과서를 **다시** 썼다. 처음엔 1976년에, 아직도 미간 상태인 140쪽가량의 원고 형태로, 나중엔 1~2년 더 뒤에, 저자가 달아놓은 제목 즉 **비철학자들을 위한 철학 입문**이라는 제하에 여기서 우리가 출간하는 텍스트의 형태로.

알튀세르는 1976년 원고—처음 제목은 '철학입문Introduction à la philosophie'이었다가 나중엔 1975년 아미앵에서의 박사학위 구두심사의 반향으로 '철학에서 마르크스주의자가 된다는 것Être marxiste en philosophie'이라는 제목을 단—의 집필을 8월 8일 직전에 마친다. 그날 그는 피에르 마슈레Pierre Macherey에게 원고의 복사본 한 부를 보낸다. 여기에 동봉된 편지에 시사되듯이, 이 텍스트가 자신이 겨냥하는 비전문가 독자에겐 지나치게 까다롭지 않을지 불안했던 알튀세르는 1977년 또는 1978년에 그것의 개작을 결심한다. 사실상, 전부 다 여러 차례 다시 작업하고 손을 대 결국엔 [이전의 원고와] 공통점이 거의 없는 새 '교과서' 초고가 되었다. 알튀세르가 산드라 살로몬Sandra Salomon이라는 친구에게 준 판본으로는 타자본 154쪽 분량인 이 초고에는 그가 1977년 2월 초 마지막으로 손본(이는 [독일 철학자] 페터 쇠틀러와Peter Schöttler의 서신 교환이 증언하는 바인데,

쇠틀러는 1977년 말에 「이데올로기적 국가장치들에 대한 노트」의 독일어 번역본을 출간한다) 것보다 앞선 상태의 「이데올로기적 국가장치들에 대한 노트Note sur les AIE」의 절반 이상이 포함되어 있다. 이미 많이 진척된 이 텍스트에 알튀세르는, 특히, 생산이라는 실천이 아리스토텔레스적 포이에시스 및 프락시스와 맺는 관계에 대한 20쪽 분량을 합친다. 현대출판기록물연구소IMEC, Institut mémoires de l'édition contemporaine에 보존되어 있는 대략 175쪽 분량의 이 타자본(타자본 2)에는 수백 군데 교정과 날짜 추정이 어려운 자필 첨언이 들어 있다. 게다가 알튀세르는 자신의 텍스트 서두 부분(6장 '자연상태라는 신화Le mythe de l'état de nature' 이전 부분)의 새 판본을 집필하며, 그 결과로 타자본 2의 15쪽 분량 서문은, 다른 면에선 물리적으로 완전히 구별되는 원고(역시 현대출판기록물연구소에 보존되어 있는 타자본 1)의 74쪽 분량의 타자로 친 부분으로 대체되고, 이 부분에는 타자본 2에서 끌어온 일부 요소가 합쳐진다. 이 타자본 1에도 [알튀세르의] 200군데 넘는 교정과 자필 첨언이 들어 있다.

알튀세르가 타자수를 위해 작성한 1쪽짜리 지침에는 그가 두 타자본을 정돈하고 싶어 했음이 드러난다. 틀림없이 그는 다른 수정들을 구상했고, 이는 다만 자신의 텍스트 서두를 다시 손질하다 생긴 중언부언들을 삭제하려는 것일 따름일 터. 하지만 그의 문서고에는 그가 자필로 교정한 두 타자본 전체로 대표되는 상태의 텍스트보다 이후의 것은 보관되어 있지 않은 것 같다. 우리는 여기서 저 두 타자본을 필기 부주의와 구두점 오탈자를 교정한 뒤에 출간한다.

알튀세르 저작에 친숙한 이들은 1978년 '교과서'가 '비철학자' 독자를 철학에 입문시키면서도, 동시에 그 저자의 철학에, 특히나, 알튀세르가 1966~1967년의 '반이론주의적' 전환 이후 세공하는 철학에 저 독자를 입문시킨다는 점을 인정할 것이다. 유작 출간 대상인 여러 텍스트(이 중 둘은 아직 미간)의 요소들이 이리하여 『비철학자들을 위한 철학 입문』에서 요약되고 더 나아가서는 공표된다. 특히 다음 텍스트들. 「생산관계들의 재생산」, 「이데올로기적 국가장치들에 관한 노트」, 「과학자들을 위한 철학 5강Cinquième cours de philosophie pour scientifiques」(1967), 「포이어바흐에 관하여Sur Feuerbach」 강의(1967), 「제국주의에 관한 책Livre sur l'Impérialisme」 단편(1973), 「철학의 전화La transformation de la philosophie」(1976년 그라나다 강연), 『검은 소Les Vaches noires』(1976), 『자신의 한계들 안에 있는 마르크스Marx dans ses limites』(1977~1978), 부분적으로는 1994년에 '마주침의 유물론의 은밀한 흐름Le courant souterrain du matérialisme de la rencontre'이라는 제목으로 출간된 1982년 원고.

우리는 알튀세르가 왜 『비철학자들을 위한 철학 입문』 출간을 단념했는지 알지 못한다. 여기서 최초로 공간되는 텍스트가 입증하듯 [원고가] 거의 완성된 상태였는데도 말이다.

비철학자들을 위한 철학 입문

1.

"비철학자들"은 무엇을 말하는가?[1]

이 소책자는 자신을 옳건 그르건 "비철학자"라고 간주하는, 그렇지만 자기 나름의 철학관을 만들고 싶어 하는 모든 독자에게 말을 건다.

"비철학자들"은 무엇을 말하는가?

노동자, 농민, 사무원: "우리야 철학에 대해 아무것도 모르죠. 그건 우리를 위한 게 아니에요. 전문 지식인들을 위한 거지. 너무 어렵지요. 아무도 우리한테 철학에 대해 말해준 적이 없어요. 우린 철학을 하기 전에 학교를 떠나왔으니까."

임원, 공무원, 의사 등등: "그래요, 우린 철학 수업을 들은 적이 있어

1. 이어지는 2개 장은 알튀세르가 1969년에 집필했으나 생전엔 출간하지 않은 채로 놔두었던 텍스트의 첫 장과 비교되어야 한다. L. Althusser, "La reproduction des rapports de production", dans *Sur la reproduction*, éd. J. Bidet, Paris, coll. "Actuel Marx Confrontation", 2ᵉ éd., 2011, avec une préface d'É. Balibar.

요. 하지만 그건 너무 추상적이었죠. 선생님이야 자기 전공을 알고 있었지만, 선생님이 모호했거든요. 우리는 그 수업에서 기억나는 게 없어요. 여하튼 철학을 어디에 써먹겠어요?"

또 다른 이: "실은 철학이 내겐 아주 재미있었어요. 우리 선생님이 매력적이었다는 걸 말해야겠군요. 그 선생님 덕분에 철학을 이해했죠. 하지만, 그 후엔, 생활비를 벌어야만 했어요. 어쩌겠습니까, 하루는 24시간뿐이고, 결국 나는 철학과의 연결이 끊겼어요. 유감입니다."

여러분이 그들 모두에게 "그런데 왜 당신들은 자신을 철학자라고 간주하지 않는 거죠? 당신들 생각엔 철학자라는 이름에 어울리는 사람들은 누군가요?"라고 묻는다면, 그들은 한목소리로 "그야 **철학 교사들**이죠!"라고 답할 것이다.

이것은 전적으로 옳다. 개인적 이유 때문에, 다시 말하자면 자신들의 쾌락이나 실리 때문에 계속해서 철학책 저자들을 읽고 "철학을 하는" 사람들을 제외하면 철학자라는 이름에 어울리는 사람들은 정말로 철학 교사들뿐이다.

이러한 **사실**은 자연스럽게 첫 질문을, 외려 두 가지 질문이라고 해야 할 질문을 제기한다.

1. 실제로, **철학**이 이 지점에서 그것의 **교육**과, 그것을 교육하는 사람들과 결탁되어 있다면, 이는 정녕 우연인가? 아니라고 생각해야만 하는데, 요컨대, 철학-교육이라는 이 결합은 우리네 철학 수업에서 유래하는 것도 아니며 최근에 유래한 것도 아니기 때문이

다. 철학의 기원에서부터, 플라톤은 철학을 교육했고, 아리스토텔레스는 철학을 교육했고……. 만일 철학-교육이라는 이 결합이 우연의 소산이 아니라면, 그것은 어떤 은폐된 필연성을 표현한다. 우리가 시도하려는 것은 그 필연성을 찾아내는 일이다.

2. 더 멀리 나아가보자. 철학은 실제 삶에 큰 도움이 되지 않고 인식도 응용도 생산하지 못하니, **혹은 그렇게 보이니**, 그렇다면 도대체 철학은 무슨 쓸모가 있냐고 물을 수 있겠다. 심지어 다음 같은 이상한 질문도 제기할 수 있다. 혹시 철학은 다른 것에는 전혀 쓸모가 없고 **오로지 자기 자신의 교육에만 쓸모**가 있는 것인가? 만일 철학이 오로지 자기 자신의 교육에만 쓸모가 있는 거라면, 과연 이는 무엇을 의미할 수 있는가? 우리는 이 곤란한 질문에 답해볼 것이다.

여러분은 철학에서의 사태가 어떻게 흘러가는지를 알고 있다. 눈 깜빡할 새에 뜻밖의 놀라운 질문들이 등장하도록 하는 데에는 **철학의 최소한의 양상**(여기서, 철학자들은 거의 전부 철학 교사들이라는 사실)을 숙고하는 것으로 충분하다. 이 질문들은 우리에게 답할 방도가 없다 하더라도 [우리가] 제기해야만 하는 식의 질문들이다. 따라서 거기에 답하려면 우리는 **아주 긴 우회를** 해야만 한다. 그런데 이 우회란 철학 그 자체와 다른 것이 결코 아니다. 독자는 인내 patience를 행해야만 한다. 인내는 철학적 "미덕"이다. 이러한 인내 없이는 철학관을 만들 수 없다.

더 나아가기 위해서, 철학 교사라는 이 사람들에게 신중한 시선을 던져보자. 그들은 여러분과 나처럼 남편이나 아내를 두고 있고, 원했다면 자녀도 두고 있을 것이다. 그들이 먹고, 자고 아프고 죽는 것은 지상에서 가장 흔한 일이다. 그들이 음악과 스포츠를 좋아할 수도 있고, 정치를 할 수도 하지 않을 수도 있다. 동의한다. 그들을 철학자로 만드는 건 그런 일이 아니라는 것에.

그들 철학 교사들을 철학자로 만드는 것, 그것은 그들이 별도의 세계에, 어떤 **닫힌 세계**에 살고 있다는 것이다. 철학사의 위대한 저작들로 구성된 세계. 이 세계는, 필경, 외부를 갖지 않는다. 그들은 플라톤, 데카르트, 칸트, 헤겔, 후설, 하이데거 등등과 함께 살고 있다. 그들은 무엇을 하는가? 내가 말하는 건 물론 최고 철학자들이다. 그들은 위대한 저자들의 저작들을 읽고 다시 읽는데, 그것도 무한히 다시 읽으며, 그 저작들을 저 역사의 이편 끝에서 저편 끝까지 상호 비교하고 구별하니, 이는 그것들을 더 잘 이해하기 위함이다. 정작 경이로운 점은 이것이 **영구적 다시 읽기**라는 것! 수학 또는 물리학 등등의 교사는 수학 또는 물리학의 논고를 결코 영구적으로 다시 읽지는 않을 것이고, 결코 그 교사들은 그것을 이런 식으로 "되새김질"하지 않을 것이다. 그들은 인식을 전달하고 설명 또는 논증 하는데, 이것이 끝이고 전부라서, **되돌아감 따위는 없다**. 그렇지만 철학의 실천은 텍스트들로 끝없이 되돌아가는 것이다. 철학자는 이를 아주 잘 알고 있으며, 더구나 여러분에게 그 이유를 설명하기까지 한다! 철학 저작은 단 한 번의 읽기로는 자신의 의미와 메시지를 내놓지 않기 때문이라고. 철학 저작은 의미가 과적되어 있고, 본성상 그 저작은 고갈될 수 없으며, 말하자면 종결될 수 없는 것이고, 그 저작을 **해석**할 줄 아는 이에게 말해줄 새로움을 항상 갖고 있다고. 철학의 실천은 그저 읽기도 아니며 논증도 아니다. 그것은 해석이요, **심문**이며, **성찰**이다. 그것은 위대한 저작들로 하여금 자신들이 **말하고자 하는 바**를, 또는 **말하고자 할 수 있는 바**를, 자신들이 내포한, 또는 차라리 자신들이 "신호를 보내" 침묵 속에 가리키는, 측량할 수 없는 진리 안에서 말하도록 하려는 것이다.

결론: 외부가 없는 이 세계는 **역사 없는 세계**이다. 역사에 의해 신성시되는 위대한 저작들의 앙상블로 구성된 이 세계는 정작 역사를 갖지 않는다. 증거: 철학자는 칸트의 한 구절을 해석하기 위해 플라톤도 후설만큼이나 내세울 것이니, 마치 플라톤과 칸트 사이에는 스물세 번의 세기가 없고 후설과 칸트 사이에는 150여 년이 없다는 듯이, 이전과 이후란 별로 중요하지 않다는 듯이 말이다. 철학자에겐 모든 철학이 말하자면 **동시대적**이다. 모든 철학은 공명하며 서로 반응하는데, 궁극적으로 모든 철학은 오직 동일한 질문들을 상대로 반응하기 때문이며, 바로 이 질문들이 철학을 만든다. 이로부터 유명한 테제가 나온다. "철학은 영원하다." 주지하듯, 영구적 다시 읽기가, 끝없는 성찰 노동이 가능하기 위해서는 철학은 무한한 것임과(철학이 "말하는" 것은 고갈되지 않는다) 동시에 영원한 것이어야(각각의 철학 안에는 철학 전부가 맹아로 내포된다) 한다.

이와 같은 것이 철학자들, 철학 교사들이라 말하곤 그들의 실천의 기반이다. 이러한 조건들에서, 여러분이 그들에게 그들이 철학을 **교육한다**라고 말한다면, 조심하라! 왜냐면 그들이 다른 교사들처럼 교육하는 것이 아님은 명확하기 때문인데, 다른 교사들이 자기 학생들에게 전달하는 것은 [학생들이] 습득해야 할 인식들 다시 말해 (잠정적으로) **확정적인** 과학적 결과들이다. 플라톤과 칸트를 잘 이해한 철학 교사에게 **철학이란 교육되는 것이 아니다.**[2] 그렇다면 과연 철학 교사는 무엇을 하는가? 그는 자기 학생들 앞에서 철학의 위대한 텍스트들과 위대한 저자들을 해석함으로써, 자신이 본보기가 되어 학생들의 철학함을 도움으로써 요컨대 학생들에게 **철학함-의-욕망**을(필로-소피아라는 희랍어 단어를 대략 이렇게 번역할 수도 있겠다) 고취함으로써 학생들에게 **철학함**을 가르친다. 그리고 그 교사가 저 자신을 유능하다 느낀다면, 그는 어느 정도 더 나아가 **개별적 성찰**에 다시 말해 독창적 철학 개요에 다다를 수 있다. 과연 이것이 철학은 무언가를 생산한다는 생생한 증거인가? 다른 어떤 것이 아닌 바로 철학에서는, 이 모든 것이 닫힌 세계에서 일어난다. 철학자의 이 세계가 닫혀 있다는 점에는 놀라울 게 전혀 없다. 마치 그 세계에서 빠져나오기 위해 그들이 하는 것은 전혀 없는 성싶다. 도리어 그들은 점점 더 저작들의 **내부성** 안으로 침투하는 성싶다. 그들은 자신들을 멀리서 이상한 동물 보듯 바라보는 사람들의 세계와 저 자신들 세계 사이에 거대한 공간을 파는 것 같다……

좋다. 하지만 독자는 앞에서 묘사된 것이 한계상황이라고, 극단적 경향이라고, 이런 것이 물론 실존하나 사태가 언제나 이와 같이 일어나지는 않는다고 말할 것이다. 실제로 독자가 옳다. 앞에서 묘사된 것, 그것은 상대적으로 순수한 형식의 **관념론적 경향**이며 철학의 **관념론적 실천**이다.

그러나 전혀 다르게 철학함을 할 수 있다. 그것의 증거는 역사에

2. Platon, *Lettre VIII*, 341 *c-d*; E. Kant, *Critique de la raison pure*, trad. A. Delamarre et F. Marty, dans E. Kant, *Œuvres philosophiques*, t. I, éd. F. Alquié *et al.*, Paris, Gallimard, coll. "Bibliothèque de la Pléiade", 1980, p. 1388. "어떤 철학도 가르칠 수는 없으며 철학함만을 가르칠 수 있다."

서, 어떤 철학자들이, 말하자면 **유물론자들**이 전혀 다르게 철학함을 했다는 것이고, 또한 어떤 철학 교사들이 그들["유물론자들"]의 모범을 따르고자 했다는 것이다. 그들은 별도의 세계 그러니까 자신의 **내부성**에 닫힌 세계의 일부가 되길 원하지 않는다. 그들은 그런 세계에서 **빠져나와 외부** 세계에 거주한다. 그들이 원하는 것은 (실존하는) 철학 세계와 현실 세계 사이에 풍부한 교류가 확립되는 것이다. 그들에게는, 이것이야말로, 원리적으로, 철학의 기능 자체이다. 관념론자들은 철학이 무엇보다도 **이론적**이라고 생각하는 데 비해, 유물론자들은 철학이 무엇보다도 **실천적**이고, 현실 세계에서 유래하며, 자각하지는 못해도 현실 세계 안에서 구체적 효과들을 생산한다고 생각한다.

유물론 철학자들이, 관념론자들에 대한 자신들의 기본적인 반대에도 불구하고, 말하자면, 여러 논점에 관해 자신들의 적들에게 "동의"할 수 있음에 주목하자. 예컨대 **"철학은 교육되지 않는다"**라는 테제에 관해. 하지만 그들이 이 테제에 [관념론자들과] 동일한 의미를 부여하지는 않는다. 관념론 전통은 철학을 인식보다 위에 올려놓고 각자가 **자기 자신의 내부에서** 철학적 영감을 고취하라고 호소함으로써 이 테제를 옹호한다. 유물론 전통은 철학을 인식보다 위에 올려놓지 않으며, 사람들에게 자신들의 **외부에서**, 실천과 인식과 사회적 투쟁 안에서―하지만 철학 저작들을 무시하지 말고―, 철학함을 가르쳐주는 것을 찾으라고 호소한다. 뉘앙스의 차이, 그 결과들은 무겁다.

관념론이 애지중지하는 또 다른 사례를 들어보자. 철학 저작들의 고갈될 수 없음이라는 특성인데, 이것이 철학을 과학과 분명하게 구별해준다. 유물론은 하나의 철학 저작이 **의미들의 과적 상태에** 있기 때문에 그 저작의 무매개적 문자로, 말하자면 그 저작의 표면으로 환원될 수 없다는 **이러한 사실**을 인정하는 데에 "동의"한다. 외려 유물론은 더 멀리 나아간다. 유물론은, 관념론과 마찬가지로, 의미들의 이와 같은 과적이 철학의 "본성"과 관련됨을 인정한다! 하지만 유물론은 관념론과 전혀 다른 철학관을 가지기에, 철학 저작의 **의미 과적**이 유물론에는 해석의 **무한함**이라는 특성이 아니라 철학적 기능의 극도의 **복합성**을 표현한다. 유물론의 경우, 하나의 철학 저작에 의미가 과적되어 있다면, 이는 그 저작이 철학으로 존속하기 위해서는 다수의 의미작용을 통합해내야 한다는 것이다. 뉘앙스의 차이, 하지만 그 결과들은 무겁다.

마지막 사례를 들어보자. 모든 철학은 동시대적이고 철학은 "영구적이며" 철학은 역사를 갖지 않는다는 저 유명한 관념론 테제. 역설적이긴 해도, 유물론이 단서를 달고 [관념론 테제에] "동의"해줄 수도 있다. 단서를 단다고 한 이유는, 유물론에서는 철학에서 **어떤 역사**가 생산되며 현실의 사건과 갈등과 혁명이 벌어지고 이런 것들이 철학의 "풍경"을 변경한다고 생각하기 때문이다. 하지만 이 단서를 제외하면, 유물론은 철학의 역사가 각각의 철학에서 관념론적 경향에 유물론적 경향을 대립시키는 **동일한 근본 갈등의 반복인** 한에서, "철학은 역사를 갖지 않는다"라고 저 나름의 방식으로 말한다. 뉘앙스의 차이, 하지만 그 결과들은 무겁다.

이 간략한 사례들에서 우리는 철학이 **하나**라 하더라도, 그 한계에서, 철학함의 대립되는 두 방식, **철학의 모순적 두 실천**이 실존한다는 점을 유념할 것이다. [곧] 철학의 **관념론적** 실천과 **유물론적** 실천이라는. 하지만 우리는 또한, 역설적으로, 관념론적 입장들이 유물론적 입장들을 **잠식**하며 그 역도 성립한다는 점을 유념할 것이다. 어떻게 철학이 관념론적 경향과 유물론적 경향이라는 모순적 두 경향에 맡겨지면서도 하나일 수 있다는 것인가? 철학적 적대자들[관념론 철학자들과 유물론 철학자들]이 서로를 잠식하는 것이 보이는데도 과연 어떻게 그들은 공통의 무엇인가를 가질 수 있는가?

다시 한번, 우리는 답을 즉각적으로 줄 수는 없어도 질문들을 제기한다. 거대한 우회Grand Détour가 필요하다. 그러니 인내.

인내이지만, 이는 곧 뜻밖의 선물surprise.

관념론 교사들의 방식과는 "다른 방식의 철학함"이, 철학자를 세계에서 빼내기는커녕 세계 안에 집어넣는 그리하여 그를 모든 사람의 형제가 되게 하는 철학의 실천이 실존한다면—노동자들이 이해하기 어려운 난해한 언어로 진리를 위로부터 사람들에게 가져오기는커녕 **침묵할 줄 알며** 사람들로부터, 그들의 실천과 고통과 투쟁으로부터 **배울 줄 아는** 철학의 실천이 실존한다면, 그럴 때 그 실천은 우리의 출발 지점에 있는 가설을 전복할 수 있다.

실제로 우리는 사회 안에서의 노동 및 위상이 상이한 사람들에게 물었다. 그들 모두가 우리에게 **철학 교사**에 대해 말했다. 이는 정상이다. 철학을 중고등학교에서 가르쳤으니까. 저 자신들의 소박함과 무심함 속에서, 그들은 철학을 철학 교육과 동일시했다. 우리 사회의 기존 제도가 선언하는바, **철학은 철학 교사의 소유**라는 점을 저 나름의 방식으로 다시 말한 것이 아니라면 과연 그들이 무엇을 한 것이겠는가? 사회질서의 이러한 기성사실에 겁먹은, 철학자들의 철학이 난해하다는 인상을 받은 그들은 **철학적 선입관**에 감히 손을 대지 못했다. 육체노동과 정신노동의 분할, 그것의 실천적 결과들, 관념론 철학과 그것의 언어가 [철학의] 입문자들을 지배하는 것, 이와 같은 것들이 그들에게 강한 인상을 주고 그들을 낙담케 한다, 그들은 감히 말하질 못했다. 철학은 철학 교사의 소유가 아니라고. 그들은 (디드로, 레닌, 그람시 같은) 유물론자들과 함께 **"모든 사람이 철학자이다"**라고 감히 말하질 못했다.

관념론 철학자들은 모두를 위해, 그리고 모두를 대신해 말한다. 그들이 저 자신들은 만사에 대한 진리를 쥐고 있다고 생각함은 물론이다! 유물론 철학자들은 이와 달리 침묵한다. 그들은 침묵할 줄 알며, 그리하여 사람들을 듣는다. 그들은 [저 자신들이] 만사에 대한 진리를 쥐고 있다고 생각하지 않는다. 그들은 저 자신들이, 점차적으로만, 절제하면서만 철학자가 될 수 있다는 것을, 그리고 자신들의 철학은 **외부로부터** 오리라는 것을 안다. 그래서 그들은 침묵하고 듣는다.

유물론 철학자들이 듣는 것을 알기 위해, 인민에게는, 철학 교육을 받아본 적이 없고 철학함의 기술 속에서 따라야 할 "선생maître"을 가져본 적이 없는 노동자들에게는 상기하고 거론할 만한 충분히 정밀한 특정 **철학관**이 실존함을 확인하기 위해 군이 멀리 나아가야 할 필요는 없다. 이것이 의미하는 바는, 유물론자들이 주장하듯, "모든 사람이 철학자"라는 것이며, 그 사람이 자기 머리에 가지고 있는 철학은 당연하게도[그렇다는 것이고]! 위대한 철학자들과 교사들의 철학은 정확히 아니라고 하더라도 그렇다는 것이다.

모든 사람에게 "자연스러운" 이 철학은 어떤 것일 수 있는가? 그 대가 주변에 아는 사람들 그러니까 "평범한" 사람들에게 질문해본 다면, 아마도 그들은 겸손해서 답을 피하다가 결국엔 인정하게 될 것이다. "그래, 내겐 내 나름의 철학이 있어"라고. 무엇일까? "사태를 보는" 하나의 방식. 그대가 질문을 진전시켜본다면, 그들은 말할 것 이다. "삶에는 내가 직접 경험해서 잘 아는 사태들이 있어. 예컨대 내가 하는 노동, 내가 교류하는 사람들, 내가 다녀본 고장들, 내가 학교나 책에서 배운 것. 이런 것을 **인식**이라 부르자. 하지만 세계엔 내가 본 적이 없고 알지 못하는 사태들이 많아. 그렇다고 해서 이 런 것이 내가 그 사태들에 대해 특정 **관념**을 갖는 걸 막지는 못해. 이 경우, 나는 **나의 인식들을 상회하는 관념들**을 가져. 예컨대, 세계 의 기원에 관해, 죽음에 관해, 고통에 관해, 정치에 관해, 예술에 관 해, 종교에 관해. 하지만 그 이상의 것이 있지. 이 관념들은 내게, 좌 와 우에서, 분산되어, 무질서하게 왔고, 서로 분리되어 있으며, 총체 를 이루지 못했어. 하지만 점차, 그 이유는 모르겠으나, 이 관념들은 통합되었고, 그리하여 흥미로운 일이 벌어졌어. 내가 나의 인식들을 전부, 혹은 거의 전부, 이와 같은 일반적 관념들 **아래, 그것들의 통일 성 아래** 집결시킨 거야. 그렇게 해서 나는 일종의 철학을, 내가 알지 못하는 사태이든 아는 사태이든 이것들을 총체적으로 파악하는 견 해를 만들었어. 나의 철학, 그건 나의 관념들 아래 통합된 나의 인식들이야." 도대체 이런 철학은 무엇에 쓰는 거냐고 그대가 묻는다면, 그는 "단순해. **내 삶을 이끌어주는 거지.** 내게 북쪽을 지시해주는 나침반 같은 거야. 하지만 당신도 알다시피, 각자는 저마다의 철학을 만들지"라고 답할 것이다.

이것이야말로 평범한 사람이라면 말할 만한 것이다. 하지만 평론가라면 다음과 같은 언급을 부언할 것이다.

각자가 물론 "저마다의 철학"을 만들지만, **경험상으로** 이 철학들 대부분은 서로 닮아 있으며, 어떤 공동의 철학적 토대에 입각한 개별적 변이들일 뿐이고, 이런 토대에서 출발해 사람들이 저마다의 "관념들" 속에서 분할되는 것이라고.

저 평론가는 말할 것이다. 모든 사람에게 "자연스러운" 이와 같은 철학의 공동의 토대에 대한 일종의 관념이 만들어질 수 있다고. 예컨대 누군가에 대해서, 그가 자신에게 가혹한 상처를 준 시련 혹은 고통을 견뎌내는 방식에 따라, 그는 "철학을 통해" 실존의 이면을 기필코 포착한다고들 할 때가 그런 관념이 만들어지는 경우이다. 그게 아니라 삶이 그에게 좋았다면, 그는 자신의 수혜를 남용하지 않을 줄 안다고들 할 때가 그런 [관념이 만들어지는] 경우이다. 후자의 경우에, 그는 좋든 나쁘든 사태들과 절제되고 반성적이며 통제되고 지혜로운 관계를 맺는다. 그러면 그에 대해 "철학자"라고들 한다.

이 "철학"의 토대에서 확인되는 것은 무엇인가? 그람시가 다음처럼 말했을 때 그는 이것을 매우 잘 설명해냈다. 한편으로는 (겪어야만 하는) 사태들의 필연성에 대한 일정한 관념이, 그러니까 일정한 **앎**이 확인된다고. 다른 한편으로는 삶의 시련과 행운 속에서 이 앎을 사용하는 일정한 방식이, 그러니까 일정한 **지혜**가 확인된다고. 요컨대 일정한 **이론적** 태도, 그리고 일정한 **실천적** 태도, 이 둘이 접속된 일정한 지혜. 평범한 사람들의 이러한 "자생적" 철학에서, 철학자들의 철학의 역사를 관통하는 두 대주제가 확인된다. 사물들의 **필연성**과, 세계의 질서에 대한 일정한 관점. 그리고 세계의 흐름에 직면한 인간의 **지혜**에 대한 일정한 관점. 이러한 관념들이 아직 철학적이지 않다고 그 누가 말할 텐가?

그런데 이 관점에서 대단히 인상적인 것, 그것은 이 관점의 모순적이고 역설적인 특성이다. 실은 기본적으로 이 관점이 매우 **"능동적"**이니, 그것은 인간이 자연과 사회의 필연성 앞에서 [자신이] 무언가를 **할 수 있다**고 전제하며, 자아에 대한 심오한 반성과 집중을, 그리고 고통의 극단 또는 행운의 용이함 속에서의 자아에 대한 고도의 제어를 전제한다. 하지만, 실제로는, 이 관점이 예컨대 정치투쟁에 의해 "교육되지" 않고 변형되지 않을 때, 외관상 능동적인 이 태도는 대부분 **수동성**으로의 도피처를 표현한다. 이것은 말하자면, 물론 인간의 능동성이긴 하지만, 심층에서 **수동적이고 순응주의적인** 것일 수 있다. 왜냐면 이러한 "자생적인" 철학적 관점에서는, 일부 관념론 철학자들이 원하듯이 세계 안에서 긍정적으로 행동하는 것도 문제가 아니고, 또는 마르크스가 원하듯이 세계를 "변혁하는" 것도 문제가 아니고, 다만 세계의 과도함 일체를 모면함으로써 세계를 받아들이는 것이 문제이기 때문이다. 바로 이것이 방금 "평범한 사람"의 입에서 가져온 말의 의미들 중 하나이다. 고독 속에서("각자가 자신을 위해") **"각자는 저마다의 철학을 만든다"**라고 한 그 말. 왜? 그를 짓누르는 또는 짓누를 수 있는 세계를 견디기 위해. 사태의 진행을 제어하는 것이 문제라면, 이 진행을 변혁하려 애쓰기보다는 "철학을 통해" ["사태의 진행을"] 감내함으로써 궁지에서 잘 벗어나게 되는 것이다. 요컨대 필연성에 적응하는 것이 문제인데, 이 필연성은 인간의 힘을 상회하며, 이 필연성을 변화시키기 위해 할 수 있는 것이 없는 만큼 그것을 받아들일 방도를 잘 찾아내야 한다. 능동성이긴 하지만 수동적인. 동시에 능동성이긴 하지만 **체념적인**.

여기서 나는 이 논점에 관해 이탈리아의 마르크스주의 철학자 그람시의 사유를 요약하고 있을 뿐이다. 이 전범에 의거해, 그대는 한 명의 유물론 철학자가 어떻게 논지를 전개하는가를 볼 수 있다. 그는 "이야기들을 늘어놓지" 않고, 찬양 언술을 개진하지 않고, "모든 사람이 혁명가" 운운하지 않고, 사람들이 말하도록 하고, 사태를 있는 그대로 말한다. 그렇다. **아직 투쟁으로 깨어나지 못한** 거대한 인민대중 또는 투쟁에 나섰으나 패배를 겪은 사람들에게는 체념의 토대가 있다. 이런 체념은 역사의 저 먼 곳으로부터 오는데, 이 역사는 언제나 계급사회의 역사, 따라서 착취와 억압의 역사였다. 이와 같은 역사에 의해 다듬어진 인민들이 반역에 나서봐야 소용없었다. 반역은 언제나 진압당했기에, 그들은 자신들이 감내했던 **필연성**을 "철학을 통해" 받아들이고 체념할 도리밖에 없었다.

이곳에서 바로 종교가 출현한다.

2.

철학과 종교

실은 받아들여야만 하는 필연성, 그것은 우선 자연의 필연성이다. 이 필연성의 법칙을 "장악할 수 있는 것은 오로지 이 필연성에 복종함으로써이다."(헤겔) 하지만 그것은 또한 무엇보다도 사회질서의 필연성인데, 개인들은 고립된 채로는 이 질서를 바꿀 수 없으며 역시 ["이 질서를"] 받아들여야만 한다. 이로부터 나오는 것이 이러한 "철학"의 일반적인 체념적 태세. "불공정은 언제나 이 땅에 군림해왔고, 부자와 빈자는 언제나 있었으며" 등등. 그런데 이와 같은 체념이 그 추종자들에게서(이들의 관념 안에서) 혹여 반란에 나섰다가 격화할 수도 있을 나쁨을 면하게 해준다 하더라도, 체념이 대중에게 퍼질 때 그것은 역시 기존 질서와 그 폐해들을 심화한다. 지배계급의 기존 질서를. 이 계급은 노동자들을 착취하며, 노동자들이 **체념의 "철학"** 안에서 사태들을 포착하는 데서 막대한 이해관계를 갖는다.

삶에 대한 이와 같은 관점 안에서, "철학으로 포착"해야만 하는 이와 같은 관점 안에서 확인되는 것은 "사태들"의 **필연성**에 대한 인식뿐만 아니라 인간을 지배하는 이 필연성의 **통제할 수 없음**이라는 특성의 표시이다. 어느 순간이든 사고, 파국, 위기, 권력의 난폭한 개입은 일어날 수 있고, 이는 실존을 전복한다. 사람들은 이러한 "우연들" 앞에서 가진 것 없는 상태로 있으며, 이러한 "우연들"은 사람들의 예견하지 못하는 무능력 또는 권력의 변덕을 나타낸다. (자연의, 국가의) 이 권력은 그래서 인간 능력 **저 너머**에 있는 것처럼 나타나며, 거의 초자연적이고 [인간으로선] 그 "결정"을 예측하기 어려운 힘을 부여받은 것처럼 나타난다.

이 권력의 모델 또는 축도가 신이라는 점은 명확하다. 이것이 바로, 이와 같은 층위에서, 비철학자의 관점이 무엇보다도 **종교적** 본성을 갖는 이유이다. 인류사를 아무리 소급해 올라가도 이 전능한 힘의 현존이 확인되며, 이 힘은 인간 개인과 집단의 예견과 반응 능력을 상회한다. 그래서 개인들은 자신들의 실존을 저 자신들 외부에서 결정되는 운명으로, 누가 결정하는지를 자신들은 알지 못하는 것으로 감내하며, 자신들이 그대로 따라야만 하는 이 모든 질서의 저자와 주관자를 **신**이라고 생각한다.

이것이 바로 **체념**이 "평범한" 사람들의 자생적 철학을, 이들이 투쟁 속으로 동원되지 않을 때, 일반적으로 지배하는 이유이다. 이것이 바로 각자가 자기가 처박힌 구석에서 만들어내는 개별적 철학들이 그토록 서로 닮은 이유이다. 각각의 개별적 철학 이면에는 **종교라는 토대**가 존속한다는 것인데, 이 토대는 전혀 개별적이지 않고,

사회적이며, 장구한 인류사의 여전히 살아 있는 유산이다. 역사의 일부 순간들, 종교가 비천한 자들의 **반란**(초기 기독교도[의 반란], 농민전쟁, 카타리파 등등의 여러 종파[의 반란])에 도움이 되었던 그런 순간들을 제외하면, 노동계급의 전투에 참여하고자 하는 일부 기독교인의 작금의 시도들을 제외하면, 역사에서 종교는 대체로 다른 세상에 대한 보상이라는 **"약속"**을 대가로 이 세상의 고난 앞에서 **체념**하는 것과 연계되었다는 것은 잘 확증된 사실이다.

철학이 언제나 실존하지는 않았다고 해도, 종교는 이런저런 형식으로, "원시적"이라 일컫는 초기 공동체 사회에서도, 언제나 실존했다는 것은 잘 확증된 사실이다. 종교가 철학에 선행했고, 철학의 도래는 종교의 소멸을 유발하지 않았다. 그 정반대였으니, 왜냐면 플라톤과 더불어 철학의 역사를 개시했던 관념론 철학과 그 이후의 숱한 다른 철학이 "종교의 딸들"이었다고 말할 수 있기 때문이다. 종교의 이러한 장기 지배의 무엇인가가 공통의 의식 속에 남아 있다. 종교는 [제] 진지를 내주었어도 우리의 세계에서 사라지지 않았다. 철학적 관념론의 장기 지배의 무엇인가도 역시 ["공통의 의식 속에"] 남아 있다. 철학적 관념론이 종교와 너무 잘 연계되어 있어서, 철학은 종교 교리를 보존하며 종교적 근본 질문들을 그만큼의 철학적 질문들로 그 나름의 계산에 의거해 재개한다는 절대적 조건하에서만 종교에서 저 자신을 떼어낼 수 있다. 유일한 차이는 철학이 이 오래된 질문들["종교적 근본 질문들"]을 **새로운 방식으로** 다루었다는 점이다. 하지만 철학은 그 질문들을 "자명한" 것으로 받아들였다.

예컨대,[1] 종교는 질문 중의 질문인 **세계의 기원**에 대한 질문을 제기했다. 왜 아무것도 없지 않고 무엇인가가 있는가? 왜 무가 아니라 존재가 있는가? 왜 세계가 실존하며, 인간들이 실존하는가? 종교는 답했다. 세계는 신에 의해 무로부터 창조되었다고. 신이 그것을 창조했다면, 이는 동식물이 인간의 먹이가 되도록 하고 신의 아이들인 인간들이 말세에 구원을 받도록 하기 위함이라고.

그런데 철학이 질문들의 질문인 세계의 기원에 대한 이 질문을, 세계와 인간과 신에 대한 이 질문을 물려받았다. 철학은 그 질문을 보존해야 할 **의무가** 있었다(그 질문을 비판하는 것은 화형으로 처벌되는 이단이었다). 하지만 철학은 그것["그 질문"]을 종교적 단순성 안에서, 서사의 단순성 또는 일련의 거대한 신화적 이미지의 단순성 안에서 보존하지 않았다. 철학은 그것에 **개념적** 내용을, 추상적이고 합리적인 사유의 내용을 제공했다. 이렇게 해서 복음서의 인격적 신은, 자기 아들을 지상에 보내 마구간에서 태어나게 한 그 신은, 참된 "신자"였던 파스칼의 격분한 절망 속에서, **"철학자들과 과학자들의 신"[2]**이 되었다. 그는 개념들의 체계 안에서 이론적 역할을 하는 매우 추상적인 개념이 되었다. 이미 플라톤은 그가 위계화된 사회적 세계에 질서를 부여할 줄 아는 **선의 이데아**라고 생각했다.[3] 아

---

1. 알튀세르는 후술되는 13개 단락에서 개진된 테제들을 1982년에 작성된 수고에서 발전시킨다. 이 수고의 발췌분이 유작 출판의 대상이 되었다. L. Althusser, "Le courant souterrain du matérialisme de la rencontre", *Écrits philosophiques et politiques*, éd. F. Matheron, Paris, Stock-IMEC, t. I, 1994, p. 539-582. 이 테제들의 개요를 "과학자들을 위한 철학 강의" 중

제1강에서 확인하게 될 터인데, 알튀세르의 이 1967년 강의는 뒤늦게 출간되었다. L. Althusser, *Philosophie et philosophie spontanée des savants(1967)*, Paris, Maspero, coll. "Théorie", 1974, p. 25-26. Cf. p. 86, n. 1.

2. B. Pascal, "Mémorial de Pascal", dans B. Pascal, *Œuvres*, éd. L. Brunschvig, Paris, Hachette, 1991, t. XIII, p. 4.

리스토텔레스는 ["그가"] 세계 안으로 운동을 도입하는 데에 적합한 **제1동력**이라고 생각했다.[4] 데카르트는 ["그가"] 온전히 기계장치로 환원된 세계의 무한히 완벽한 **제1원인**이라고 생각했다.[5] 스피노자는 ["그가"] **무한한 실체**라고, 또는 스스로의 효과들을 산출하는 자연의 전능함이라고 생각했다[6](스피노자적 신은 자연과 동일시되었다는 점으로 인해 이 철학자에게는 무신론[자]이라는 근거 있는 비난이 따랐다). 라이프니츠는 ["그가"] 가능한 세계들 중에서 최상의 것을 계산하는 **무한한 계산기**라고 생각했다.[7]

철학은 이처럼 신의 이름을 바꾸고, 신을 엄밀하게 정의하고, 이와 같은 변경으로부터 이론적 결과들을 끌어냄으로써 사실상 신의 "본성"을 변경시켰고, 그리하여 **종교가 철학에 부과했던 신을 철학 자체의 철학적 목적에 예속**시킨다. 달리 말하자면, ["철학은"] 과학적 발견들과 사회적 전복들에 의해 심원하게 변경된 한 세계에 대한 **책임과 보장**이라는 짐을 바로 이 신에게 지우는 것이다. 철학은 신이 [철학 저] 자신에게 봉사하도록 했으나, 또한 동시에 철학이 신에게 복무하기도 했다. 이처럼 하기 위해서, 아주 오랫동안 관념론 철학은, 약간의 예외들을 제외하면, "사물들의 근원적 기원"(라이프니츠)[8]에 대한

3. Platon, *République*, VII, 517 *b-c*.
4. Aristote, "Métaphysique", XII, 7, 1072 *a*-1072 *b*.
5. R. Descartes, *Réponses aux premières objections*, dans R. Descartes, *Œuvres*, éd. C. Adam et P. Tannery, Paris, Vrin, t. IX, 1ʳᵉ partie, 1982, p. 86 -88.
6. B. Spinoza, *Éthique*, trad. B. Pautrat, Paris, Seuil, 1999, Livre I, Définition VI, p. 15; Livre II, Proposition XXIX, Scolie,

p. 67.
7. G. W. Leibniz, *Essais de théodicée*, éd. J. Brunschwig, Paris, Garnier-Flammarion, 1969, § 8, p. 108; "Dialogues" dans G. W. Leibniz, *Die philosophischen Schriften*, éd. C. Gerhardt, t. VII, Berlin, Weidmann, 1890, p. 190, note. "Cum Deus calculat et cogitationem exercet, fit mundus"("신이 계산하여 자신의 사유를 실행할 때, 세계가 만들어진다").

질문을 저 나름의 방식으로 제기했으며, 이러한 질문의 "신비"를 깨뜨리고, 개념적이고 엄밀한 관점에서 그 신비를 사유하고자 했던바 (…) 마치 이들 질문이 어떤 의미를 가졌다는 듯이.

그런데 **의미를 갖지 않는 질문들이 있다는 것**이 유물론의 성취 중 하나이다. 사물들의 근원적 기원에 대한 질문에서 유물론자들은, 그리고 칸트 자신도[8] 종교에 의해 고무된 하나의 단순한 이론적 사기imposture를, 철학이 순수하고 단순하게 청산해야만 하는 하나의 사기를 보아야만 했다. 거기에 하나의 이미지를 주기 위해 다음과 같이 말해보겠다. "**아무것도 없지 않고 왜 외려 무엇인가가 있는가?**"라는 질문은 "**수많은 강이 흘러드는 바다는 왜 넘치질 않아?**"라는 아이들을 혹하게 하는 질문만큼이나 부조리하다고. "아무것도 없지 않고 왜 외려 무엇인가가 있는가?"라고 질문할 때 알아차리지 못하는 것은 (존재의) "무엇인가"가 없었다면 무에 대한 질문을 제기하는 이도 전혀 없었을 것이라는 점과, 무에 대한 질문은 **존재가 있지 않을 수도 있다**고 ―실은 선택의 여지가 없다!― 믿는 척 가장하는 질문이라는 점이다.

시간이 걸리더라도, 세계의 기원에 대한 이 유명한 질문(하이데거와 같은 현대 철학자들의 철학을 여전히 고취하는 질문)에 관념론과 유물론이 어떻게 대처하는지를 보여주기 위해 명확한 사례 하나를 들

8. G. W. Leibniz, *Sur l'origine radicale des choses*, trad. P.Y. Bourdil, Paris, Hatier, coll. "Profil formation", 1994.

9. E. Kant, *Critique de la raison pure, op. cit.*, p. 1015. "초월적 가상은 (…) 이것이 해명되었다고 하더라도, 초월적 비판 덕에 이것의 헛됨이 명확하게 인지되었다고 하더라도 중단되지 않는다(예컨대, 세계는 시간에 따른 시작을 가져야만 한다는 명제가 제공하는 가상).

어보겠다.

관념론 철학은 말할 것이다. 신이 카오스로부터 즉 **무로부터** 세계를 창조했다고. 신의 세계 창조 명령 이전에 (신 말고는) 아무것도 없었다고. "이전"이라는 한 마디 말이 가공할 문제들을 제기한다는 점, 까닭인즉, 그것이 시간적 선행성을 가리키기 때문이라는 점에 주목하자. 과연 시간은 세계의 창조 이전에 실존했는가? 아니면 외려 시간은 세계의 창조와 더불어 비로소 출현한 것으로, 그것["시간"] 역시 창조되었던 것인가? 그것 역시 창조되었다면, 시간 이전에 시간은 없었으며 신의 영원성 더하기 무가 있었으니, 여기서 신은 **(없음으로부터 출발해)** 순수 창조에 의해 세계를 끌어냈다. 바로 이러한 것이, 선명한 방식으로, 신의 **전능함**을 강조한다(인간들의 세계에서는 없음으로부터 출발해 "창조할" 수는 결코 없으니까. 선행해 실존하는 어떤 질료가 필요한 것). 하지만 신은 강해지면 강해질수록 점점 덜 이해 가능해진다. 자체적 일관성에 따라, 관념론 철학은 신은 "불가해"하며 우리의 모든 인간적 관념 **저 너머**에 있다고 우리가 신에 대해 말한다면 그건 "유비에 의해"서라고 (모든 면에서 우리는 그에 비할 바 안 되니) 말하기에 이른다. 사실상, 신은 무와 함께 홀로 실존함을, 그리고 신은 없음으로부터 세계의 실존을 끌어냄을 이해하도록 하자. 그러니 신은 세계의 절대적 기원일 터이나 다만 불가해하다.

그러면 에피쿠로스의 철학 같은 유물론 철학을 보자. 그것은 세계의 기원(의미를 갖지 않는 질문)이 아니라 세계의 **시작**에 대해 말한다. 그것은 신의 전능함을 개입시켜 세계를 무로부터 끌어내지 않는다. 시작 이전엔 신도 없고 무도 없다. 그럼 무엇이 있는가? 전형적인 유물론 테제에 따르면, **언제나 이미 무엇인가가 언제나 이미 질료가 있으며**, 이는 카오스가 아니라 일정한 법칙에 따르는 질료이다. 이 질료는 무엇인가? 이는 무한한 원자들이요, 분할될 수 없는 입자들로, 중력(법칙)의 효과 아래, 평행을 이뤄, 결코 서로 마주치지 않으면서, 무한한 공백 속으로 떨어지는 것들이다. 로마의 철학자-시인 루크레티우스는 수고가 망실되어버린 에피쿠로스의 철학을 설명했는데, 그는 "사물의 본성에 관하여"라는 제목의 시에서 다음처럼 말한다. 세계의 시작 이전에 원자들이 **"비처럼"** 떨어져 내린다고. 게다가 이는 무한정 지속되었을 것이다. 원자들에 경이로운 고유성이, "편위déclinaison" 즉 원자들이 곧바로 낙하하다 지각되지 않는 방식으로 빗나가는 능력이 부여되지 않았더라면 말이다. 원자들이 서로 **마주치고 결집되기** 위해서는 **최소한의 일탈, "빗나감"**으로도 충분하다. 바로 이러한 것이 세계의 시작이며 세계이다. 기원에는 신도 없고 무도 없으며, 아니 차라리 기원이 아니라 시작이고, 시작을 설명하기 위한 것이 먼저 실존하는 질료인데, 질료의 요소들의 **마주침**(우발적이고 임의적인)에 의해 질료는 세계가 된다. 그리고 이 마주침은, 모든 것을 좌우하는 이 마주침은 우발성과 우연성의 형상이지만 세계의 필연성을 생산한다. 우연성은 신의 개입 없이 오로지 단독으로 필연성을 생산한다는 것.[10] 말하자면 세계는 저 홀로 생산된다는 것. 기원에 대한 관념론적 질문을 시작(또는 사건, 도래)에 대한

---

10. Cf. L. Althusser, *Lire le Capital*, éd. É. Balibar, Paris, Puf, coll. "Quadridge", 1996(1965), p. 46. "인식 생산에 대한 마르크스주의적 이론이" 함의하는 것은 "이성의 목적론 일체를 단념하고, 어떤 결과가 자체 조건들과 맺는 역사적 관계를 표현관계가 아니라 생산관계로 사고해야 한다는 의무이니, 따라서 고전적 범주체계와 어울리지 않아 이들 범주 자체의 대체를 요청하는 말로 나타내자면 우리가 **어떤 결과의 우발성의 필연성**이라 부를 수 있을 그러한 것"이다.

유물론적 질문으로 교체함으로써, **의미를 갖지 않는 질문들이,** 세계의 기원에 대한 질문만이 아니라 거기에 결부된 모든 것—신에 대한, 신의 전능함에 대한, 신의 불가해성에 대한, 시간과 영원에 대한 질문 등등이 **청산된다는 것.**

유사하게, 종교는 **세계의 종말[/목적]**Fin에 대한 질문을 제기했다 (죽음과 내세 그리고 세계의 도착지라는 두 의미에서). 도대체 이 지상에 인간이 왜 있는가? 인간의 도착지는 무엇이며, 그의 실존과 그의 역사의 의미는 무엇이고, 이 역사의 목적성은 무엇인가? 기독교는 원죄, 신의 그리스도로의 현현, 말세에 그리스도의 수난을 통한 인류 구원이라는 교리들로 답했다. 오랫동안, 철학은 이 질문을 이어받아왔고 이어받아야만 했다(그리고 철학이 관념론적이거나 또는 유심론적일 때는 계속해서 이어받고 있다). 하지만 당연히, 철학은 질문의 형식을 요컨대 기독교 서사의 이들 거대한 이미지들을 보존하지는 않았다. 철학은 이 질문을 철학적 개념들 속에서, 가능한 한 엄밀하게 상호 연결된 추상적 통념들 속에서 사유했다. 철학은 자연상태, (자연상태의 아나키의 결과인 전쟁 상태에 의해 유발되는 여러 악으로부터 인간을 지키기 위한) 사회상태로의 불가피한 전락이라는 주제를 다듬어왔고, 역사에서 자유가 종국적으로 승리하는 조건들을 사유해왔다. 여기서도 철학은 질문의 용어들과 대답의 용어들을 **정치적이고 이데올로기적인 투쟁의 쟁점들의 역사적 변이에 따라,** 철학자들의 고유한 입장들에 따라 변형했다. 하지만 철학은 인간 실존의 의미에 대한, 역사의 의미에 대한 질문을 보존해왔는데, 마르크스의 유물론 철학이 에피쿠로스, 마키아벨리, 디드로 등등의 장구한 전통으로부터 영감을 이어받아 저 이론적 사기를 단호하게 고발하기 전까지는 그랬던 것이다.

재차 **의미를 갖지 않는 질문.** 이 질문에 대해 생각해본다면, 인간 실존과 인간 역사에 대해 (마치 전능한 누군가가 그것들에 최종 목표를 이미 부여했다는 듯이) 이처럼 의미를 질문하는 것은 "그런데 도대체 왜 바다에, 사막에, 대로에 비가 내리는가?"[11]라는 [니콜라] 말브랑슈의 순진한 질문만큼이나 부조리하다. 함의: 이 질문은 의미를 갖지 않으니, 바다에는 물이 부족하지 않고, 아무것도 자라지 않는 사구와 대로에서는 물이 필요 없기 때문이다. 그러므로 **이 질문은 아무짝에도 쓸모없다**는 것. 종교적 세계관이 철학적이라 여겨져도 여하튼 **어떤 전능한 유일 존재가 세상의 모든 존재에게 하나의 목표와 기능을 할당했다고** 하고 싶은 그런 종교적 세계관 안에서만 의미를 갖는 놀람. 이에 대한 유물론의 응수. 세계는 "아무짝에도 쓸모없는" 것들로 가득하다는 점을 왜 시인하지 않는가? 더 멀리 나아가보자. 세계도 인간 실존도 인간 역사도 의미를(종말을, 미리 고정된 목표를) 갖지 않는다는 점을 왜 시인하지 않는가? 이는 [사람들을] **의기소침하게 하는** 것일까? 하지만 도대체, 노동에 의해, 인식에 의해, 투쟁에 의해, 세계 안에서 행동할 수 있기 위한, 세계의 흐름을 바꿀 수 있기 위한, 세계에 **의미를 도입할 수 있기** 위한 가장 확실한 조건은 **세계가** (전능한 유일 존재에 의해 미리 확립되고 고정되는, 하나의 순수

---

11. N. Malebranche, *Traité de la nature et de la grâce*, I, § 14, dans N. Malebranche, *Œuvres*, t. II, éd. G. Rodis-Lewis, Paris, Gallimard, coll. "Bibliothèque de la Pléiade", 1992, p. 25 - 26. 또한 같은 저자의 *Entretiens sur la métaphysique, sur la religion, et sur la mort*, IX, §12, Œuvres, t. II, *op. cit.*, p. 843 - 844.

허구인) **의미를 갖지 않음을** 시인하는 것임을 왜 시인하지 않는가?

종교에서 나온 철학이 종교의 질문들을 이어왔다. 이것이 오로지, 종교의 외부에서 사유하는 것이 수 세기 동안 금지되었기 때문에, 신중함 탓이라 믿어서는 아니 될 것이다. 철학자들이 모두(예외들이 있음) "가면 쓰고"[12](데카르트) 나아가는 사람들, 이중적 사유를 즉 "이중적 교리"를 가진 사람들이라 가정해서는 안 된다. 18세기에 이 테제가 철학과 종교의 모순적 관계를 설명하기 위해 너무 널리 퍼져 있었다. 이 테제가 가정했던 것은 "순수이성"이라 여겨졌던 철학의 종별성 덕분에 철학자들은 언제나 진리를 사유했고 보유했지만, 이것을 공적으로 천명하는 것이 금지되었고 이를 어기면 이단재판이나 사형에 처해지므로, ["철학자들은"] **공적으로 사용할** 다른 교리를 꾸몄고, 이 교리에서는 "가면 쓰고" 나아가면서 자신들의 사유를 숨기고 종교권력 또는 정치권력의 박해로부터 ["자신들을"] 지켜냈다는 것이며, 그러면서도 진리의 무엇인가를 전달했다는 것이다.

이와 같은 관념론적 견해는 역사적 진리에 부합하지 않는다. 실제로 우리는 아주 정당하게 생각할 수 있다. 예외를 제외하고(스피노자), 신에 대해 말했던 철학자들은 자신들 시대의 이데올로기적 의무에 굴복했던 것만이 아니라 그들 역시도 자신들이 이름을 바꿔준 이 신을 믿었고, 세계의 기원에 대한 그리고 사물들의 실존의 의미에 대한 종교적 질문들을 믿었다고. 그들은 종교로부터 물려받은 절대적 진리의 이런 문제틀(질문체계) 안에서 사유했다고. 그들에

---

12. R. Descartes, "Cogitationes privatæ", *Œuvres, op. cit.*, t. X, 1986, p. 213. "배우가 안면의 홍조를 보이지 않으려고 가면을 쓰듯이, 이 세상이라는 무대에서 여태껏 관객에 불과했던 내가 가면을 쓰고 무대에 오르련다."

게는 자신들의 사유를 감춰야만 했던 "순수" 철학자로서가 아니라 자신들이 그러했던 바로 그 **확신에 찬 관념론자**로서 자신들의 철학 체계를 "정립하기" 위해, "전체를 사유하기" 위해 이 신이 실제로 필요했다.

철학으로서는 여전히 곤란했던 시대에, **다르게 사유**할 수 있었다는, 전혀 다른 "문제틀" 안에서 사유할 수 있었다는 증거, 그것은 관념론 전통과는 다른 전통의 실존이다. 요컨대 **유물론** 전통, 그것은 종교의 외부에서 사유했을 뿐 아니라 철학적 질문들로 변형된 종교적 질문들 외부에서, 그러니 전혀 다른 "기반" 위에서, 전혀 다른 "문제틀" 안에서 **의미를 갖지 않는 질문들**을 고발하고 거부함으로써 사유했다.

이러한 약간의 언급들은 단 하나의 목표를 갖는다. 철학이 종교와 맺는 관계는, 철학이 언제나 순수이성이고 종교는 비이성이자 사회적 사기일 뿐이라는 견지에서, 단순한 관계가 아니며 "순수한" 관계도 아니라는 점을 제시하는 목표. 이는 종교가 사회적 투쟁의 특정한 조건들 안에서는, 사실을 말하자면 이제껏 아주 드물었던 이 조건들 안에서는 단순한 **체념**과는 다른 것일 수 있기 때문이다. 또한 이는 철학이 **오로지** 종교와 맺는 관계에 의해서만, 종교적 질문들에 의해서만 규정되는 것이 아니라 이들 관계의 이면에서는 고유하게 철학적 **입장 설정들**에 의해서도 규정되기 때문이다. 이런 입장 설정들은 관념론적이든 유물론적이든 또 다른 쟁점들을 가지며, 철학으로 하여금 세계의 기원이라든가 인간 실존과 역사 의미에 대한 질문들을 허용하게끔 혹은 거부하게끔 한다. 이런 입장 설정들은 종교의 실존에 의존하거니와 관념들과 방향성이라는 면에서의 대립들과도 관련되는데, 세계 역사에 작용을 가하는 거대한 사회적, 이데올로기적, 정치적 갈등의 외부에서는 이와 같은 대립들이 설명될 수 없다.

이 모든 게 차차 설명될 것이다.

하지만 철학의 질문들 대부분이 우선은 종교로부터 오는 것이라면, 분명히 질문을 제기해야만 한다. **종교란 과연 무엇일 수 있는가?** 곤란한 질문

종교는, 대부분의 사람들에게, 장구한 인류사에서, 아무 질문도 제기하지 않았고, 종교에는 미스터리한 것이 전혀 없었다. 사실 종교 그 자체는 종교적 의례들을 통해 질문에 응답했던 것이고, 종교는 게다가 간명하게도 사물들의 질서 자체의 일부였으므로, 그것도 논란의 여지가 없는 "자명함"으로. **종교는 거기에 있었고,** 자신의 사제들과 교회들과 신화들과 교리들과 성사들과 관행들로 재현되었다. 종교는 사물들의 진리로서, 이 진리를 말하고, 가르치고, 인간들 사이에서 군림케 하기 위해 거기 있었다. 국가에 의해 수립되고, 인정되고, 뒷받침된 종교. 사물들의 질서란, 이 질서가 찬양될 때는, 언제나 지배계급에 유리하도록 돌아가는 것이므로, 오래전에 내려진 결론인즉 종교란, 청년 마르크스의 정식화에 따라, **"인민의 아편"[13]**일 따름이라는, 피착취자의 반란을 잠재우도록, 그리하여 착취

---

13. K. Marx, "Introduction à la Critique de la philosophie du droit de Hegel", dans K. Marx, *Œuvres*, t. III, éd. M. Rubel, Paris, Gallimard, coll. "Bibliothèque de la Pléiade", 1982, p. 383.

자의 지배 안에서 착취자를 강화하도록 마련된 마약일 따름이라는 것이었다. 그리고 사실상, 종교는 모든 계급사회에서 이러한 계급 이데올로기 역할을 아주 잘 수행했으니, 심지어는 일부 신자가 혁명가들 옆에서 계급투쟁에 끌려들어갈 때조차도.[14]

그렇지만 종교와 같은 어떤 것이 계급사회 훨씬 이전에 "원시" 공동체 사회에도 실존했으며, 거기서는 다른 기능들을 실행했다. 그것은 저 나름의 신화들을 통해, 사회집단이 자신들의 생필품을 어렵게 뽑아냈던 자연에 맞서 벌이는 투쟁에서 이 집단을 **통합하는** 데에 봉사했다. 그것은 또한 **이 집단의 생산 실천들을 규제하는** 데에 봉사했으니, 주술사들 또는 사제들로 하여금 파종과 수확과 어로와 사냥에 좋은 길일을 공표하도록 하며 그리하여 사람들을 **공동의** 노동으로 규합하고 조직하는 것이었다. 이렇게 해서 사제들은 이론적 특성을 갖는 일부 인식을 보유했고, 이에 더해 ["일부 인식을"] 자신들을 위해 보존했으며, 이런 인식들 덕분에 그들의 권력은 다른 사람들 위에 세워졌다.

하지만 이것이 전부는 아니다. 당시 종교의 자리에 있었던 것은 개인들의 삶의 모든 사건을 주재하기도 했다. **출생, 사춘기, 성적이고 사회적인 통과의례, 혼인, 출산, 죽음.** 삶, 섹스, 사회, 죽음, 아마 언어도. [이] 끝없는 순환. 이 사건들이 특별한 의례들로 인가되었다면 그건 우연이 아니다. 이 사건들은 사회집단의 생물학적 **재생산**을 실제로 안정시켰고, 공동체가 여타 공동체와 맺는 관계를, 공동체의

---

14. 1차 초고: "사회주의 국가에서처럼 그것이 '평신도 종교'의 형식을 취할 때라 하더라도."
2차 초고: "그것이 '평신도' 종교의 형식을 취할 때라 하더라도(18세기 진보주의자였던 프리메이슨에 의해 육성된, 이성의 종교)."

쇄신과 동맹을 족외혼 법에 의해 안정시켰다.

종교들이 당시 사회의 통합에서 자신들이 한 지배적 역할을, 그리고 생산의 조직화에서 자신들이 한 역할을 포기했더라도, 우리가 우리 사회에서 알고 있는 대다수의 종교는 실존과 성생활과 죽음에의 통과의례라는 ["자신들의"] 역할을 전혀 포기하지 않았다. 종교들은 언제나 자신들의 의례와 성사로 출생과 결혼과 죽음을 인가하며, 섹슈얼리티로의 경로와 그것의 "정상성"을 "죄"의 고백을 통해 통제한다. **모종의 모호한 연계에 의해 종교들은 이렇듯 출생과 섹슈얼리티와 죽음에 관계하며,** 죽음은 대개 출생과 섹슈얼리티를 가린다.

죽음은, 실제로, 인류 문명의 모든 역사를 강박한다. 인간이란 자신들의 사체를 매장하는 유일한 동물이라는 점이, 더 정확히는, 자신들의 무덤을 세우는 유일한 동물이라는 점이, 더 정확히는, 심지어 자신들의 일상 용품들을 함께 매장하는, 그리고 마치 자신들에게 가시적이며 명백한 **내세**를 확신시켜주기 위함인 양 이참에 제물로 바쳐지는 자신들의 하인들과 자신들의 배우자마저도 함께 매장하는 유일한 동물이라는 점이 주목되어왔다. 죽음은, 어느 시대든, 종교들 안에서, 내세라는 주제와 연결되어 있으며, 그것을 인정하지 않고 외견상 그것을 두려워하지 않는 문명들에서조차(마다가스카르) 그러하다. 실은 [인간이] 죽음을 인정하지 않고 그래서 망자의 무덤가에서 주연을 베푸는 것 역시도 [인간이] **삶이 지속됨**을 믿는 척하는 것이기 때문이다.

그런데 종교가 거기 있었던 것은 죽음이라는 불안한 질문에 답하기 위함이다. 세계와 인간의 창조에 대한, 인간의 타락에 대한, 현세에서의 인간의 비참에 대한, 마침내 평온하고 행복한 내세에서의 영생을 인간에게 보장하는 구원에 대한 종교의 모든 신화를 통해. 저 종교는 변형되어 어느 날 강자들의 도구가 될 수 있었고, 피착취자들에게 저 피안에서 **보상**될 이번 삶에서의 **체념**을 설교함으로써 강자들의 대의에 봉사할 수 있었으며, 이데올로기적 예속화라는 기능으로 거의 축소될 수 있었다. 그럼에도 종교는 그런 일에 대한 위안자이기도 했으니, 인간들의 불안과 고뇌에 답하며, 예속과 착취에 짓눌린 인간들의 삶에 의미의 외관을 부여하고, 그들로 하여금 우애라는 모종의 상상을, 그리고 또 다른 삶에 대한 헛된 희망이나마 그래도 여하튼 희망인 그것을 살게 하거나 또는 희망하게 한다. 죽음이라는 불안한 질문은, 줄곧 그들을 엄습할 수 있었던 이 질문은 이 불행한 자들에게는 자신들의 삶의 끝에만 있었던 것은 아니었다. 까닭인즉 죽음은 삶의, 복음의 말씀에 따르면, "재"에 불과한 이 삶의 무이니까. "삶이 아닌 실존"에서 왜 이토록 고통을 겪어야만 하는가? 종교는 내세를, **또 다른 삶**을 약속하는 것으로 이 **산 죽음**에 답했다. 그럼으로써 종교는, 잘 이해되고 있듯이, 착취자들의 이익에 봉사했으니, 종교가 체념을 설교했고, [인간들에게] 미래 삶에서의 보상을 약속해 현재 삶의 참을 수 없음을 참을 만한 것으로 되돌렸기 때문이다. 하지만 이 모든 것은, 원하든 원하지 않든, 죽음을, 죽음에 대한 공포를, 죽음에 대한 질문을, 죽음과 고통이라는 "미스터리"를 축으로 회전하며, 이 미스터리는 망자들의 무덤처럼 인류 역사 전체에 수반된다. **죽음과 고통은 왜 있는가? 인간은 왜 죽어야 하며 고통을 겪어야 하는가?**

틀림없이 인간에게 가장 어려운 일은 죽음이 세계 안에 "실존"하며 세계에 군림한다는 관념을, 유물론자들이 옹호하는 이 관념을 받아들이는 것이다. 이는 인간이 반드시 죽는다는 것을, 삶은 유한하며 시간 속에서 제한된다는 것을 말하는 일만은 아니다. 이는 세계에는 어떤 의미도 갖지 않으며 아무것에도 봉사하지 않는 숱한 사태가 실존함을 긍정하는 일이기도 하다. 특히, **세상 어느 곳에서도 상보물이나 보상 없이 고통과 아픔이 실존할 수 있음을** 긍정하는 일이다. 이는 절대적 **상실들**(결코 채워질 수 없을), 되돌릴 수 없는 **실패들**, 어떤 의미도 후과도 없는 사건들, 사막의 모래 속으로 사라지는 거대한 강들이 그러하듯 어떤 흔적도 남기지 못한 채 역사의 무로 사라져 유산되고 마는 기획들과 심지어는 문명들이 실존함을 인정하는 일이다. 이러한 사유가 의지하는 유물론적 테제에 따르면, 세계 자체엔 어떤 의미(사전에 고정된)도 없으며, 세계는 차가운 천체의 무 안으로 사라진 무수히 많은 다른 세계 사이에서 돌출하는 기적적 우연으로만 실존한다. 그러하기에 알게 되는 것은 죽음과 무의 리스크가 사방에서 인간을 에워싸고 있다는 것이요, 인간이 살아가는 삶이 인간으로 하여금 죽음을 망각하게 하기는커녕 더욱더 현존하게 할 때 인간은 그런 리스크를 두려워할 수 있다는 것이다.

죽음에 대한 질문 이면에 출생에 대한 질문과 섹스에 대한 질문 둘 다 숨어 있다는 것, 그러니 종교는 인간의 모든 "사회"의 생물학적 재생산에 관한 이 세 질문(출생, 섹스, 죽음)에 답하는 데에 몰두한다는 것, 이런 것들이 망각되지 않는다면, 종교가 계급투쟁에서 "인민의 아편"이라는 역할로 축소되지는 않는다는 것이 이해될 터이다. 그렇다. 종교는 항상 계급투쟁에 등록되는데 거의 언제나 강자들 편이다. 하지만 종교는 실존하기에 등록되는 것이요, 종교는 종교에 이 핵심적 기능 즉 이 핵심적 문답이 존속하기에 실존하는 것이다. 세계의 기원과 세계의 종말[/목적]에 관한 거대 주장들 이면에서 **종교를 죽음과, 섹스와, 출생과 결부하는** 핵심. 내가 방금 말한, 인간 사회의 생물학적 재생산에 관한 이 질문들은 인간들에 의해 무의식 속에서, 불안 또는 무의식적 불안 속에서 "살아진다." 이 질문들이 유발하는 불안은 계급사회와 더불어 사라지지 않았으며, 그 불안이 계급사회로 축소된다고도 말할 수 없으니, 그 불안이 [계급사회보다] 더 오래된 것이기 때문이다. 아이를 사로잡고 아이로 하여금 자기 부모의 보호를 구하게끔 하는 것이 바로 이러한 불안이요, 어떤 사고를 모면한 인간을 사후에 떨게 만드는 것도, 전투에 참여한 병사를 돌격하기 전부터 파리해지게 만드는 것도, 병으로 인해 더 괴로워진 불가피한 종말이 다가오는 노인을 자극하는 것도 바로 이러한 불안이다.

　　노동과 전쟁과 병—또는 심지어 사랑이라는("죽음 앞에서처럼 사랑 앞에서도 혼자인 법"이라고 [앙드레] 말로는 말했다) 위험들 안에서일지라도, 완전한 명료함 속에서 그리고 두려움 없이, 적나라한 죽음과 대면할 줄 안다는 것, 바로 이것이 인민적 지혜와 유물론 철학의 기본적인 비극적 주제이다. 위중한 턱뼈암에 걸린 프로이트는 [자신이] 불치의 병에 걸린 걸 알았지만, [자신이] 죽게 되리라는 것을 하물며 [그것이] **언제인지를 알면서도** 최악의 고통 속에서 마지막 순간까지 작업을 했다. 그는 죽음을, 죽음이란 본디 그러한 것인 바로 저 **아무것도 아님**으로 다루었다. 하지만 이 아무것도 아님에는 얼마만 한 고통이 따르던가!

내가 프로이트를 말했으나, 이는 하나의 사례, 저명했기에 알려진 사례이다. 하지만 얼마나 많은 무명씨가 형언할 수 없는 끝없는 고통들을 통과해서야 비로소 "죽음의 평화"라 불리는 저 죽음의 무정한 평온에 도달했던가? 섹슈얼리티 역시 지독한 불안을 유발할 수 있음을, 실존(출생)이 미스터리를 만듦을("타인"이 아니고 왜 나인가?) 알게 될 때, 개인의 생물학적 재생산을 객관적으로 인가해 개인을 사회적 인간으로 만들어내는 종교적 개입들이 보증인을 찾아내는 것은 인간의 불안, 이성만으로는 반박되지 않는 이 불안 안에서라는 점이 보인다.

그런데 오랫동안 유물론 철학은 죽음에 대한 공포야말로 종교를 만든 것이라고 주장했으며("신을 창조해낸 것이 바로 공포이다"), 종교와 싸우기 위해 유물론 철학은 죽음에 대한 공포를 파괴하고 죽음은 **아무것도 아님**을 논증함으로써 종교에서 죽음을 훔쳐내고자 했다. 에피쿠로스는 이미 기원전 4세기에 다음과 같이 논했다. 살아 있는 사람에겐 [그가] 살아 있으니 죽음이 아무것도 아니고, 죽은 사람에겐 [그가] 아무것도 알질 못하니 죽음이 아무것도 아니라고.[15] 다른 유물론자들은 18세기에 인간이란 물질의 조직일 뿐이며, 이 조직이 (죽음으로) 해체될 때 이는 조직의 그 선행 상태로 되돌아가는 것이라는 점을 제시했다. 이것은 이미 강인한 정신에는 받아들

---

15. Épicure, "Lettre à Ménécée", dans Épicure, *Lettres et maximes*, éd. M. Conche, Paris, Puf, coll. "Quadrige", 1987, p. 219-221.

일 수 있는 논증이었지만 대다수의 인간을 설득하기에는 너무 취약한 논증이었으니, 그들["대다수의 인간"]은 종교에서 보호를 구했다. 고유한 의미에서의 죽음이란 사자에게는 아무것도 아니며 생자에게는 스쳐갈 극미한 순간일 뿐이라는 점은 물론 맞는 것이지만, 저 숱한 죽음에 앞서는 **고통**에 대해서 그건 틀린 것이요, 살아남은 사람들에게도 ["그건"] 틀린 것이니, 살아남은 사람들은 인간의 유한함이라는 영원한 가르침을 죽어가는 사람들에게서 받으며, 자신들을 기다리는 피할 수 없는 운명 즉 공포의 가르침을 죽음 속에서 미리 본다.

그렇다고 해도 여기서, 인간들에게서 죽음의 공포를 덜어주기에는 철학적 논증들이 불충분하다고 하더라도, 종교적 세계관과 철학적 세계관 사이의 일정한 분리 또는 근원적 분리가 감지될 수 있다. **"철학함이라는 것, 그것은 죽음을 배우는 것이다"**[16]라고 플라톤이 말할 때, 그는 종교적 체념이라는 주제들에 합류하는 것인데, 다만 성찰과 논증이라는 길을 통해서이다. 죽는다는 것, 그것은 감각할 수 있음에서와 몸에서 떨어져나간다는 것이며, 그리하여 진리를 응시할 수 있다는 것이다. 스피노자가 유물론적 문구로, **"철학함이라는 것, 그것은 죽음이 아니라 삶을 배우는 것이다"**[17]라고 말할 때, 그는 에피쿠로스의 논증보다 더 멀리 나아간다. 죽음이 아무것도 아니라고 논증하는 대신에, 다시 말해 죽음에 이목을 집중시키는 대

---

16. Platon, *Phédon*, 67 *e*, 81 *a*. 알튀세르는 이 정식화를 몽테뉴로부터 원용한다. M. D. Montaigne, *Les Essais*, Paris, Gallimard, coll. "Bibliothèque de la Pléiade", t. I, 19, p. 82를 보라.

17. B. Spinoza, *Éthique, op. cit.*, Livre, IV, Proposition LXVII, p. 445. "자유로운 인간은 죽음에 대해서는 전혀 생각하지 않으니, 그리하여 그의 지혜는 죽음이 아닌 삶에 대한 성찰이다."

74

신에, 죽음을 아예 다루질 않으며, 다시 말해 [죽음에 대해서는] 침묵하며, 그리하여 삶에 대해서만 말하는 것이다.

(하나는 종교를 지지하고 다른 하나는 매우 비판적인 방식으로 종교를 다루는) **대립되는** 이 두 태도, 관념론적 전자와 유물론적 후자가 지니는 최소한의 공통적 대목은 양자가 논리적이라는 점이며, 합리적 증거들과 논증들을 수고스럽게 **추구**한다는 점이다. 그것들의 설득력이 더한지 덜한지는 별개의 사안이다. 플라톤이 몸이란 인간에겐 하나의 "무덤"이며 이는 인간이 진리를 보는 것을 금한다고, "죽는다는 것" 그것은 자신의 몸을 버리고(=감각적인 인상들을 회피하고) 그리하여 진리를 보는 것이라고 설명할 때,[18] 그["플라톤"]를 따르기 위해서는 많은 선의가 필요하다. 에피쿠로스가 죽음에 대한 자신의 논증을 펼칠 때는 그것은 아무리 나무랄 데 없다 해도 별 설득력이 없다. 하지만 실상은 제시된 논거들이 —특히 관념론 전통에서— 인위적이고 자의적이라 하더라도 그것들은 **논거들**이며, 그것도 이성의 힘든 노동에 의해 **추구된** 논거들이고, 이 노동은 모든 것이 서로 연관된 **일관된** 합리적 언술을 생산하는 데 전념한다는 것이다. 종교와의 차이가 얼마나 큰가! 종교는 자신의 논거들을 보유한 지는 오래되었으나, **그 논거들을 추구하기 위한 최소한의 수고도 기울이지 않으며**, 그 논거들을 찾으려는 최소한의 노동도 행하지 않으며, 그 논거들 사이에서 일관된 합리적 질서도 세우지 않는다. 종교는 자신의 논거들을 신 자체에게서 계시로 받았다. 종교는 논거들의 진리에 대한 절대적 보증을 받았으니 [종교 저 자신이] 감당할 그

---

18. Platon, *Cratyle*, 400 *c*; *Phédon*, 66 *a*-67 *b*.

75

어떤 리스크도 없다! 종교의 자기 확신은 영구적이다. 죽음에 대해 또는 죽음이 임박한 사람에 대해 말할 때 종교는 이 시련을 미화하려 든다. 인간들을 두렵게 하거나(죄지은 자들에게 지옥을) 위로함으로써. 하지만 결국은 항상 이 시련을 활용해 자신의 권력을 재생산함으로써.

그런데 극도로 놀라운 것, 그것은 유물론과 종교 사이의 이와 같은 분리가 평범한 사람들의, 저 자신을 "비철학자들"이라 간주하는 사람들의 가장 구체적이고 가장 일상적인 실천에서 나타난다는 점이다.

앞서 나는 비철학자들의 철학이 **수동적**이고 **체념적**인 측면에 의해 **종교적**인 무엇인가를 가졌다고 말했다. 그들을 짓누르는 무거운 유산을, 여러 세기 이어진 예속, 유혈 진압 당한 저 모든 유산된 반란을 고려해본다면 이것은 정확하다. 그들이 본능적으로 서로를 불신하며, 자신들을 누르고 분쇄하는 전능한 권력—자연과 지배계급—에 대해 조심스럽다는 점은 이해될 수 있다. 오래된 분별력을 배운 그들이 이 권력의 효과들을 상대로 농간을 부린다는 점도, 이 효과들을 모면해 살아남기 위해서만 행동한다는 점도 이해될 수 있다.

하지만 이와 동시에, 동일한 사람들의 자생적 철학 안에서 전혀 다른 맹아적이고 모순적인 관점이 발견되는데, 이는 **논증 질서를 뒤집는** 관점이다. 이 관점이 두려움 없이 되찾는 관념은 인간이라는 것, 그것은 삶의 조건들과 유한한 능력들에 복종한다는 것이며 [인간은] 종국에는 반드시 죽게 되어 있다는 것이라는 그런 관념이다. 하지만 이로부터 신에게 호소하고 **체념**하는 대신에, 이 관점은 인간들의 현실적 실천이라는 결론을 끌어내고 다음과 같이 사고한다. **인간들에게 노동을, 자연 변형을, 세상의 소소한 진리를 힘들여 추구하기**—종교가 인간들에게서 면제해주는 것—**를 촉발하는 것은 정확히 이 유한한 조건이요 결핍이며 욕구라는 것.**

플라톤에게는 인류의 시초에 하나의 이야기가 있다.[19] 화자가 유물론 철학자인 프로타고라스인 이유는 플라톤이 그에게 발언권을 주었기 때문이다. 프로타고라스의 설명에 따르면, 인간들은 자연이 털로 냉기로부터 보호해주는 짐승들과 달리 적대적 세계 안에서 **완전히 벌거벗은** 채로 태어난다. 짐승들은 이야기 없이 자신들을 재생산한다. 정확히 말하자면, **짐승들은 이야기를 갖지 않는다.** 하지만 떨고 있는 인간들은 살아남기 위해 집단을 이뤄 노동을 해야만 했다. 그들은 **자신들의 결핍을 생산적 활동으로 변형**했고, 사회와 예술과 과학을 창안했으며, 이러한 노동에 의해 그들은 저 자신에게 하나의 이야기를 부여했으며 저 예술의 모든 경이를 생산해냈다. 바로 그것이 우리를 무한한 전망 속으로 투입한다. 하지만 프로타고라스에게 한마디 부언하자면, 인간들이 **완전히 벌거벗은** 채로 태어난다는 것은, 그 뜻인즉슨 태어나자마자 걸을 수 있고 어미의 돌봄 없이 지낼 수 있는 어린 짐승에 비해 인간 아이는 일종의 "조산아"라서, 자기 어미가 그의 단순한 생존에 필수불가결한 양식과 돌봄과 사랑을 베풀지 않았다면 ["인간 아이는"] 살아남지 못했으리라는 것은

---

19. Platon, *Protagoras*, 320 *d*-321 *c*.

놀랍게도 참이다. 태초에 인간들이 벌거벗은 채로 태어난다면, 그들은 자신들의 아이 각자에게서 동일한 벌거벗음을 재발견한다. 그래서 아이를 인간다움으로 이끄는 것, 그것은 인간들이 자신들의 이야기에서 획득한 이 모든 것을 아이에게 입히는 것이요, 노동과 투쟁의 산물이자 인간에게 고유한 것인 이 이야기 안으로 아이를 진입시키는 것이다. "인간은 노동하는 동물이다."[20] (칸트) "인간은 도구를 제작하는 동물이다."([벤저민] 프랭클린,[21] 마르크스[22]) 인간은 이야기하는 동물이다.

이는 일상생활 자체에서 보인다. 인간은 실제로 자연적이고 사회적인 삶의 사건들을 감내하기만 하는 것은 아니다. 그는 자신이 **노동하는** 한에서, 자신이 **행동하는** 한에서 자연과 사회의 무엇인가를 **변형**한다. 어떤 노동자든 잘 알고 있는 것은, 전에는 자연에 실존하지 않았던 어떤 생산물인 **새로운** 결과를 생산하기 위해서는 주어진 질료의 가공을 도와주는 도구들에 자신의 노동력을 정확하게 적용하는 것으로 충분하다는 것이다. 어떤 인간이든 잘 알고 있는 것은, 정황이 우호적이라면 일정한 효과를 생산하기 위해서는 직접적으로 또는 간접적으로 타인을 상대로 행동하는 것으로 충분하다

20. E. Kant, *Réflexions sur l'éducation*, trad. A. Philonenko, Paris, Vrin, 1993, p. 148. "인간은 노동을 해야만 하는 유일한 동물이다."

21. T. Bentley, *Letters on the Utility and Policy of Employing Machines to Shorten Labour*, Londres, William Sleater, 1780, p. 2-3에서 재인용. "인간은 도구를 제작하는 동물 또는 엔지니어(로) (…) 정의되었다(프랭클린)."

22. K. Marx, *Le Capital*, t. I, trad. J. Roy, Paris, Éditions Sociales, 1976, p. 622, n. 7. "아리스토텔레스의 이 정의가 가진 진정한 의미는, 인간은 태어날 때부터 시민이라는 것이다. 인간은 도구를 만드는 동물이라고 한 프랭클린의 정의가 양키 나라의 특징을 표현하고 있는 것과 마찬가지로, 아리스토텔레스의 이 정의는 고전적 고대의 특징을 표현하고 있다." [카를 마르크스, 『자본론 I』(상), 김수행 옮김, 비봉출판사, 2015년 개역판, 445쪽, 주 7]

는 것이며, 이러한 행동 안으로 단합하기에 충분한 수의 사람들이 있다면 이 일정한 효과 역시 **새로운** 결과에, 사회에 실존하지 않았던 그것에 다다를 수 있다는 것이다.

이와 같은 경험을 통해 인간들이 더 확신하게 되는 것은 사물에는 근거가, 이해될 수 있고 제어될 수 있는 근거가 있다는 것이다. 왜냐면 인간들은 규정된 결과들의 생산 법칙들을 존중함으로써 그 결과들을 생산해내기 때문이다. 이 법칙들은 자연과 사회의 법칙이다. 생산과 행동은 이들 법칙의 진리의 증거이다. 인간은 행동하는 자라서 자기 행동을 주재하는 법칙들을 인식하는데, 그는 그 법칙들을 존중하지 않을 수 없기 때문이다. 18세기 이탈리아 철학자 [잠바티스타] 비코는 다음처럼 말했다. "베룸 팍툼*verum factum*." 의미인즉슨 "행해진 것이 참이다." 또는 "진리는 행동에 의해 드러난다."[23] 종교는 이 동일 양식 위에서 잘 말할 수 있다. 신이 세계를 인식하는 건 그가 그것을 "행했기" 즉 창조했기 때문이라고. 노동자는 종교에 응수할 수 있다. 이런 경험을 최초로 실행하는 자는 신이 아니라 바로 저 자신이라고. 자기는 생산이라는 실천 안에서 그렇게 실행한

23. G. Vico, *De l'antique sagesse de l'Italie*, trad. J. Michelet, éd. B. Pinchard, Paris, Garnier-Flammarion, 1993, p. 71-73. "참된 것과 만들어진 것은 호환적이다." 그러므로 비코가 보기에, "인간들이 세계를 만들었기 때문에" 인간들은 "세계에 대한 학(science)을 확보할 수 있다"는 것이 된다(G. Vico, *Principes d'une science nouvelle relative à la nature commune des nations*, trad. A. Pons, Paris, Fayard, coll. "Esprit de la cité", 2001, § 331, p. 130). 마르크스는 아래에서 이 원리를 지적한다.

K. Marx, *Le Capital*, *op. cit.*, t. I, p. 631, n. 4. "인간의 생산적 기관 형성사[모든 사회조직의 물질적 기초가 되고 있는 기관의 형성사]에도 그와 동일한 주의를 돌릴 만한 가치가 있지 않은가? 그리고 그것은 더 쉽게 쓸 수 있지 않겠는가? 왜냐하면 비코가 말하는 바와 같이 인간의 역사는 우리가 만들었지만 자연의 역사는 그렇지 않다는 점에서 차이가 있기 때문이다." [카를 마르크스, 『자본론 I』(하), 김수행 옮김, 비봉출판사, 2015년 개역판, 505쪽, 주 4]

거라고. 신이 있기나 한지 한번 가서 보라고! 그리고 일체의 실험 장치를 배치한다는 조건에서만 과학적 결과들을 획득하는, 저 자신의 결과들을 믿기 위해서는 실험의 법칙들을 정확히 알아야만 하는 과학자도 그렇게 말할 수 있다.

이와 같이 해서 모든 노동자의(노동자, 예술가, 농민부터 과학자에 이르기까지) 거대한 경험이 생산되니, 이 경험이 인류 역사에 축적되어 **유물론적** 세계관을 생산하고 강화하는데, 이 세계관은 자연과 사회의 변형 실천에서 발견되는 사물 법칙들과 결정론에 근거한다. **이 철학은 원리적으로 더는 종교적인 어떤 것도, 수동적이며 체념적인 어떤 것도 갖지 않는다. 외려 이것은 노동과 투쟁의 철학이요, 능동적인 철학이며,** 인간들의 실천적 노력들을 촉진한다. 유물론은, **이론의** 철학인 관념론과 반대로, **실천의** 철학이다. 그렇다고 해서 이 철학이 이론을 무시하는 것은 아님을, 다만 실천을 이론 "위에" 두는 것임을, "이론에 대한 실천의 우위"를 긍정하는 것임을 이해하자.

그렇더라도(우리는 이 표현이 뜻하는 바를 설명할 건데), 질문이 제기되지 않을 수는 없다. 인간들이 **자기 삶의 본질을** 노동 속에서, 자연의 사태들의 필연성에 직면하게 되는 그곳에서, 그리고 투쟁 또는 예속에서, 사회의 사태들의 필연성에 직면하게 되는 그곳에서 겪는 게 맞는다면, 철학자들의 위대한 철학들 중에서도 최초의 철학이 **관념론적** 성격의 것(플라톤)이었음을, **그리고 그 관념론이 전체 철학사에서 지배적 경향을 대표했음을**— 유물론은 흐름에 거역할 용기를 지녔던 몇몇 철학자에 의해서만 대표되었음을 도대체 어떻게 설명할 것인가? 틀림없이 나올 답은 종교가 실존했고, 종교가 철학을 자기 "시녀"로 삼을 만큼 철학을 지배했으며, 그 결과로 ["종교가"] 철학에 관념론적 관점을 강제했다는 것이다. 하지만 앞에서 우리는 그 근거가 충분치 않음을, 철학자들의 철학이 역사 속에서 관념론 형태로 돌출한 데에는 더 복합적인 **자체 근거들**이 있음을 보았다.

이제 그것에 관해 몇 마디 말해야 할 때이고, 이를 위해 철학자들의 철학의 **시작**에 대해 말해야 할 때이다. 철학자들의 철학은 왜 기원전 5세기에 희랍에서 세상에 돌출했던가?[24]

역사가들은 이 질문에 여러 답을 제시해왔다. 일각에서는 철학이 시장의 실존 및 **화폐**에 기반을 두고 희랍에서 태어났으며, 철학적 추상들을 고무했던 "추상"의 전범을 제공하는 것이 화폐라고 말했다. 다른 일각에서는 철학이 희랍에서 **민주주의**에 기반을 두고 태어났으며, 민주주의 규칙들이 철학적 추상들에 추상적 모델을 제공하고 관점들의 대치를 부여한다고 말했다. 이들 설명이 철학적 통념들과 논증들의 **추상적**이라는 특성에 대해 강조하고 있음을 주목해 볼 수 있겠다. 그러니 철학적 추상의 기원을 화폐에서 또는 민주주의에서 찾아야만 하는 것인가? 그렇진 않은 것 같다.

인간 문화의 역사에서, 정확히는 기원전 6세기와 기원전 5세기 사이에 희랍에서 돌출했던 최초의 진정한 **과학**인 기하학에서 그 ["철학적 추상의"] 기원을 찾아야만 한다. 여기서 문제가 되는 것은 인식에서의 진정한 **혁명**이고, **그때까지는 전혀 실존하지 않았고 그**

---

24. 알튀세르는 여기서 제시된 것과 가까운 답을 "Du côté de la philosophie"에서 소묘하는데, "과학자들의 자생적 철학"에 관한 제5강(58쪽 주 1을 보라) 텍스트인 이것은 그의 생전에는 미간인 채로 남아 있었다(L. Althusser, *Écrits philosophiques et politiques, op. cit.*, t. II, Paris, Stock-Imec, 1995, p. 259-262). *Sur la reproduction*…; *op. cit.*, p. 47-48도 보라.

누구도 기대하지 않았던 사유하고 논증하는 방식의 출현이다. 전에는, **경험적** 수학이 지중해 동쪽 유역 사람들에 의해 매우 발달했지만, 그들에겐 **이론적** 형식에 접근할 능력이 없었다. 이는 무엇을 뜻하는가? [그들이] 수(대수)와 도형(기하)의 속성들의 양을 알았다는 것. 그 속성들을 끌어냈던 건 현실에 있는 수들의 결합에 대한 관찰로부터, 그리고 구체적 도형들에 대한 비교로부터이다. 그렇게 **구체적 대상들**에 대한 논증이 이루어졌다. 소의 수, 밭의 거리와 면적 등등. [그들은] 수와 도형에 대한 연산을 할 줄 알았다. 그 증거로는, 건축가들과 배나 사원을 짓는 이들이 자신들의 실천 속에서, 비결과 기술적 규칙 덕분에, 대단히 난해한 문제들을 풀 줄 알았다는 것이다. 게다가 그들의 해법은 오늘날에도 우리의 감탄을 자아낸다. 하지만 이러한 수학들은 **정확한** 결과들에 도달했어도, 기원전 6세기에 희랍에서 탈레스라 불린 다소간 신화적 인물의 주변에서 시작되어 우리가 알고 있는 수학과는 아무 관련이 없었다. 왜 그런가? 그것["경험적 수학"]의 **정확한** 결과들은 관찰과 경험적 실천의 결과일 뿐이었기 때문이다. 그 **결과들은 설명되지도 논증되지도 않았기** 때문이다.

탈레스와 더불어 모든 것이 변했다. 전혀 다르게, 다른 대상들에 대해, 논증이 이루어졌다. 구체적 수들의 결합과 구체적 도형들의 변형에 대해 **관찰하기**가 중단되었고, 그리하여 **추상적** 대상들, 추상적이라고 간주되는 대상들, 순수한 수들, 순수한 도형들, 그것들의 내용 또는 구체적 표상에 가해진 추상화에 대해 논증이 이루어진다. 이들 추상적 대상에 대한 논증에서 다른 방법들로 논증이 이루어지는데, 이 방법들 역시 추상적이며, 경이적 풍요로움을 지닌 것임이 드러난다. 경험적 비교가 아니라 "순수한" 증명과 연역이라는 방법. 이렇게 해서, 삼각형"에 있는" 각들의 속성이 연구될 때, 삼각형이 모래 위에 그려졌다 하더라도, 논증이 이루어지는 것은 모래 위에 그려진 구체적 삼각형이 아니라 모든 가능한 삼각형을 재현하는 **"순수한" 삼각형**이다. 그래서 [하나의 삼각형의] 하나의 속성이 **증명**되었을 때, 그 속성은 **이론의 여지가 없으며** 모든 가능한 삼각형에 타당하다는 것이 절대적으로 확실했다. 하지만 거기 있는 것이 이런 놀라운 발견에 대한 흥미뿐이었던 것은 아니다. 까닭인즉, "순수" 수학자의 실천이 이미 알려진 속성들의 타당성을 **증명**하는 데에 그치지는 않았고, 경험주의적 수학자들이 알지 못할 뿐 아니라 의심도 할 수 없는 새로운 속성을 자신의 대상에서 발견함으로써 속성들을 증식했기 때문이다. 어느 철학자가 말해야만 했던 대로, "증명은 정신의 눈인데,"[25] 이 눈은 신체의 눈보다 무한히 더 먼 곳을 본다.

그런데 과연, 그때까지, 신체의 눈보다, 제한적이며 죽을 운명인 인간 신체의 눈보다 무한히 더 먼 곳을 보았으며, 본다고 자처했던 것은 누구인가? **종교.** 인간 인식에서의 이와 같은 "질적 도약"이, 새로운 수학의 위엄과 풍요로움이, 그리고 무엇보다도 그것의 총체적 자율성과, 시간과 죽음에서 탈피한 증명들을 인간 "정신"의 노동에 의해 생산하는 그것의 능력이, 어떤 식으로든, 종교에 훼손을 가져왔음은 의심의 여지가 없다.

25. Platon, *République*, VII, 527 *e*, 533 *d*;   Proposition 23, Scolie.
B. Spinoza, *Éthique*, *op. cit.*, Livre V,

철학자들의 철학이, 당시엔 **코스몰로지**(우주를 구성하는 종국적 요소들이 어떤 것인지, 물·불·차가움·뜨거움 등등의 어떤 것인지를 논하는 이론) 안에 정체해 있던 이것이 결정적 전환을 이루어, 플라톤의 위대한 시도와 더불어 **비가역적인 역사적 실존**을 획득했던 것은 바로 이러한 측면에서이다. 철학의 출발이 플라톤에 앞선다고 간주될 수 있었더라도 그건 요람기였을 뿐이다. 철학자들의 철학이 진정으로 태어났던 것은 플라톤에게서이고, 철학자들이 창설자로, 저 자신들의 최초의 동시대인으로, 최초로 철학의 실존과 형식을 고정시켰고 그리하여 역사 속에서 그것을 관철했던 동시대인으로 준거하는 이는 플라톤이다. 그들이 아직도 알지 못하던 것, 그것은 **왜 이러한 형식이 창안되었는가**, 그리고 **왜 이러한 형식이 여전히 살아 유지되는가**이다.

실제로 종교가, 희랍 사회를 "공고히 했던" 종교가, 그리고 그 사회의 관념들을 통합했던 종교가, 그리하여 그 사회의 지배이데올로기였던 종교가 수학적 과학의 돌출에 의해 진지한 시험에 처해졌고, [종교 저 자신이] **모든 진리**를 보유한다는 자만에 타격을 입었다고 생각할 수 있겠다. 최초로 종교는 저 자신의 개입 지형이 세속 과학의 정복 탓에 좁아지는 걸 보았으니, 그 과학은 이론의 여지가 없는 진리들을 공표했고, 종교와는 전혀 다른 언어 즉 순수 증명의 언어로 말했다. 지배적 관념들과 이것들의 종교적 통일에 위협이 드리워졌다.

플라톤은 무엇을 했던가? 그는 수학의 도래로 타격을 입은 지배적 관념들의 통일성을 복원한다는 **"미증유의" 기획**을 구상했다. 종교의 이름으로 수학과 전투를 벌임으로써가 아니라, 수학의 결과들과 방법들에 이의를 제기함으로써가 아니라, 정반대로, 수학의 실존과 타당성을 인정함으로써, 그리고 수학이 새롭게 가져왔던 것 즉 **순수 논증이 적용될 수 있는 순수 대상들이라는 관념**을 차용함으로써. 바로 이것이 그가 자신의 철학 학교 박공에 저 유명한 문구를 기입해두었던 이유이다. "기하학을 모르는 자는 이곳에 들어오지 말라."[26] 하지만 바로 그 플라톤은, 이렇듯 수학 학파에 가담한 듯 했던 그는 수학을 자신의 철학 학파에 집어넣기 위해서만 이와 같은 작업을 실행했던 것이다. 그는 수학을 자신의 철학에서 전위가 아닌 후위에 (⋯) 철학 자체의 후방에 두었던 것이다! 그리하여 그는 수학을 자기 철학에 예속시킴으로써, 요컨대 수학을 **서열**과 질서 **안으로 되돌려놓음으로써** 다시 말해 ["수학을"] 수학이 잠시 위협했던 또는 위협할 수 있었던 도덕적이고 정치적인 가치들의 질서 안으로 되돌려놓음으로써 수학을 제어하는 데에 도달했다. 이처럼 함으로써 그는 수학의 발견이 지배적 관념들에 가했던 위협을 축출했다.

물론 이와 같이 거대한 이데올로기적-정치적 작업이, 지배적 관념들의 위협당한 통일성을 복원했던 작업이 순수하고 단순하게 후방으로 물러가는 것은 아니었다. 위협을 축출하기 위해서는 실제로 코스몰로지 또는 신화와는 전혀 다른 것이 필요했다. 순수 대상들인 **"이데아"**를 처리할 새로운 언술이 **합리적 증명과 변증술**이라는 새로운 방법과 더불어 필요했다. 이는 다음처럼 이해된다. 수학

---

26. 후일의 전승에 따른 것. 이 전승의 최초 증인은 필로포누스(6세기)이었던 것으로 보인다. 아리스토텔레스의 *De Anima*에 관한 그의 주석인 *Commentaria* *in Aristotelem graeca*, t. XV, éd. M. Haydruck, Berlin, Reimer, 1897, p. 117, I. 29를 보라.

의 실존을 제어하고 수학을 철학에 견줘 종속적 자리에 배정하기 위해서는 수학적 관념의 **높이**에 있는 언술이 필요했다고. 이 새로운 언술, 그것이 단적으로 말하자면 철학자들의 철학이라는 언술이다

하지만 그렇게 하면서도 철학은, 이러한 대응에서 태어남과 동시에 또 다른 장 즉 종교라는 장, 또는 차라리 관념들 즉 종교에 의해 통일된 지배이데올로기의 장 안에 자리 잡았다. 까닭인즉 모든 일이 마치, 새로운 과학의 도래로 지배적 관념들의 상대적으로 통일된 직물 안에 파열이 초래되어 그 직물을 "꿰매야" 했던 것처럼 흘러갔기 때문이다. 어떤 토론에서 "꼼짝 못하겠다고" 느끼면 난점들을 회피하고 피해를 회복하기 위해 지형을 바꾸는 사람들을 알지 않는가? 글쎄, 사태는, 정도의 차이는 있을망정, 유사한 방식으로 흘러갔던 것 같다. 플라톤에 의한 철학의 창안은, 낡은 지형 위에서 마주친 난점들과 종교에 의해 통일되었던 세계 안에 과학이 출현하며 빚어진 피해에 대처할 수 있으려면 필수불가결한 이런 "지형 변화"를 대표했다. 이와 같은 이유로 당연히 다음처럼 말할 수 있는 것이다. 플라톤 철학은 **종교의 문제들과 역할을 "순수" 합리성의 지형 위로 옮겨놓는 것** 말고는 달리 한 게 없다고. 철학이 나타난다면, 이는 과학의 위협을 축출하기 위함이요, 모든 것을 질서 속으로 즉 종교의 질서 속으로 돌려놓기 위함이다. 다만 철학의 신은, 주지하듯, 단순한 신자들의 신과는 다른 신 즉 "철학자들과 과학자들의 신"일 것이라는 차이를 제외하면.

모든 것이 질서 안으로 되돌아가는 건 확실하지만, 이 빛나는 정면 대결의 결과는, 이 눈부신 철학적 열병식parade의 결과는 이런 것

이다. **아무도 실존을 예상치 못했던 새로운 두 배역이** 이제 무대에, 실존하는 문화 안에 존재한다는 것. 하나는 진정한 **과학**인 "순수" 수학인데, 이것이 경험 수학을 대신해 고대 이래로 유클리드와 아르키메데스를 통해 경이로운 발달을 거두며 마침내 16~17세기 갈릴레이 물리학의 탄생을 가능케 한다. **그리고 다른 하나는 철학.** 그렇게 태어난 철학은 자신의 작업에서는 의기양양하면서도, 18세기 합리주의자들이 믿던 것과는 달리, 종교와 전혀 단절하지 않는다. 철학은 수학의 탄생에 대한 응전과 열병식으로 태어나, 지배적 관념들의, 따라서, 종교의 위협받은 통일성을 복원해낸다.

이러한 철학이[27] **철학자들의**(그리고 철학 교사들의) **철학**이라고 노골적으로 공언되는데, 실은 그것을 실현하기 위해서는 [그 주체가] "기하학자여야"만 하며, 다시 말해 새로운 과학과 그것의 방법을 익혀야 하고 종교를 합리적 언술 안에서 재해석할 줄 알아야 한다. 이것은 아무에게나 주어지지 않는다. 이 철학은, 플라톤이 인정하는 바에 따르면, 관념론적이다. 그것은 철학사에서 유물론에 대한 관념론의 장구하고 끝없는 지배를 개시하며, 이 지배는 우리 시대에도 지속되고 있고 계급사회의 실존과 겹친다. 왜냐면 관념론자여야만 결국 수학적 진리들을, 그리고 인간들을 실존케 하는 모든 물질적 실천을 꼼짝 못하게 만들어 [그것들을] **인식**보다 우월한 **이데아**에

---

27. 후술 부분은 "철학의 전화(La transformation de la philosophie)"(dans L. Althusser, *Sur la philosophie*, Paris, Gallimard, coll. "L'Infini", 1994, p. 139-178)와 견줘봐야 하는데, 알튀세르의 1976년 3-4월 그라나다와 마드리드 강연 텍스트인 이것은 1976년에 에스파냐어로 출간되었고, 저자 생전에 프랑스어로는 미간인 채로 남아 있었다. "철학에서 마르크스주의자이기(Être marxiste en philosophie)"도 마찬가지였으니, "전화"에 이어 곧바로 작성되었던 것으로 보이는 150쪽가량의 이 원고에서는 "전화"의 주요 테제가 세공되고 있다.

예속시키는 데에 성공하기 때문이다. 왜냐면 관념론자여야만 결국, 외관상 합리적 언술을 종교적 가치와 질문에 실제적으로 봉사하게 끔 하기 때문이다. 이처럼 관념론자인 것이야말로 철학과 철학자가 모든 사물에 대해, 그리고 모든 진리에 대해 지니는 절대적 **권력**을 긍정하는 것인데, 이것이 진리를 (종교적이고 정치적인) 권력으로 만 들며 철학자들을 진리를 보유할 유일한 전문가 지식인 소집단으로 만드는 입장인바, 철학자들은 위로부터 천민 무리에 이르기까지, 그 리고 원한다면 왕들에게도 진리를 배분하는 것에 동의한다. 왜냐 면 왕과 사제는, 그리고 권력의 소지자들이라면 누구나, **이러한 철 학에 관심을 갖기** 마련인 때문인데, 이 철학만이 사물에 질서를 세 울 줄 알고 사물의 질서를 강화할 줄 안다. 각자를 저마다의 자리에 유지시키고 저마다의 사회적 기능을 완수하게 하는 방식으로. 노예 는 노예로, 수공업자는 수공업자로, 상인은 상인으로, 자유민은 자 유민으로, 사제는 사제로, 군인은 군인으로, 왕은 왕으로. 관념론은 진리에 대해 말하지만, 진리 이면에서 모습을 드러내는 것은 권력이 며, 아울러 질서이다. 철학자들은 세계에서 물러나는 것처럼 보인다. 이는 어디까지나 자신들을 무지한 자들로부터, 비천한 자들로부터, 그리고 유물론자들로부터 분리하기 위함이다. 철학자들이 세계에서 물러나는 것은 어디까지나 오로지 세계에 개입하기 위함이요, 세계 에 진리 즉 권력과 질서의 진리를 명하기 위함이다.

어느 인간 소집단이 이와 같은 권력을 행사한다고 **자처**하는 걸 보는 일은 기이하다고들 말할 것이다. 도대체 그들의 언술 외부에서, 그들의 힘은 어떤 것인가? 가능한 유일한 답변은 **그들의 언술이 권**

력들에 봉사하기 때문에 일정한 권력을 갖는다는 것, 그리고 그들의 언술은 봉사하는 힘으로부터 자신의 힘을 빌려온다는 것이다. 주고 받기. 하지만 과연 관념론 철학자들의 언술이 무엇을 **줄** 수 있으며, 자신이 봉사하는 사회적 힘(종교적이고 정치적인 권력 등등)에 무엇을 **추가**하는가? 우연히도, 정치권력과 종교가 **힘의 보충**을 필요로 했는데, 마침 관념론 철학이라는 형식을 택한 것인가? 그런데 무엇을 하려고? 우리는 이 새로운 질문을 열어둔다, 인내!

그리고 플라톤의 이 철학에, 철학사 전체를 개시한 이 철학에 결론을 내리는 데서, 놀라운 마지막 특성인즉슨, **이 관념론 철학이 자신의 적인 유물론을 자신 내부에 가지고 있다**는 점이다! 플라톤, "이데아의 친구들"에 속하는 그는 "대지의 친구들"의 유물론과 싸우지만,[28] 이 유물론은 그 자신의 사유 여러 곳에서 모습을 보인다. 기이한 속성, 과학에서는 결코 관찰되지 않는 이것은 바로 자신의 내부에 자신의 적을 갖고 있다는 점! 그렇게 플라톤의 관념론 철학은 자신 내부에 유물론을 갖고 있다. 현존하지만 논박당한 유물론을. 이는 유물론이 말하도록 해주기 위함이 아니라, 유물론에 경고하고 유물론을 능가하기 위함이고, 유물론이 점할 수 있을 입지들을 미리 점유하기 위함이며, 확실히 논박되거나 변질된 유물론 논증들 자체를 관념론에 봉사하도록 하기 위함이다.

모든 철학은, 관념적이든 유물론적이든, 자체 내부에 자신의 적을 갖는다고, 우리는 일반화할 수 있겠다. 그 적을 예방 차원에서 논박하기 위해. 그렇다고 하자. 도대체 왜 철학은 적을 논박해야 하고, 적

---

28. Platon, *Sophiste*, 246 a–249 d.

의 논증을 심지어 변질된 그런 논증을 자신 내부에 갖고 있어야 하는가? 왜 철학은 적에 대해 근심하지 않고 온전히 순진하게, 온전히 평온하게 관념론적이고, 평온하게 유물론적일 수 없는가? 태양에는 모두를 위한 충분한 자리가 없다는 것인가? 자리가 너무 적어서 자리를 두고 다퉈야만 한다는 것인가? **왜 철학에는 반드시 적이 있는가, 그리고 왜 이 전투는 반드시 관념론과 유물론을 축으로 돌아가는가?**

기이하도다.

거대한 우회

거대한 우회는 바로 여기서 시작되며, 우리가 마주했고 제기했던 질문들에 대한 하나의 답을 우리는 우회의 끝에서 가져올 수 있을 것이다. 우리가 설명하고자 했던 철학에 이 거대한 우회가 필요하다는 점이 상기시키는 것은 인류가 인식하지 못한 다른 바다와 세상을 정복하고 지구를 측량하며 지구가 둥글다는 점을 입증하기 위해서는 14~16세기 항해가들이 미지의 영역 속에서 대륙의 극지를 돌파해야만 했고, 희망봉과 마젤란해협을 일주해야만 했다는 점이다. 그리하여 그들이 부서진 범선과 찢긴 돛으로 자기들의 항구로 돌아왔을 때, 그들은 자신들이 살던 작은 세계에 대한 전혀 다른 관념을 획득했다. 자신의 고유한 세계를 떠나야만, 그 세계를 거대하게 우회해야만 자신의 고유한 세계를 인식하게 되는 것이다. 자신에게로 되돌아오는 모험을 너무 멀리서 찾지는 말자.

철학에서도 사정은 동일하다. 진정으로, 정직하게, 저 자신을, 철학적 세계 안에서 저 자신이 어떤 자리를 점하는지를, 그리고 저 자신을 고유한 것으로서 다른 철학들과 구별해주는 것을 알고픈 철학은 철학사에서 거대한 우회를 해야만 하며, 멀고 가까운 저작들 및 저 자신으로부터 가능한 한 가장 먼 저작들까지 파고들어가야만 하며, 그래야 비로소 여러 비교로 충전된 저 자신으로 되돌아올 수 있고, 저 자신이 무엇인지를 더 잘 발견할 수 있다는 점. 모든 위대한 철학이 이 거대한 우회를 한다. 칸트는 멀리는 플라톤에게로 가까이는 데카르트에게로 나아가서 무엇에 의해 저 자신을 인식할지를 찾는다. 마르크스는 그 세계의 끝에서, 가장 가까이는 아리스토텔레스에게로 하지만 또한 가장 멀리는 헤겔에게로 나아가서 무엇에 의해 저 자신을 정의할지를 찾는다.

우리 역시 이 거대한 우회를 할 것이다. 가장 가깝고 가장 먼 철학자들의 도움을 받아. **하지만 이와 동시에 우리는 다른 거대한 우회를 할 것이다.** 철학자들의 철학으로부터 멀어지면서 우리는 인간들의 구체적 실천들을 분석할 것이다. 리스크와 위험에도, 우리는 일단 "집으로 되돌아온" 철학이 무엇일 수 있는지를 알아보기 위해 **비철학으로의 거대한 우회**를 시도할 것이다.

철학사 책은 셀 수 없이 많고 일부는 훌륭하다. 하지만 **비철학의 역사**를 쓰는 일에 과연 누가 관심을 가졌던가? 내가 뜻하는 바는 이러하다. 지배적인 관념론 철학이(그리고 타자의 압력에 의해 너무나 자주 타자가 제기하는 질문들 안에서만 사유하도록 강제된 피지배적인 유물론 철학마저도) 실존과 역사의 찌꺼기라고, 주목을 받을 자격이 없는 대상들이라고 **무시하고, 거부하고, 검열하고, 포기했던** 이 모든 것의 역사를 쓰는 일에 과연 누가 관심을 가졌던가 말이다.

무엇보다도 **물질**, 그것의 무게와 힘. 무엇보다도 **노동**, 그것의 조건들, 착취, 노예, 농노, 프롤레타리아, 공장이라는 지옥에 있는 아동과 여성, 빈민가, 병, 마모(고리대업자에 의한 마모와 신체적 마모). 무엇보다도 **몸**, 섹스에서 기인하는 몸의 욕망, 셀 수 없이 많은 권위가 감시했고 여전히 감시하는 남녀의 이 수상쩍은 부분. 무엇보다도 **여성**, 남성의 이 오래된 소유, 그리고 통제의 모든 시스템에 의해 유년기부터 구획이 정해지는 **아동**. 무엇보다도, 보호시설이라는 "인도적" 감옥으로 갈 운명인 **광기**. 무엇보다도 법이 추적하는 **죄수**, 그리고 추방당한 자, 유죄선고를 받은 자, 고문 받은 자. 무엇보다도 희랍인들이 보기에 **야만인들**, 그리고 우리가 보기에 **"거류 외국인들"** 또는 "이방인들" 또는 "원주민들." 무엇보다도 국가 **권력**과 그것이 지니는 강제와 "설득"의 모든 장치, 외관상 중립적 제도들인 가족, 학교, 보건, 행정, 헌정 등에 가려진 장치. 무엇보다도 계급투쟁, 무엇보다도 전쟁. **바로 이런 것들.**

물론 아리스토텔레스는 노예에 대해 말하지만 이는 어디까지나 노예가 동물이라고 말하려는 것이다.[1] 물론 헤겔은 전쟁에 대해 말하지만 이는 어디까지나, 마치 하늘의 태풍이 잠자는 물을 뒤흔들어 고이지 못하도록 하듯이, 전쟁이 국민을 다시 태어나게 한다고 말하려는 것이다.[2] 물론 스피노자는 몸에 대해 말하지만 이는 어디

1. Aristote, *Politique*, I, 5, 1254 *b* -1255 *a*.
2. G. W. F. Hegel, *Des manières de traiter scientifiquement du droit naturel*, éd. B. Bourgeois, Paris, Vrin, coll. "Bibliothèque des textes philosophiques", 1972, p. 55.

까지나 몸의 힘이 알려지지 않았음을 말하려는 것이고[3] 그는 섹스에 대해 전혀 말하지 않는다. 보잘것없는 우회, 결국 질서로 되돌아가기.

이와 같은 비철학적 "대상들"의 역사를 쓰겠노라고, 적어도 수 세기 동안[4] 과연 누가 감히 생각했던가? 지배적 철학이 그런 정도로 이 대상들을 **경멸**해왔다면, 이는 그 철학이 이 대상들에 대한 공식적 검열과 맺은 관계에 대해, 지배계급의 종교와 도덕과 정치와 그 철학이 공모한 것에 대해 침묵하는 데에만 온통 관심을 두었기 때문임을 보여주겠노라고. 그리고 이 공모가 철학 자체를 매우 크게 정의했음을 보여주겠노라고. 프랑스 철학자 [폴] 니장은 전전戰前에 철학자들을 "경비견"이라 정의했다. 이 모든 뜨거운 질문에 관해, 철학자들은 짖어댈 필요조차 없었다. **침묵**하는 걸로 족했으니까.

이 작은 책에서 우리가 이 모든 질문을 떠올리기는 물리적으로 어렵다. 우리가 하려는 거대한 우회에서, 우리는 **비철학** 지형에 속하는 특정한 인간적 실천들에 대해서만, 요컨대 철학이라는 것을 이해할 수 있도록 해주는 가장 중요한 실천들에 대해서만 말할 것이다. 하지만 저마다가 다른 실천들의 실존을 염두에 두어도 좋다―말해지게 될 이 모든 것을 저 다른 실천들이 조용히 뒤따라올 테니.

---

3. B. Spinoza, *Éthique*, Livre III, Proposition II, Scolie, p. 209. "그리고, 사실상, 몸일 수 있는 것을, 이제껏 그 누구도 규정하지 못했고 (⋯)."

4. (알튀세르의 주석) 우리 시대에, 예컨대, 프랑스에서는, 푸코의 저작과 랑시에르의 노동이 이러한 관심사의 증거이다.

3.

추상

지상 최초의 과학과 이 과학에 **대응하기** 위해 구성되었던 철학의 이중 도래에 대해 재론해보자.

독자는 우리가 너무 빠르게 일을 처리했다는 걸 알게 될 것이다! 왜냐면 우리는 이러한 이중 도래를 목도하게 되었고, 지배이데올로기의 직물 안에서 과학이 초래한 파열을 어떤 면에서는 철학이 책임지고 "꿰매야" 한다고 이해했기 때문이다. 그렇다고 하자. 하지만 우리가 아는 것은 이 최초 과학의 고유함이 선행 수학의 경험주의적 실천과의 단절에, "추상적" 대상들에 관한 논증적 증명에 있다는 것이었다. 그리고 철학이 이데올로기적 복원이라는 자기 역할을 해내기 위해서는 ["철학이"] 저 과학의 뒤를 바짝 따라야만 했다는 것도. 하지만 이 과학이 진정으로 어떤 것인지, 이 과학이 어떤 기반위에서 태어날 수 있었는지, 무엇보다도 그것의 대상들과 논증을 변별해주는 이 유명한 "순수" 또는 "추상"이 어떤 것인지가 우리에게 설명되지 않았다. 과연 무엇이 이 "추상"일 수 있으며, 선행하는 다른 추상 형식들 없이도 기적적으로 이 과학과 더불어 이 추상이 태어남을 우리에게 입증하는 것은 무엇인가?

노동을 하고, 고통을 겪으며, 투쟁을 하고, 역사를 감내할 때조차도 그 역사를 만드는 거대한 인간 대중의 실천적 경험에서 우리는 다시 시작해야 한다. 우리는 이런 실천적 경험에서 **추상**과, **추상적인 것**과 유사한 무엇인가를 발견할 수 있을는지를 보려고 시도해야만 한다.

그런데 처음 봐서는, 현실적 실천의 경험으로 길러진 상식의 반응은 다음처럼 말하는 것일 터이다. 천만에 그런 게 어딨어! 실존하는 건 모든 게 구체적이야! 남녀보다 더 구체적인 것이 무엇이 있느냐? 밭과 말과 트랙터와 공장과 상품과 화폐보다 더 구체적이고 더 물질적인 것이 무엇이 있느냐? 각각의 사물은 있는 그대로, 실존하는 그대로, 정의되는 그대로, 사물 자체의 모든 부분으로 조합된 그대로, 역시 구체적인 무한히 많은 여타의 사물과 공존하는 그대로의 그것이지. 도대체 추상으로 뭘 하겠다는 거야? 누가 얼토당토않은 이야기를 하려 들면 "그건 다 추상이야"라고, 다시 말해 현실적인 것과 구체적인 것을 따지지 않는 주장이라고 말할 것임을 잘 알잖아. 그러곤 그 누군가를 쫓아내는 거지.

우리가 구체적인 세계에 산다는 점을, 출생부터 사망에 이르기까지 구체적인 것 안에서 구체적인 것 아래에서 산다는 점을 잘 알아. 그렇다는 건 이미 충분히 견고해. 여전히 상상력을 발휘해야만 했고, 실존하지 않는 사물들을 믿어야만 했더라도 말이야! 그러니 추상을 운운해도 태연하자고!

우리가 "나쁜 추상들"이라 부를 그것, 모든 유물론 전통이(스피노자[1]) 그리고 일부 관념론자들이(헤겔[2]) 단죄했던 그것에 반대하는 심층적 반발이 이러한 반응에 들어 있다. 사실상, 현실에 대한 "추상이 이루어질" 때, 이는 대부분 꿈들에 빠져들기 위함인데, 꿈들이 때로는 이기적이더라도 그러하며, 이는 사람들을 현실에서 갈라놓고 사람들이 현실에 대해 오류를 범하게끔 하려는 것이다.

하지만 추상은 항상 "현실 전체"와 관련되지 않는다. 현실의 나머지 부분들에 집중을 고정시키기 위해 현실의 **한 부분**을 추상할 수 있다. 경작하는 농민 또는 굴레에 묶인 노동자는 자신들의 노동을 하는 동안에 사물들을 제법 "추상한다." 어디까지나 자신들의 노동에 대해서만 생각할 수 있게끔. 마찬가지로, 학자도 자신이 연구하는 현실의 어떤 측면을 사고하기 위해 나머지를 "추상할" 것이다. 나머지가 실존하지 않는다는 건 아니다. 학자는 나머지를 잠정적으로 버려둔다. 마치 경작하는 농민이 자신의 아내와 아이를 잠정적으로 버려두듯이. 일반화해보자. **모든 종별적 실천이**(노동, 과학 연구, 의료, 정치투쟁) **현실의 한 부분의 변형에 몰두하기 위해 현실의 나머지 전부를 추상한다**고들 말할 수 있다. 추상한다는 것, 그것은 현실의 한 부분을 그 나머지로부터 "분리하는" 것이다. 추상, 그것은 이러한 작

1. B. Spinoza, *Traité de la réforme de l'entendement*, éd. B. Rousset, trad. Rousset, Paris, Vrin, coll. "Bibliotheèque de textes philosophiques", 1992, p. 87, 103-105.

2. G. W. F. Hegel, *Science de la Logique*, trad. G. Jarcyzk et P. J. Labarrière, Paris, Aubier, coll. "Bibliotheèque philosophique", 1981, t. II, p. 72-73, 156-163.

업이자 그것의 결과이다. 추상적인 것은, **분리된 부분**이 전체와 대립되듯이, 그렇게 구체적인 것과 대립된다.

하지만 우리는 여기서 더 나아간다! 까닭인즉, 당신이 현실의 한 부분을 추출(추상)한다면 이 부분 역시 현실적이기 때문이다. 어떤 면에서 당신은 그것을 부정적 방식이 아니라 **긍정적** 방식으로 "추상적"이라 말할 수 있는가? 추상된 부분이 추상이 행해지는 구체적 전체와 동일한 "물질"로 이루어진다면, 추상으로부터 남는 것은 무엇인가? 잘라내기. 자신의 고깃덩어리를 "분절에 따라"[3](플라톤) 잘라내는 푸주한은 우선 한 부분에 이어서 다른 부분을 끌어낸다. 넓적다리는 추상인가? 그는 당신에게 코웃음 칠 것이다. 그건 나머지처럼 살이야, 라면서.

따라서 다른 측면을 검토해야만 한다. 예컨대 화가들의 상상에 대해 질문하는 데카르트의 사례의 측면.[4] 그 상상이 제아무리 멀리 나아간다 한들 실존하는 자연이나 실존하는 존재들 너머로는 갈 수 없다. 하지만 화가는 현실의 좌우에서 끌어온 부분들을, 이것들을 동시에 전부 소유하지는 않는 존재들에게 결합할 수 있다. 이렇게 해서, 여성에게서는 몸뚱이을, 사자에게서는 발톱을, 독수리에게서는 머리를 가져와 이 모두를 이어 붙여 그리면 그 누구도 본 적이 없는 존재를, 전혀 새롭고 기괴한 존재를, 실존하지 않는 존재를 즉 키메라를 갖게 된다. 이는 일련의 추상의 결과이다. 여성의 몸뚱이는 그 여성에게서, 독수리의 머리는 그 독수리에게서, 사자의 발톱은 그 사자에게서, 또는 [그것들은] 그것들의 이미지로부터 "추상된"

3. Platon, *Phèdre*, 265 e.

4. R. Descartes, *Méditations*, *Œuvres*, *op. cit.*, t. IX, 1re partie, p. 15.

것이기 때문이다. 그러니 이 모든 것은 자연에서 오지만, 결과는 자연 안에 있지 않다. 이 일련의 결합된 추상의 결과는 자연 안에 있지 않았던 무엇인가를 도리어 자연에 추가한다. 이번엔, 추상의 정의가 긍정적으로 되는데, 그렇지만 [그것은] 또한 대단히 역설적이다. 추상은 자연으로부터 빠져나오지는 않으면서도 자연에 무엇인가를 추가하기 때문이다. 거기 있는 것은 화가의 상상 노동의 결과인데, 화가는 (푸주한처럼) 잘라내는 것에 만족하지 않고 조합한다.

혹자는 말할 것이다. 이건 화가들에게 해당되는 건데 도대체 [나의] 삶과 무슨 연관이 있을 수 있냐고. 사람들은, 그들 대다수는, 화가가 아니다. 그들은 상상적인 것과 키메라 따위들 안에서 살지 않는다. 그들은 구체적인 것 안에서 산다.

그렇다.

그런데 우리가 사람들이 자신들의 일상적 삶의 행위들 안에서, 낮에도 밤에도(완벽하게 말하자면 꿈에서도) 상대하는 최초의 "추상", 그것은 언어라고 말한다면?

하나의 말이, 실제로, 분절되는 하나의 소리가 아니라면, 자연 안에 실존하는 어떤 것이자 자연 안에 실존하는 소리들의 총체로부터 "추출" 즉 "추상"된 어떤 것이 아니라면, 과연 [하나의 말은] 무엇인가? 그렇지만 말이라고 하는 이 추상적 사물은, 소리로서 자신이 가리키는 사물과 결합되고 연합된 상태에 있기 때문에 비로소 추상의 실존을 소유한다. 이리하여 "나는 고양이를 고양이라 부른다"라고 말할 때, 그 뜻인즉슨 입과 혀 근육의 특정한 배치에 의해 생산된 "고양이"라는 소리가 미소를 쫓아 다니며 배고프면 야옹 하고 그래서 "고양이"라 불리는 동물이라는 자연적 현실과 연합된다는 것이다. "고양이"라는 하나의 소리가 말로 되는 까닭은 [그 소리가] 고양이라고 하는 이 살아 있는 사물과 연합되기 때문이다.

그런데 키메라의 경우처럼, 자연에서 "추출된" 두 요소("고양이"라는 소리와 짐승 고양이)의 조합이 전적으로 **임의적**임을 보게 된다. 사물을 가리키는 말 선택의 임의적 특성은 이미 플라톤에 의해 알려졌는데, 그렇지만 그에게는 말과 사물 사이에, 음과 사물 사이에 자연적 조응이 있다고 믿는 성향이 있었다. 그리고 플라톤은 희랍어에서 끌어온 숱한 사례를 인용했다.[5] 프랑스어에서도 그렇게 인용할 수 있을 것이다. 예컨대 "뮈르뮈르murmure[속삭임]"라고 말할 때, 말하자면, 입술이 살짝 벌어졌다가 곧이어 닫히면서 음을 내는 걸 보게 되는데, 이는 마치 말이 통과되도록 입술이 내는 소리를 듣는 것만 같다. 마찬가지로, "부루아아brouhaha[웅성거림]"라는 단어를 발음할 때, 그 단어가 군중이 웅성거리는 소리를 흉내 낸 것임은 분명하다. "트랑블레trembler[떨다]"라는 단어를 발음할 때도 역시, 여기서 문제가 되는 것은 트랑블tremble[사시나무]이라 불리는 나무이거나 또는 추위에 떠는 벌거벗은 사람이며, 이는 마치 바람에 시달리는 마른 가지의 움직임이나 또는 부르르 떨고 있는 몸의 움직임을 보게 되는 것과 같다. 15세기 이탈리아 화가 마사초의 유명한 그림에 그려진 몸을 생각해볼 수 있겠는데, 그는 개울가에 있는 세례자 요한을, 그리고 자기 나신에 세례수를 부으며 떨고 있는 한 남자를 재현

---

5. Platon, *Cratyle*, 390 *e*, 435 *a-e*.

했다.[6] 떨림을 그리기…….

그렇지만, 말하자면, 사물을 재생산하긴 하지만 그래도 그건 말이요 시니피앙이라 사물은 아닌 어떤 말들 곁에 있는 압도적 다수의 말은 자신들이 가리키는 사물을 절대로 재생산하지 않는다. "남성"과 "여성"이라는 말은, 소리든 냄새든 형태든 취향이든, 남성과 여성이라는 현실적 존재들과 그 어떤 유형의 관계도 갖지 않는다. 그리고 신은, 신을 믿는 이들에게는, 신이라고 할 수도 있을 "현실"과 **말로서는** 어떤 관계도 갖지 않는데, 한 유파의 신학자들(신이라는 것을 안다고, 그를 말한다고 간주되는 사람들이 이처럼 불린다) 전부가 신과 언어로 된 이름 사이에는 어떤 관계도 없다는 관념을, 신에게는 그 어떤 이름도 줄 수 없다는 관념을, 신을 명명하는 유일한 방식은 **그 이름들을 부인**하는 방식으로 이름들을 사용하는 것이라는 관념을 옹호했을 정도이다. 이렇듯이 신이 실존하지 않음을, [신이] 권능이 없음을, [신이] 완전하지 않음을, [신이] 신이 아님을 말함으로써만 비로소 신을 명명할 수 있었노라고. 이는 신을 제거하는 방식이 아니라 신은 모든 현실 위에 있으니 따라서 가능한 "모든 이름" 위에 있음을 말하는 방식이다.

압도적 다수의 말들은 저 자신들이 가리키는 사물들에 비춰보면 전적으로 임의적이다. 이는 말의 소리와 말의 의미 사이에 그 어떤 자연적인, 물질적인 관계도 없다는 뜻이다. 언어학자 소쉬르가 "기호의 임의성" 이론을 전개했을 때 특기했던 것은 바로 이러한 사실

---

6. 알튀세르가 거론하는 〈개종자들의 세례(Baptême des Néophytes)〉는 마사초(Masaccio)가 1426~1427년에 피렌체 산타 마리아 델 카르미네 성당 브라카치 예배당에 그린 벽화이다. 이 그림은 미상의 어느 남자에게 세례를 주는 베드로를 묘사한다.

이다.[7] 말이라고 하는 소리(음) 또는 문자 기호와 이것들이 가리키는 사물 사이에는 그 어떤 자연적이고 필연적인 관계도 없으며, 반면에, 아무리 임의적이더라도(조응 또는 유사성의 그 어떤 자연적 토대도 없더라도) 여하튼 그 어떤 필연적 관계가 기호와 사물 사이에서 형성됨을 그가 보여주었다.

이 관계는 어떻게 형성되었는가? 분명히 신에 의해서는 아니다. 모든 종교의 신자들은 인간에게 언어를 준 것이 신이거나 또는 신의 사자라고 주장하겠지만 말이다. 신이 아니라면, 이 관계가 형성된 것은 인간에 의해서이다. 하지만 거기서 극복할 수 없는 난점들이 비롯하는데, 18세기 철학자들은 허망했을망정 여하튼 해법을 제시하려 애를 썼다. 인간이 사물에 정의된 말을, 그러니까 동일한 말을 주는 데에 합의하기 위해서는 [인간은] 사회에서 살아야만 했다. 그런데 [인간이] 사회에서 살기 위해서는 그들 사이에 사회적 계약이, 하나의 협약이 맺어져야만 했고, 그들 사이에 협약이 있기 위해서는 분명히 언어가 필요했다! 이와 같이 해서 [인간은] 이론적 악순환 앞에 놓이게 된다. 루소가 그랬듯이, 언어에 미지의 기원을, 언어가 언제나 실존했던 건 아니고 인간은 동물에서부터 시작하며 동물은 말하지 못하니 차라리 하나의 시작을, 가정해야만 비로소 빠져나오게 되는 악순환.[8]

이름과 사물 사이에 임의적이고 협약적이지 않은 관계는 없다고

---

7. F. de Saussure, *Cours de linguistique générale*, éd. Rudolf Engler, Wiesbaden, Otto Harrossowitz, 1967, p. 152. "언어적 기호는 추상적이다. 청각 이미지를 규정된 개념과 묶어주며 청각 이미지에 기호 가치를 부여하는 연결은 근원적으로 추상적 연결이다."

하더라도, 소쉬르는 음들 사이에는 도리어 필연적 관계들이 실존함을, 상이한 말들을 구별해주는 것은 음운론적 체계의 조정된 차이임을 보여주었다. 그 뜻인즉슨 음운론적 어떤 요소도 그 자체로는 실존하지 못하며, 여타의 음운론적 요소와 그것을 구별하고 연결하는 차이에 의해서만 실존한다는 것이다(p는 이렇듯 저 홀로가 아니라 b와의 차이 속에서 실존하며, d도 저 홀로가 아니라 t와의 차이 속에서 실존한다는 것). 랑그는 이처럼 소리의 견지에서 보자면 "차이 체계"일 뿐이다. 유사성과 차이의 이와 같은 규칙이 소리 단위들을 구성해내며, 이 단위들을 통해 말들이 확인되고 구별될 수 있는 것이요, 그런 말들 덕분에 사물들이 명명되고 그리하여 구별되는 것이다.

소쉬르는 말들(이 새로운 관계에서는 시니피앙이라 불리는) 사이에 인접과 대립의 관계들이 실존함을, 그리고 랑그에는 일련의 말과 구문이 전부 배치되는데 이것들은 이들 차이 또는 이들 유사성이 출현하도록 하는 것을 유일한 기능으로 갖는다는 것을 보여주었다. (예컨대, son이라는 말은 소리와 낟알 외피를 동시에 가리킨다. 동일한 말의 두 의미를 구별할 수 있게 해주는 것, 그것은 특수한 말들 또는 구문들이다. "le son du clairon[나팔 소리]" "il fait l'âne pour avoir du son[결실을 거두려면 바보 노릇을 해야 해]".)

랑그는 임의적이면서도, 음운론적인(랑그의 상이한 음들) 동시에 문법적인(랑그의 말들의 구문 배치) 이중 체계를 구성하는데, 이는 필

8. J. J. Rousseau, "Discours sur l'origine et les fondements de l'inégalité parmi les hommes", dans J. J. Rousseau, *Œuvres complètes*, t. III, Paris, Gallimard, coll. "Bibliothèque de la Pléiade", 1964, p. 151. "나는 이 어려운 문제에 대한 논의를 [이 논의를] 하고자 하는 이에게 맡기겠다. 가장 필수적인 이 문제는, 언어의 제도화에는 이미 연결된 사회가 있는 것인지 아니면 사회의 수립에는 이미 창안된 언어가 있는 것인지에 관한 문제이다."

연적이기도 하고 필연적으로 존중되기도 하는 법칙들에 의해 조정된다. 그렇지 않으면 아무것도 식별되지 않을 터.

이 기이한 현실인 랑그가 추상이라 불리는 작업을 가능케 해주는 것이다. 이런 면에서, **말을 하는 모든 인간이 추상을**, 그것도 이 새로운 추상을 **"자연스럽게" 사용한다**는 것이다.

인간들에게 이렇다고 말해주면 많이들 놀랄 것이다. 마치 주르댕 씨에게 "일을 해냈다고" 말해주면 그가 놀라듯이. 그렇지만 이게 진실이다. 그 증거인즉슨, **모든 인간이 이러한 추상을 사용한다**는, 다시 말해 모든 인간이 자신들의 행위가 무엇이든 간에, 그러니까 [그것이] 가장 구체적인 행위라 하더라도, 구체적인 것 안에서 살면서도 이러한 추상 속에서 살고 있다는 현실을 나타나게 하기 위해서는 단 하나의 예외를 제하고 어떤 말을 택하든 다 충분하다는 것이다. 그 예외는(고유한 이름도 역시) 두고 보자. [주르댕Jourdain 씨는 몰리에르의 희곡 「부르주아귀족Le Bourgeois gentilhomme」(1670)에 등장하는, 귀족이 되고픈 어리석은 부르주아계급 인물이다.]

그 암소가 죽었다고 말하는 농민을 예로 들어보자. 그에게 문제가 되는 건 아무 암소나 다가 아니라 **그의** 암소, 수의사가 사고를 당하는 바람에 오늘 밤 새끼를 낳다 죽은 예쁜이이다. 그러니 그가 자기 암소들 중에서 "그 암소" "**그의** 암소"라고 말할 때, 문제가 되는 건 유일한 암소, 정확히 말해 오늘 밤 죽은 **그것**이다. 문제가 되는 건 그 어떤 다른 동물과도 혼동될 수 없는 한 마리 동물이며, 바로 가장 구체적이고 가장 단독적인 것이다.

그렇지만 아무 농민이나 **그의** 암소에 대해, 또는 어느 암소에 대해서든, 언어나 동작으로 그것을 가리킨다는 조건 아래, "암소"라고 말할 수 있겠다. 구체적인 지칭 조건들이 충족된다면 그 누구도 실수하진 않을 것이다. 달리 말해 각각의 경우에, 다시 말해 모든 경우에, 곧 어느 경우든, **가장 추상적이고 가장 일반적인 형식 즉 "암소"라는 단어가 가장 구체적인 대상을 틀림없이 지칭할 것이다.** 다른 암소가 아니라 이 암소를. 아무도 실수하지 않을 것이다. "사장은 나쁜 놈이야"라고 또는 "사장이 친절한 편이긴 하지만 그래도 [사장은] 사장이야"라고 말하는 노동자를 다루더라도 정확히 동일한 사태가 벌어질 것이다. 모든 경우에, **언어라는 추상이 사물들 중에서 가장 구체적인 것을 가리키는 데에 사용된다.**

독일 철학자 헤겔이 『정신현상학』의 유명한 대목에서 바로 이것을 제시했다.[9] 아무 상황, 아무나를 가정하자고 그는 말한다. 이 사람이 자신이 손가락으로 가리키는 것을, 혹은 자신이 말하고자 하는 것을 가장 짧고 가장 구체적인 말로, 말이 아닌 동작으로, 세상에서 가장 단독적인 사물을 가리키는 어떤 동작으로 지칭하려 한다고 가정하자. 이 말 또는 이 동작은 단순히 구체적 사물을 제시하는 것을 효과로 가질 것이다. 이 말 또는 이 동작은 "이것"을 말하는 셈이 되고, 단지 그뿐이다. "이것"이라고 하는 사물은 제시될 것이고, 제시된 사물에 대해 그 누구도 착각할 수 없을 것이다. 그 사물은 확실히 이것이지 저것이 아니다. 그런데 여기 이것이 그 사물임을, 사라지지 않을 것임을(실제로 그 사물이 곧 다른 사물로 대체될 수 있으니까) 확실히 하기 위해서 그 사람은 "바로 이것, 여기, 지금"

9. G. W. F. Hegel, *Phénoménologie de l'Esprit*, trad. Jean Hyppolite, t. I, Paris, Aubier, 1941, p. 83-85.

이라고 정확하게 할 것이다. 그런데 헤겔의 말인즉슨, 그 사람이 돌아서기만 해도 충분히, 구체적이고 단독적인 대상인 "여기 지금" 있는 "이것"을 그 사람이 찾는다면 그는 "지금 여기" "이것"이 완전히 변했음을 깨닫게 될(기차 안에서 [창밖으로] 풍경이 펼쳐지는 걸 응시할 때처럼) 가능성이 크다는 것이다. 어떤 다른 "이것"이 "지금 여기" 그 자리를 차지했다. 헤겔은 정확히, 무매개적인 구체적인 것이 실존하지 않는다는 점이 아니라, 구체적인 것을 구체적이라고 지칭하는 기능을 갖는 언어가 그것 자체로는 **추상적**이고 **일반적**이라는 점을 결론으로 삼는다.

구체적인 것을 "포착하기" 위해 언어라는 추상 말고 다른 수단은 없는지를 묻는 질문이 분명히 제기될 수 있다. 어떤 사람이 푸딩을 먹을 때, 그는 음식에 대해 착각하지는 않는다. 자기가 먹고 있는 것이 다른 게 아니라 바로 **이** 푸딩임을 그는 잘 안다. 어떤 남자가 어떤 여자를 팔로 꽉 끌어안고 성관계를 할 때, [피에르 드] 마리보의 희극이 아니고서야 그가 여자를 착각하지는 않는다. 다른 여자가 아니라 그 여자인 것이다. 하지만, 정확히, 그는 말하지 않으며, "말을 갖는" 것은 그의 팔과 성기이다.

어느 노동자가 "자기" 몫의 노동을 할 때, 동일한 사태가 있다. 요컨대 그는 구체적인 대상을 지칭하는 것이다. 그가 그것을 쥐고 있으며, 자기 수중에 있는 연장으로 그것에 노동을 하고 있기 때문이다. 그로부터 나오는 결론인즉슨, **언어가 아니라 인간 몸을 통한 구체적인 것의 전유**가 있다는 것이니, 그가 원료에 노동을 하는 경우든, 그가 성행위를 하며 타인과 합쳐지는 경우든, 그가 먹거리로 빵과 와인을 소비하는 경우든, 그가 국가권력에 집착하는 경우든. 이 모든 경우에, 사기가 아니라면, 구체적인 것을 착각하는 일은 없으며, 구체적인 것은 인간에 의해 말없이 전유된다.

하지만 이 전유 행위에 결핍된 것, 그것은 사회적 소통이며, 그것은 타인에게 말하는 능력이다. 이 사람이 내 아내라고, 이것이 내 빵이요, 내 말이고, 내 연장이라고 말하는 그 능력. 이 사실에서 결핍된 것, 그것은 **구체적인 것의 전유 행위에 대한 사회적이고 공적인 인정**이다. 그런데 모든 것이 보여주는바, 사회에서 살기 위해서는 ―그리고 인간은 사회에서 사는데― 인간에게 구체적인 사물들을 물리적으로 전유하는 것이 필요하거니와 이런 전유가 타인의 묵시적 동의에 의해서든 **소유권에 의해서든** 사회적으로 인정되는 것이 필요하다. 그렇지 않으면 아무나 그의 말 또는 그의 연장을 그에게서 가져가거나 훔쳐갈 수 있을 터이니. 따라서 신체적이고 물리적인 전유 행위에는, 어떤 의미로는, 특수 언어로 우회하는 용인이 중첩될 필요가 있다. **법의 언어**인 그것은 만인 앞에서 공적으로 확인해준다. 이 여자는 (다른 남자 아닌) 그의 것이라고, 이 말은 그의 것이라고.

가장 "구체적인" 전유가 리스크 없이 외려 모든 가능한 보장 아래 실행될 수 있으려면, **법의 언어** 즉 추상적 관계 체계의 사회적 인가가 필요하다. 이와 같은 추상과 그것의 인가에 복종하지 않는다면, 구체적인 것에 대한 구체적인 전유는 사회적으로 인정되지 못할, 법을 침해할, 절도나 범죄로 규정될 위험에 처한다. 이런 면에서 전유는 여전히 하나의 추상적 규칙 아래로 떨어지는데, 법의 규칙인 그것은 타인의 재화를 탈취하는 걸 금한다. 이 규칙은 공적 범법행위와 이에 대한 징벌을 생산한다. 징벌은 언제나 구체적으로, 범법행위를 저지른 자 또는 범죄자에게 가해지는 형벌이다.

거기 있는 것은 구체적인 것과 추상적인 것의 "변증법적" 순환이다. 구체적인 것의 실존 없이는 추상이 존재하지 않는다. 하지만 인간은 언어와 법이라는 추상적 규칙을 통해서만 구체적인 것과 사회적 관계를 가질 수 있다. 그리고 규칙을 침해한다면 그들은 범법행위에 대한 대가를 "구체적으로" 치른다. 언어의 나쁜 사용 즉 욕설과 거짓말은 거의 언제나 그것들의 저자들 **당사자**에게 되돌아오니까. 절도, 범죄, 여타 법 "위반"처럼.

그렇다고 하자, 우리가 언어와 법 아래 살고 있다고. 하지만 우리는 그렇게 삶을 살지는 않는다! 실존은 말로만 이루어지지 않으며, 민법이 우리 행동의 모든 내용을 규제하지는 않는다. 모든 이에게 타당하며 일반적인 규칙들을 진술하는 것이 법이며, 이 규칙들은 그런 이유로 추상적이라고 일컬어진다. 평화롭게 지내기 위해서는 그것들을 존중하는 걸로 족하다. 나머지 시간은 우리에게 있다. 예컨대 ["우리의"] 노동, 우리의 사생활, 우리의 욕망, 우리의 쾌락. 바로 이런 것이 **우리네 삶의 진짜 구체**이니, **우리 스스로 만드는 바로 그것**이다.

그렇기도 하고 아니기도 하다. 그렇기도 하다는 건, 노동하는 자는 구체적인 연장을 갖고 구체적인 물질에 달려드는 구체적인 인간이라는 게 맞는 말이기 때문인데, 그는 설혹 타인을 위해 노동하더라도 자신의 모든 수완과 인내를 거기에 바치며, 자신을 위해 노동한다면 그럴 이유가 훨씬 더 커진다. 그렇기도 하다는 건—하나의 극단에서 다른 극단으로 가면서 논하자면, 사랑하는 자는 구체적인 여성(다른 여성이 아니라 바로 그녀)에게 애착을 갖는 구체적인 인간이라는 게 맞는 말이기 때문인데, 그는 자신의 모든 집중력과 정념을 그녀에게 바친다. 아니기도 하다는 건, 이 구체적인 인간들 각자가 노동하고 사랑하는 데에 도달할 수 있으려면 언어와 법이라는 관계들만큼 추상적 관계들에 복종하는 습득된 행태들을 반드시 반복해야만 한다는 점을, 약간의 거리를 두고 보기만 해도 충분히, 깨닫기 때문이다.

어느 노동자가 제아무리 능숙하다고 해도, **그의 노동의 형태**가 요컨대 그의 실천적 행태들의 형태가, 실존하는 원료와 연장 또는 기계에 의해, 그가 제작했던 것들은 아니지만 이 형태를 고정시킨 사회적 관계들의 장구한 역사에서 비롯되며 그와는 독립적인 이것들에 의해, 그에게 **강제되지** 않았다면, 그는 저와 같은 행태들을 실행하지 못할 것이며, 또한 실존하는 생산관계들이 노동과 그 분업의 조직화에서 그의 자리를 고정시켜주지 않았다면 ["그는"] 역시 실행하지 못할 것이다. 그의 행태들이야 물론 그의 것이지만, 그는 지상의 수백만 노동자가 동일한 순간에 반복하는 동일한 행태를 반복할 따름인 것이다. 그에게도 그의 동류들에게도 그들이 사는 사회들을 지배하는 생산관계들에 의해 "추상적으로" 사전에 고정되는 행태들.

아니기도 하다는 건, 구체적인 여성을(다른 여성이 아니라 바로 그녀를) 사랑하는 구체적인 남성 각자가 다른 말들과 행태들을 자신

111

의 것으로 추구한다 하더라도, 약간의 변이를 제외한다면, 자신의 사랑과 애착을 그녀에게 말하기 위해서, 자신이 태어나기 훨씬 전부터 전통이 고정시키고 변모시켰던, 언론과 소설과 라디오가—그리고 노래가 온종일 퍼트리는, 약간의 초라한 말들과 행태들을 그저 되풀이하기만 하는 게 대부분이라는 점을 깨닫기 위해서는 약간의 거리를 두고 뒤로 물러나기만 해도 충분하기 때문이다. 그렇게 약간의 거리를 두고 물러나기만 해도, 모든 문명에는, 자신의 사랑을 선언하기 위한 규정되고 합의된 말들과 행태들이, **상이한** 말들과 행태들이 있음을 깨닫게 된다. 때로는 침묵도 있으니, 성별 관계들이 가족 또는 종교에 의해 사전에, 돌이킬 수 없게, 고정될 때가 그러하다. 이러한 말들과 행태들은 어디로부터 오는가? 어느 남성과 어느 여성의 관계들 안에서 관건인 것에 대한 **특정한 기성관념으로부터**, 또는 외려 그 관계들 안에서 **관건인 것에 따라 이루어져야만 하는 것**에 대한 특정한 관념군으로부터. 이러한 관념군은(사랑, 영원, 커플, 행복, 아이, 여성보다 우월한 남성의 주도, 포기, 회개, 회귀, 죽음) **실천적** **"이데올로기"**라 불릴 수 있는 것을 구성한다. 이러한 "관념들"은 그것들의 **관계들**에 의해서만 실존하는데, 대다수 남녀에게 강제되는 이 관계들은 사랑에 대한 가장 구체적인 의례에서 통용되는 말들과 행태들을 고취하고 규제하는 관계들이다.

이 두 사례, 단순한 이것들을 택한 건 기초적 진리에 대한 서술을 복잡하게 하지 않기 위함이다. 이 진리, 그것은 언어가 추상적이라는 것뿐만 아니라(언어는 구체적인 사물들과 연계되지만 그것들과 독립적으로 실존하는 임의적인 것이고, 바로 그래서 언어가 **일반적인** 가치를 갖게 되는 것인데, 이와 같은 가치가 모든 추상의 고유함이다), 법이 추상적이라는 것뿐만 아니라(모든 특수성에서 "추상되기" 때문에 일반적이며 만인에게 유효하다), 무수히 많은 추상적인 행태가 있으며 이것들은 구체적인 실천들과 연계되지만 이들 구체적인 실천과는 독립적으로 실존한다는 것이요, 바로 이런 점으로 인해 추상적인 행태들은 일반적 가치를 갖고 **구체적 실천들에 복무**할 수 있게 된다는 것이다.

우리가 성취한 것을 요약하자면 다음처럼 말해보자. 추상, 그것은 구체적인 전체에 속하는 한 부분의 분리가 아니다. 추상은 구체에 연계되며, 변주될 수 있는 방식으로 구체에서 유래한다(언어는 법과 마찬가지로, 또는 모든 실천의 추상적인 행태들과 마찬가지로, 구체에서 "추상되는" 것이 아니다). 하지만 추상의 고유함, 그것은 구체의 한 부분과는 다른 사물이라는 점인데, 이는 추상이 구체에 무엇인가를 **추가**하기 때문이다. 무엇을 추가하는가? 구체와 관련되는, (언어적, 법적, 사회적, 이데올로기적) **관계의 일반성**. 더 정확히는, **구체는 자각하지 못하지만 이 관계가 구체를 지배한다는 것, 구체를 구체로 구성하는 것이 이 관계라는 것.**

그러니 어떤 순환 같은 것이 있다. 처음에 구체가 있고, 이어서 추상이 오고, 다음에 다시 구체. 우리가 말했던 건 이러하다. 구체의 사회적 전유는 추상적인 관계들의 지배를 경유한다는 것. 그러니 두 구체가 있다. 사회적으로 전유되지 않은 구체, **아무것도 아닌** 게 될 처지에 놓이는 구체. 그리고 인간에 의해 사회적으로 전유되거니와 **이 전유에 의해 구체로서 생산되는** 구체. 이것이 뜻하는 바는, 언어 없이, 법 없이, 생산관계와 이데올로기적 관계없이, 지상의 어떤 사물도 인간에게 구체적이지 않다는 것. 내가 그 사물을 명명할 수도, 귀속할 수도, 생산할 수도 없으며, 그 사물에 내 의도를 의미화할 수도 없으니까.

오스카 와일드가 저 나름의 방식으로 세계 창조, 낙원, 그 내부, 아담과 이브에 관해 해준 이야기가 있다. 이때의 신은 산만해서 아담과 이브에게 언어를 주는 걸 잊어버렸단다. 그렇게 와일드는 설명하기를, 아담과 이브가 만난 적이 없다는 것, 만난 적이 없으니 후속된 게 없다는 것. 사탄 뱀도, 선악과도, 원죄도, 뒤따르는 파국들도, 현현도, 말세의 구원도 다 없다는 것이다. 그런데 도대체 왜 그들은 만나지 못했을까(그들이 마주쳤는데도)? "그들은 말을 할 줄 몰라서 서로를 알아볼 수 없었다."

4.
기술적 추상과 과학적 추상

그런데 혹자는 반박할 것이다. 우리가 언제나 추상 안에 있다면, 또는 외려 추상 아래 즉 추상적 관계 아래 산다면, 우리가 구체에 다다르고 구체를 변형할 수 있기 위해선 언제나 추상을 경유하는 것이 필요하다면, 도처에서 군림하는 이러한 추상과 앞에서 질문했던 과학의 추상 사이에는 도대체 어떤 차이가 있는가?, 라고. 단지 정도의 차이일 뿐인가?, 라고.

정말로 그렇다고 생각할 수 있다. 각각의 실천은 실제로 저 자신의 고유한 추상적 관계들을 소유하는 걸로 보이며, 이 관계들이 그 실천을 구성하는 것이고, 그래서 실천들의 "위계" 안에서 위로 올라가게 되면, 가장 평범한 실천들(언어, 생산, 인간관계)로부터 "가장 고급한 것"으로 간주되는 실천인 과학적 실천에 이르는 정도의 차이를 관찰하게 되리라고 추정될 수 있다. 하지만 실천들 사이의 "위계"

라는(따라서 가치 또는 위엄의 차이라는) 이 통념을 조심해야 한다. 이는 실천 각각의 자리와는 다른 곳에서 요컨대 사회의 조직화로 귀착되는 사회적 가치 평가에서 오게 될 위험이 다분한 관념이다. 예컨대, 이것은 플라톤에게 있는 "실천들의 위계" 안에서 아주 명백하게 관찰된다.[1] 이 "위계"는 어떤 사회적 질서를, 또는 오히려 그것의 복원을 떠받치고 정당화하는 데에 봉사할 따름이다.

그러니 잠정적으로, 이와 같은 위험을 피하기 위해, 각각의 실천은 자신의 고유한 본성을 즉 자신의 종별성을 소유한다고 말해질 것이다. 그리고 하나의 실천에서 다른 실천으로의 이행도 역시, [그것이] 현실 안에서 관찰된다면, 자신의 고유한 종별성과 고유한 차이 안에서 분석되어야만 한다고 말해질 것이다.

누구든 이 차이["고유한 종별성과 고유한 차이"]를 인식할 것이다. 예컨대 그가 다음과 같은 걸 고려한다면. 약간의 땅과 가축을 소유하고 여전히 낡은 수공업적 양식 위에서 노동하는 농민의 **생산 실천**이 있고, 보스 평야에 수백 헥타르의 땅과 기계 창고를 소유하고 공업적 양식 위에서 노동하는 자본주의적 대人자치농의 생산 실천이 있다면, 그들이 생산의 동일한 실천을 갖는 것은 아니라는 점을. 더 강한 근거. 노동하지 않지만 자신의 지대 수입(소작료)과 투자 소득(증권 매매 또는 산업 투자)으로 살아가는 대토지소유자는 동일한 실천을 갖지 않으니, 그는 아무것도 생산하지 않으면서 (임차인에 대한) 직접적 착취와 ("매각"과 "투자"를 매개로 노동자들에 대한) 간접적 착취로 살아가기 때문이다. 그리고 자기에게 속하지 않는 공장에서,

---

1. Platon, *République*, IV, 419 a-434 c.

자기에게 속하지 않는 기계로 조립 라인에서 노동하는 임노동자 역시 또 다른 실천을 갖는다. 노동하지 않지만 그["임노동자"]를 착취하며, 자기 기업에 "투자"하는 것 또는 자기 수익을 투입한 은행이나 여타 산업 부문과 "노동하는" 것을 통해 투자 소득을 올리는 그의 고용주도 마찬가지로 다른 실천을 갖는다.

하지만 이제 우리가 이 노동자들 또는 비노동자들의 **"무매개적"** 실천(그들이 하는 걸로 **보이는** 그것)이 아니라 그들의 연장과 기계와 처리 방식(자본가들의 금융 처리 방식을 포함해) 안에서 **실현되는 실천**을, 그들의 무매개적 실천을 지휘하는 실천을, **그들이 만드는 것을 만들 수단들**을 그들에게 주는 실천을 사고한다면, 우리는 전혀 다른 실천과 상대하게 되는데, 이것은 습속과 "술수"와 (노동과 "경영"에서의) 친숙한 처리 방식뿐 아니라 물질적 현실과 기계와 설비와 제도도, 요컨대 이러한 현실 안에 그리고 상응하는 실천 안에 투입된 **기술적 노하우**라 할 모든 것도 전제하는 실천이다.

여기서 추상의 본성은 다시 한번 변하니, 실현(공장, 기계, 노동조직, 금융 투자 방식)에 의해 구성되는 총체가 매우 정교해진 **어떤 기술의 실현**을 재현한다는 점을 우리가 잘 사고하고자 한다면 ―그럴 때 이 기술에 현존하는 추상은 어떤 앎의 추상일 터이다. 노하우의 앎일 뿐 아니라 추상적이며 상대적으로 일관된 앎이자 (농업 생산, 기계 제작, 노동 조직, 자본 매매 등등의) 개론서에 수록된 앎. **노하우의 앎**이자 교육되고 소통될 수 있는 **앎**. 그리고 이 앎은 실천에 의해 입증되는데, 그 앎이 응용될 수 있고 그리하여 결과들이 생산될 수 있기 때문이다.

과학이 생산에서 아주 큰 역할을 하는 우리의 사회들에서는, 이러한 기술적 앎이 **어느 정도는**, 그것['기술적 앎']의 실현들의 한 부분 전체가 과학적 결과들의 응용에 의존하는 한에서, 과학적 앎의 "여파"이다. 내가 "어느 정도는"이라 말한 까닭은, **기술**은 과학적 **"이론의 후과"[2]**일 뿐이라는, 그러니 ["기술은"] 순수 이론이고, 별도의 실천을 구성하지는 못한다는 관념을 칸트와 같은 관념론 철학자들이 옹호하려 하기 때문이다. 하지만 이는 "순수 이론"에 유리하도록, "순수한" 추상 안에 머무는 이론에 유리하도록 기술적 노하우와 기술적 앎의 **물질성** 및 그런 앎들의 대상("순수" 이론의 투명성으로 환원되지 않는 대상)이 갖는 불투명성과 저항성을 간과하는 것이다. 결국 이는 과학들이 출현하기 오래전에 어떤 노하우와 어떤 기술적 또는 실천적 앎이 실존했음을 간과하는 것이다.

"순수"수학의 도래 이전에도, 수학적 연산의 실현을 위해, 계산과 측량뿐만 아니라 건축과 수력학과 항해와 병장기와 관련해서도 결과들을 획득하기 위해 **어떻게 해야 할지가 알려져 있었음**을 우리는 보았다. 엄청난 양을 멀리 운송하고 포탄을 "기계"로 던지기 위한 물리학과 정역학과 동역학 연구를, 광학 연구 및 화학 연구를, 경작과 목축에 필수적인 모든 농학 연구를 **어떻게 해야 할지**가 알려져 있었다. 물론 이 모든 앎은 "경험적"이었고, "순수" 대상들을 상대로 한 증명들에 의해 획득된 것은 아니었지만, 광대한 것이었고, 이 앎이 없이는 "순수"과학의 발견이 사유 불가능 했을 것이다. (바빌로니아인들, 이집트인들 등등에 의해) 획득된 결과들을 먼저 증명하고 이

2. E. Kant, *Critique de la faculté de juger*, trad. J. R. Ladmiral, M. de Launay et J. M. Vaysse, *Œuvres philosophiques, op. cit.*, t. II, p. 925-926.

어서 그것들을 넘어섰던 수학.

이 기술적 노하우와 기술적 앎은 어디로부터 유래하는가? 선사시대 이래로 모든 인간 역사를 따라 늘어선, 그리고 현재 우리 역사에서도 사라지지 않은 **기술적 발견들**로부터. 구석기시대까지, 불의 발견과 돌도끼의 발견에까지 소급해가지 않더라도, 인간들은 금속을 발견했고, 바퀴를 발견했으며, 수력과 풍력을 발견했고, 밀을 발견해 목축으로부터 농경으로 나아갔다. 이 "발견들"이 어떻게 이루어진 건지 아무도 모른다. 하지만 그 발견들은 현존하는 요소들로부터만 태어날 수 있었다. 상이한 선행 기술들의 마주침. 틀림없이 우연한 마주침(현존하지 않을 수도 있었던 사건 즉 요소). 완전히 다양한 요소의 예기치 못한 마주침 안에서 발견을 촉진했던 그것. 그 발견들은 선행하는 노하우에 입각해서만, 그리고 또한 인간들이 그 안에서 살아왔던 세계 표상représentation에 입각해서만 태어날 수 있었다.

사실, 잊지 말자, 이 인간들은, 하물며 매우 원시적인 이들조차 사회 속에서 살았다. 그리고 우리는 이 사회들의 **재생산**이 관념들과 의례들의 체계 전체를 전제함을 보았다. 공동체의 생물학적 재생산과 동시에 공동체와 자연 사이의 관계도 인가하는 체계. 이러한 "세계의 종교적" 표상이, 각각의 대상과 실천이 동일성을 가질 수 있게끔 하고 그것들에 사회에서의 의미를 부여할 수 있게끔 하는 그 표상이 사물들에 대한 단순한 지각 안에서, 그리고 새로운 속성들의 "발견" 안에서 또는 연장들과 최초 기계들의 발명 안에서 전혀 역할을 하지 않았으리라고 상상하기는 어렵다.

이와 같은 이유로, 어떤 노하우와 어떤 기술적 또는 실천적 앎에 대해 말할 수 있게 된다면, 그 앎을 사물들에 대한, 순전히 **경험적** 양식 위에서 그 자체의 고유성을 인간들에게 드러낼 그런 사물들에 대한, 단순한 **직접 접촉**에 의해 획득되는 것으로 표상하는 걸 경계해야만 하는 것이다. 경험주의는 진리가 사물 안에 있기를, 그리하여 진리 인식이 단지 진리를 보는 것이기를, 또는 진리를 추출하는 것이기를 원한다. 내가 사물의 진리가 아닌 모든 것을 사물로부터 "분리"하면 드디어 내가 사물의 진리를 갖는다는 식이다. 진리임은 너무 간단한 일이니, 내가 사물들과 언제나 **실천적** 관계들을 맺고 있으며, 사물들에 노동을 하고 있고, 사물들을 인식하기 위해서는 사물들에 노동을 해야만 하는 것이기 때문이다. 그런데 내가 사물들에 노동을 할 때, 내 머리에는 언제나 관념들이 있고, 그 관념들에서 앎과 이데올로기는 분간할 수 없게 섞이며, 이 이데올로기적 관계는 내 노동과 연구와 발견에서 사로잡는 부분인데 그 이유는 이 관계가 언제나 내 인식을 "틀" 지우기 때문이다. **따라서 순수한 "경험적" 인식이란 없다.** "경험적" 인식을 운운할 수 있는 것은 오직 **대조를 위해서**일 뿐이며, 이는 과학적 인식의 고유성을, 실천적-기술적 인식과 그것의 차이를 부각하기 위한 대조이다.

이 테제가 중요한 이유는 순수한 경험적 인식이라는 관념이, 모든 경험론 철학에 근거가 되는 이 관념이, 이데아 또는 순수 인식 형태들의 전능함을 긍정하려는 관념론에 정당화와 돋보임의 구실을 해주는 관념론적 신화이기 때문이다.

내가 기술적-실천적 인식을 강조했다면, 이는 이러한 인식이 관넘론 철학의 맹점을 구성하기 때문이다. 이 철학은 이러한 실천적 인식이, 인간들의 오래된 노동과 그들의 더듬거리는 발견들로부터 야기된 이러한 인식이 고유한 종별성을 소유한다는 점을 보고 **싶어 하지 않는다.** 그래서 이 철학은 어떻게 해서든 이러한 인식을 자신이 자임하는 순수성 안에 실존하지 않는 "경험적 인식"이라는 신화로든, "응용된" 형태에서의 순수하고 단순한 과학으로든 환원하려 안달이다. 이 철학은 이러한 기술적-실천적 인식이 과학에 선행했다는 점을, 이러한 인식이 없이는 과학이 역사 속에서 등장할 수 없었으리라는 점을 보고 싶어 하지 않는다. 이 철학은, 과학들에 지배되는 우리 시대에도, 아르키메데스와 레오나르도 다빈치의 시대에 그랬듯이, **과학을 경유하지 않은** 발견들이 이루어지며 과학은 사후에 그 발견들을 탈취한다는 점을 보고 싶어 하지 않는다. 이 철학은 인간의 단순한 실천이, 대상에 노동을 하거나 실험을 하는 그러한 실천이, 군림하는 이데올로기가 지탱해주는 거만함 속에서 과학이 간과하고 거부하고 경멸했던 그것을 포착하는 데에 도달할 수 있음을 보고 싶어 하지 않는다.

나는 비철학의 역사라고 말했다. 이것은 모든 침묵하는 인간 실천들의 역사인데, 그 실천들은 밤 속으로 내팽개쳐졌으나, 모든 가시적 실천을 지탱하고 수반하며, 때론 "문화" 판에서 깜짝 놀랄 일로 그리고 지배적 관념들이 감당할 수 없는 스캔들로 등장했던 이 발견들을 생산한다. 지배적 철학이 경멸한 실천들로부터 태어난 발견들의 사례들을 원하는가? 마키아벨리, 군주들에게 복무했으며 "군주를 인식하기 위해서는 인민이어야만 한다"라고 말할 때 자신이 무엇을 말하는지를 —그리하여 "부유한 자들"과 "빈한한 자들"의 끝 나지 않는 전투에 대해 알던 사람.[3] 마르크스, 노동운동에서 투쟁했 고, "역사는 계급투쟁의 역사이다"라고 말할 때 자신이 무엇을 말하 는지를 알던 사람.[4] 프로이트, 히스테리 환자들과 대면했고, 인간은 무의식적 사유와 욕망을 지니는데 그것들은 성적이라고 말할 때 자 신이 무엇을 말하는지를 알던 사람.[5]

내가 실천적–기술적 인식에 대해, 우리가 실천적 인식이라 부를 수 있는 그것에 대해 강조했다면, 이는 또한 그 인식이 "순수"하지 않기 때문이다. 이는 그 인식이 과학들이 하는 증명 또는 실험적 입 증을 생산하지 않기 때문이거니와, 그 인식이 "세계 재현[/표상]"의 침묵하는 관계들 안에 또는 사회 내지는 이 사회를 생산하는 사회 집단의 이데올로기 안에 언제나 가시적으로 사로잡혀 있기 때문이 기도 하다. **실천적 인식에 강세를 두는 것, 그것은 모든 인식의 이러 한 조건인 이데올로기를 부각하는 것이기도 하다.** 많은 철학자가 전 前과학적 통념들의 실존을, 그리고 인간들이 지닌 잘못된 재현[/표 상]의 실존을 인지했다. 베이컨이 열거한 상이한 오류 중에는 "종족 의 오류[종족의 우상]"라고 하는 사회적 오류[사회적 우상]가 있는데, 이는 권력과 종교의 실존과 연결된다.[6] 하지만 이들 선입관 또는 잘

3. N. Machiavel, *Le Prince*, trad. M. Gaille-Nikodimov, Paris, Le Livre de poche, coll. "Classiques de la philosophie", 1998, Dédicace, p. 56. "인민의 본성을 잘 인지하기 위해서는 군주여야만 하고, 군주의 본성을 잘 인지하기 위해서는 인민이어야만 한다."

4. K. Marx, "Le Manifeste du parti communiste", trad. L. Lafargue, éd. F. Engels, Berlin, Akademie Verlag, *Karl Marx Friedrich Engels Gesamtausgabe*, I, t. XXX, 2011, p. 343. "사회들의 역사는 계급투쟁들의 역사에 다름 아니다."

5. S. Freud, *Cinq psychanalyses*, Paris, Puf, coll. "Quadrige", 2010.

6. F. Bacon, *Novum Organum*, Paris, Puf, coll. "Épiméthée", 2010, I, Aphorismes, XXXIX ff., p. 110–112("종족의 우상").

못된 관념이 따로따로가 아니라 그것들의 **체계** 안에서, (단순 오류라는) 부정적이 아니라 **긍정적인** 방식으로 사유되어야 했다고 생각하는 철학자들은 별로 없었다. 스피노자에게는 그 직관이 있으니, 그는 자신이 제1종의 인식 즉 "상상imagination"[7]이라 부르는 것을 과학적 인식(제2종의 인식) 앞에 놓는다. 바로 이 제1종의 인식 안에서 모든 지각이 주어지며, 그 인식에 의해 모든 사물이 명명되며, 지각되고 명명된 각각의 사물이 상상태 체계 안에 즉 그 **필연적 미망** 안에서 재현[/표상]되는 사물들의 질서 안에 자리매김 되는 것도 바로 그 인식에 의해서다.[8] 이와 같은 미망은 심리학적 "능력"의 미망이 아니라(스피노자는 능력이라는 통념을 거부한다[9]) 어떤 세계의 미망인데, 그 세계는 언제나 사회적이다. 이데올로기라고 하는 이러한 현실에 대한 이론 안으로 더 깊이 파고들어가기 위해서는, 그리고 이러한 현실도 역시 추상적 관계들로 구성된다는 점을 발견하기 위해서는, 마르크스를 기다려야 했다.

이처럼 전개하는 이유는?

과학적 인식을 제기하려면 **실천적 인식도**, 이 인식이 그 안에서 그리고 그 아래서 생산되는 **이데올로기적 관계들도** 둘 다 설정해야만 하기 때문이다.

최초의 과학인 수학이 역사 속에서 돌출하는 것은 바로 실천적 앎의 기반 위에서이며, 주어진 이데올로기적 국면의 기반 위에서이

---

7. B. Spinoza, *Éthique, op. cit.*, Livre II, Proposition XL, Scolie 2, p. 169.
8. 여백에 손으로 써넣은, "몸!"이라는 주석이 두 번 강조된다.
9. B. Spinoza, *Éthique, op. cit.*, Livre II, Proposition XLVIII, Scolie, p. 183. "(…)

정신 안에는, 이해하고 욕망하고 사랑하는 등등의 절대적 능력이 전혀 없다. 이로부터 도출되는바, 이런 능력 및 유사한 능력이 순전히 허구이거나 형이상학적 존재자일 뿐이라는 (…)."

다. 이런 돌출은 물리학·화학·생물학 등등 여타의 모든 과학에도 반복적으로 해당되는데, 이는 언제나 선행하는 실천적 앎의 기반 위에서 그리고 주어진 이데올로기적이고 철학적이고(철학이 당시 실존했기에) 과학적인 국면의 기반 위에서 이루어진다. 하지만 각각의 경우에서, 우리는 어떤 "단절" 아니면 어떤 "지형 변경"에 대해 말할 수 있으며, 그리하여 선행하는 실천적 앎과 용어의 강한 의미에서의 과학적 앎의 본성 사이 차이를 표시하게 된다. 이와 같은 변동은 선행 답들과의 관계에서 보자면 언제나 역설이라는 형태를 취한다. 말하자면, 새로운 답들이 기대되었던 곳에서 과학이 질문을 변경하는 것으로 시작한다든가(마르크스), [칼 빌헬름] 셸레가 하나의 해법을(연소) 보았던 곳에서 라부아지에는 문제를(화학의 실존을 개시하는 산소의 발견)[10] 보았다든가 하는 따위들. 이처럼 어떤 과학의 도래는 과학이 자연에 제기하는 **질문들의 체계** 안에서의, 과학이 직면하는 문제들의 체계 안에서의 변동 요컨대 **문제틀**의 변동과 더불어 일어난다. 자연스럽게, 이런 변동이 작용을 가하는 개념들에 의해 과학은 자신의 문제들을 사유한다. 실천적 인식의 유산인 문제틀의 변동에 낡은 통념들로부터 새로운 개념들로의 변형이, 그리고 이와 상관적인, 낡은 "대상들"로부터 새로운 "대상들"로의 변형이 수반되는 것이다. 탈레스가 논증하는 삼각형은 모래 위에 새겨진 삼각형이 아니다. 갈릴레이가 논증하는 운동은 아리스토텔레스에 의해 사유된 운동이 아니다. 화학자의 물체는 연금술사의 물체가 아니다.

실천적 인식으로부터 과학적 인식을 구별해주는 본질적 차이는

---

10. [스웨덴의 화학자] 칼 빌헬름 셸레(Carl Wilhelm Scheele, 1742~1786)는 라부아지에가 "연소" 아닌 산소라고 파악했던 가스를 준비했다.

무엇인가? 실천적 인식은 구체적이고 경험적인 대상들에 관한 것임을, 구체적 결과들을 획득할 수 있게 해주는 작업들에 관한 것임을 우리는 알고 있다. 하지만 그것이 하나의 인식인 한, 그것은 자신이 말하는 구체적 대상들에 무엇인가를 **추가**한다. 무엇을? 하나의 추상을. 그것은 **일반성**의 형식을 띠고 있으며, 다시 말해 유한한 수의 열거되는 구체적 대상들 또는 관찰되는 고유성들의 앙상블을 다루거나 **그것만을 다룬다**. 간단히 말해, 이와 같은 정돈이 **관찰되는 모든 경우에 일반적으로,** 다만 해당 경우들에, 타당하다는 점이 실천에 의해 확증되었다.

반면에 과학적 인식은 직접적으로 추상적인, 이러함으로 **일반성이 아니라 보편성인** 어떤 추상을 갖춘 대상들에 관한 것이다. 하나의 과학적 개념이, 하나의 과학적 정리가, 하나의 과학적 법칙이 이 개념과 정리와 법칙에 의해 정의되는 모든 대상에 예외 없이 타당하다―과학적 증명이 **단 하나의 경우에,** 정확히 하나의 추상적 대상에, 자기 유형의 대상들의 무한한 앙상블을 대표하는 고유성을 갖는 그런 대상에 작동되었다고 하더라도.

일반성으로부터 보편성으로의 도약, 단 하나의 추상적 대상을 놓고 증명된 결과가 해당 경우의 모든 대상에 타당하다는 것, 바로 이런 것들이 인식의 유효 범위를 완전히 바꾼다. 인식은 더는 관찰된 경우들에 제한되지 않는데, ["인식은"] 동일 장르 안에서 가능한 모든 경우로 펼쳐지기 때문이다. "순수" 삼각형에 대해 확증된 속성들은 가능한 또는 현실적인 모든 삼각형에 타당하다.

이 새로운 앎의 가장 주목할 고유성은, 새로운 보편적 대상들을 상대로 새로운 보편적 개념들이 노동하게 함으로써 새로운 추상적 대상들이 생산될 수 있고 인식될 수 있다는 것, 요컨대 [이 새로운 앎이] 과학 연구에 새로운 장을 열어준다는 것에 있다. 과학은 실천적 앎의 논증이 입각하는 저 **관찰된 경우들의 한정**에 의해 더는 한정되지 않는다. 과학은 구체에 대한 관찰을 거를 수 없으나, 다만 이 구체가 순수 소여의 무매개적 실존이 아닌 것이다. 과학의 구체는 **실험적인** 구체이고, 제기될 문제에 따라 "정화되고" 정의되며 생산된 구체이고, [가스통] 바슐라르가 썼듯이, "실현된 이론들"[11]일 따름인 도구 장치 안에 삽입된 구체이다. 이 실험적 구체가 "자신의 고유한 종을 대표하는" 다시 말해 자신과 동일시되는 모든 구체를 대표하는 것이 되는 이유는 이 구체가 **실험적 장치 안으로의** 삽입 조건들을 따르기 때문이다. 또한 이 구체가 자신에 대한 인식만을 통해 저 모든 구체를 인식할 수 있도록 하는데, 이 인식은 이론적으로 정의된 조건들 안에서 생산되고 이 조건들은 그것의 보편적 타당성을 견고히 하기 때문이다.

그러니 과학의 돌출이, [그것이] 실천적 인식의 기반 위에서일지라도, 일거에 결정적으로, 과학을 "구체"와 맺는 관계로부터 자유롭게 해준다고 생각해서는 안 된다. 바로 "이데올로기" 안에서 "구체"와의 관계가 존속한다. 어떻게 그러한지를 우리는 보게 될 것이다. 실천

---

11. G. Bachelard, *Le Nouvel esprit scientifique*, Paris, Félix Alcan, 1934, p. 12. "자연스럽게, 관찰에서 실험으로 나아가게 되면서, 인식의 논쟁적 특성은 훨씬 더 선명해진다. 그러니 현상은 선별되고, 여과되고, 정화되어야만 하고, 도구들의 주형에 담겨야만 하며, 도구들의 층위에서 생산되어야만 한다. 그래서 도구들은 물질화된 이론들에 다름 아니다. 도구들에서 나오는 현상들은 모든 면에서 이론적 표식을 지닌다. (⋯) 따라서 진정한 과학적 현상학은 확실히 본질적으로 하나의 현상공학이다."

적 인식 안에서, [실천적 인식과] 현실적 구체와의 관계는 확실히 인식 관계이지만, 오직 **일반적**일 뿐이고, 관찰된 경우들의 앙상블에 관한 것이며, 약간의 제한된 "귀납적 결론들"이 추가될 수 있는 그런 것이다. 과학적 앎의 경우에, [과학적 앎과] 현실적 구체와의 관계는 객관적인데, 그러면서도 **보편적**이다. 그러니 과학에는, 구체와의 관계가 존속한다. 과학이 출발하는 구체(실험적 구체)만이 아니라 과학이 도달하는 구체인 인식 즉 "사유-구체"[12](마르크스)도. 그런데 인식은, 언제나 사회적 실천의 지휘를 받기에, 일단 생산되면, 사회적 실천으로 회귀한다. 기술적 처리라는 형식 또는 행동 "원리"라는 형식으로. 이와 같은 것이 **구체-추상-구체**의 순환이다. 우리가 이런 호칭(구체, 추상)을 보존한 이유는 그것들이 당연해 보였기 때문이다. 하지만 그 도상에서 우리가 구체는 실천에만 추상은 이론에만 해당한다는 점을 알게 된 지금, 우리는 우리의 첫 번째 정식화를 두 번째 정식화로 교체해 **실천-이론-실천**이라는 순환을 말할 수 있다. 그리하여 모든 이론은 실천으로 회귀하기 위해서만 실천에서 나온다고 말하게 될 것이고, 끝없는 하나의 순환인 이것이 인류 문화사 전체를 포괄한다.

"이론에 대한 실천의 우위"라는 테제가 암시하는 것이 바로 이 순환이다. 마르크스주의 유물론 전통에 속하는 이 표현은 누구나 안다. 하지만 이 표현은 관념론에도 속한다! 칸트 같은 철학자 역시 이론에 대한 실천의 우위를 단언하니까.[13] 하지만 말을 경계해야만 한다. 칸트에게서 실천이란 **도덕적** 실천과 의무의 완수를 가리키는

---

12. K. Marx, *Contribution à la critique de l'économie politique*, Introduction de 1857, trad. M. Husson, Paris, Éditions Sociales, 1957, p. 164-165.

데 비해, 마르크스주의 전통에서 실천이란 인간들의 생산 활동과 사회적 투쟁 활동을 가리킨다. 그렇게 동일한 표현이 전적으로 상이한 두 의미를 갖는다. 그렇지만 "이론에 대한 실천의 우위"라는 마르크스주의 테제는, "우위"라는 이 소박한 한 단어로 말미암아, 실천과 이론을 갈라놓는 구별로 말미암아 잘못 해석될 위험에 빠진다. 이론에서 실천을 근원적으로 분리하고, 이론이 실천에 대한 힘을 갖는다고 일반화하는 것이 바로 관념론이다. 실제로, 모든 실천에는 (앎에 대한) 이론이 있고, 이는 모든 이론에 실천이 있는 것(모든 앎은 어떤 노동의 소산이다)과 마찬가지다. 실천-이론 쌍은 구별되는 두 대상이 아니라 분리될 수 없는 두 항 사이의 변주 관계 즉 실천과 이론의 통일을 가리킨다. "우위"에 관해 말하자면, 거기서 두 대상 사이의 어떤 위계, 하나가 다른 하나보다 더 "높고" 더 "당당하다"는 가치 평가를 함의하는 위계의 시사를 봐서는 안 된다. 이론에 대한 실천의 우위는, 내가 생각하기엔, 하나의 접속으로 이해되어야만 하고, 여기서 실천은 움직이는 기관차 바퀴의 줄 구실을 할 것이다. 요컨대, **운동을 보존하고 연장하는 추의 역할**.

실천적 인식이 이론적 인식을 시간에서 선행하기 때문에, 실천적 인식의 획득이라는 기반 위에서 과학이 태어나기 때문에 실천적 인식이 이론적 인식보다 우월하다고 말하는 것이 아니다. 물론 과학적 인식은 곧이어 실천적 인식을 훌쩍 뛰어넘지만, 그래도 실천적 인식은 존속하며, 이론의 힘을 부양하고 연장한다. 게다가 실천적

---

13. E. Kant, *Critique de la raison pratique*, trad. L. Ferry et H. Wismann, *OEuvres philosophiques*, *op. cit.*, t. II, p. 745ff. "실천적 순수이성이 사변적 순수이성과 맺는 연결에서 갖는 우월함에 대하여(De la suprématie de la raison pure pratique dans sa liaison avec la raison pure spéculative)."

인식은 이론의 기술적 응용에 대한 앎을 보유함으로써 이론의 인식들을 실현한다. 그래서 실천적 인식 이면에 있는 것은 그냥 실천, 생산이라는 사회적 실천, 경제적·정치적·이데올로기적 계급투쟁이라는 사회적 실천인데, 이러한 실천이 이론의 운동(또는 비운동: 중세 과학의 정체 또는 심지어 망각을 보라) 모두를, 이론의 실천으로의 회귀(또는 비회귀: 오늘날 마르크스주의의 위기를 보라), 생산이라는 실천뿐만 아니라 계급투쟁이라는 실천으로의 회귀도 포함되는 운동 모두를 이끈다.

이론에 대한 실천의 우위가 이처럼 운동과 견인과 부양과 연장이라는 견지에서 표현될 수 있음은 이론과 실천의 관념론적 대립과 단절하기 위해 매우 중요한데, 이 대립은 과학자들과 철학자들을 보통 사람들에게서 분립해 결국 진리를 보유하고 지키고 배분하는 것을 그들에게(이론가라는 그들에게만) 맡긴 것이다. 저 진리는 단순한 "실천가들"의 영역 외부에 있고, 이들 실천가들은 한결같이 저 진리의 권위 밑으로 떨어지기 쉬운 이들이다.

5.

철학적 추상

이러한 언급들로부터, 철학을 실천적 인식과 과학적 인식에 비교함으로써, 철학을 비춰주는 빛을 조금 더 끌어낼 수 있을까? 이것이 불가능하지는 않다. 다만 우리의 결론들이 제한적일 거라는 점을 잘 안다는 조건에서. 왜냐면 우리는 이 비교 안에서 단 하나의 논점에 우리의 성찰을 국한해야만 하기 때문이다. 철학적 추상의 고유한 특성이라는 논점.

우리는 인간들이 자신들의 언어와 실천들에 의해, 이들 실천에서 나오는 앎에 의해, 그로부터 돌출하는 과학적 실천에 의해 추상으로부터 결코 벗어나지 못한다는 것을 보았다. 인간들이 "구체" 외부에서 사는 것은 아니지만, 인간들이 "구체"를 겨누고, 명명하고, 인지하고, 확보하고, 전유하기 위해서 그들에게 추상이 강제된다.

또한 우리는, 언어의 "추상"이든, 이데올로기적(종교적) 추상이든,

실천적 인식이든, 과학적 인식이든, 여기서 추상이 동일한 "성질" 또는 동일한 "외양"을 갖지 않았다는 점도 보았다.

그런데 철학은 우리에게 실천적 인식 및 과학적 인식과 전혀 다른 유형의 추상을 제공하며, 이 추상은 역설적으로 우리를 이데올로기적 추상에 근접시킨다.

철학적 추상은 분명 실천적 추상과 전혀 닮지 않았다. 철학적 추상은 한정된 수의 실제로 관찰된 경우에 관한 것이 아닌데, 까닭인즉 그것이 지상의 모든 존재에, 존재들이 현실적인 것이든 단지 가능성만 있는 그러니까 실존하지 않는 것이든, **존재들의 "총체성"**에 유효하다고 자처하기 때문이다. 여하튼 관념론은 이 주장을 명확히 확언한다. 플라톤은 변증론 철학자(그러니까 진짜 철학자!)가 "전체를 보는" 자라고 선언한다.[1] 칸트는 전체를 존재들의 총체성이 아니라 인식들의 무한한 총체화라는 관념이라고 여긴다.[2] 헤겔은 "진리는 전체"라고, 철학의 고유함은 "전체를" 전체의 논리적이고 역사적인 발전의 결과로 사유하는 것이라고 천명한다.[3] 우리 시대의 사례를 들자면, 사르트르는 전체가 아니라 총체화에 대해 말하는데, 이것을 인간 존재의 가장 심층적인 철학적 기획이라 간주한다.[4]

1. Platon, *République*, VII, 537 c.

2. E. Kant, *Critique de la raison pure, op. cit.*, p. 1386 –1387. "(학문들의) 체계들은 (⋯) 인간 인식 체계 안에서, 하나의 전체 안에서 그만큼의 부분들을 이루면서, 궁극적으로 상호 통합적이다. 그리고 이 체계들은 인간 지식 전체에 대한 건축술을 허용하는데, 오늘날 이 건축술은 가능할뿐더러 별로 어렵지도 않을 것이다."

3. G. W. F. Hegel, *Phénoménologie*⋯; *op. cit.*, p. 18 –19.

4. J.-P. Sartre, *Critique de la raison dialectique*, Paris, Gallimard, coll. "Bibliothèque des idées", 1960, p. 754. "(⋯) 역사적 시간화의 어느 순간에 발견되고 획정될 수 있는 상이한 실천들이, 이 실천들의 대립들 자체와 다양성들 안에서, 돌이킬 수 없는 가지적 어떤 총체화에 의해, 부분적으로 총체화하는 것들로, 그리고 연결되고 융합된 것들로, 종국에 나타나게 된다면, 역사란 가지적인 것이다."

이 "전체"가 현실적 존재들로 구성된다는 점에서, 전체를 "보며" "사유하며" "총체화"를 지향한다는 것은 관념론 철학의 과도한 주장 이다. 누가 철학에 이런 초인적 힘을 주는가?

그렇지만 관념론 철학은 거기서 멈추지 않는다. 그것은 이 현실 적 "전체"를 또 다른 무한히 많은 가능한 세계 중에서, 가능함으로 만 실존하는 다시 말해 실존하지 않는 세계들 중에서 하나의 **가능 한** 세계가 현실화된 것으로 간주하는 데에까지 갈 수 있다. 이러한 것이 라이프니츠의 입장이다. 그는 신의 관점에 서서, 무한히 많은 조합에 따라 단순한 원리들을 조합하는 신의 무한 지성을 우리에 게 제시한다. 이로부터 신의 정신에는 무한히 많은 가능한 세계가 도출되며, 그리하여 선함에 의해, 신은 최상의 것을 창조하기로 선 택했고, 또는 차라리 다음과 같이 말할 수도 있겠는데, "가능한 세 계들 중에서 최상의 것"이 스스로 신의 오성 안에서, 일종의 계산기 로 기능하는 이 오성 안에서 스스로를 택했다. 분명히 철학자는, 이 신성한 계산을 우리에게 설명하기 위해 "신의 관점"에 선 철학자는 **또 다른** 가능한 세계들을 알지 못하는데, 그는 창조된 유일한 세계 안에서 사는 일개 인간에 불과하기 때문이다. 하지만 그는 신이 이 렇게 처리함을 안다. 따라서 그는 원리상 가능한 것이 현실적인 것 에 선행한다는 점을, 신의 무한 지성을 갖게 될 철학자가 현실 세계 뿐만 아니라 신성한 조합이라는 이 "계산"도, 따라서 "사물들의 근 원적 기원"도, 요컨대 "가능한 세계들 중 최상의 것"이 선택되는 출 발점인 무한히 많은 가능한 세계의 전체도 생각하게 되리라는 점을 안다.

하지만 라이프니츠는 우리로 하여금 더 멀리 나아갈 수 있게끔 해준다. 왜냐면 단 하나의 가능한 세계가 실존하는 것이니. 다른 가능한 것들은 **실존할 수도** 있었지만 결국 실존하지 못하니. 그것들이 신의 계산에, 그러니 철학자의 사유에 들어오는 것은 [그것들이] **실존하지-않음**으로서이며, 실존하는 "전체"를 사유할 수 있으려면 바로 이 실존하지 않음을 사유하는 게 필수불가결하다.[5]

이 모든 것은 관념론 철학에 과장 경향이 상수로 존재함을 말하기 위함이다. 관념론 철학은 "전체"를 사유하고자 한다. 분명히 이것은 **실존하는** 사물들과 존재들의 "전체"이다. 그런데 관념론 철학은 "모든 사물"을 규명하고자 한다. 하지만 현실적 존재들의 "전체"를 규명하기 위해 그 철학은 보충적인 어느 정도의 추상을 통과해야만 하고, **가능한 것들**의 전체(또는 현실적 존재들의 **가능성** 조건들의 체계)에 연동해 저 현실적 존재들을 사유해야만 한다. 하지만 그 철학이 **가능한 것들**의 전체를 상정하는(라이프니츠의 철학처럼) 그 순간부터, 실존 속에서 일어나지 않은 가능한 것들을, 따라서 실존하지 않는 가능한 것들을 그 철학은 사유한다. 이 철학의 주장이 어디까지 펼쳐지는지를 보자! 실존하는 존재들의 전체 더하기 가능한 것들의 전체, 그리고 그것들 중에서 말하자면 **실존하지 않는 "사물들"**이지만 실존하는 사물들의 실존 그리고(또는) 이 사물들에 대한 인식에서 결정적 역할을 하는 그런 사물들.

이것은 아무리 놀라워도 여하튼 사실이다. 철학이 "전체"를 사유

---

5. 예컨대 G. W. Leibniz, *Essais de Théodicée, op. cit.*, § 225, p. 108, 253, et "Monadologie", dans *Discours de métaphysique suivi de Monadologie et autres textes*, éd. M. Fichant, Paris, Gallimard, coll. "Folio essais", 2004, § 43 ff., p. 230-231을 보라.

하고자 할 때, 그것은 실존하는 사물들에 어떤 "보충"을 첨가하는 쪽으로 거부하지 못하고 끌려간다는 것. 그 철학이 "전체를 사유"할 수 있으려면 이 보충이 필요한데 정작 **이 보충은 실존하지 않는다**는, 이것이 역설이다. 이 보충은 실존하지 않는 "사물"이며, 더 정확히 말하자면, 실존하지 않는 것으로 종종 명시적으로 사유되는 사물이다. 사례: 데모크리토스와 에피쿠로스에게서의 공백. 이것은 원자들의 마주침의, 요컨대 세계의 "전체" 구성의 가능 조건이다(이 공백은 실존한다고 설정되지만, 이것에 대한 사유는 부정적이니 공백이 사유되지 않는다고 말할 수도 있겠다). 사례: 플라톤, 헤겔, 사르트르 등등에게서의 무. 사례: 칸트에게서의 물 자체(물 자체가 실존한다고 말할 수 없는 이유는 그것이 의미 아래 놓이지 않기 때문이다). 사례는 얼마든 더 있다.

모든 것이 역설적으로 일어나니, 마치 "전체를 사유"하고자 하는 철학이, 자신의 주장을 충족시키기 위해서는, 현실적 사물들의 "전체"를 사유하는 것뿐만 아니라 "가능한 것들"의 전체로 나아가는 것 그리하여 결국엔 **실존하지 않는 "사물들"을 사유하는 것**, 요컨대 실존하는 이 "모든 것" 너머 그러니까 관찰된 전체뿐만 아니라 관찰할 수 있는 전체 너머를 사유하는 것도 실천적으로 필수적이었던 것 같다. 관념론 철학은 이를 결행하기를 주저하지 않는다. 그 철학의 명제들은 실천적 인식의 추상과 아무 관련도 없는 어느 정도의 "추상"을 제기하는데, 그 명제들은 "총체화하는" 것들이고 이 "총체화"는 실재를 훌쩍 뛰어넘기 때문이다.

하지만 그렇게 함으로써, 철학적 추상은 과학적 추상과 더는 비숫하지 않다. 우리는 말할 것이다. 관념론 철학의 추상은 "총체화하는" 것임과 견줘 과학적 추상은 "보편적"이고, 이는 전혀 상이한 것이라고. 어떤 주어진 과학의 추상은 "총체화하는" 것이 아니니, 그 추상은 "전체"를 설명하겠다는 주장을 하지 않기 때문이다. 그 추상은 보편적이지만, 어디까지나 자신의 장르 안에서이다. 그것은 다른 대상들이 아니라 단일한 동일 개념에 부합하는 모든 대상에 관한 것이다. 이렇듯 수학적 실천에서 "순수" 삼각형에 대해 증명된 하나의 명제는 모든 삼각 대상에 타당하겠지만, 세계의 모든 사물에는 아니다. 동일한 사태를 다른 견지에서 말할 수 있다. 모든 특수 과학이(분야별 수학, 물리학, 화학 등등) **유한**하다고. 이 과학들은 **한정된** 대상을 다룬다고. 이 한정된 대상에 관한 과학적 연구는 무한하다는, 또는 차라리 불확정적이라는 다시 말해 끝이 없다는 점이 하나의 측면이다. 하지만 또 다른 측면은 모든 과학의 대상의 "유한한" 특성이다. 그리고 두 과학이 "융합"될(오늘날 화학과 분자생물학처럼) 때라 하더라도, 이로부터 무한한 과학이 만들어지지는 않으며—다시 말해 실존하는 사물들의 "전체"에 대한 규명을 자처할 "총체화하는" 과학이 만들어지지는 않는다. 유한한 과학이 과학자들 또는 철학자들에 의해 무한하며 "총체화하는" 과학이고 실존하는 사물들의 총합을 설명할 수 있는 과학이라고 제시되는 현상이 역사 속에서 틀림없이, 정기적으로, 관찰된다. 갈릴레이 자신이, 물리학의 제1법칙들을 발견했을 때, "세계라는 거대한 책은 수학적 언어로 쓰였다고", 그래서 기하학의 도형들에 의해 전모가 이해될 수 있다고 믿었다. 그리고 데카르트는 이 주장을 이어받아서, 자신이 발견했던 분석적 기하학을 "보편학"(보편 수학) 속에서 모든 걸 설명할 수 있는 것으로 제시했다.[6] 라이프니츠도 그걸 흉내 냈다. 하지만 그의 "보편학"은 미적분학이었다.[7] 무한의 유혹이 과학자들을, 아울러 철학자이기도 한 이들 과학자들을 주기적으로 사로잡는다. 자신들의 유한한(자기 대상에 한정된) 과학에 "총체화하는" 무한한 철학(현실적 존재들과 가능한 존재들 모두에 타당한 철학)의 "무한한" 기능을 맡기려는 유혹. 하지만 이 같은 유혹은 언제나 실천과 역사에 의해 좌절된다. 언제나 과학은 자신의 유한한 대상 앞에 놓이는 것으로 귀착되며, 철학은 자신의 무한한 기획 앞에 놓이게 된다.

그러니 철학에는 (플라톤, 데카르트, 라이프니츠, 헤겔에게서 보듯) 신이 필요했겠다고 이해할 수 있다. 왜냐면 철학은 무한성을 향한 자신의 주장을 정당화해야만 하니까. 자기 자신과 일관되는 철학은 이 무한성의 기원적 "원리"를 상상의 (그런데 "철학자들과 과학자들의 신"을 받아들이지 않는 파스칼 같은 진짜 신자들에 의해서는 추상이라고 규탄되는) 존재 안에서 사유한다. 이런 상상의 존재가 신이다. 철학이 실존하는 종교 안에서 "찾아내고" 이데올로기적 이유들로 인해 책임져야만 하는 이 신 자체를 철학은 **무한한 것**으로, 무한한 속성들(오성, 의지, 선함 등등)이 갖춰진 것으로 사유하며, 그리하여 신에

6. R. Descartes, *Regulae ad directionem ingenii, Œuvres, op. cit.*, t. X, 1986, Regula IV, p. 378.
7. G. W. Leibniz, "De la méthode de l'universalité", dans G. W. Leibniz, *Opuscules et fragments*, éd. L. Couturat, Paris, Alcan, 1903, p. 97-142; "Mathesis universalis", dans *Mathematische Schriften*, éd. C. Gerhardt, t. VII, Halle, Schmidt, 1863, p. 49-76, réimpr. Hildesheim, Olms, 1962.

게 세계를 창조하며 그럼으로써 가능한 존재들 및 현실적 존재들 전부를 포괄하는 무한 역량을 부여한다.

우리는 이러한 신이 이들 철학자들의 일부라고 간주하는 것에 익숙해져서, 신을 특징짓는 것을 시야에서 놓칠 위험이 있다. 틀림없이 신은 종교에서 가져온 것이다. 하지만 자신의 이론적 과업에 매달리는 철학으로서는, **보충적**이고 따라서 **실존하지 않는** 어떤 존재가 아니라면 도대체 신이 무엇이겠는가? 신은 전술한 공백, 무, 물자체와 마찬가지로 철학의 "총체화하는" 무한한 특성을 정립하는 데에 필수불가결하다. 철학적 명제들이 그 한도를 알지 못하는 것, 모든 과학과 모든 인식의 유한성에서 벗어나는 것, 스스로를 무한하다고 즉 [저 자신이] 지상에 실존하는 이 **모든** 것을 규명하기에 적합하다고 간주할 수 있는 것, 이런 것들은 신이 철학자에게 실존하기 때문이며 신이 무한하기 때문이다.

그리하여, 철학의 추상은 지배이데올로기의 추상에, 지배이데올로기가 종교의 형식을 띠든 전혀 다른 형식을(법적인, 정치적인) 띠든 여하튼 이러한 이데올로기의 추상에 근접한다. 이데올로기적 "인식"에서는, 우리가 곧 보게 되겠지만, 모든 과학과 모든 인식의 **유한한** 특성에 대한 추상이 이루어지는데, 이데올로기 역시 "총체화하는" 것이고, 지상에 실존하는 이 모든 것에 대해 규명하고 이 모든 것의 진리와 의미를 부여하고 이 모든 것의 자리와 기능과 향방을 고정시키겠다고 자처하는 것이기 때문이다(종교를 보라). 그리고 이데올로기는, 역시 마찬가지로, 자신에게 상상의 존재들을 부여하는 조건 아래에서만 실존하고 기능할 수 있는데, 이 상상의 존재들은 유한한 실존의 조건들 중 그 어떤 것에도 따르지 않는다. 예컨대 (종교에서의) 신 자체. 예컨대 (도덕적-법적 이데올로기에서의) "인격." 예컨대 (철학적 이데올로기 안에서의) 인식과 욕망과 행동의 주체.

둘 다 "총체화하는 것"들인 이데올로기와 관념론 철학 사이의 이러한 기이한 친족관계는 설명을 요한다.[8]

추상에 관한 이 모든 언급은 중요한 결론으로 이어진다. 인간이 사회적 실존을 영위한 이래로 언제나 추상 속에서 살아간다면, 결코 추상으로부터 빠져나갈 수 없다면, 하물며 어떤 구체적 존재를 물리적으로 전유하려 노력할 때조차도 그렇다면, 이들 전유의 조건 그 자체가 추상적이라서 그런 것이라면, 여기에 담긴 함의는 이데올로기에 의해서, 그리고 관념론 철학들에 의해서, 추상만큼이나 구체에 입각해서 유지되는 허다한 미망을 포기해야 하리라는 뜻이다.

이것의 함의는, 강조컨대, 철학자들이 자연상태라 불렀던 그것을 포기해야 하리라는 뜻이다.

---

8. 초고 1의 끝. 이어지는 두 단락은 초고 2에서, [이 책 3장] "추상" 장의 1차 판본 말미에 나오는데, 두 단락 뒤로 이어진 부분은 이 책 6장 "자연상태라는 신화"가 되는 내용이다.

6.

자연상태라는 신화

자연상태란 하나의 신화이고, 관념론 철학자들은 인간들이 사회상태로 접어들기 전에 여기서 살았노라고 상상한다. 예컨대 로빈슨 [크루소]의 고독, 또는 우리가 아는 사회의 "불편들"이 없었던 공동체. 이러한 자연상태는, 다수의 종교에서, 낙원이라 불린다.

기독교의 예를 들자면, 낙원 그것은 인간 커플의 조건이었는데, 이 커플은 죄 없이 신에 의해 창조되어 자연의 선함에 맡겨진다. 자연은 관대했으니, 인간들을 키웠고, 게다가, 중요한 것인즉, 자연이 그들에게는 **투명**했다. 허기와 갈증이 있을 때 언제나 익어 있는 과일들을 따려면 손을 뻗는 것으로 충분했거니와 아담이 어떤 사물을 완벽하게 알기 위해서는 자기 눈으로 그것을 보거나 자기 손으로 그것을 잡아보는 것으로 충분했다. 너무 흔하게들 믿는 것과는 반대로, 인간들은 모든 사물을 인식할 권리를 지녔고, 이 인식은 감각에 의해 주어졌으며, 인간의 지성과 동일시되었고, 이 인식을 지칭하는 말들과 동일시되었고, 완벽하게 **무매개적이며 투명했다**. 아담은 인식하기 위해 노동하고, 생산하고, 시도할 필요가 없었다. "기독교 철학자" 말브랑슈가 말했듯, 아담은 "그저 보는 것만으로"[1] 알았다. 사물들의 진리는 사물들 안에, 사물들의 경험적 실존 안에 있었고, 그 진리를 소유하기 위해서는 단순한 응시에 의해 그것을 **추출**하는 것으로 족했다. 추상은 구체와 동일시되었다. **경험론**이라 불리는 것이 이러한 인식 이론의 가장 완전한 전형적 이미지이다. 이와 같은 이미지가 낙원에 대한 종교적 신화와 더불어 사라지지는 않았음을 우리는 볼 것이다.

하지만 이 신화에는 다른 측면이 있었다. 자연은 관대했다는 관념, 언제든 손닿는 거리에 있는 과일들을 따는 걸로 충분했다는 관념. 요컨대 **인간이 살기 위해서 노동을 해야 할 필요가 없었고, 인식하기 위해서 노동할 필요는 더더욱 없었다는 것**. 즉각 보게 되는 것은 인식에 대한 경험론의 관념과 생계 수단 생산을 위해 노동할 필요의 부재 사이에 일정한 관계가 실존한다는 점이다. 두 경우에, 자연은, 다시 말해 대상들은, 다시 말해 그 대상은 모든 면에서 충분하다. 곧 인간들의 욕구를 충족시키려 자연을 변형시키는 것은 필수적이지 않으며, 답은 이미 대상 안에 먼저 기입된다. 그 답을 추출하는 것으로 족한데, 이 추출은, 그것의 단순성과 무매개성이라는 면에서 경험주의적 추상 형식이다. 그리하여 보게 되는 것은 이 동일한 추상들이, 모든 인간이 그 안에서 살고 있는 그러한 추상들이

1. N. Malebranche, *Éclaircisements sur la Recherche de la vérité*, IV, *Œuvres*, t. I, *op. cit.*, p. 823.

관념론 철학에 의해 인간과 자연의 다시 말하자면 인간과 대상들의 접촉의 단순한 효과인 것으로 표상될 수 있다는 점이다. 그리고 이와 아울러 보게 되는 것은 추상에 대한 이와 같은 왜곡된 관점은 인식이라는 실천과 동시에 생산이라는 실천에도 관련된다는 것인데, 이때 인식이라는 실천은 "그저 보는 것"으로 환원되며, 생산이라는 실천은 언제든 익어 있고 손닿는 거리에 있는("handgreiflich" 헤겔[2]) 과일들을 그저 따는 것으로 환원된다는 점이다.

물론 이 신화에는 다른 측면도 있었다. 인간관계들은 인간들과 자연 대상들 사이 관계들만큼이나 투명했다는 관념이 그것이다. 인간과 자연 사이 관계들의 문제들이 자연의 관대함에 의해 먼저 해결되었던 바로 그 계기에서 출발해, 인간들 사이 관계들이 이러한 투명성을 지닐 수 있음이 이해된다. 또한, 이런 낙원 즉 자연상태에서, 신자들이나 철학자들은 인간에게 하나의 신체를 부여하는데, 이 신체는 그 자체가 인간의 영혼 또는 지성에 대해 투명하다. 신체는 플라톤이 말하는[3] "묘비" 또는 "베일"이 아니며, 자연 인식과 자아 인식에 장애물이 아니고, 말하자면 지성 또는 인간 영혼과 신체든 사물이든 자연과의 사이에 낀 장애물이 아니며, 허기와 쾌락을 느끼며 아프기도 하는 욕망하는 불투명한 사물이 아니다. 신체는 인간에게 거역하지 않고 복종하는 순수한 도구, 정념도 욕망도 무의식도 없는 도구, 실천적 투명성일 뿐이기에 따라서 이론적 투명성이기도 한 도구에 불과하다.

이러한 조건들에서, 인간들이 모두 "자연의 운동"을 뒤따르기에

---

2. G. W. F. Hegel, *Science de la Logique,* *op. cit.,* t. I, p. 20("가촉적인palpable").

3. Platon, *Cratyle,* 400 c.

인간들 사이의 관계들은 단순하며 명료하고 그 어떤 잔여도 없다는 점에서, 당연히qui est bon, 더는 법적이고 정치적인 그 어떤 문제도, 전쟁과 평화 또는 선과 악의 사안들을 초래하는 문제들 중 그 어떤 문제도 실존하지 않는다는 점은 분명하다. 신은 낙원의 인간들을 자신들의 선으로 이끈다. 이를 위해서 그들은 자신들의 올바른 이성과 "자연의 운동"을 뒤따르는 것으로 충분하다. 그럼으로써 보게 되는 것은 우리가 말했던 모든 사회적 추상이, 특히 법과 국가가, 구체의 신체적 전유를 보장하는 그것들이 자연상태 또는 낙원에는 부재하다는 점이다. 인간들 사이의 관계들은 투명하기에, 더욱 이 불투명한 잔여도 없기에, 갈등도 비행도 없기에 법도 법원도 국가도 필요하지 않다. 더는 도덕도 필요하지 않으니, 루소가 말하듯, "자연의 운동" 또는 "마음"이 그 자리를 대신하기 때문이다.

그렇지만 이 너무도 아름다운 이야기가 언제나 그 끝이 나쁘다는 것은 누구나 안다. 낙원은 죄를 지으며 끝나고, 자연상태는 전쟁상태의 파국들 속에서 끝난다. 그리고 이 두 정황에서, 비극을 촉발하는 것, 우연히도 그것은 도덕과 법과 정치, 다시 말해, 정확히, 인간들은 거를 수 없는데 낙원 신화와 자연상태 신화는 등한시하고 "추상하는" 바로 이 사회적 추상들과 관계를 맺는 어떤 것이다.

원죄 신화는 다들 알고 있다. 낙원의 인간 커플은 단순히 보는 것만으로 모든 사물을, **"선악을" 제외한** 모든 사물을 아는데, 선악은 다른 나무들처럼 과일이 달린 어떤 나무로 형상화된다. 선과 악에 대한 인식이 이처럼 인간들의 손닿는 거리에 있다는 점이 특별할 건 없으니, 모든 인식이 동일한 방식으로 인간들에게 주어지기 때문이다. 손닿는 거리에 있어서 그것들을 잡기만 하면 되는 식으로. 정작 특별한 것은 신이 인간들에게 선악과를 다시 말해 그 인식들을 잡는 걸 금한다는 것이다.

기독교 신화는 이 금지에 다음과 같은 근거를 제외하고 그 어떤 근거도 대지 않는다. 인간들이 선과 악의 차이에 대한 인식에 도달하면 온갖 종류의 갈등과 파국이 뒤따르리라는 것을 신은 미리 알았노라고, 그런 연유로 신이 인간들에게 이러한 인식을 금했던 것이라고. 이런 논변은 기이해 보일 수 있는데, 신은 전능했기 때문이다. 그러니 신의 전능함이 선과 악의 인식이라는 경계에서 멈춰버렸음을, 자신의 금지에 대한 경시로 야기된 사건들의 불운을 막기 위해 신이 할 수 있는 것이 없었음을 믿어야만 한다. 여전히 **특정한 추상들의 전능함을 인정하는**, 다만 이번엔 반대로 인정하는 하나의 방식. 신 스스로가, 모든 것을 창조한 바로 그가 추상들 중 일부에 맞서 할 수 있는 것이 없었으니까. 그런데 사실상 이번엔 "부주의에 의한 것"(바로 이런 식으로 말브랑슈는 원죄를 설명한다.[4] 다른 방식으로는 설명되지 않는 원죄. 이와 같은 부주의도 역시 하나의 추상 형식이나 다만 구체적이고 일회적이며 그 장르에서 특이한 것일 따름인 것). 인간들이(이브가) 선악과를 쥐어버렸고, 낙원의 모든 행복은 상실되었고, 인간들은 내쫓겼으며, 그리하여 그들은 자신들이 벌거벗었음을 보았고, 살기 위해서는 그리고 또한 인식하기 위해서는 노동하지 않을 수

---

4. N. Malebranche, *Éclaircisements sur la Recherche de la vérité*, IV, *Œuvres*, t. I, *op. cit.*, p. 851. "최초의 인간이 우쭐한 즐거움의 생생한 감정 탓에 또는 어쩌면 어떤 사랑이나 감각적 쾌락 탓에 자신의 정신의 능력을 점차 분유 혹은 충족케 하면서, 신의 현전 및 그 자신의 의무 관념이 그의 정신에서 말소되었다. (…) 이렇게 일탈하면서 그는 타락할 수 있는 자가 되었다."

없음도 보았다.

동일한 이야기를, 다른 논변들로, 로크에서 루소와 칸트에 이르는 자연상태 이론가들이 한다. 하지만 이번엔 자연상태 상실의 기원에 있는 것이 도덕(선과 악)이 아니라 선과 악의 "기원"으로서 땅과 열매와 짐승과 화폐의 물리적 전유인 **사적 소유**인데, 이 사적 소유가 일반화되면서 국경 갈등을 산출하며 전쟁이 경향적으로 일반적 전쟁상태를 산출한다. 가까스로 인간들이 자신들 사이에서 **이러한 사회적 추상들**을, 사회계약 안에서 법과 도덕과 국가와 정치로 있는 이러한 **사회적 관계들**을 확립해내며, 그리하여 자신들 사이에서 시민적 평화의 혜택들이 지켜지게끔 한다. 이 시민적 평화는 기원들의 평화 즉 자연상태의 잃어버린 평화와는 닮은 점이 거의 없다.

이 모든 신화에는, 이것들의 관념론적 사유 형식에도 불구하고, 매우 심오한 유물론적 진리가 들어 있다. 실제로 거기에서 발견되는 관념은, 세계와 인간의 창조 안에서 **신 자신이 추상의 보편적 법칙을 추상할 줄 모른다**는 점과, 신 자신도 그 법칙에 복종하는데 이는 그 법칙의 전능함을 간접적으로 인정하는 방식이라는 점이다. 거기에서 발견되는 관념은, 인간의 삶으로부터 모든 추상을 근원적으로 내쫓고자 한다면, **추상은 어딘가로 도피해 정확히 어떤 금지의 대상이 된다**는 점이다.[5] 바로 이런 금지가 인간들과 세계 사이의, 인간들 자신끼리의 무매개적 즉 추상이 없는 관계의 절대적 가능 조건인데, 여기엔 남성과 여성의 관계도 포함된다. 이들 남성과 여성이 마

---

5. (알튀세르의 주석): 이와 같은 금지가 자연상태의 체계를 가능케 한다. 여기서 상기되는 근친상간 금지(역시 꼼꼼한)가 원시사회들을 가능케 하는데, 이 사회들도 역시 **성** 관계들에 종속된다.

치 우연처럼 발견하는 것은, 자신들의 인간적 실존에 본질적 "추상"인 **성(섹스)**을 갖는데, 이와 아울러 자신들이 선에 대한 인식과 악에 대한 인식 사이의 차이를 다시 말해 참된 인식을 발견한다는, 그러한 것이다.

거기에서 발견되는 것은, 인간들이 일단 "죄"에 빠져들면, 다시 말해 자신들의 진정한 조건 즉 더는 자연상태의 상상으로 위장하지 않는 조건에 빠져들면, 인간들은 사회적 관계들 아래, 성적 관계에, 살기 위한 노동에, 인식들을 추구하는 노고에 구속되며, 이 인식들은 "단순히 보는 것"으로부터가 아니라 현실적 실천으로부터 즉 자연을 변형하는 실천으로부터 나온다는 점이다. 요컨대 거기서 발견되는 것은, 자신들에게 진리를 무매개적으로 건네주는 사물들과 인간들이 무매개적이고 직접적인 관계를 맺는 **상상적**(분명히 기성 종교가 관심을 가질 이유들로 인해 정련된) **"추상"**으로부터 빠져나와, 생산하고 인식하기 위해서는 노동을 해야만 하는 현실적 삶의 세계에 들어선다는 것이다. 이 세계에서는 추상은 그 의미가 변해, 더는 단순한 "읽기", 단순한 "따기", 사물들 안에 있는 이 사물들의 진리의 무매개적 단순 "추출"이 아니고 도리어 진정한 **노동**이 된다. 인식하기 위해서는 원료뿐만 아니라 노동력(인간과 그의 노하우)과 노동수단(연장들, 말들)이 필요한 그런 노동.

하지만 그럼으로써, 우리는 철학(또는 이에 더해 종교)에 관한 제법 흥미로운 결론에 당도한다. 사실 우리의 분석에서 우리는 무엇을 관찰할 수 있었던가? 종교적 세계관 또는 철학적 세계관이, 낙원이라는 관점 또는 자연상태라는 관점이, 이것들이 제아무리 완전히 종교적이고 관념론적이라 하더라도, 이것들은 특정한 방식으로, 말하자면 **전도된** 방식으로, 아니면 차라리 **전위된** 방식이라 할 방식으로, 인간의 실존과 (성적) 재생산과 생산과 인식의 조건들의 물질적 현실에 대한 인정을 함유했다는 점. 물론 거기에 이르기 위해서는, 이 신화들 또는 이 철학들을 "해석할" 수 있어야만 한다. 하지만 이 해석은 자의적이지 않다. 도리어 이 해석은 **이 신화들**과 이 철학들의 **내부에** 온전히 나타나는, 틀림없이 우연이 아니라 심층적 필연에 의해 그 내부에 있는 요소들에 입각한다.

지금으로서는 다음과 같이 말함으로써 이 필연성을 우리가 탐지할 수 있다. 이 신화들과 이 철학들은 홀로 사유하고 쓰는 고립된 개별 인간들의 작업이 아니고 도리어 인민대중이 이해하고 추종하게끔 글을 쓰는 역사적 개인들의 작업이었다고. 종교라는 단어가 "연결"을 뜻하는 라틴어에서 왔다고 말한바 있다. 이처럼 종교는 모든 인간을 단일 인민으로 엮어내는 것을 지향하는 교리이다. 그래서 종교적 신화들의 기능은 다음과 같다. 그 신화들이 전승되는 남성들과 여성들로 하여금 동일한 믿음에 의해 스스로를 서로 연결해 "하나의 단일한 인민을 형성"하도록 하는 것.

자연상태에 대한 철학적 신화들도 사정은 동일하다. 그 신화들이 부상하는 부르주아가 형성되던 시기에 등장했다는 것, 그 신화들은 이 부르주아의 열망들을 표현하고 그들의 문제들을 번역하고 그 해법들을 제안했다는 것, 그 신화들은 바로 이 부르주아의 **통일성을 공고히 하는** 것과 부르주아의 사회정치적 승리에 이해관계가 걸린 모든 사람을 부르주아 주위에 결집하는 것을 지향했다는 것, 이런 것들은 우연이 아니다. 그런데 종교적 또는 철학적 신화 안에서 인간대중에게 말을 걸 때, 그것이 이해되길 원한다면, **이 대중의 실존도 그들의 실천적 경험도 그들의 조건의 현실도 이러한 신화 자체의 언술 안에서 규명되어야만 한다.**

그러므로 종교적 신화 안에서든 철학적 신화 안에서든, **어느 부분에서는**, 이 대중의 삶의 조건들과 그들의 경험과 그들의 요청의 현실이 형상화되어야만 한다. **그들을 확실히 확보해야만 한다**라고 내가 말할 때, 이를 매우 강한 의미에서 이해해야만 한다. 그들의 저항을 사전에 무장해제 해야만 하고, 그들의 반대를 예방해야만 한다는 것. 무엇에 대한 그들의 반대? 바로, 그들에게 제시되지만 그들의 이해관계가 아니라 사제 신분 또는 교회 또는 권력을 쥔 사회계급 등의 모든 여타 인간 집단의 이해관계에 복무하는 세계관에 대한 반대.

바로 이 지점이 철학에 관한 조금 더 풍부한 관념을 우리에게 제공하기 시작하는 곳이니, 철학이 여전히 종교 아래 피신해 있다 하더라도 말이다. 철학은 실존하는 존재 또는 단지 가능한 그러니까 실존하지 않는 존재 전체에 관한 명제들(즉 "테제들")을 확언하는 데 그치지 않는다. 그것은 이 명제들을 **이 존재들에 대한 인식보다는 이 존재들을 놓고 벌어질 수 있는 갈등들에 더 관련된** 방식으로 확언한다. 이와 같은 이유로 모든 철학이(거기까지 가자) 자신의 반대물에 사로잡히고, 관념론은 유물론에 사로잡히며, 유물론 역시 관념론에 사로잡히는데, 사실 각각의 철학이 어떤 면에서는 갈등을 자신의 내부에서 재생산하며, 그 갈등 안에서 철학은 자기 외부에

149

관여된다.

그럼으로써 발견되기 시작하는 것은 우리가 철학에서 관찰할 수 있었던 아주 특별한 이 **추상**의 의미이다. 이것은 실제로 정말 기이한 추상인데, 왜냐면 추상이 목표로 하는 것이 과학에서 하듯 세계 안에 실존하는 사물들에 대한 인식을 규명하는 것이 아니라 실존하는 모든 것과 이뿐 아니라 실존하지 않는 모든 것에 대해 말하는 것이기 때문이다. 그것도 이 존재들의 자리와 의미와 기능에 관해 언제나 현존하는 **선행 갈등**을 내포하는 방식으로. **외부로부터** 철학을 지휘하는 갈등. 철학이 철학으로 실존할 수 있기 위해서는 **자기 내부로** 끌어와야만 하는 갈등. 그러니 **능동적 추상**, 이렇게 말해도 좋다면 자기분열적인 **논쟁적** 추상. 이 추상은 자신의 "대상들"이라 주장한 것들이 실존할 수도 실존하지 아니할 수도 있기 때문에 그런 대상들과 관련될 뿐 아니라 자신의 고유한 입장들 즉 자신의 고유한 "테제들"과도 관련되는 것인데, 이 테제들은 역설적 조건에서만 확언될 수 있기 때문이다. 모순되는 테제들에 의해서 부인되면서도, 확실히 이 철학의 끄트머리에 처박혀 있으면서도 그래도 현존한다는 역설. 그렇게 철학적 추상의 이 전혀 예기치 못한 특성이야말로 분명하게 이 추상을 과학적 인식의 추상과 그리고 그런 만큼 실천적-기술적 인식의 추상과 구별해준다. 하지만 이와 동시에, 우리가 보았듯, 바로 이 특성이야말로 철학적 추상을 기이하게도 이데올로기적 추상에 근접시킨다.

7.

실천이란 무엇인가?

우리가 이러한 시사들에 머무를 수 있을까? 아니다. 왜냐면 그것들은 여전히 피상적이며 철학으로 들어가게 해주는 것을 제공하지 않기 때문이다. 철학으로 파고들기 위해 우리는 이중의 우회를 진행할 수밖에 없다. 한편으로는 과학적 실천으로의 우회를, 다른 한편으로는 이데올로기적 실천으로의 우회를—그리고 다른 실천들을 상기해보자면, 생산이라는 실천처럼 이들 실천을 대부분 지휘하는 실천들, 심미적 실천처럼 이들 실천을 수반하는 실천들, 분석적 실천처럼 이들 실천을 해명할 수 있는 실천들.

하지만 그전에, 우리가 늘 사용하는 이 소박한 단어 "실천"에 관해 질문하는 것이 무용하지는 않다. 우리가 이론보다 우위에 있다고 확언한 저 **실천이란 무엇인가?** [우리는] 모순에 빠지지 않고 실천에 대한 하나의 "이론"을 제시할 수 있을까? 모든 이론이 실천과의 관계에서 또는 하나의 실천과의 관계에서 부차적인데도?

우선 우리는 희랍 철학자 아리스토텔레스에게서 온 저 유명한 구별에 주목할 수 있다. 실천이라는 말의 두 의미를 구별하는 아리스토텔레스.[1] 그의 첫 번째 의미에 따르면, 실천은 포이에시스 즉 생산 또는 제작이다. 그것은 행위 또는 과정을 가리키며, 이러한 행위 또는 과정에서 한 인간(또는 한 팀)의 노동력과 지성이 노동도구(연장, 기계)를 사용해 원료(천연이든, 가공된 것이든)를 수공업적으로 또는 산업적으로 제작된 대상으로 변형한다.

아리스토텔레스의 두 번째 의미에 따르면, 실천은 프락시스이고, 여기서는 대상이 어떤 행위자와 외재적 수단들에 의해 변형되는 것이 아니라, 주체 자신이 자신의 고유한 행위 즉 자신의 고유한 실천 안에서 스스로를 변형하는 것이다. 예컨대, 아리스토텔레스는 저 자신을 돌보는 치료사 또는 저 자신을 변형하는 현인의 프락시스를 말한다. 이 두 의미가 마르크스에게서도 발견된다. "노동과정" 안에서 원료의 변형, "혁명과정" 안에서 자아의 변형(『포이어바흐에 관한 테제』)

이 두 의미를 구별해주는 것, 그것은 원료·노동·도구·노동력 따위의, 두 과정["노동과정" "혁명과정"] 안에서 주어져 있는 것들이 현존하느냐 부재하느냐가 아니라 "대상"의 **외재성** 또는 **내재성**임은 분명하다. 전자의 경우에 대상은 외재적 대상이고 후자의 경우에 대상은 주체 자신인데, 여기서 주체 자신은 자신의 고유한 원료이기도 하고 자신의 고유한 노동력이기도 하며 자신의 고유한 생산도구이

---

1. Aristote, *Éthique à Nicomaque*, VI, 4,   1140 *a*.

기도 하다. 따라서 형식상으로는, 셰마~schéma~가 내용과 구성요소와 관련해서는 동일하지만 변형해야 할 대상의 본성과 관련해서는 차이가 있다. 이러한 구별은 이어질 우리의 분석에서 매우 유용할 것이다.

따라서 "실천"이라는 말은 **실재와의 능동적 관계**를 시사한다. 어떤 연장에 대해, 규정된 원료에 가해지는 규정된 노동에 특히 이 연장이 잘 맞아서 기대한 결과들을 내주면, "매우 실천적"이라고 말하게들 된다. 어떤 인물에 대해, 그가 영어와 충분히 직접적으로 접촉하고 있어서 그 언어를 "실천"할 수 있다면 즉 효과적으로 구사할 수 있다면, 그는 영어를 "잘 실천"한다고 말하게들 된다. 동일한 의미에서, 어떤 사람에 대해 그가 농기계를 책으로만 즉 이론으로만 알지 조작해본 적이 없어서 다루는 방식을 모른다면, 그는 농기계에 대해 "그 어떤 실천"도 하지 못한다고 말하게들 된다.

실천이라는 관념은 이처럼 실재와의 능동적 접촉이라는 통념을 내포한다. 능동성이라는 관념은, 실천 관념에 내재적인 이 관념은 **인간 행위자**(또는 주체)라는 통념을 내포한다. 그런데 주체 또는 인간 행위자는 동물과 달리 "자신의 행동 계획을 머리로 떠올릴" 능력이 있는 존재이기에, 적어도 원리상으로는 그렇기에, **실재와의 능동적 접촉이라는 인간의 고유함**을 가리키는 데에만 "실천"이라는 말을 배정하는 것이 적절하다. 이래서 꿀벌이 완수할 능력이 있는 경이로움에도 "꿀벌의 실천"이라고는 말하게들 되지 않지만, 목수와 기계공과 건축가와 엔지니어와 의사와 법률가와 정치가 등등에 대해서는 그들의 실천이라고 말하게들 되는 것이다.

하지만 즉각 보게 되는 것은, 실천은 인간에게 관련된 것이니까, 그리고 인간이란 "의식conscience"을 다시 말해 외재적 사물들로부터 이것들에 대한 재현[/표상]représentation을 구별해내고 떼어내는 능력을, 이러한 재현[/표상]에 노동을 하는 능력을, 자기 행동 계획을 자기 머리로 떠올릴 능력을 타고난 동물이니까―즉각 보게 되는 것은 이와 같은 **실천** 관념이 **이론** 관념에 대해 역迸메아리로 호응한다는 점이다.

이론이 "이론가들"의 고유한 것이라고 믿어서는 안 된다. 그들의 이론(학자들과 철학자들의 그것)은 모든 인간에게 고유한 능력의 가장 추상적이고, 가장 정화되고, 가장 정교한 형식일 뿐이다. 이론이라는 단어는 "보다, 주시하다"를 뜻하는 희랍어 단어에서 유래한다―그 함의인즉슨 사물들을 그 상태로 놔둠으로써 **손을 대지 않음**이다. "다루고" "조작하고" 노동하는 손에 대립되는 것이 눈인데, 이것은 거리를 두고 만지지 않고 변화시키지 않으면서 자신의 대상을 본다. 이론이라는 말에는 무매개적 실재에 대해 취해지고 유지되는 거리라는 통념이 들어 있다. 원리상 이 말은 흔히 **의식**이라고 부르는 것을, 다시 말해 실재에 대한 지각들을 받아들이고 보존하는 능력을, 동시에, 이렇게 뒤로 물러난 거리를 이용해, 이 거리가 가능케 하는 "놀이"를 이용해 저 지각들을 연결하고 선취하는 능력을 표현한다. **이런 의미에서 모든 인간은 이론가이다.** 트랙터를 몰고 아침에 나선 농민은 자기 머리에 그날의 계획을 갖고 있으며, 물론 그는 이날 하루 너머를 보고 있으니, 그렇지 않다면 그는 자기의 경작을 경영할 수 없을 터이다.

인간이 실재에 대한 지각들을 받아들이고 보존할 수 있으며 아울러 선취할 수도 있는 능력을 우리는 "의식"이라 불렀다. 이는 오랜 용법에 따른 편의에 의한 것이다. 사실 의식이라는 용어는 관념론 철학이 편애하는 용어 중 하나다. 인간은 **언어**를 타고난다고 말함으로써 동일한 사태를 말할 수 있다. 무매개적 실재와 이것의 재현[/표상] 사이의 거리를 사전에 확립하는 것이 바로 언어이기 때문이다. 여기서 사전이라 함은 언어가 실재의 추상이라는 사실 자체에 의해 저 거리를 내포한다는 뜻이다. 이러한 의미에서, **모든 인간은 이론가**라고 말할 수 있는 것이다. 그들이 보기 때문이 아니라 **그들이 말하기 때문에**. 우리는 그 이유를 안다. 요컨대 언어(추상되는 구체적 현실들을 지칭하는 말들로 여겨지기 위해 추상되는 소리들)는 추상들로 구성되기 때문이다.

이와 같은 이유로 이론과 실천 사이의 대립을 대단히 조심스럽게 다루어야만 하는 것이다.

인간들이 세계와 맺는 관계들의 구체적 현실 안에서 마주하게 되는 것은 한쪽엔 실천(순전히 동물적이고 맹목적인 노동)만 있고 다른 한쪽엔 이론(그 어떤 활동도 없는 순수한 주시)만 있는 사태가 아니다. 가장 초보적인 실천(도랑을 파는 인부의 실천) 안에, 작업 방식에 관한, 진행 계획에 관한, 사용할 연장에 관한 **관념들**이 있고, 이 모든 "관념"은 언어 안에서만 실존하는데—이 언어를 구사하는 인간이 언어가 이미 이론에 속한다는 걸 모른다고 해도 그러하다. 가장 높은 수준의 이론 안에, 가장 추상적인 수학자의 이론 안에 항상 실천이 있는데, 자신의 문제들에 관한 수학자의 노동만 있는 것이 아니라 분필을 갖고 흑판에 그의 문제들을 수학적 **상징들로 기입**하는 것도 있으니, 이런 상징화가 하나의 실천임을 수학자는 알지 못한다 하더라도 말이다.

이론에 대한 실천의 우위(유물론적 입장을 정의하는 것)인가 아니면 실천에 대한 이론의 우위(관념론적 입장을 정의하는 것)인가라는 철학적 질문이 제기되는 것은 바로 이러한 복합적 의존 내부에서이다. 이론의 우위를 확언함으로써, 관념론은 모든 실천을 최종 심급 dernière instance에서 규정하는 것이 응시 즉 이성의 활동임을 확언한다. 실천의 우위를 확언함으로써, 유물론은 모든 인식을 최종 심급에서 규정하는 것이 실천임을 확언한다.

이와 같은 입장들의 일반성에 의해 우리는 중요한 무엇인가를 감지하게 된다. 인간의 실천이 지닌 일반적인, 따라서 "추상적인" 특성을. 우리는 다음처럼 말했다. 실천이란 실재에 대한 인간의 능동적 접촉을 가리킨다고. 물론 외관상 전적으로 특이한 실천들이 실존한다(광기라고 하는 이른바 "비정상적" 실천들 같은). 어떤 면에서는 개별적이지 않은 실천이란 전혀 실존하지 않는다는 관념이 지지될 수 있는데, 모든 실천이 개별적 인간 행위자를 요청하기 때문이다. 예컨대 우리는 중세 수공업자에 대한 찬사를 알고 있으니, 그는 단 하나의 고객을 향해 단 하나의 표본으로 단 하나의 대상을 생산했다. 하지만 이 수공업자까지도 **하나의 일반적인 사회적 실천**을 재생산했다. 그는 집단적 과거로부터 물려받은 사회적으로 인정된 공정들을, 정의된 사회적 요구에 맞춰 실행했던 것이다. 물론 그는 자신의

"작업" 앞에 홀로 있지만, 그의 곁에서, 침묵하는, 수많은 다른 수공업자가 [그와] 동일한 연장으로 동일한 동작을 수행해 동일한 시장에 동일한 생산물을 공급했던 것이다. 그가 자신의 작업에 무언가 "개성적인" 것을 추가한다면, 이는 생산된 대상의 유용성에 의해 그리고 이와 동시에 기존 사회 안에서 군림하는 양식에 의해 강제되는 사회적 한계들 안에서 이루어졌다.

이 점이 매우 중요한데, 질문하게 될 실천들은 우선 **사회적인** 한에서만 개별적일 수 있기 때문이다. 외관상의 고독 속에서 생산하는 수공업자에게 진실인 것은, 노동의 집단적 조직화에 복종하면서 기존 사회의 "지불 능력 있는" 사회적 수요를 충족시킴과 아울러 자본가 계급 수중에 부를 축적해주기 위해 생산하는 노동자들에게 외려 더 진실인 것이다.

그러니 모든 실천은 사회적이다. 그리고 ["모든 실천은"] 사회적이기에, 실천은 요소들(생산을 보자면, 사회적 생산관계 아래, 원료와 생산 행위자와 생산 도구라는 요소들)의 이와 같은 복합성을 작동시키는데, 이 복합성을 단순한 **행위**라고 또는 심지어 단순한 **활동**이라고 사고하는 것은 가능하지 않다. 왜냐면 행위는, 활동도 그렇지만, 여기엔 하나의 원인 또는 저자가 즉 하나의 주체 또는 행위자가 있다고, 하나의 실천 안에서 일어나는 이 모든 것을 이해하려면 이러한 원인 즉 이러한 기원까지 소급하는 것으로 충분하다고 표상하게끔 유도하기 때문이다. 우리는 사회적 실천을 행위 또는 단순 활동이 아니라 **과정**이라 생각하는 쪽으로 자연스럽게 인도된다. 다시 말해, **물질적 요소와 이데올로기적 요소와 이론적 요소와 인간적 요소(행위**

자)의 상호작용이 애초 주어진 것들을 변경하는 어떤 결과를 생산해 내기에 충분할 정도로 요소들의 상호 조정이 이루어지는 앙상블이라고 생각하는 것.

따라서 우리는 실천을 **행위자들을 실재와 능동적으로 접촉시켜서 사회적 유용성의 결과들을 생산해내는 사회적 과정**이라고 부르겠다. "사회적 실천"을 그것의 앙상블 안에서 확실히 말할 수 있게 되는 것은 이 표현이 정당화될 때, 다시 말해 상이한 실천들이 서로의 관계에서 상호의존적임을 사유하고자 할 때이다. 하지만 이 표현의 사용이 정당화되지 않을 때를, 예컨대 상이한 실천들을 "사회적 실천"이라는 밤에 "묻어버리는" 장애를, 각 실천의 **종별성**을 표시하지 못하고 예를 들어 과학적 실천이나 철학적 실천을 정치적 실천에 마치 "시녀"인 것처럼 예속시키는(스탈린 치하 리센코 사례를 보라) 장애를 노정하는 것을 경계해야 한다. 실천이라는 것을 이해하기 위해서는 **구별되면서 상대적으로 자율적인 사회적 실천들의 실존에 대한 인정**을 경유해야만 한다. 기술적 실천은 과학적 실천이 아니며, 철학적 실천은 과학적 실천과 혼동되지 않는다 등등. [여기서 "리센코 사례"란 환경 조건이 바뀌면 생물학적 변화가 일어나며 이렇게 획득된 형질은 유전된다는, 소비에트연방의 생물학자 트로핌 리센코의 잘못된 생물학 이론이 스탈린에 의해 프롤레타리아 과학으로 공인되었던 사례를 말한다.]

하지만 이와 같은 방법론적 신중함이 일단 채택되면, **"사회적 실천"**이라는 통념을 그것의 앙상블 속에서 파악하는 타당한 용법에 대한 관념이 주어질 수 있다. 이런 통념이 환기될 때, 이는 사회구성체 일반의 내부에서 이론에 대한 실천의 우위에 의미 부여를 시도

하기 위함일 뿐이다.

실제로 우리는 모든 사회구성체에서, 작동하는 다수의 실천을 관찰한다. 생산이라는 실천, 기술적인 그리고 이어서 과학적인 인식이라는 실천, 정치적 실천, 이데올로기적 실천, 심미적 실천 등등. 그렇게 해서 제기되는 질문은 실존하는 모든 실천을 식별하고 분류하는 것에 관해서라기보다는 이 모든 실천 중에서 어떤 실천이 과연 **실천들의 총체성 안에서 규정적인 실천**인지를 아는 것에 관한 질문이다.

이러한 질문은, 그렇다고 믿을 수도 있긴 하지만, 실은 순수하게 사변적인 것이 아니다. 실천들의 규정에 관해 떠올리는 표상이, 그 자체가 실천들의 일부를 이루는 이 표상이 이데올로기에 속할 수도 있고 과학에 속할 수도 있는 한에서, 그 질문은 실천적 효과들을 갖는다. 물론 이 효과들은 상대적인데, 어떤 사회의 형성에 이데올로기가 가하는 작용 자체가 상대적이며 계급 역관계에 의존하기 때문이다. 그 질문이 철학의 주요 질문 중 하나인 까닭은 그것이 순전히 사변적이지는 않기 때문이다.

관념론 철학에서, 때로는 매우 정교한 형식들 아래 실천에 대한 이론의 우위를 확언하는 이 철학에서, 최종 심급에서 여타 실천을 규정하는 실천은 **가장 "이론적인"** 실천들인 이데올로기와 과학과 철학 쪽에서 찾아야 한다. 이렇게 해서 헤겔은, 인류 역사 전체를, 정치적 생산으로부터 과학과 종교와 철학에 이르는 모든 실천을, 포괄하는 인상적인 체계 안에서, 세계를 통치했던 것이 철학적 절대이념임을 제시할 수 있었다. 철학적 실천에 비해 열등한 모든 실천은, 그렇다는 걸 의식하지는 못하면서, 그 자체로 이미 철학적이라는 것. 그리고 저 실천들도 헤겔 자신의 철학 안에서, 저 실천들 고유의 철학적 본성에 대한 "자기의식"의 도래를 —노동, 계급투쟁, 전쟁, 종교적 위기, 과학적 발견을 통해— 준비할 뿐이라는 것. 이 거대한 기획은 순진하지 않았는데, 왜냐면 그것이 부르주아 역사 이데올로기에("세계를 주도하는 것은 관념들이다") 철학적 "증명"이라는 형식으로 고유한 보증을 제공했기 때문이다.

이와 반대로, 이론에 대한 실천의 우위를 옹호하는 마르크스주의 유물론 철학은 여타의 모든 실천을 최종 심급에서 규정하는 실천이 **생산이라는 실천**이라는, 다시 말해 생산관계 아래 생산관계와 생산력(생산수단 더하기 노동력)의 통일이라는 테제를 지지한다. 역사를 갖기 위해서는, 그리고 정치와 이데올로기와 과학과 철학과 종교 안에서 살기 위해서는 인간들이 우선은 그저 단순히 살아가야만 하고 물리적으로 생존해야만 한다는 관념, 따라서 자신들의 생존 수단들과 생산도구들을 물질적으로 생산해야만 한다는 관념, 관념론자들이 이의를 달지 않는 이런 관념을 마르크스주의 유물론 철학은 단지 옹호만 하지는 않는다. 거기엔 "두 항의 추상"(인간들 더하기 그들의 생계)이 있을 터이다.

마르크스주의 유물론 철학이 옹호하는 관념은 인간들이 자신들의 생존 수단들과 맺는 관계가 생산관계에 의해 규제되는바, 이는 사회적 관계라는 것이다(세 항의 "추상"). 여타의 실천을 규제하는 관계들이 이 일차적 관계와 **연관될** 수 있는 것은 이 토대적인 [사회적] 관계가 생산이라는 실천에 **조건으로** 포함되기 때문인 것이다. 마르크스주의가 말하는 것은 당신들이 이런저런 대상을 생산함에 따라 당신들은 이런저런 사회를 갖게 된다는 것이 아니라—당신들이 그 아래서 스스로의 생존을 생산하는 그러한 **사회적 생산관계**에 따라 당신들은 이런저런 정치적·이데올로기적 등등의 관계들을 갖게 된다는 것이다. 그리고 계급사회에서 이러한 사회적 관계는 갈등적이고 적대적인 관계라서, 생산(토대)에 의한 규정은 기계적이지 않고, 변증법에 속하는 어떤 "작용"을 포함하는 것이다. 이와 같은 이유로 이 규정을 "최종 심급"에서 이루어진다 말하는 것이며, 그리하여 생산과는 다른 "심급들"이 있음이 잘 표시되는 것이고, 일정한 열린 공간을 갖춘 상대적으로 자율적인 이 심급들은 토대와 생산에 "반작용을" 가할 수 있는 것이다.

마르크스가 사회구성체들과 역사의 본성에 관한 자신의 일반적 가설을 **토픽**이라는 형식으로 제시했던 것은 이러한 "최종 심급에서의" 규정을 잘 표시하기 위함이다. 토픽이란 일정한 현실들이 이것들[현실들]의 각각의 자리와 상대적 중요성이 잘 보이도록 배치되는 공간이다. 마르크스는 1859년 『정치경제학비판을 위하여』 서문에서 이 토픽을 진술했다. 그는 모든 사회구성체(사회)가 1, 2층의 집과 유사하다고 제시한다. 1층, 또는 "토대", 또는 "하부구조"에 생산(생산관계 아래 생산관계와 생산력들의 통일)이 놓인다. 2층에는 "상부구조"가 놓이는데, 여기엔 한쪽에 법과 국가가 다른 한쪽에 이데올로기들이 들어간다. 토대는 "최종 심급에서 규정적"이다. "상부구조"는 토대에 의해 규정되면서도 토대에 반작용을 한다. 이러한 토픽은 규정의 "매듭들"에 대한, "심급들"의 앙상블에 대한, 그것들의 사회적 실효성에 대한 하나의 단순한 배치이고 지시이다. 더 실행되어야 할 노동이 있으니, 이는 "사회" 즉 "사회구성체" 일반이 아니라 역사적으로 실존하거나 실존해왔던 사회구성체들에 관해 실행될 수 있다. "최종 심급에서의 규정"에 관한 이 지시는, 확고하면서도 매우 신중한 이 지시는 상부구조와 이데올로기들에 대한, 마찬가지로 과학에 대한 연구에서 대단히 귀중하다. 사실 마르크스의 역설은 **과학적 실천이 그의 토픽 어디에도 나오지 않는다**는 점에 있다. 이것이 말하는 바가, 이 결핍을 어떻게 해서든 채워야 하고, 과학을 이데올로기들 쪽이든(스탈린주의 이데올로그들이 애지중지하던 부르주아 과학과 프롤레타리아 과학이라는 관념으로 전락하는 것) 생산력들 쪽이든 어딘가에 배정하거나 아예 온전히 별개의 "생산력"으로 삼아야 한다는 것일까? 진정으로, 마르크스주의 이론은 이런 걸 요청하지 않는다. 그 이론은 모든 실천을 자신의 토픽에 따라 남김없이 규명한다고 자처하지 않는다. 그 이론은 **한정된 대상**을 갖는다. 마르크스는 계급투쟁의 과학의 토대를 놓는다는 것 이외의 그 어떤 것도 자처하지 않는다. **그 이상은 없음.** 과학적 실천이 이데올로기에 의해, 그러니 계급투쟁에 의해 영향을 받을 수 있다는 것, 그것은 매우 명확하다. 과학의 결과들 및 과학에 대한 특정의 철학적 관념이 이데올로기적 계급투쟁 안에 등록될 수 있다는 것, 그것은 매우 자명하다. 과학은 대부분, 그리고 점점 더, 생산의 "요구들"에 의해 움직인다는 것, 그것은 확실하다. 과학이 생산과 이데올로기와 철학과 계급투쟁과 맺는 관계들이 심층적이라는 것, 그것은 분명하다. 하지만 이 관계들은 국면들에 따라 변주되며, 여하튼 과학적 실천은 여타의 실천으로 환원될 수 없는데, 실재에 대한 객관적 인식을 제공하는 것은 오직 그 실천뿐이기 때문이다. 따라서 그 실천을 이것["실천"]의 종별성 안에서 연구해야 하고, 그 실천이 종속되어 있는 관계들을 매번 발견해야 하며, 모든 실천을 잘 정의된 토대 쪽에 배열하라든가 국가와 이데올로기들만을 포함하는 상부구조 쪽에 배열하라는 정작 마르크스는 한 적이 없는 요청에 동요되지 말아야 한다.

이러한 이유로 우리가, 이 입문서에서, 실존하는 주요 실천에 대해(이것들의 세부를 본다면, 그 수가 무제한인 것은 아닌), 마르크스의 유물론적 토픽 안에 나오는 실천들뿐만 아니라 거기에 나오지 않는 실천들에 대해, 예컨대 과학적 실천이나 분석적 실천이나 심미적 실천에 대해 말할 자유를 갖는다. 하지만 우리는 마르크스주의 토픽의 강령적인 철학적 지시들을 시야에서 놓치지 않으면서 말할 것인데, 그 토픽의 본질적 목표는 이론에 대한 실천의 우위를 예시하는 것이다.

8.

생산이라는 실천

생산이라는 실천은 아리스토텔레스가 획정한 첫 번째 의미 즉 변형할 대상의 외재성에 의해 표시되는 포이에시스 의미를 온전히 정당화하는 것으로 보인다.

실제로 우리는 생산이라는 실천에서 무엇을 보는가? 우리가 채택할 수 있는 사례는 수공업자도 있고 근대 대공장의 조립 라인 노동자도 있지만, 그 결과는 본질적으로 동일하다.

우리가 상대하는 것은 주어진 **원료**(목재, 땅, 광석, 가축, 양모 등등)를 **생산도구**(연장, 기계)를 사용하는 노동자들의 행위(**노동력**)에 의해 변형하는 과정이다. 원료, 노동력, 노동도구, 이러한 것들이 어떤 기대되는 결과를 생산하는 방식의 세 "결합되는"(마르크스) 요소이다. 그 결과가 강철이든, 직물이든, 도축할 동물이든 여하튼 소비를 위해 마련된 생산물인 것. 바로 이것이 마르크스가 "노동과정"이라 부르는 것인데, 이것은 해당 사회 형태가 사회계급을 포함하는지의 여부와 관계없이 모든 사회 형태에서 발생한다.

겉으로는 어떤 것도 이 과정["노동과정"]보다 더 "구체적"이지 않으니, 이 과정의 모든 요소가 자연스러우며 각각의 경우에서 개별적이고 볼 수 있으며 만질 수 있기 때문이다. 어떤 것도 더 구체적이지 않으니(…) 라고 하는 것은, 이 요소들의 **결합**이 실현되고 가능하며 능동적이지 않으면 그 과정은 진행되지 못하며 아무것도 생산하지 못한다는 단순한 "사실"을 논외로 해야만 그런 것이다. "결합"이라는 이 관념은 시시해 보이는데, 까닭인즉 수공업자가 연장으로 목재에 노동을 하는 걸 보든, 농민이 밀을 파종할 밭을 갈기 위해 트랙터를 모는 걸 보든, 프레이즈반 직공이 제련공장에서 노동하는 걸 보든, 우리가 보는 매 경우에 우리는 이미 오래전부터 진행된 따라서 실현된 어떤 "결합"이 기능하는 걸 보기 때문이다. 하지만 사태가 언제나 이렇게 "진행"되었던 것은 아니다. 이렇게 "진행"되기 이전에 매우 오랜 시행착오가 필요했다.

노동자를 보자. 그가 필수적인 기술적 인식을 **사전에** 익히지 못한다면, 그는 자신의 기계 앞에서 마치 손이 불구인 사람처럼 있었을 테고, "결합"은 불발될 것이다. 그의 기계를 보자. 그 기계에 이미 동력원(옛날엔 강물, 이어서 증기, 오늘날엔 정유 또는 전력)이 갖춰지지 않는다면, 그 기계는 진행되지 못할 것이다. 엔진의 정유를 보자. 그 정유가 알맞게 정제된 것이 아니라면, 엔진은 "진행"되지 못할 것이다. 그래서 "결합"이 고장 난 상태로 머물게 될 것이다. 그런데 이 모든 주어진 구체를 선택한 건 프레이즈반 직공이 아니다. 그 구체들은 과학과 기술이 지나온 모든 역사에 의해 하나의 결과로서 그 직공에게 강제된다. 그리고 이 역사는 주지의 법칙들이라는 형식으로, 구동되는 기계에도 선택되는 원료에도 이들 법칙을 기술적으로 응용한다는 형식으로 실존한다. 동일한 역사가 가르치는바, 아무거나 갖고서 아무 기계든 진행시키는 일은 없으며, 원리가 알려지지 않은 기계를 발명하는 일이 명령으로 결정될 수는 없으며, 기술적 경험이 없는 사람들에게 노동과정을 맡길 수는 없다. 그리하여 깨닫게 되는바, 너무 "구체적인" 이 과정은 이 과정을 결합하는 구체적 요소들이 보이자마자 즉각 자신의 모든 비밀을 내놓지는 않는다는 것, 요컨대 이 과정은 추상적 법칙들 아래서만 실존한다는 것.

그러니 다음을 확정해야만 한다. 어떤 노동과정이든 그것이 **추상적 법칙들에 의해** 규정되는 조건에서만 "기능"할 수 있으며(또는 그 과정의 요소들의 "결합"이 능동적으로 될 수 있으며), 이 법칙들은 과학적이고 기술적이라는 것(다루는 원료에 대한 인식과 생산도구들의 실현과 노동자들의 경험을 고정하는 것)과 동시에 역사적이라는 것(역사의 주어진 한 시대에는 특정한 결합만 가능하지 다른 결합은 가능하지 않다는 것)을. **어떤 노동과정도 기술적 생산관계라고 하는 이 추상들의 조건 아래에서만 가능하다.** 바로 이러한 기술적 생산관계가 생산이라는 실천의 구체적 요소들의 "결합"을 보장하며, 노동자들로 하여금 그 요소들을 작동시키는 데에 고유한 경험을 획득하도록 강제한다.

이처럼 생산이라는 실천을 노동과정으로 보는 관점은 "추상적인" 것으로 남아 있다. 왜 그런가? "결합"이 현실화되고 "진행"된다는 사실에 대해 규명하는 것만이 문제가 아니고, 이 결합이 **사회적**이라는 사실, 다시 말해 실존하는 사회에서, 이러한 생산 덕분에 실존하며 이 생산이 재생산되지 않는다면 실존하지 못할 사회에서 이 결합이 실존한다는 사실 역시 규명되어야 하기 때문이다.

사태들을 이와 같은 단순한 측면에서 보자. 노동과정이 실존하기 위해서는 **작업실에, 또는 작업대에, 또는 공장에 노동자들**이 있어야만 한다. 그리고 목재가 작업실에, 시멘트가 작업대에, 강철이 공장에 있으려면, 선행 노동과정에서 노동자들이 숲과 제재소에, 광산에, 제철소에 있었어야 한다. 노동자들이 있어야 해 또는 있었어야 해, 라고 내가 말할 때 그 뜻인즉슨 **제 시간에, 충분한 수로, 노동규율이 잡힌** 노동자들이 있어야 한다는 [또는 있었어야 했다는] 것이다. 이건 당연하다고들 반박할 것이다. 전혀 그렇지 않다! 노동자들은 다른 모든 이와 마찬가지니까. 그들도 낚시하러 가고 카드놀이하며 제멋대로 지내는 걸 선호한다! 도대체 누가 그들이 정해진 시간에 함께 모여 노동하러 와 있게끔 하고, 너무나 지긋지긋한 노동조건들 안에서 이러한 규율에 복종하게끔 강제하는 것인가?

계급사회에서 그 답은 단순하다. 노동자들은 억지로 노동을 해서 [그것을] 자신들의 양식과 맞바꾸거나(노예) 또는 자신들의 임금과 맞바꾸는데(자본주의 사회 노동자), 이게 없으면 그들은 굶어 죽을 것이다. 그런데 그들이 억지로 노동을 해야만 하는 것이라면, 이는 그들이 노동력만을 소유한다는 뜻이다. 하지만 그들이 자신들의 노동력만을 소유한다면, 과연 생산수단(토지, 광산, 공장, 기계)은 누구에게 속하는 것인가? 그들을 착취하는 사회계급에. 따라서 소유하는 자들의 계급이 있고, 아무것도 소유하지 못하기에 노동하는 자들의 계급이 있다. 계급을 말한다는 건 계급관계를 말한다는 것. 최종 심급에서, 노동자들이 노동하러 제시간에 와 있다면, 이는 그들이 **계급관계에 의해** 거기에 강압적으로 있게 되었기 때문인 것이다.

동일한 지적을 무계급사회들로 연장할 수 있다. 이번에는, 노동자들이 정해진 장소에서(예컨대 사냥터), 의도된 순간에, 노동하도록 강제하는 것이 착취관계가 아니다. 그래도 어쨌든 그것은 **사회적 관계**인데, 이 관계를 규제하는 것은 신화와 의례로 위장한 속박의 앙상블이며, 이것이 노동을 조직한다.

따라서 다음과 같은 단순한 사실을 보게 된다. 정해진 시간과 장소에 노동자들이 있으며, 노동과정을 완수하려면 이들이 필요한데, "당연한" 이 사실은 도리어 세상에서 가장 덜 "자연스럽고" 가장 덜 "자명한" 것임을. 노동자들이 거기 있다면, **이는 생산관계가 그들이 거기 있도록 속박하기 때문이다.** 그 관계가 이른바 "원시적인" 일부 전前자본주의 사회들처럼 (무계급) 공동체 관계이든 아니면 계급관계이든 간에 말이다.

이와 같은 이유로 앞에서 내가 생산이라는 실천을 노동과정으로 보는 관점은 "추상적" 관점이라고 말할 수 있었다. 실제로, 부득이하게, 당장엔, 공장과 원료와 기계가 거기 있다는 사실은 도외시할 수 있다. 일단 그것들을 거기로 가져갔다 해도 그것들이 저절로 작동하지는 못하니까. 하지만 노동자들은? 그들을 계속 오게 하는 것은 무엇인가? **사회적 관계의 속박**이다. 공동체적 관계이든 계급적(착취적) 관계이든. 이 사회적 관계를 마르크스는, 생산이 해당 사안이니

생산관계라 부른다. **이것은 추상적 관계인데**, 이 관계가 노동자들의 머리 위에서 오기 때문이고, 그들은 스스로 "자유롭다" 믿어도 이 관계가 그들을 속박해 공동체의 존속 때문이든 착취계급의 유지 때문이든 그들이 노동하러 오도록 하는 것이기 때문이다. 이것이 추상적 관계인 까닭은 노동자들이 자신들의 과제를 완수하는 구체적 행태들과 아무런 관련이 없기 때문이다.

하지만 다른 측면에서 질문이 제기될 수 있다. 노동과정이 발생하기 위해서는, "결합"이 능동적인 것이 되기 위해서는 노동자들이 노동하는 일터로 제시간에 억지로 오게 되는 것으로는 충분치 않다. **노동하는 일터가 있어야만 한다.** 다시 말해, 공장과 원료와 기계 등등의 생산수단이 이미 모여 있는 일정 규모의 공간이 있어야 하는 것이다. 거기 있는 이 "대상들"은 우연히 저절로 옮겨지거나 모여지는 것이 아니다. 누군가가 그것들의 소유자여야만 하는 것이고, 그것들을 일터로 모을 이유가 있어야만 하는 것이다. 계급사회에서, 생산수단들은 착취계급에 속하며, 그 계급이 생산수단들을 한 장소로 모아 배치해 생산을 가능케 하는 이유는 잉여노동에 대한 수탈이요, 노동자들이 스스로 생존하는 데에 필요한 **부분보다 더 많이** 제작하는 생산물 부분에 대한 수탈이니, 요컨대 노동자들에 대한 착취인 것이다.

정도의 차이는 있어도, 공동체 사회 역시 사정은 비슷하다. 주술사가 사냥 일시를 정하고 사람들이 사냥감을 추격할 숲속의 모처로 모일 때, 이 숲은 공동체에 속하는 것이고, 생산수단의 이러한 공동소유는 공동체 성원들에게 개인들을 뛰어넘는 사회적 관계라고 인정된다.

　노동과정의 구체적 요소들의 "결합" 이상으로 동일 장소와 동일 순간에 이 요소들의 유기적 마주침이 이루어지도록 해주는 것, 그 것은 생산수단 측면만큼이나 노동자 측면에서도 추상적인 사회적 관계들이니, 이 관계들이 계급사회에서는 사람들을 생산수단의 소 유자와 비소유자로, 사회계급들로 "배분하며"—무계급사회에서는 공동체적 소유에 기초한 노동 조직의 사회적 조건들을 보장한다.

　여기서 약간의 정밀함이 아마 필요할 듯하다. 이 사회적 생산관 계라는 추상은 충분히 특수하기 때문이다. 생산수단을 보유한 계 급과 그것을 박탈당한 계급의, 따라서 착취하는 계급과 착취당하는 계급의 상호대립을 볼 때 우리는 다음과 같이 말하고 싶어질 수 있 다. 이 생산관계에서는 **인간**들만 대면하니 [이 생산관계는] "인간들 의" 관계라고. 그들 중 누구는 부자이고 누구는 빈자라는 점을 감 안하더라도. 말하자면 [그것은] **두 항의** 관계이니, 부유한 인간들이 가난한 인간들을 착취하는 것이다. 하지만 이는 부와 가난이 생산 수단이라는 **제3의 항**에 의해 고정된다는 핵심적 사실을 간과하는 것이니, 한쪽이 부유한 것은 생산수단을 보유해서이고, 다른 한쪽 이 가난하고 노동을 하며 착취를 감내하지 않을 도리가 없는 것은 생산수단 소유를 박탈당해서이다. 그런데 생산수단이란 인간이 아 니고 가치를 갖는 **물질적 사물**이다. 그럼으로써 생산관계라는 추상 에 고유한 구조가 나타난다. 두 항이 아닌 세 항의 관계, 여기서는 계급들 사이의 관계가 계급들 사이에서의 생산수단의 배분에 의해 규정된다.

그럼으로써 우리는 어떤 추상 형식의 가능성을 감지하게 되는데, 이 추상 형식은 관념론 철학을, 그것이 경험론적이든 형식론적이든 간에, 완전히 곤혹스럽게 한다. 경험론적 또는 형식론적 추상은 실제로 언제나 "두 항" 또는 x항의 추상 유형 위에서 사고되니, **사고되는 대상은 모두 동일한 층위** 말하자면 수평적 층위에 있다. 여기서 우리가 감지하게 되는 것은 단일한 추상이 "두 항에" 배분되어 있다고 해도 추상이 소진되지는 않는다는 것인데, 왜냐면 그 추상 자체가 제3의 물질적 항, 항들의 "뒤" 또는 "앞"에 놓이고 항들의 관계들을 관할하는 항과의 관계의 효과이기 때문이다.

노동과정은 기술적 생산관계에 의해 지배된다고들 말할 것이다. 하지만 노동과정은 (나쁜) 추상이니, 사회적 생산관계에 의해 지배되지 않는 노동과정이란 없기 때문이다. (이 생산관계라는) 본질적 추상의 현존이 나타나도록 하기 위해 마르크스는 노동과정의 요소들을 분석한 이후에 **"생산과정"**에 대해 말한다. 그리고 그가 제시하는바, 노동과정은 그 과정의 요소들이라는 면에서 모든 사회에서 동일하다면, **생산양식만큼의**(생산관계만큼의) **생산과정이 있는** 것이다. 실은 "원시" 공동체들에서, 노예제 체제에서, 봉건 체제에서, 자본주의 사회에서 **인간들을 노동하도록 강제하는** 것이 동일한 사회적 속박은 아니다. 그리고 부언하자. 이 "생산과정"의 목표가 무계급 사회(상업적 관계들에 예속되지 않는, 판매를 위한 것이 아닌, 단순히 유용한 생산물들이 목표)와 계급사회(생산되는 것이 상품들 즉 판매를 위한 대상들일 때, 직접적 생산자들에게서 수탈되는, 자본주의 사회에서는 잉여가치의 형태를 취하는, 잉여노동이 목표)에서 동일하지는 않다는 점을.

더 멀리 나아가서, 생산수단을 소유한 자들과 박탈당한 자들 사이에서 생산관계가 생산수단의 배분을 관할하거니와 생산과정 내부에서의 **노동 분할과 조직화**를 대부분 지휘하기도 한다는 점이 제시될 수 있겠다. 그러므로 노동자와 그의 노동 사이 무매개적 관계는 무매개적이고 구체적인 것과는 거리가 멀며, 이러한 강력한 추상들 전체에 의해 지배되는 다시 말해 고정되고 규정되기 때문에 비로소 그 관계가 구체적인 것인데, 생산관계와 이로부터 유래하는 사회적 관계들이 이러한 추상들이다.

이와 같은 조건들에서, 실천을 포이에시스로 보는, 변형되는 대상을 근원적으로 실천에 **외재적**이라고 보는 아리스토텔레스적 관점이 보존될 수 있는가? 겉으로만 본다면, 얼마든지 그렇다. 자연은 주어져 있고, [자연은] 생산의 모든 노동에 선행하는 것이며, 자연을 변형해 자신들에게 필요한 생산물들을 끌어내는 것은 인간들이다. 다른 지방이 아니라 바로 이 지방에서 석탄을 발견한다는 사실에는, 광석을 발견한다면 광석은 거기 있던 것이지 인간이 그걸 만들지는 않았다는 사실에는 일종의 돌연함이 있다. 그런 사실은 인간에게 전적으로 외재적이다. 하지만 자세히 들여다보면, 공장에서 사용되는 에너지도 역시 자연에서 온다. 전류를 생산하는 폭포나 석탄, 정유로 변형된 석유 등등. 인간은 에너지를 변형하지만 생산하지는 못한다. 그리고 인간 자체도 역시 자연의 산물 아닌가? 그의 힘, 근육 또는 두뇌의 힘? 따라서 극단적으로 다음과 같이 말할 수 있다. 노동과정에서, 자연의 변형된 힘과 부분(에너지, 연장)을 사용해 자연의 다른 부분(원료)을 변형하는 것이 바로 자연의 한 부분(인간)이라고. 자연은 그 자체로 스스로를 변형한다는 것을 입증하게 될 대목. 이렇게 해서 아리스토텔레스의 첫 번째 정의는 스스로 두 번째 정의로 되돌아간다. 실천을 외재적 대상이 아닌 자아의 변형이라고 보는 관념으로.

그렇지만 이러한 언어를 택하는 걸 가로막는 것이 있으니, 그것은 물리적 자연법칙과 추상적 법칙 사이에 실존하는 차이이다. 전자의 법칙들은 원료와 생산도구를 동시에 관할하며 노동자들의 물리적 힘의 작용 역시 이 힘이 실존하는 한 관할한다—후자의 법칙들은 노동력의 실존을 관할한다. 이것들은 모두 법칙들이며 게다가 동일한 필연성을 갖는다. 하지만 후자의 법칙들이 전자의 법칙들의 후속은 아니며, [두 법칙들이 서로] 유사하지도 않다. 이 차이에 대해 이해해야 하는가? **자연법칙들은 "경향적"이지 않고, 다시 말해 갈등적이지 않으며, 혁명들에 종속되지 않는다.** 반면에 생산관계를 관할하는 법칙들은 하나의 계급을 다른 계급에 대립시키는, 따라서 기존 질서의 유지냐 전복이냐를 놓고 벌어지는 갈등을 상정하는 법칙들이다.

이와 같은 이유에서, 극단적으로, 생산이라는 실천을 하나의 프락시스라기보다는 포이에시스로 표상하는 것이 훨씬 옳다. 자연법칙들은 생산에서 사용된다 하더라도 생산을 관장하는 사회적 관계의 법칙들에 외재적이기 때문인 것이다. 인간사회들이 가파른 혁명들을 겪고, 계급들이 출현하고, 지배계급은 다른 계급에 [자신들의]

자리를 내주고, 이런 모든 것이 자연의 시간에 비하면 매우 축소된 시간 간격 안에서 벌어진다. 그와 동일한 시간에 자연은 실상 변하지 않는다. 자연은 언제나 거기 있고, 생존하기 위해 자연에 타격을 가하는 다양한 사회 형태들에 비하면 언제나 동일하며, 생산에도, 이 생산을 관할하는 관계들에도 언제나 외재적이다.

9.
과학적 실천과 관념론

인간 실존에서 실천 대다수는 생산이라는 실천과 유사하며, 그 실천들의 대상이 그 실천들에 외재적이라는 점은 명확하다. 물질적 생산 자체에 대해서도 그렇다고 논증하는 것은 거의 무용하다. 과학적 실천 또는 이론적 실천(이데올로기적 실천이 이론적인 한에서 이데올로기적 실천을, 그리고 당연히 이론적인 철학적 실천을 더 넓은 의미에서 포괄하는 실천)과 관련해서 그렇다는 것을 가시화하는 일이 더 흥미롭다. 이에 대해서는 이미 확실한 관념이 있고, 이는 앞서 말한 바 있다. 하지만 그 관념을 조금 더 정확히 하는 일은 틀림없이 무용한 것이 아니다. 이러한 사안에서 군림하는 것은 관념론적 선입관들인데, 법의 힘을 갖는 이 선입관들은 과학적 노동을 예컨대 직관이나 영감의 단순한 산물로 제시한다. 어떤 놀라운 현상의 증인이자 사물들을 심층적으로 바라보게 된 한 개인이 그런 직관이나 영감의 돌연한 수혜자일 터인데, 왜 그런지는 아무도 모를 것이다. 이는 과학적 노동에 대한 직관주의적(관념론적) 관점이다. 하지만 동일한 과학적 노동에 대한 또 다른 관념론적 표상들이 있으니, 예를 들어, 우리가 말했던 경험론적 표상이 그렇다. 이 견지에서는, 진리가 대상 안에 포함되니, 학자의 모든 노동이 그 대상으로부터 그 진리를 추출하는 것으로, 감각할 수 있는 지각에 주어진 각각의 개별 대상으로부터 추출된 부분들의 추가에 의해 인식이라는 이 "추상"을 생산하는 것으로 이루어진다. 경험론은 **감각론적**일 수 있다. 대상에 대해 주어지는 이 모든 것이 대상에 대한 지각으로 환원된다면 **주관적** 감각론이고, 지각된 대상 자체의 고유성을 감각이 드러낸다면 객관적 감각론인. 하지만 대상이 지적 직관에서 주어진다면 경험론은 **합리주의적이다**(데카르트).[1]

하지만 이러한 관점은, 자신에 대한 인식으로부터 독립적일(이 테제는 유물론적이다)뿐만 아니라, 자체 내부에 무매개적 방식으로 자신에 대한 고유한 인식을, 학자가 추출하기만 하면 되는 그런 인식을 내포하는 대상의 실존을 상정한다. 내친 김에 지적해두자. 과학자들의, 특히나 실험과학을 하는 이들의 이데올로기적 의식 안에 매우 널리 퍼진 이러한 관점은 우회적이고 그래서 잘못된 방식이긴 하지만 하나의 진리를 언표하는 한에서는 어떤 현실적 일관성을 결여하고 있는 것이 아니다라는 점. 요컨대 학자의 노동에 의해 생산된 인식은 완전히 대상**에 대한** 인식이고, 이 대상은 학자의 인식으로부터 독립적으로 학자의 노동 외부에 실존한다. 그 뜻인즉슨, 아

---

1. 이어지는 부분(178~184쪽)은 "과학자들을 위한 철학 강의"의 제5강에서 개진된 테제들을 재론한다(81쪽 주 24): "Du coté de la philosophie", *op. cit.,* p. 266 -292.

무 대상이든 대상에 대한 인식은 [그것이] 생산되기 전에는, 인식되기 전에는 그 대상에 "속한다는" 것. 인식은 당연히 대상에 속하는 것이기 때문에 인식을 정당하게 미리 대상 안으로 도입할 수 있도록 해주는 것.

이와 같은 관점의 유일한 장애는, 물론 이것이 심각하긴 한데, 학자의 노동을, 인식과정의 흐름에서 대상을 장으로 하는 변형을 괄호 안에 넣는다는 데에 있다. 경험론의 테제가 옳다면, 도대체 학자가 왜 필요한지를, 말브랑슈가 옹호한 아담의 인식처럼 그렇게 "단순히 보는 것"으로는 사물의 진리가 읽히지 않는 이유가 무엇인지를 확실히 실제로 묻게 된다. 과학의 이 모든 거대한 물질적이고 개념적인 장치가 이제 과분한 것이 된다. 말하자면, 결과들이 미리 확보되기 때문에, 결과들에 비해 이것은 균형이 맞지 않는 시도인 것이다. 게다가 모든 과학적 노동의 절대적 조건은 이해되지 않으니, 이 노동은 곤경과 오류와 맞닥뜨릴, 그리하여 경험에 의해 (입증되는 대신에) 반증될 항상적 위험을 무릅쓰는 것이다. 영국 철학자 포퍼가 이러한 조건(**실험적 반증** 리스크)을 강조한 것은 옳았다. 이러고도 비록 그가 만들어낸 것은 하나의 이론이 이런 리스크를 회피하지 않고 자신 있게 대처하기 위해서 먼저 동의해야 하는 조건들에 대한 관념론 철학이지만 말이다.[2]

관념론적 관점들을 회피한다 하더라도 과학적 활동에 대한 잘못된 표상들을 청산하지는 못한다. 오늘날 가장 널리 퍼진 관점은, 모

---

2. K. Popper, *Conjectures et réfutations.*
La croissance du savoir scientifique,
trad. M. I. de Launay et M. B. de
Launay, Paris, Payot, coll. "Bibliothèque
scientifique", 1985(1956), p. 63-65.

든 철학적 관점이 그렇듯 매우 오래된 뿌리를 갖는 이 표상은 **신논리실증주의** 관점이다. 신실증주의라고 하는 이유는 그것["신논리실증주의"]이 실증주의에 준거하기 때문이다. 논리적이라 하는 이유는 그것이 실증주의를 수학적 논리학의 형식적 조건들에 종속시킴으로써 실증주의를 쇄신하기 때문이다.

신논리실증주의는 막강한 힘을 갖는다. 그것은 명증성에, 과학적 실천 자체의 명증성에 의거하기 때문이다. 그것은 객관적이며, 물질적이고, 실험에 의해 입증되는 **사실들**만을 인정한다. 이런 의미에서 그것은 칸트적 관념론 전통 안에 위치한다. 실존과 성질이 실험적 입증의 통제 아래 놓이는 대상만이, 이와 같은 입증이 아무리 복잡하더라도(게다가 이 입증은 현대에 매우 복잡해지는데) 과학적 대상으로 실존한다는 것이다. 그 뜻인즉슨, 어느 시간 어느 장소에서든 마음먹으면 반복할 수 있는(이들 조건은 객관적이라서 재생산될 수 있다) 그러한 실험적 통제의 입증에서 벗어나는 모든 "대상"이 과학에서 보자면 실존하지 않는 것들이고, 아예 전혀 실존하지 않는 것들이거나 또는 검증할 수 없는 즉 실험에 의해 반증될 수 없는 그러니 상상적 언술 형식 아래 실존하는 것들이다. 이러한 언술로는 종교, 정신분석, 마르크스주의가 있다.

이 대목까지의 신논리실증주의는 새로운 것을 전혀 가져오지 않는다. 기본적으로 그것은 정당한 과학(자신들의 대상의 실존을 입증하는)과 "사이비 과학" 즉 상상적일 뿐인 대상을 갖는 부당한 과학(형이상학, 합리주의적 신학 등등[3]) 사이의 칸트적 구별을 재생산한다. 그것이 독창성을 증명하는 그곳에서, 정작 그것은 실험적 노동에 의해 주어지거나 획득된 **명제들**의 진리 기준 다시 말해 타당성 기준을 정의하기 위해 **형식논리학**을 개입시킨다. 형식논리학이 "노동"을 가하는 것은 과학자(또는 비과학자)가 작업을 하는 **언어인**, 과학적 언어와 "자연" 언어이다. 우리는 여기서 우리의 첫 번째 추상인 언어라는 추상을 재발견하는데, 신실증주의는 언어를 하나의 주어진 것으로 받아들이지 않고(다른 모든 관념론 철학들은 그렇게 하는데), 언어의 **정당한**(그리고 정당하지 않은) 사용 법칙들을 발견하기 위해 언어를 질문하고, 탐사하고, 구별 짓는다.

현실적 대상의 현실적 고유성을 흔들리거나 잘못된 정식화들로 가리키게 된다면, 부지불식간에 통용되는 실제로 모순적인 명제들의 위험 부담을 무릅쓰게 된다면 과학적 오류를 자동적으로 유발하는 언어 오류에 **빠지게** 된다는 것은 실제로 명확하다. 신논리실증주의가 실험적 타당성의 규칙들을 **선결되는** 논리적 타당성 법칙들에 사실상 예속시키거나 그러는 경향을 띠지 않았더라면, 그리하여 **형식주의**에, 경험론과 더불어, 관념론의 가장 특징적인 역逆변이이를 대표하는 그런 형식주의에 **빠지지** 않았더라면, 이 모든 것에는 흠잡을 게 전혀 없었을 것이다.

경험론에는, 실제로, 대상에 선행하는 것도, 대상에 후속되는 것도, 대상과 **차이를 갖는** 것도, 타당성의 규칙들도, 진리도 다 없다. 역으로 **형식주의**에는, 인식 전후로, 인식이 이루어지는 동안에, 대상의 실존과 고유성들을 지휘하는 형식적 규칙들에 종속되지 않는

---

3. E. Kant, *Critique de la raison pure, op. cit.*, p. 1045-1046. "순수하게 초월적인 어떤 관념의 대상은 우리가 전혀 개념을 갖지 못하는 어떤 것이라고 말할 수 있겠다.

비록 이성이 이러한 관념을 그것의 기원적 법칙들에 따라 필연적으로 산출한다고 하더라도 말이다."

대상은 없다. 자신이 창조한 세계를 "계산"하며, 비모순의 절대적인 형식적 법칙들에 이 세계를, 세계의 실존과 고유성들이라는 면에서, 종속시키는 신이라는 오래된 라이프니츠의 꿈,[4] 이 꿈은 이처럼 자신의 현대적 판본을 신실증주의 안에서 발견하는데, 신실증주의는 비모순과 "진리표들"의 형식적 법칙들에 모든 명제를 종속시킨다. 그래서 역설의 극치—하지만 우리는 이들 철학적 역설과 단절하기 시작하는데—, 신논리실증주의는 어떤 경험주의에, "언어의 사실들"의 경험주의에 기초하는 조건에서만 형식주의인 것이고, 더욱이 이 둘 모두 근원적임을 우리는 본다.

크게 애쓰지 않고서도, 경험론의 테제들 이면에서 존재론적 형식주의가 마찬가지로 발견될 수 있다. 하지만 이 두 경우에서 우리의 흥미를 끄는 것, 그것은 공통된 요청인데, 이는 우리가 과학적 실천의 결과들에 대한 **철학적 보증**이라 부를 수 있는 것을 요청한다.

실제로 마치 철학과, 경험론이든 형식주의든 간에, 혼인한 과학자들이 이 철학에 대해, 이 철학이 자신들에게 **저 자신들의 고유한 실천에 대한 보증**을 제공해주리라는 기대를 걸었던 것처럼 그렇게 모든 것이 진행된다.

보증이라는 기술은 대단히 오래된 인간사의 기술로, 틀림없이 최초의 상품교환까지 그리고 최초의 소유형태들에까지 소급된다. 이 경우에, 타인에게 소정의 금액을 빌려주는 이는 그에게 보증을 요구한다. 물질적이거나 도덕적인 이 보증은 만기일이 되면 [그것을 제공한 이에게] 되돌려주게 될 것이다. 채무자는 채권자에게 이러한 보증

---

4. 59쪽의 주 7번을 보라.

을 제공한다. 차용금과 등가인 재화를 제3자의 수중에 예치함으로써, 또는 차용금이 상환되리라는 것을 약속하는 제3자의 도덕적 보증을 제공함으로써. 보증은 또한 저당권이라는 다시 말해 채무자의 재화를 회수할 권리라는 형식을 띨 수도 있다. 이 모든 경우에, 보증 작업은 세 부분 또는 요소를 작동시킨다. 채권자, 채무자, 제3자. 제3자는 인격이거나 재화이다. 채권자에게 약속한 시기에 상환이 되리라는 것을 물질적으로 그리고 도덕적으로 보증하는 것은 바로 보증인, 이 제3자, 교환과 계약 당사자들보다 상위에 있는 이 인격 또는 재화인 것이다.

과학적 실천과 관련해서 관념론 철학의 경우에도 사태는 동일하게 진행된다. 이렇게 말해도 좋다면 학자는 "돈을 빌려주는" 자이다. 그는 자신의 노력을, 자신의 노동과 가설을 내놓는다. "돈을 빌려가는" 자는 과학적 대상이니, 이 모든 예상 비용을 받는 것이 과학적 대상이다. 학자는 자신의 노력이 상환되기를 기대한다. 그래서 그는 자신의 노력이 **자신이 기대한 것**, 자신이 모든 비용을 털어 넣었던 그것 즉 **과학적 인식을 생산해낼** 것이라는 **보증**을 요구하는 것이다. 그["학자"]에게 이러한 보증을 제공하는 제3자가 바로 관념론 철학들이다. 그가 모든 규칙을 잘 준수했다면, 관념론 철학들이 그에게 그의 언표의 타당성을, 그의 실험의 조건과 형식을, 그의 결과의 정확성을 보증한다. 따라서 형식상으로는, 결과가, 인식이, 진리가 어딘가에 미리 맡겨진 것처럼, 적어도 누군가(신, 존재, 이것들에 대해 말하는 철학자)는 이미 사실상 알고 있는 것이라서, 학자는 자신의 작업에 —말이 잘 말해주듯— 자신의 **사변[/투기]**spéculation에 뛰어들 수

183

있는 것이다.

여하튼 사태는 이렇게 진행되지 않으며 과학자가 자신이 성공할 는지 여부는 결코 미리 알 수 없는 마당에, 과연 이 모든 작업이 무슨 소용이냐고 묻는 이들도 있을 터이다. 자신들의 가설에 대해 또는 자신들의 실험 도구의 타당성에 대해 회의해서든, 과학적 연구의 자격을 의심하는 여타 관념론 철학의 공격에 맞서 내재적으로 자신을 방어할 필요를 느껴서든 이런 유형의 보증이 필요할 과학자들이 있노라고 답할 수 있다.

하지만 이와 같은 답들은 불충분한데, 과학적 실천에 대한 이 철학에서 문제시되는 것이 과학만은 아니기 때문이다. 또한 문제시되는 것이 모든 인간 실천의 상호관계이고, 이 실천들 사이에서 실존하는 모든 질서인데, 이 질서는 사회적 질서이자, 정치적 질서이며, 계급투쟁의 장소이다. 이 철학들이 과학자들 곁에 붙어서 확보해내지 못한 것을(과학자들을 확보하면서도), 이 철학들은 **여타의 실천의 행위자 곁에서**, 과학의 사례와 위신을 사용함으로써 확보하는데, 이 철학들은 과학이라는 모델을 내세우고 "착취"해 저 여타 실천의 행위자들을 겁박한다. 과학이라는 모델은 논란이 될 수 없다는 엄청난 이점을 가지는데, "왜냐면 과학이란 그냥 과학이기 때문이고" 정의상 진리를 아는 것이자 논란이 되지 않는 것이기 때문이다.

그럼으로써 우리가 감지하는 것은, 하나의 철학일 수 있는 것을 이해하기 위해서는, 철학이 명시적으로 말하는 실천들뿐만 아니라 **철학이 말하지 않는 실천들**에 대해서도, 더욱이 **실천들의 앙상블**에 대해서도 규명해야만 한다는 것인데, 철학적 개입에서 문제시되는 것은 바로 저 실천들의 내재적 관계이기 때문이다.

우리가 전술한 겁박의 효과는 칼 포퍼의 철학에서 뚜렷하다. 이는 포퍼 자신이 시인한 바대로, 정신분석과 마르크스주의는 과학이 아님을 증명하겠다는 명확한 목표를 갖고서 자신의 철학 전체(그리 광범위하지 않은)를 확립했기 때문인데, [정신분석과 마르크스주의가] 과학이 아닌 이유인즉슨, 그에 따르자면, 정신분석과 마르크스주의의 가설들은 경험에 의해 **반증**될 수 없으며(분석 경험과 계급투쟁 경험은 실제로 어느 시간 어느 곳에서든 동일 형식으로 재생산될 수는 없다), 그 가설들은 종교적 유형의 사기이기 십상이라서 그렇다는 것이다.[5]

과학적 실천에 대한 또 다른 관념론 철학들에서는, 사태들이 언제나 분명하고 공공연한 것은 아니지만, 잘 찾아본다면, 동일한 차원의 "동기들"이 언제나 발견된다. 실존하는 여타 실천을 유효한 것들이 되게 하기 위해서든 무효로 하기 위해서든 간에 여하튼 그런 동기들로 과학 모델을 활용하는 것.

하지만 보증 또는 유효화의 기능에만 주목해서는 안 된다. 관념론 철학이 언제나 이 기능을 실행한다고 해도 이데올로기적이고 정치적인 면에서 동일한 의미를 언제나 갖는 것은 아니다.

이러한 기능은 긍정적이고 진보적인 의미로 실행될 수 있다. 이것이 바로 부르주아 관념론 철학의 경우이다.

5. 일례로 K. Popper, *La société ouverte et ses ennemis*, t. II: *Hegel et Marx*, trad. J. Bernard et P. Monod, coll. "Philosophie générale", 1979(1945), p. 147-150; *Conjectures et réfutations*, op. cit., p. 60, 62-65을 보라.

부상하는 부르주아는, 생산력과 연장과 기계와 측정 도구와 그 이외의 것들을 발전시켰던 이 부르주아는 과학을 필요로 했다. 그래서 이 부르주아에게는 다음을 보증하는 철학이 필요했다. 과학이 정말로 과학이었음을, 과학은 객관적 인식을 제공했음을, 자연 물체의 운동 이론을 제공하지 못했던 아리스토텔레스로부터 유래한 종교 또는 자연철학 같은 상상적 구성물과 과학은 아무 관련이 없었음을 보증하는 철학. 그런데 이러한 필요가 과학자들의, 저 자신들의 발견들의 새로움 앞에서 곤혹스러워 하며 물체들이 갈릴레이의 법칙에 따른다는 것이 "과연 진실인지를" 자문하던 그들의 "심리학적" 요구에 부응한 것은 아니었다. 이 필요는 억누를 수 없는 이데올로기적 투쟁의 필연성에 부응했다. 까닭인즉 부르주아가 자기 자리를 정복하고자 했을 때, 그들은 그곳의 점유자들을 내쫓아야만 했으니 또한 부르주아가 과학들의 실존이 인정되게끔 하고 싶었을 때, 그들은 그 지형을 점유했던 종교적 이데올로기의 막강한 힘에 맞서 투쟁해야만 했으니.

하지만 그렇다고 해서 부르주아 관념론 철학이 과학을 위해서만 투쟁했던 것은 아니다. 그 철학은 과학을 위한 전투가 정치적이고 이데올로기적인 투쟁들의 앙상블로부터 고립될 수는 없다는 사실도 고려해야만 했다. 한편으로는 그 철학이 (봉건적 종교 이데올로기의 압도적 주장에 맞서) 과학에 **보증**이라는 구실을 했지만, 다른 한편으로는 과학이 **부르주아 정치투쟁의 미래를 보증**한다는 특정 관념도 구사했다. 철학의 단일성 아래 이러한 보증 전이의 가장 순수한 사례를 제공했던 것은 18세기 계몽사상이었다. 철학은 과학이 세계에 대한, 자연 세계와 사회 세계에 대한 인식을 제공한다는 것을 보증했고, 과학적 진리의 역량은 인간들이 불평등과 예속의 세계로부터 빠져나가기 위해 완수해야 할 사회개혁의 필연성을 언젠가는 인식하리라는 것을 보증했다.

부르주아가 혁명적 계급이었던 이 시기에, 보증이라는 철학의 기능은 과학들뿐만 아니라 사회적 실천들의 앙상블도 포괄했고, 그래서 진보적이었던 것이다. 확실히 부르주아 철학은 과학들을 "조작"했고 그것들의 영예를 "착취"했지만, 이는 어디까지나 자유화를 목적으로 한 것이었다. 과학들을 자유롭게 하기 위해, 인간들을 자유롭게 하기 위해.

이와 같은 동일한 보증 기능이 전혀 상이한 방향으로 발휘될 수 있다. 계급투쟁의 쟁점과 계급관계에 따라서는 반동적인 방향으로.

19세기 중반에 부르주아가 권좌를 차지하고 있었을 때만 해도 부르주아에게는 언제나 과학이 필요했고 또 여전히 필요한데, 계급투쟁이 부르주아로 하여금 자본주의 생산양식의 생산력들을 부단히 "혁명화하고"(마르크스) 발전시키도록 강제하기 때문이다. 하지만 부르주아는 노동자 계급투쟁의 첫 번째 거대한 공격에 부딪치자 자신의 철학적 장치를 재편해야만 했다. 철학은, 실증주의적 또는 신논리실증주의적 철학은 언제나 과학을 **보증**하는 구실을 했다. 하지만 이는 과학의 노동자들을 **통제**하기 위함이었다. 계몽주의 철학자들의 과학관과는 다른 과학관의 명목으로. 인간 자유화의 관념과는 더는 직접적 관련이 없는 과학관의 명목으로. **질서**로서의 진리를 강제하는 과학관의 명목으로. 소수만이 장악하는 진리를. 예컨대 오귀스트 콩트가 말한 "정신적 권력"(이데올로기적이고 정치적인)을 확고히 하는 소수이든가, 컴퓨터의 보좌를 받는 근대 기술관료들처럼 사회의 일반적 조직화를 확고히 하는 소수이든가.

근자에 과학관과 연계된 자유 관념이 부르주아 고전 철학자들에게 과학적 실천으로부터만 아니라 무엇보다도 인간해방을 위한 계급투쟁으로부터 왔던 것과 마찬가지로— 질서라는 관념은 실증주의자들에게 자연법칙들로부터만 오지 않았으며, 기술관료제의 철학자들에게 컴퓨터 프로그래밍으로부터만 오지 않았고, ["질서라는 관념은"] 무엇보다도 **자신의 질서를 강제**하지 않을 도리가 없는, 노동자들이 이의를 제기하니 그리하지 않을 수 없는, 질서가 필요하고 부르주아 질서가 참된 것이라는 점을 보증하는 어떤 철학의 이름으로 그리하는 부르주아 계급투쟁이라는 실천으로부터 온다.

환기된 두 경우에 관념론 철학이 과학과 그것의 결과들과 영예를 "착취"한다면, 동일한 말들 아래 의미들의 차이를 구별하는 것에 주의해야만 한다.

첫 번째 경우에 관념론 철학은 과학을 "착취"하지만 다시 말해 특정 과학관을 사회적 실천들에 봉사하도록 하지만, 이 실천들이 혁명적이라서, 이렇게 "착취"되는 과학에 대한 관념은 과학적 실천의 가치들의 본질을 대체로 존중한다. 과학의 해방을 위한 투쟁과 정치적 자유를 위한 투쟁은 실제로 동일한 방향으로 나아가는데, 그리하여 너무 심한 왜곡들이 회피되지만 배제되지는 않는다(데카르트와 칸트와 헤겔은 이와 같이 과학들을 왜곡해 자신들의 체계 안으로 들어가게 만들었다).

하지만 두 번째 경우에 관념론 철학은 과학들을 "착취"하지만 다시 말해 특정 과학관을 사회적 실천들에 봉사하도록 하지만, 이 사회적 실천들이 반동적이라서, (부르주아) 질서를 위협하는 노동자들을 폭력적으로 이 질서에 들어가도록 하는 실천들이라서, 이렇게 착취되는 과학에 대한 관념은 그 내용이 변한다. 과학은 지식의 모델이 되는데, 이 지식은 사실을 확인해주는 게 전부인, 법칙들을 확증해주는 게 전부인 그리하여 현상들 안에서 법칙들의 질서가 군림하게끔 해주는 지식이다. (기성권력을) 안심시켜주는 이러한 관념에 빠지지 않는 이 모든 것, 이러한 관념과 이러한 질서에 위협이 되는 모든 과학은 무효라고, 사기라고 선언된다. 마르크스주의 이론과 정신분석이 바로 그런 것. 반면에 지배이데올로기의 모든 이론구성체, 말하자면 정치경제학과 사회학과 심리학은 과학으로 세례를 받으며, 이 과학들의 "법칙들"에 봉사해야만 하는데, 이 법칙들은 기성질서를 강화해준다. 과학에 대한 철학적 보증은 그 방향이 변했다. 과학들과 인간들의 해방에 크게 기여하던 것 대신에 권위와 질서의 원리가 되어버린 것이다.

그 어떤 것도 경험주의와 형식주의라고 하는, 과학에 관한 이 미망들보다 덜 "순진"하지는 않다.

10.
과학적 실천과 유물론

자, 이렇게 일단 과학적 실천에 대한 경험주의적·형식주의적 관점들을 떨쳐버리면 전혀 다른 관점으로의 길이 열리니, 유물론적이고자 하는 관점이 그것이다.

그렇다면 우리는 과학적 실천을 어떻게 표상하는가? 애초엔, 주어진 원료와 정해진 노동력과 실존하는 생산도구들을 가동하며 출발하는 과정으로. 이 과정에서, 노동력(인식, 연구자의 지성)은 주어진 원료(연구자가 실험하는 대상)에 생산도구(이론, 실험의 물질적 장치 등등)를 작동시켜서 정의된 인식들을 생산한다.

이 도식은 물질적 생산의 도식을, "노동과정"(마르크스)의 도식을 재생산할 뿐이라고들 말할 것이다. 틀린 말은 아니지만, 여기엔 대단히 큰 차이들이 있다.

["큰 차이들" 중] 하나는 **"원료"**의 본성과 관련된다. 고유한 의미의

원료(광석, 석탄 등등) 또는 이미 가공된 원료(강철, 구리 등등)에 의해 구성되는 대신에, 과학적 실천의 "원료"는, 과학의 발전 정도에 따라, 과학적이지 않거나 이미 과학적인 표상들과 물질적 대상들의 혼합으로 구성된다.

하지만 우리 스스로 가장 곤란한 임무를 설정하기 위해, 우리가 어떤 과학의 탄생을 목도한다고 가정하고(우리는 그것들의 탄생 시기를 근사치로 추정할 수 있음을 안다), 그에 따라서 "순수한" 원료를 다시 말해 가능한 한 이론적이지 않은 원료를 상상하자―우리가 알기로, 이미 발전된 모든 과학은 대체로 과학적인 즉 이론적인 원료를 상대로 노동하는 것이니.

이 극단적 경우에 우리가 가정하는 바는, 심지어 그 어떤 노동도구나 측정도구의 도움을 빌리지 않고, 과학자가 자신의 지각들이라는 소여만을 대면한다는 것이다. 이 가설은 유토피아적임을 즉시 지적해두자. 왜냐면 우리가 아는 모든 사례가 입증하는바, 모든 과학은 자신의 탄생에서 최소한의 기술적 장치를 구사한다(희랍 수학은 자와 컴퍼스를 조작해 도형을 정의했다). 여하튼 이론적 규정들의 총체적 무라는 것을 가정하자. 우리가 상대하는 것은 과연 무엇인가? ["그것은"] 경험주의에 의해 묘사된, 인식하는 주체와 인식할 대상 사이의 순수한 접촉이 아니다. 순수한 구체도 아니다. 그것은 온전히 추상들의 세계이다. 틀림없이, 구체는 감각적 지각들 안에서 주어지지만, 감각적 지각들이 알려주는 것은 구체가 무엇인지(구체의 "본질")라기보다는 구체가 실존한다는 단순한 사실이다. 어떤 사물의 실존이 우리에게 알려지려면 그것[그 사물의] "본질"에 있는 무엇인가가 우리에게 주어져야만 한다는 것은 틀림없다. 하지만, 정확히, 이 모든 것은 추상이라는 인상적인 층 밑에서 이루어지는데, 추상은 왜곡 효과라는 면에서 너무나 자연스러워 보이기에 그것들의 실존에 대해서는 의심조차 되지 않는다. 어떤 추상들?

우선은, 고려되는 사회 집단 안에 실존하는 모든 구체적 실천인, 생산 실천, 성적인 재생산 실천, (계급사회가 문제라면) 계급투쟁 실천이라는 추상들. 이어서, 해당 사회 안에서 계급의 기능 또는 갈등을 관할하는 모든 추상적인 사회적 실천이라는 추상들, 요컨대 법, 도덕, 종교, (실존한다면) 철학. 이와 같은 추상들은 ―다른 사회들은 거론하지 않더라도 원시사회들의 경험이 보여주는바― 자신들이 관련된 사회적 관계들을 관할하는 기능만을 갖는 것은 아니고, 가능한 모든 경험적 관찰에 자리와 의미를 할당해주는 효과도 갖는다. 이것이 말해주는바, 과학의 시초 실천에서, 소여의 토대가 아니라 탐지와 의미의 망을 구성하는 이러한 추상적 일반성들부터 소여의 관찰들을 분리하는 것은 실천적으로 불가능하다.

이러한 까닭으로, 과학의 가장 기초적인 형식 안에서 과학자가 노동을 하는 원료는 정의된 추상적 일반성들과 분리불가능하며, 이들 일반성 자체가 상이한 사회적 실천들의 장구한 정교화의 결과라고 말하는 것이 정당한 것이다. 이것이 내가 예전에[1] 이 원료를 **일반성들 I**Généralités I이라는 용어로 지칭하자고 제안했던 이유인데, 이 용어의 복수형은 과학자가 상대할 외관상 무매개적 "소여들" 안에 응축된 추상들의 복합성을 암시하는 구실을 한다. 그리고 일반성들

---

1. L. Althusser, *Pour Marx*, Paris, Maspero, coll. "Théorie", 1977(1965), p. 186ff.

1에서 내가 특기했던 것은, 물질적인 또는 성적인 여타의 사회적 실천에서 유래하는 일반성들 이외에, 상이한 (법적, 도덕적, 종교적, 철학적 등등의) 이데올로기들에서 유래하는 일반성들의 현존이다.

앞서 그 조건들이 검토된 가설적 과학에 대해 언급된 것은 구성되고 발전된 모든 과학에 대해서도 역시 타당하다. 연구자의 노동이 가해지는 원료에 포함되는 것은, 거론된 일반성들 외에도, 다른 형태들의 추상, 기술적 실천의 추상들, 과학에 의해 이미 생산된 추상적 인식들이다. 그러므로 한계사례가 고려될 수 있는데, 수학이라는 이 사례에서 과학은 **자기 자신에게만 노동**하니, 다시 말해 자신이 이미 생산한 결과들에 노동을 한다는 것이다. 그러니 과학을 하나의 "주체"라고 간주한다면, 과학이 아리스토텔레스의 두 번째 정의에 속한다고 말할 수 있게 되는데, 이 과학은 외재적 대상을 상대하지 않고 자기 자신이 저 자신의 고유한 대상이기 때문이다.

하지만 수학은 하나의 한계사례이다. 모든 실험과학에는 외재적이고 객관적인 물질적 요소가 실존한다. 이 요소가 기존 이론의 틀 안에 삽입된다 하더라도, 측정 도구와 관찰 도구 안에서 실현된다 하더라도, 그럼에도 그것은 여전히 계속 현존해 그 요소 자체로서 직접적이든 간접적이든 여하간 감각적인 관찰 아래 놓인다. 근대 물리학에서는, 확실히, 육안으로는 대상(모호한 입자)이 보이질 않는다. 하지만 적어도 대상의 흔적은, 직접적이든 간접적이든, 필름의 기록 위에서, 또는 분석되는 빛의 스펙트럼의 광선의 위치 변화에서 관찰된다. 하지만 이 감각적 요소 자체는 이 모든 실험적 장치의 외부에서는 등록될 수 없으며, 이 장치는 자신 안에 실현된 다량의 주목할 추상 및 인식을 재현한다.

다음의 사실을 분명히 강조해야만 한다. 이 추상들은, 그 말의 속류적 용법과는 반대로, 비어 있지 않으며, 외려 이 추상들은 오랜 과정의 끝에 이르러 획득되고 정의된 인식들로 가득하다는 점. 이 추상들의 집합은 빈 공간이 아니라 외려 역으로 완벽하게 탐지되는 공간, 그 안에서 사건이 일어날 공간을 정의한다는 점. 이 사건은 새로운 발견을 가능케 하며 연구 가설이든 실험 장치든 여하간 이러한 것이 변경되지 않을 수 없도록 하는 과학적 "사실"이다. 그러므로 과학이 진보할수록 과학의 원료는 점점 더 구체를 지향하는데, 구체는 자신을 구성하는 다수의 추상 또는 인식의 집합의 결과일 뿐이다. 마르크스는 다음과 같이 말했다. 과학이 속류 이데올로기가 믿듯 "구체에서 추상으로" 가는 것은 아니라고. 과학은 경험적으로 실존하는 대상에서 이 대상의 진리로(영원히 대상에 포함되어 있어서 추출하기만 하면 되는) 가지 않는다고. **과학은 도리어 추상에서 구체로 간다고.** 과학은 추상을, 실존하는 추상을 점차 정련한다고. 과학은 이데올로기적 추상으로부터 기술적-실천적 앎이라는 추상으로 나아가고 이어서 과학적 추상에 도달해, 이들 추상을 정확히 결합함으로써 하나의 구체적 대상을 다루고 이렇게 해서 그 대상의 구체적 인식이 되는 정의된 추상에 도달한다고.[2] 유물론의 이 핵심적 진리에 관해 말해야만 한다. 대부분의 철학자들과 심지어 과학자들마저도 저 진리를 오인한다고. 하지만 저 진리 없이는, 과학적 실천 안에서 일어나는 것이 이해될 수 없다고.

2. K. Marx, *Contribution*…, Introduction,   *op. cit.*, p. 164-166.

과학적 실천의 과정이라는 견지에서는, **연구자**에 관해 말할 것이 별로 없다. 왜냐면 특정한 경우엔 결정적 역할을 할 수 있는 이런저런 특별한 재능을 제외하면 그는 자신이 노동하는 기존 과학 상태에 의해 온전히 정의되기 때문이다. 실제로 그는 그 어떤 이론이든 [그 이론을] 기존 이론의 토대 위에서만 창안할 수 있으며, 그 어떤 문제든 [그 문제를] 획득된 결과들의 토대 위에서만 발견할 수 있으며, 그 어떤 실험적 장치든 [그 장치를] 이론과 기술에서 가용 수단들의 토대 위에서만 조정할 수 있다. 그는 자신을 뛰어넘는 과정의 행위자이지만, 그 과정의 주체 다시 말해 기원도 창조자도 아니다. 실천의 과정 다시 말해 과학적 생산은 이처럼 "주체 없는 과정"[3]인데, 이는 그 과정이 연구자의 노동력과 지성과 재능 등등이 없어도 괜찮다는 것이 아니라 ["그 과정이"] 과학적 연구자인 행위자의 본성과 역할을 규정하는 객관적 법칙들에 종속된다는 뜻이다.

그렇다, 모든 과학자가 그걸 알고 있다. 근대 실험 장비들의 거대함이라는 특성이 연구자란 자신을 뛰어넘는 어떤 복합 과정의 행위자에 불과함을 분명하게 보여준다는 것을 그들은 너무 잘 알고 있다. 과학적 문제들이 이런저런 개인에 의해서만이 아니라 전 세계적 과학 공동체 전반에 의해서도 제기된다는 것을, 그리고 당사자들은

---

3. L. Althusser, "Trois notes sur la théorie des discours"(1966), *Écrits sur la psychanalyse. Freud et Lacan*, Paris, Stock-IMEC, 1993, p. 165. "과학적 언술과 관련해서 과학의 주체가 존재하지 아니함과 마찬가지로 (…) '역사를 만드는' 개인이란 이러한 명제의 이데올로기적 의미에서는 존재하지 아니한다." 주체 없는 과정에 관해서는 다음을 보라. L. Althusser, "Sur le rapport de Marx à Hegel", dans *Lénine et la philosophie*, Paris, Maspero, 1972, p. 49-71; "Remarque sur la catégorie 'Procès sans Sujet ni Fin(s)'", *Réponse à John Lewis*, Paris, coll. "Théorie", 1973, p. 69-76.

그렇게 말하지 않지만 모든 위대한 발견이 "세계 도처에서" "거의 동시에" 이루어져왔다는 것도 그들은 알고 있다. 그들은 인상적인 모험 속에서 연구가 착수되는데, 실은 이 모험이 대부분 생산의 요구와 계급투쟁의 요청들에 의해 외부로부터 규정된다는 것을 알고 있다. 그들은 자신들이 서로 결속하더라도 과학적 연구의 발전 도상에서 대단한 걸 할 수는 없다는 점을 알고 있다. 그들은, 적어도 그들 중 일부는, 자신들이 이 도상에 능동적 작용을 가하고자 한다면, **자신들이 "지형을 변화"시켜 정치에 나서야만 한다**는 것을 안다. 까닭인즉, 관념론 철학자들이 믿는 것과는 반대로, 정치를 좌우하는 것이 과학이나 인식이 아니고, 과학이나 인식의 발전을 좌우하는 것이 정치이기 때문이다.

과학적 실천의 발전이 지니는 "주체 없는 과정"이라는 이와 같은 특성은 그 발전의 모든 계기와 모든 요소에, 그 행위자(연구자)와 생산도구와 결과뿐 아니라 그 원료에 표시를 남긴다. 우리는 이러한 관념을 당분간은 논외로 하고 나중에 다른 기회에 다시 논의하고자 한다.

하지만 원료에 대해 언급된 것은 **생산도구**에도 분명히 유효하다. 우리가 말했듯, 생산도구는 과학적 추상의, 이론적 인식의 실현이다. 실험에 개입하는 모든 도구에 대해서도 이 점은 쉬 확인된다. 예전엔, 측정 도구들이 단순했다. 지금은 그것들이 극도의 추상적 이론들을 낳았으니, 이는 도구의 성질, 도구가 제작되는 금속의 질, 도구가 사용되는 온도, 도구가 작동되는 공백(또는 공백 아님)을 정당화하는 이론들이다. 나는 사태들의 이 측면에 관해서는 상술하지 않는데, 철학자 가스통 바슐라르의 정식화 덕분에 이 측면은 잘 알려졌다. "도구는 유물론적 이론이다."[4]

반면에 나는 덜 알려진 측면에 주목하고 싶다. 과학의 이론적 생산도구 중에서 현행 **"이론"**이 나타내는 사실에 관해. 달리 말할 수도 있다. 이론은 원료 안에서 제시된다고. 왜냐면 노동이 가해지는 원료는 어떤 주어진 과학 안에서 이 과학의 이론적 획득물에 순응해 정의되기 때문이다. 바슐라르가 보여준바, "순수 물체들"을 상대로 실험을 한다고들 하지만 정작 자연에는 "순수 물체"란 없으니, 모든 "순수 물체"가 어떤 과학적 이론과 이에 조응하는 어떤 기술의 산물이기 때문이다.[5]

생산도구에 유효한 것은 원료에도 역시 유효한데, 까닭인즉 이론적 생산도구에서 모습을 드러내는 이론의 흥미로운 점은 그 이론이 거기서 어떤 다른 형식 즉 원료라든가 생산도구라는 형식 아래 나타나는 것이 아니라 **기존 과학 이론의 순수 형식 아래** 나타난다는 것이기 때문이다. 틀림없이 이것은 생산도구 안에서 이론의 전모가 나타난다는 것을 뜻하지 않으니, 이론은 일반적으로는 다수의 과학적 개념의 형식 아래 부분으로만 나타나기 때문이다. 작업 방향에서는 이론의 앙상블에 의존하는 바로 이러한 개념들이, 입증해야 할 가설이라든가 측정과 관찰과 실험의 도구들이라는 형식 아래, 원료에 가해지는 노동에 직접적이면서 동시에 간접적으로 개입

---

4. 126쪽의 주 11번을 보라.
5. G. Bachelard, *La Poétique de la rêverie*, Paris, Puf, 1961, p. 64-65. "실체들의 '순수'에 대한 —의제 도덕적 순수— 몽상은 장구한 연금술 작업들을 이렇듯 활성화한다. 실체들의 물체를 획득해야 하는 순수에 대한 이와 같은 탐구는, 당연히, 현대 화학에서 순수 물체를 준비하는 것과는 아무런 공통점도 없다."

한다.

이 분석에서 흥미로운 것은, 여기서도 또한, 앞에서 우리에게 예외적이라 보였던, 수학의 사례를 원용할 수 있겠는데, 특정한 방식으로, 과학은, 실험과학이라 하더라도, 자기 자신을 상대로만 노동하며, 이런 관계 아래 자기 자신의 원료이자 동시에 자기 자신의 행위자이며 자기 자신의 생산도구라고 말할 수 있겠다는 점이다. 하지만 과학이 자기 자신을 상대로 노동하는 것에 불과하다면, 과학이 무한정 자기 반복에 빠지지 않고 발견들을 이루게 되는 것은 과연 어디에서 오는가? 실은 과학은 모순적 대상을 상대로 노동하는 것이다. 왜냐면 자신을 상대로 노동하는 이론은, 극단적으로, 모든 자기모순을 제거할 이론을 상대로 다시 말해 자기 대상에 대한 최종적 인식에 도달할 이론을 상대로 노동하는 것이 아니기 때문이다. 도리어 하나의 미완의 이론이 자기 자신의 미완을 상대로 노동하는 것이고, 이러한 "승부"와 이러한 간극과 이러한 모순으로부터, 더 멀리 나아갈 방도를, 획득된 인식 수준을 뛰어넘을 방도를, 요컨대 발전의 방도를 끌어내는 것이다.

그렇게 과학이 생산하는 것, 그것은 새로운 인식들이다. 나는 예전에 과학적 연구의 행위자가 원료(일반성들 I)를 상대로 한 "노동"에서 쓰는 추상들과 도구들의 이 복합체를 **일반성들 II**Généralités II라 부르자고 제안했다. 이와 동시에 나는 이 모든 인식과정에 의해 생산된 새로운 인식들을 **일반성들 III**Généralités III으로 부르자고 제안했다.

이와 같은 명명에 대해 반박이 있을 수 있음을, 특히 내게 다음처럼 말할 수 있으리라는 것을 나는 알고 있다. 내가 주장했듯 과학적 추상들은 자신들의 **보편성들**universalités에 의해 기술적-실천적 추상들과 구별되는 것이라면, 그 과정의 끝에서 획득되는 과학적 인식을 **일반성들**이 아니라 **보편성들**이라 부르는 게 합당할 것이라고, 우리가 했던 구별을 실제로 기억한다. 일반성은 언제나 경험적인 데 비해 보편적인 과학적 추상은 언제나 이론적이라던 그것. 나는 이런 비난이 부분적으로는 근거가 있다는 데에 동의한다. 게다가 이런 비난이 **일반성들** II로 연장될 수도 있겠는데, 거기서는 하나의 선진적인 과학에서, 과학적인 따라서 보편적인 추상들이 언제나 나타나기 때문이다. 하지만 정확히, **일반성들** I처럼 **일반성들** II에서도, 이데올로기적 일반성들이 나타나는 것을 보게 되는데, 이러한 일반성들은, 주지하듯, 잘못된 보편들이다.

그런데 그 과정의 끝에서 생산되는 인식들 즉 **일반성들** III에서도 똑같이 이데올로기적 일반성들의 현존이 관찰될 수 있다는 것이다. 그것은 과학의, 결코 완료될 수 없으며 완료되지 않는 과학의 표시이며, 과학의 이론적 문제들이 총체적으로 해결될 수는 없거니와 과학은 주변 이데올로기의 압력을 불가피하게 겪는다는 것의 표시이다. 이 이데올로기는 과학적 문제들의 입지를 오염시키거나 또는 오염시킬(달리는 때로 도울) 수 있다. 이것이 내가 그 과정에 의해 생산된 인식들인 과학적 추상들을 가리키기 위해서인데도 일반성들이라는 용어를 유지하길 선호하는 까닭이다.

이제 우리가 과학적 실천이라는 과정의 앙상블을 사고한다면, 우리는 그 과정이 추상의 앙상블들에 의해 지배된다는 점을, 그 추상들은 **관계들**임을 확인한다. 이 관계들은 단순 추상들이 아니라 바로 추가된 것들이다. 그것은 종별적 방식으로 결합되어 상대적으로 안정된 하나의 구조를 생산하는 추상들이다. 이들 관계 중에서 우리가 이미 말했던 것들을 즉각 인용할 수 있다. 기존 이론과 실험 장치 기술의 관계들.

이 관계들은, 자세히 사고해보면, 이례적 복합성을 갖고 있다. 실험적 입증의 현상들이 발생하는 것은 바로 이 관계들 아래서이며, 이 관계들은 그 입증의 조건들을 엄밀하게 정의한다. 하지만 이론적 생산의 이와 같은 관계들만 개입하는 것은 아니다. 그 관계에 철학적 관계들과 이데올로기적 관계들도 추가해야만 한다. 관념론 철학이 철학과 과학 사이에 실존하는 관계에 대해 제시하는 표상에서 오류를 범한다면, 철학이 모든 과학적 이론의 요소를 정의한다고 말함으로써 특히 오류를 범하는 것이라면, 반면에, ["철학은"] 과학적 생산의 관계 중에서 철학적 관계에, 그리고 이뿐 아니라 이데올로기적 관계에 주목함으로써 오류를 범하는 것은 아니다.

철학적 관계들도 대부분, 이데올로기적 관계들처럼, 자연 언어 또는 추상 언어에 의해 전달되며, 게다가 자연 언어를 통과하는데, 그것들은 철학적 **범주들**과 **테제들** 특정한 배치에 의해 구성되며, 이 범주들과 테제들은 과학이 인지하는 것과 과학이 추구하는 것의 경계에서 요컨대 과학의 이론 구성 안에서 저 자신들의 역할을 수행한다.

단순한 사례를 들자면, 갈릴레이로부터 유래하는 과학적 물리학이 새로운 인과성 개념 없이는 구성될 수 없었을 것이라는 점은 자명한데, 이 개념은 아리스토텔레스에게서 차용한 통용되지 않는 낡은 개념을 대체한다. 물리학을 새로운 인과성 개념의 길 위에 놓았던 이 인과성 범주를 생산하는 노동을 했던 것이 데카르트와 데카르트주의자들의 철학이 아니라면 과연 누구인가? 이 경우에, 철학이 물리학의 명시적 요구에 응답했던 것이라고 간주될 수 있다. 하지만 철학이 모든 요구를 앞지르며, 한참 뒤에야 비로소 과학적으로 사용되는 범주들을 제작하는 일 또한 아주 흔하게 일어난다. 여기서 다시 단순한 사례를 하나 들자면, 아리스토텔레스는 자신의 철학에서, 이론적 형식을 취했던 일반적인 이론적 이유들 때문에, 역설적으로 "부동不動의 원동자原動者"이자 그래서 원격으로 작동하는 제1원인이라는 범주를 다듬어냈다. 그리고 스무 세기가 지나서야 비로소 뉴턴이 자신의 사유에서 이 범주를 이어받아, 접촉과 충격 없이는 물리적 작용을 사고할 수 없었던 데카르트주의 기계론자들의 스캔들 와중에, 물체들의 상호 간 원격 작용을 인력과 척력 안에서 사유했던 것이다.

잘 볼 필요가 있는 것은, 이 현상에서, **철학적 관계들**이(그리고 이데올로기적 관계들. 여기서 둘의 차이는 크게 중요하지 않다) 과학적 인식들의 생산과정도 좌우함을 발견하게 되는 이 현상에서, 선형적 결정론을 상대함이 아니라는 것, 시간에서도 공간에서도 아니라는 것. 이 현상에서 상대하는 것은 기존 과학들의 발전에 필수적인, 지배적인 이론적 핵심 문제들에 의해 부과되는 철학적 관계들을 표현하면서도, 선취이든 무효이든 여하간 그러한 놀라움을 보존할 수 있는 형식들이다. 어떤 주어진 과학의 역사의 어느 주어진 계기에서 그 과학을 사고할 때, **이론적 생산의 철학적 관계들**은 자의적이지 않다. 게다가 이들 관계는 분명히 당시의 기존 철학 범주들과 테제들의 앙상블을 고갈시키지도 않는다.

철학이 실제로 자기 전투의 판돈으로 과학만을 걸지는 않는다. 철학은 인간들의 여타 실천이 모두 나타나는 전선을 전반적으로 고려해야만 한다. 과학적 실천의 전선에 참전할 범주들과 테제들을 세공하기 위해 철학은 **자기 전투의 판돈 전부**를 고려하는데, 그 의미인즉슨, 해당 과학적 실천의 현실을 가능한 한 존중하면서도 철학은 자신의 개입이 전반적으로 공통의 이론적 토대 위에서 조율되도록 저 실천의 "표상"을 굴절시킬 수밖에 없다는 점이다. 바로 이처럼 불가피한 "뒤틀림"으로 인해 철학은, 원리상 하나의 과학이 아니며, 원리상 하나의 인식을 제공하지 못하고, 외려 어떤 특수한 실천에 강박당한다. 과학적 실천과 여타 실천의 이론적(이고 다른 여타) 관계 안으로의 개입이라는 실천. 우리는 이와 같은 개입의 성격이 어떤 것이지를 후술하겠다.

분명히, 순수하게 과학적이지 않고 외려 철학적이고 이데올로기적인 과학적 생산관계들이 실존한다는 이 테제는 과학에 대한 실증주의적 표상과 정면으로 충돌한다. 실제로 실증주의에서는, 합리주의의 모든 형태가 그러하듯, 과학적 실천에 개입하는 모든 것이 순수하게 과학적이며, 심지어 대상도, 과학적 실험 이전에 아무리 불투명했더라도, 추상에 의해 이 대상의 본질이 추출될 때는 이미 자신 내부에 자신의 고유한 "본질"을 소유했었음을 입증한다.

바로 이 대목에서 실증주의는 과학의 절대적인 과학적 중립성이라는 테제와 과학의 전능함이라는 테제를 끌어낸다. 진리의 담지자인 과학은 인간들에게 제시되어야만 하며, 또는 그들에게 교육되고 그리하여 인정되어야만 하고, 그들에게 정치의 구실을 하고 그리하여 그들에게 훨씬 더 큰 선이 되어야만 한다. 이러한 합리주의적 과학관은 과학에 대한 부르주아 이데올로기의 고전적 형식인데, 이유인즉슨 이 과학관이 지배계급의 이데올로기에, 그 자체로 지배적인 이데올로기에 속하는 것이기 때문이다. 이는 과학에 대한 이와 같은 합리주의적 이데올로기에 직접 영향을 받는 과학자들에게서 뿐만 아니라 초등학교에서 제공되는 과학 교육을 통해 이 이데올로기가 직접 타격하는 부르주아와 노동계급의 가장 광범위한 층에서도 확인된다.

이런 면에서, 과학이 자신의 순수하고 직접적으로 실험적인 실천의 제한된 영역으로 저 자신을 축소할 수 있다고 사고하는 것이 고유하게 (나쁜) 추상임에 주목하는 것이 무용하지는 않다. 그것은 이 영역에서 일어나는 모든 것(원료, 자료, 도구, 이론적 문제 등등)이 외부 세계에 의존하기 때문만은 아니다. 또한 그것은 과학적 실천이 자신의 순수하게 과학적인 결과들에서 멈추지 않기 때문이기도 하다. 이 결과들은 실제로 기술적 응용의 대상이 되는데, 그것들의 본질적 존재 근거가 그렇기 때문이다. 또한 이 결과들은 교육의 대상이 되는데, 이 교육이 노동력 형성에 필수적이다. 그런데 이 교육이 인식들의 생산과정 모두를 재생산하지는 않는다. 차라리 이 교육은 그 과정의 본질적 결과들을 진술하는 데에 만족하며, 역관계를 고려해본다면, 지배이데올로기의 형식 즉 합리주의적 이데올로기 안에서 그 결과들을 진술한다. 이 합리주의적 이데올로기는 이데올로기와 철학과 계급투쟁의 역할을 무시한다. 그리하여 이 교육은, 저 나름의 방식으로, 과학적 생산의 조건들의 앙상블을 재생산하는 데에 기여한다.

이 대목이 가장 중요한 논점인데, 물질적 생산과 관련해, 마르크스는 특히 이 논점을 강조했다. 어떤 생산도, 자신의 결과들과 동시에, 자신의 고유한 조건 중 생산과정 안에서 소비된 것을 대체하는 것을 생산하지 못하다면 [그 어떤 생산도] 가능하지 않다는 것이다. **어떤 생산도, 자신의 고유한 재생산의 조건들을 보장하지 못하면 [그 어떤 생산도] 가능하지 않으며 다시 말해 지속될 수 없다.** 그런데 이 점에서 보자면, 철학적이고 이데올로기적인 조건들이 재생산 조건들의 생산 안에서 정확히 규정적 역할을 한다고 간주될 수 있다.[6]

자신의 실험 조건을, 가설이나 몽타주처럼, 변주하는 어떤 실험

---

6. K. Marx, *Le Capital, op. cit.*, t. I, p. 403. "생산의 조건은 동시에 재생산의 조건이다. 어떤 사회도 그 생산물의 일정한 부분을 끊임없이 생산수단 또는 새로운 생산의 요소들로 재전환하지 않고서는 생산을 계속할 수 없다." [카를 마르크스, 『자본론 I』(하), 김수행 옮김, 비봉출판사, 2015년 개역판, 772쪽]

K. Marx, *Le Capital, op. cit.*, t. III, p. 719. "또한 현존하는 상태를 법률로서 신성시하고, 관습과 전통에 의해 주어진 제한들을 법률적인 제한들로서 고정시키는 것이 사회지배층의 이익으로 된다는 것은 어디에서나 마찬가지로 여기에서도

명백하다. (…) 이런 일은, 현존하는 상태의 토대(또는 그 상태의 바탕을 이루는 관계)의 끊임없는 재생산이 세월의 흐름에 따라 규칙적이고 질서 있는 형태를 취하게 되면, 자연히 생기게 된다. 그리고 이런 규제와 질서는 그 자체 모든 생산양식—그 생산양식이 사회적 안정성을 얻고 단순한 우연과 자의에서 독립하려면—의 필수불가결한 요소이다. 이 규제와 질서는 한 생산양식이 사회적으로 확립되는 형태며, 따라서 그 생산양식이 단순한 우연과 자의로부터 상대적으로 해방되는 형태다." [앞의 책, III 하, 1005쪽]

과학에, 이들 변주를 가능한 것으로 사유할 수 있도록 해주는 건 과연 무엇인가? 이들 변주가 사유할 수 있고 실현할 수 있는 것들이 되는 건 **불변의 관계**의 실존 덕인가? 그런데 이들 관계는, 자세히 검토해보면, **철학적 관계 또는 이데올로기적 관계**임이 드러난다. 이렇듯 실체 또는 원인이라는 통념 덕분에, 아리스토텔레스 물리학과 그 후의 갈릴레이 물리학이라는 "변주"가 태어나 생산이라는 실천과 군사적 실천으로부터 돌출하는 새로운 문제들에 답할 수 있게 된 것이다. 이렇듯 자연법과 인간 본성이라는 통념 덕분에, 자연권과 그에 조응하는 모든 정치이론이 그 이론의 가장 상이한 형태들 안에서(홉스를 로크에게서 그리고 심지어는 루소에게서 영원히 분리시키는 그런 것을 생각한다) 태어나고 견고해져, 17~18세기의 정치적이고 이데올로기적인 갈등들에 의해 제기된 새로운 문제들에 답할 수 있게 된 것이다.

이처럼 철학적 범주(실체, 원인, 신, 관념 등등) 또는 이데올로기적 관념 즉 통념(도덕법칙으로서의 자연법, 합리적이고 도덕적인 것으로서의 인간 본성 등등)이 있는데, 이것들은 오랜 세월 인류 문화를 지배해왔고, 이러한 지배가 "무지한 자"와 "단순한 자"에게만 행사되었던 것은 아니며, 가장 높은 추상과 가장 큰 곤란과 가장 넓은 이론적 실천적 범위를 갖춘 이론적이고 철학적이고 과학적인 구성물을 위한 **이론적 모체** 구실도 했던 것이다.

(철학적) 범주들과 (이데올로기적) 관념들의 이러한 앙상블은 이처럼 **이론적 생산의 조건들을 재생산하는 데에**, 그것["이론적 생산의 조건"]의 영속과 따라서 그것의 진보를 보장하는 데에 복무해왔다. 분

명히 다음의 사실을 유념해야만 한다. 말하자면 상이한 실천에 의해 제기되는 상이한 문제의 결합의 효과 아래, 이론적 생산관계의 형체는 역사 속에서 변하지만, 이 변화는 상대적으로 느리고, 그 변동의 계기는 이 역사의 시기 구분이 실행될 수 있을 정도로 충분히 가시적이라는 사실. 과학적 실천이 자신의 상이한 생산 부문(상이한 과학) 안에서 펼치는 역사가 사유되고 서술될 수 있지만, 단 다음과 같은 조건하에서이다. 해당 실천의 장에서 가시적 순수 사건의 일화적인 것 안에 빠지지 않는다는 조건. 이론적 생산의 재생산 즉 실존을 좌우하는 이와 같은 이론적 생산관계를 저 역사의 주요 조건으로 사유한다는 조건.

바로 이것이, 틀림없이, 관념론이 철학에 부여했던 표상들(과학보다 우월한 철학의 전능함)과 그 형식을 혼동하기 쉽기 때문에 식별하거나 정의하기 쉽지 않은 철학의 실존 형식이다. 그 형식을 명확하게 사고하는 것은 그만큼 더 중요한데, 철학과 이데올로기가 어딘가에 존재한 이래로 투쟁도 또한, 하지만 자의적 투쟁이 아니라, 최종 심급에서 계급투쟁에 연결되는 필연적 투쟁이 존재한다는 것에 대해 언젠가부터 우리가 의심하기 때문이다. 그리고 투쟁이 존재한다면, 과학의 이익에 복무하는 진영과 지배이데올로기에 유리하도록 저 이익을 착취하는 또 다른 진영이 반드시 존재하는 법이다. 과학은 중립적이지 않으니, 까닭인즉 과학이 근거의 구실을 하거나 아니면 알리바이 구실을 하는 가치들을 놓고 찬반을 다투는 전투가 과학의 내밀함 자체에서 벌어지기 때문이다. 과학자들은 일반적으로 그것을 알지 못하는데, 이로 말미암아 과학자들은 지배이데올로기의 관념들의 영향력에 무비판적으로 굴복한다. 과학자가 아닌 사람들은 일반적으로 그것을 더더욱 알지 못하는데, 이로 말미암아 그들은 동일한 이데올로기의 관념들에 굴복하며, 이 이데올로기는 자신에게 유리하게끔 다시 말해 이 이데올로기가 봉사하는 계급에 유리하게끔 과학의 영예와 실효성을 활용한다. 그것을 알고 그에 맞춰 처신하는 이들은 오로지 소수의 과학자와 유물론 철학자와 마르크스주의 정치투사뿐이다. 이 과학자들은 자신들의 실천의 본능으로 그것을 알며, 이 철학자들은 자신들의 철학의 원리로 그것을 알며, 이 투사들은 마르크스가 발견한 역사유물론의 이론(즉 계급투쟁 법칙의 이론)으로 그것을 안다.

11.

이데올로기적 실천

생산이라는 실천과 과학적 실천에 대해 말한 이후에는 이데올로기적 실천에 대해서도 말하는 것이 필수적인데, 그것에 대한 인식 없이는 철학이라는 것에 대한 지적 파악에 이르기가 불가능하기 때문이다.

내 생각엔, 이데올로기적 실천은 확실히 실존한다. 분명, 그 실천은 대단히 곤혹스러운데, 왜냐면 우리의 분석에서 이제껏 구사해온 범주들이 거기서는 쉽게 인식되지 않기 때문이다. 그러니 더 자세하게 그것["이데올로기적 실천"]을 보아야만 한다.

이데올로기적 실천에서 가장 곤혹스러운 것, 그것은 행위자 현존의 흔적이 거기서는 확인되지 않는다는 점이다. 이데올로기가 관념들의 체계라면, 관념들 사이에는 더하건 덜하건 통일성이 있다면, 행위자가 누구든 설혹 ["행위자가"] 이 관념들의 선전가일지라도 상관

없이 여하튼 어떤 행위자가 수행하는 가시적 중재 없이 관념들이 "의식들"에 작용을 가함은 명확한데, 행위자를 통해 작용을 가하는 것은 바로 관념들의 자명함과 힘이기 때문이다. 어떤 이데올로기 안에서 행위자는 그것을 창안한 개인이라고는 말할 수 없을 것이다. 세계사에서 실효적 역할을 하는 이데올로기들은 그 알려진 저자를 갖지 않는다는 점, 또는 그 이데올로기들에서 그 저자를(예컨대 그리스도) 확인할 수 있더라도 이 저자가 동시에 다른 저자 아무나와 대체될 수 있으리라는 점은 매우 잘 알려져 있다. 모든 것이 마치 **이데올로기는 자체적으로 [저 자신에게] 작용을 가했던** 것처럼, 그것 자체가 저 자신의 고유한 행위자였던 것처럼 흘러가는데, 이를 통해 이미 이데올로기는 우리가 거론한 아리스토텔레스적 정의에 근접한다.

하지만 이데올로기적 실천 안에서 계속 곤혹스러운 것, 그것은 이데올로기가 변형의 고유한 행위자로서 작용을 가하는 원료의 "본성"이다. 최초의 추정으로는, "의식"을 타고났으며 어떤 "관념들"이든 여하간 그것들을 소유한 개별 인간들이 이 원료라고들 말할 것이다. 하지만 즉각 분명해지는 것은 개별 인간들과 그들의 의식이 여기서는 그들이 보유한 관념들의 **지주들**supports로서만 언급된다는 점과, 이데올로기적 실천이 작용을 가하는 원료가 이러한 관념체계로 구성된다는 점이다. 따라서 [우리는] 이데올로기적 실천의 이러한 역설 앞에 놓이게 되니, 이 실천에서는 하나의 관념체계가 다른 관념체계에 직접 작용을 가하는데, 이는 구별되는 행위자가 전혀 존재하지 않아 생산도구들(일반성들 II)이 기존 이데올로기의 관념체계와만 섞이기 때문이다. 이와 같은 조건에서, 이데올로기적 실천이란 기존 이데올로기가 다른 이데올로기의, 기존 이데올로기와 구별되는 그런 이데올로기의 직접 작용의 효과 아래 변형되는 것이라고 사고될 수 있는데―그렇지 않다면 그것["이데올로기"]의 변형에 대한 질문은 부조리해질 것이다.

이 모든 것이 미스터리하다고 여겨질 수 있다. 그렇지만 사태는 원리상 매우 단순한데, 다만 여기엔 조건이 있다. 하나의 이데올로기는 관념체계[또는 재현체계]이지만 오직 이 체계가 **사회적 관계들의 체계**인 한에서만 그렇다는 것을 이해한다는 조건. 달리 말하자면, 하나의 관념체계가 다른 관념체계를 변형하기 위해 [그 관념체계에] 작용을 가한다는 형상 아래 있는 것, 그것은 사회적 관계들의 하나의 체계가 사회적 관계들의 다른 체계를 변형하기 위해 [그 체계에] 작용을 가한다는 그런 것이다. 그리고 이 투쟁은, "관념들 안에서" 또는 차라리 "이데올로기적인 사회적 관계들 안에서"[1](레닌) 벌어지는 이 투쟁은 계급투쟁 일반의 형식일 뿐이다.

실제로 관념들 사이에서는 생산관계에서 일어났던 것과 매우 유사한 무엇인가가 일어난다. 생산관계에서 일어났던 것을 기억하는가?[2] 세 항과 이중의 입구를 갖는 관계. 두 계급 사이의, 그들 각자

---

1. V. I. Lénine, *Ce que sont les "amis du peuple" et comment ils luttent contre les sociaux-démocrates*, *Œuvres complètes*, Paris, Éditions Sociales, 1958, t. I, p. 154, 197. "형식들의 실존의 물질적 조건들과 이 형식들이 맺는 관계는, 이데올로기적인 사회적 관계들의 상부구조로부터 물질적 관계들에 이르는, 사회적 삶의 상이한 측면들 사이의 관계에 대한 질문 아닌가? 유물론 교의는 바로 이 질문에 하나의

해법을 준다."

2. 알튀세르는 애초에 11장에 포함되었으나 자신이 텍스트를 퇴고하면서 부분적으로 삭제했던 대목을 암시하고 있다. "예를 들어 물질적 생산이라는 실천을 생각해보자. 그것은 노동과정이고, 그 과정 안에서 노동자가 또는 노동자들(노동력)이 생산수단(연장, 기계)을 사용해 결국 원료(광물, 목재 등등)를 완성된 생산물로 변형시킨다. 이 과정은 추상적 관계 밑에서

가 생산수단과 맺는 관계와 관련된 관계. 여기서도 역시 우리는 1차 관계를 갖는다. 두 관념 또는 관념체계 사이의 관계. 하지만 2차 관계가 즉각 개입해 1차 관계에 자신의 의미를 부여한다. **이 체계 각자가 또 다른 현실과 관련해 맺는 관계와 관련해 두 관념체계 사이의 관계가 개입하기 때문이다.** 어떤 현실? 이데올로기적 계급투쟁의 **쟁점들**, 이데올로기적 계급투쟁의 관계들. 사례들? 자연의 합리성, 결정론, 정치적 자유, 신의 실존, 예술의 자유 등등 한없이 들 수 있는 것들을 놓고 찬반 관념 안에서 싸울 수 있다.

이런 경우에 무슨 일이 일어나는가? 다음과 같이 말할 수 있다. (이데올로기적 실천에) 작용을 가해 기존 "원료"를 즉 작금의 의식들

펼쳐지는데, 이 관계들이 정의하는 물질적 관계는 상이한 요소(철재가 아닌 목재에 노동을 하기 위해서는 이런저런 연장이 필요하다) 사이에서 실존해야만 비로소 결과(그러그러한 생산물)를 성취하게 된다. 그러니 이 생산관계들은 기술적 관계들이라고 말할 수 있겠다. 하지만 이 동일 과정이 방금처럼 **추상적으로가**(다시 말해 모든 사회에 대해 독립적으로가) 아니라 구체적으로 사고된다면, 이 기술적 생산관계들뿐 아니라 요소들 및 생산 안에서 이 요소들의 자리와 기능을 좌우하는 사회적 관계들도 고려해야만 한다. 주지하듯, 이 관계들은 최종 심급에서 이중적 관계들이다. 인간 집단(노동 분할에 의해서든 계급 분할에 의해서든 이렇게 구성되는) 사이의 관계들이자, 이러한 인간 집단과 생산수단 사이의 관계들인 것. 생산수단(원료, 생산도구)이 인간들 모두에 의해 집단적으로 보유되고 집단적으로 가동될 때, 그것은 공동체적 생산관계(원시사회들, 공산주의 사회)이다.

역으로 이들 생산수단이 하나의 인간 집단에 의해 보유되고 동일 사회의 나머지 인간들에게는 그 생산수단이 박탈될 때, 게다가 유기적 방식으로 그러할 때, 그것은 계급사회이다. 이 사회에서는 생산수단을 보유한 계급이 그것을 박탈당한 계급을 착취하고, 일련의 장치에 의해 자신들이 저 계급에 강제한 잉여노동을 전유한다. 이 장치들의 선두에 등장하는 것이 계급 지배 도구인 국가이다. 사태는 훨씬 멀리 나아가니, 사회적 생산관계에 대한 또는 더 정확하게 말해서 실존하는 사회적 생산관계에 대한 규명을 간과하게 된다면, 이 관계를 간과하면서 생산 안에서 관찰할 수 있는 "현상들"을 다룬다면 요컨대 무엇이 생산 안으로 들어오고 생산물이 어떻게 순환하며 생산물 가치가 어떻게 배분되는지를 분석한다면, 정치경제학이라 불리는 그것을 한다는 느낌을 갖겠지만 그리하여 과학적 작업을 한다는 느낌을 갖겠지만— 실은 전혀 그렇지 않다. (…)."

을 지배하는 관념들(이데올로기)을 변형하는 이데올로기(관념들)는 전술한 "의식들"을 낡은 이데올로기의 지배로부터 새로운 이데올로기의 지배로 옮기는 것에 불과하다고. 이데올로기적 실천이란 따라서 **지배의 이러한 전이 즉 지배의 이러한 전위**déplacement로 환원된다. 사례: 종교적 세계관이 지배했던 곳에서 이데올로기적 실천(투쟁)은 새로운 이데올로기의 지배를 관철시키는 것으로 귀착한다. 이 새로운 이데올로기를 부르주아 합리주의 이데올로기라고 말하자. (유럽에서는 그런 사태가 14세기와 18세기 사이에 생겨난 것으로 보인다.)

그렇게들 말해도 좋다. 하지만 이처럼 단순한 확언들이 가공할 문제들을 제기한다. 우선 이 지배의 메커니즘이라는 문제. 이어서 이런 이데올로기들의 **구성** 메커니즘. 이 모두가 앞에 언급된 것 안에서 전제될 뿐 설명되지는 않기 때문이다.

그러니 잠시 이 지배 메커니즘에 대해 말해보자. 하나의 "의식"이, 구체적 개인의 의식이 하나의 관념에 의해, 무엇보다도 관념체계에 의해 어떻게 지배될 수 있는 것인가? 의식이 관념들을 진실하다고 인정할 때라고들 말할 것이다. 물론 그렇다. 하지만 이 인정이 어떻게 실행되는가? 우리는 진실의 단순한 현전을 통해 진실이 진실이라고 인정되는 것은 아님을, 거기엔 하나의 노동, 기술적 실천의 노동 또는 과학적 실천의 노동 전체가 필요함을 알고 있다.

하지만 어쩌면 인정이라는 것이 진실의 현전 효과 아래 저절로 이루어질 수 있을 것이다. 내가 거리에서 내 친구 피에르와 마주칠 때, 나는 그를 알아보고 "그 친구로군"이라고 말한다. 피에르가 저기 거리에 있고 나와 마주칠 거라는 이러한 진리와 직접적이고 구체적인 접촉 상태에 있는 이는, 그리고 "그 친구로군"이라며 그를 알아보는 이는 바로 나 루이라는 것을 나는 현실적으로 느낀다. 하지만 사정은 조금 더 복잡하다. 그 친구로군, 이라고 내가 말할 수 있으려면 **누가 피에르인지**를, 그는 덩치가 크고 피부가 거무스름하며 콧수염을 길렀다는 등등을 내가 알아야만 하기 때문이다. 따라서 알아봄[재인지]은 앎[인지]을 전제로 하며, 나는 하나의 원환 앞에 놓인다.

그렇지만 어떤 면에서는 재인지가 인지보다 우월하니, 내가 인지 노동을 하려면 시간이 필요한 데 비해 재인지는 그 결론이 즉각적으로 순식간에 실행되기 때문이다. 마치 재인지가 그 자체적으로 언제나 모든 곳에서 선행했던 것처럼. 피에르를 재인지하는 것이 나라고 내가 믿는 바로 그 순간, 마치 피에르에 대한 관념이 나를 점령했던 것처럼. 마치 피에르가 그 자신의 현전만으로 "그 친구로군"이라는 자명함을 내게 강제했던 것처럼. 그러므로 역할들이 뒤집히는 것을 보게 된다. 피에르라든가 또는 예컨대 신의 실존이라는 관념처럼 진실한 것으로서의 관념을 내가 재인지한다고 믿지만, 실제로는 **바로 이러한 관념이 피에르** 또는 이러한 관념 표출(신에 관해서라면 종교 강론)과의 **마주침을 통해 나에게 강제되는** 것이다.

그런데 내가 이 역설적 관념을 그것의 극단적 귀결로까지 밀어붙인다면 완전히 경이로운 결론에 다다르는데, 이를 다음과 같이 정식화해볼 수 있다.

모든 것이 마치, 내가 어떤 관념 또는 관념체계를 믿을 때, 그것들을 마주하고 "그 관념들이로군! 그 관념들은 진실이야!"라고 말하면서 그것들을 재인지했던 건 내가 아니었다는 듯이―외려 정반대로,

바로 이 관념 또는 관념체계가 그것들의 현전 또는 표출과의 마주
침을 통해 나를 지배했던 것이며, 그것들의 실존과 진리에 대한 재
인지를, 이와 동시에, 그것들을 진실하다고 재인지하고 진심으로 믿
으면서 그렇다고 말할 내 능력을 내게 강제했다는 듯이 흘러간다.
모든 것이 마치, 극단적으로, 역할들이 완전히 뒤집혔다는 듯이, (그
래서) 어떤 관념을 향해 "어이 이봐 네 얼굴 좀 보여줘, 네가 진실인
지 아닌지를 내가 말할 테니"라고 말하면서 그 관념을 호명하는 건
내가 아니었다는 듯이—바로 이 관념 또는 관념체계가 나를 호명했
으며 그것들의 진리를, 이 진리와 더불어 이 진리에 대한 재인지를,
이 재인지와 더불어 내가 말한 기능과, 이 진리를 재인지할 의무를
내게 강제했다는 듯이 흘러간다. 이렇게 해서, 하나의 이데올로기를
구성하는 관념들이 인간들의 자유로운 "의식들"에 폭력적으로 스스
로를 강제한다. 인간들이 이런 관념들을 진실하다고 자유롭게 재인
지할 수밖에 없는 형태들 안에서, 인간들이 진리가 거주하는 곳 다
시 말해 이데올로기의 관념들 안에서 진리를 재인지할 능력이 있는
자유로운 **주체들**이라고 스스로를 구성할 수밖에 없는 형태들 안에
서, 인간들을 호명함에 의해.

　이와 같은 것이, 본질적으로, 이데올로기적 실천에서 작동하는
메커니즘이다. **개인들을 주체들로 변형하는 이데올로기적 호명 메커
니즘.** 그런데 개인들은 언제나 —이미 주체들이기에, 다시 말해 ["개
인들은"] 언제나— 이미 어떤 이데올로기에 예속되어 있기에(인간은
본성상 이데올로기적 동물이다), 일관성을 가지려면, 이데올로기는 주
체들을 주체들로 호명함으로써, 말하자면 (이미 주체들인) 구체적 개

인들을 어떤 지배이데올로기에서 어떤 새로운 이데올로기로 옮김으로써 "의식들"의 내용(관념들)을 변형한다고 말해야만 하는데, 저 새로운 이데올로기는 개인들을 통해 낡은 이데올로기를 지배하고자 투쟁한다.

이 매우 특수한 메커니즘의 효과와 조건으로 훨씬 더 멀리 나아갈 수도 있겠지만, 우리는 당장은 여기서 멈출 것이다. 우리가 답하기 위해 노력해야만 하는 질문은 다음 같은 것이기 때문이다. 왜 이데올로기인가? 이데올로기는 어디서 오는가?

인간들의 사회적 실존 속으로 더 멀리 소급해갈수록, 인간들이 이데올로기 안에서, 말하자면 "이데올로기적 사회관계들" 아래서 살아간다는 것이 확인된다. 왜? 이 관계들이 인간들의 사회적 삶에, 노동 분할에, 노동 조직에, 상이한 사회집단들 사이에 실존하는 관계들에 연결되어 있음은 분명하다. 이러한 면에서 문제시되는 것은 개인적 판타지로서의 이런저런 관념이 아니고 **사회적 행위 능력을 갖는 관념들뿐**이다. 거기서 이데올로기가 시작된다. 이데올로기 이하에서는 순전히 개별적인 상상과 경험 안에 있게 되는 것이다. 반면에, 사회적으로 확립된 관념들의 형체를 상대하게 되면서부터 비로소 이데올로기에 대해 말할 수 있게 되는 것이다.

그런데 그때 관념들의 이러한 형체의 사회적 기능이 출현하는 것이 즉각 확인된다. 우리는 앞에서 상이한 사회적 실천들에 대해 말했다. 인간이란 이처럼 만들어지기에 인간 행위는 언어와 사유 없이는 생각도 할 수 없다. 이로부터 도출되는 것은 관념들의 체계 없이 실존하는 그 어떤 인간 실천도 없다는 점인데, 이 관념들은 말들 속에서 재현되며 이처럼 해서 실천의 이데올로기를 구성한다. 실천들은 사회적 삶 속에서 공존하지만, 그중에서도 어떤 실천이 즉 분할의 실천과 사회적 통합의 실천이, 응집의 실천과 사회적 투쟁의 실천이 다른 모든 실천을 분명히 ―전자가 후자의 조건이기 때문에― 압도한다. 그래서 각각의 이데올로기는, 내가 이해하는 바의 이데올로기란 각각의 실천이 그 아래에서 실행되는 것인데, 각각의 구석에 고립되어 무구하게 유지되는 것이 아니라 통일과 사회적 투쟁에 대한 사회적 이데올로기들에 의해 지배되고 재구조화되는 상태에 있는 것이다. 그리고 바로 이러한 이데올로기들(원시 신화, 종교, 정치적 법적 이데올로기들)이 저 자신들에게 종속적이고 국지적인 이데올로기의 앙상블에 저 자신들의 표식을 각인하는 것이다.

바로 이와 같은 이유 때문에, 이데올로기들의 국지적이고 권역적인 다양성에도 불구하고, 이데올로기들이 지배하고 통합하는 다수의 실천의 다양성과 물질적 자율성에도 불구하고, **계급사회에서 이데올로기들은 언제나 어떤 계급의**, 지배계급이든 피지배계급이든 간에, **표식을 담지**한다고들 말할 수 있는 것이다. 그리고 계급사회에 머무는 한, 지배이데올로기/피지배이데올로기라는 이 쌍은 뛰어넘을 수 없는 것이니, 지배이데올로기와 피지배이데올로기에 대해 말하기보다는 차라리 (국지적이고 권역적인) **각각의 이데올로기에서 지배적 경향과 피지배적 경향에 대해** 말하는 편이 더 낫다. 이데올로기의 지배적 경향은 지배계급의 이해관계들을 재현하며, ["이데올로기의"] 피지배적 경향은 ["이데올로기의"] 지배적 경향 밑에서 피지배계급의 이해관계들을 재현하고자 한다. 이렇게 정확하게 하는 것이 중요한데, 이러한 정확함 없이는, 피지배계급의 이데올로기에 지배계급의 이데올로기의 표식이 있을 수 있다는 점과, 그리고 무엇보다도 지배이데올로기의 요소들이 피지배계급의 이데올로기에 직접 구현될 수 있으며 그 역도 성립한다는 점이 이해되지 못하기 때문이다.

하지만, 이 모든 것이 맞는다고 해도, 이데올로기의 실존 형식들에 관한 정밀함이 추가되어야만 한다. **"이데올로기란 관념들이지"** 다른 건 아니라고들 실제로 너무 기꺼이 믿는다. 정말이지, 데카르트의 철학 같은 관념론 철학에서가 아니라면, 어떤 인간의 "의식 conscience"안에 있는 것은 관념이지 다른 건 아니라고 말하기란 어렵다. 어떤 인간에게 있는 것은 의식이지 다른 건 아니라고 말하기는 정말 난처하기까지 하다. 어떤 인간의 관념들은 언제나, 그 한 인간에게서, 물질적 실존의 형식을, 물질이라는 단어의 가장 통속적인 의미에서 물질적 받침을 갖는다. 단어와 문장을 발음하기 위해 음향들을 분절해내는 목소리도, 어떤 대상과 의도와 관념을 가리키는 움직임을 묘사하는 손짓 또는 몸짓도 다 물질이라는 의미에서 말이다.

하물며 이데올로기의 사회적 실존이 사고될 때에는 더욱 그러하다. 이데올로기는 **제도**라고 불리는 것에서 분리될 수 없으며, 제도들은 그 나름의 지위와 코드와 언어와 풍습과 의례와 관례와 예식을 갖는다. 줄낚시꾼들의 단순한 모임마저도 그러한 사례를 제공한다. 교회, 정당, 학교, 노조, 가족, 의료계, 건축계, 변호인 업계 등등은 더욱 그러하다. 거기서도 역시, 이데올로기는 저 자신의 물질적 실존 조건들과 물질적 받침을, 더 정확히 말하자면, 물질적 실존 형식들을 요청한다고, 왜냐면 관념들의 이러한 형체는 본래 제도들의 이러한 체계와 분리될 수 없기 때문이라고들 말할 수 있다.

이 제도들 각각이 **오로지** 지배이데올로기를 체현하며 지배계급의 이해관계에 봉사하게끔 인민대중에게 **그것을 주입**하는 것이라 여겨진다고 주장한다면 비웃음을 살 것이다. 사실 학교가 노동력 형성에, 인류가 자신의 역사에서 성취한 인식들을 아동과 청소년에게 전달하는 것에 기여한다는 점은 분명하다. 모든 정당과 노조가 오로지 동일 목표를 지향하는 것이라 여겨졌다고는 말할 수 없을 것이다. 노동자 정당은 노동자계급에 복무하니까. 의료이데올로기 장치가 오로지 부르주아 이데올로기 확산을 위한 것으로 여겨졌다고는 말할 수 없을 것이다. 그것은 환자들을 돌보는 데에도 다시 말해 노동력의 회복 등등에도 기여하니까. 심지어 교회에 대해서도, 생산과의 관계에서 그 어떤 기여도 하지 않는 것처럼 보이는 교회에 대해서도, 그것이 순전히 이데올로기적 주입의 장치라고는 말할 수 없을 것이다. 우선은, 그것이 언제나 한결같이 지배계급에 봉사하는 것은 아니기 때문이다. 다음으로는, 인간들에게 개인적으로 영향을 미치는 형식들 안에서, 태어나 고생하고 죽는 일을 당할 때, 고도의 사회적이고 상징적인 기능들을 그것이 충족시켜주기 때문이다.

하지만 사실인즉슨, 생산 또는 사회 통합에 객관적으로 유용한 이 상이한 사회적 기능들을 한다고 포장된 이러한 이데올로기적 장치들은 지배이데올로기에 의해 침투되고 통일된다는 것이다. 지배계급이 어느 좋은 날 이 장치들을 창조하겠다고 결정해 이와 같은 기능을 부여한 것은 아니다. 지배계급이 이 장치들을 정복하고(이 장치들은 이전에 실존했고 구래의 지배계급에 봉사했기 때문인데, 일례로 교회와 학교와 가족과 의료기관이 그러하다) 토대를 놓을 수 있었던 것은 **매우 길고 매우 엄중한 계급투쟁을 거치고 그 대가를 치르고서야 비로소** 가능했다. 이 장치들의 실존은 어떤 결정의, 미리 구상된 계획에 조응하고 자신의 목표들을 완벽하게 자각하는 결정의 단순한 결과가 전혀 아니다. 그 실존은 장구한 계급투쟁의 결과인데, 이러한 투쟁을 거쳐 새로운 계급이 자신을 지배계급으로 구성하며, 국가권력을 장악하고, 이어서 그 권력에 들어가 기존의 이데올로기적 국가장치들을 정복해 개조하고 자신이 필요로 하는 새로운 장치들의 토대를 놓으려 시도한다.

12.

이데올로기적 국가장치들[1]

나는 결정적 단어, 국가라는 단어를 말했다. 실제로, 모든 것이 국가를 축으로 돈다. 이데올로기는 관념들이지 다른 건 아니라는 관념을 옹호하는 데에 열심인 의식의 관념론자들을 제외한다면, 이데

---

1. 1970년에 알튀세르는 "생산관계들의 재생산(La reproduction des rapports de production)"이라는 텍스트의(41쪽 주 1을 보라) 발췌들을 모아 그해 6월에 『라팡세(La Pensée)』에 게재할 「이데올로기와 이데올로기적 국가장치들(연구 노트) (Idéologie et appareils idéologiques d'État(Notes pour une recherche))」라는 논문을 구성한다. 본문에서 이어지는 부분에서, 그는 이 논문에 대해 "기능주의"라고, 심지어는 부르주아의 이데올로기적 지배를 전복할 가능성에 관한 비관주의라고 비난했던 비판들에 답한다. 그의 답변은 당시 미간이었던 "생산관계들의 재생산"의 한 장의 두 판본(p. 130-172)에서 이미 전개된 전략을 따른다. 이 두 판본에서 [알튀세르가] 역사적 사례들에 입각해 제시하고자 한 것은 프랑스 부르주아는 혁명기 이후에 한편으로는 봉건 잔재에 맞서고 다른 한편으로는 노동계급에 맞서는 "매우 길고 매우 엄혹한 계급투쟁을 대가로 치르고서야" 비로소 자신들의 독재를 유지할 수 있었다는 점이다. 또한 본문 226~228, 234~245쪽들에서의 내용은, 그가 1977년에는 독일어로 그 이듬해에는 에스파냐어로 출간을 허락했지만 프랑스어로는 1995년이 되어서야 빛을 보았던 글(L. Althusser, "Note sur les AIE", *Sur la reproduction, op. cit.,* p. 249-262)에서 비판자들에게 답했던 것과 대단히 유사하다.

올로기에 대해 앞서 언급한 것 모두를 시인할, 단 **국가라는 단어는 말하지 않는다**는 조건에서 시인할 용의가 있는 이론가들을 실제로 보게 될 것이다. 가장 보수적인 부르주아 이론가들도 이러한 양보를 할 용의가 있다. 그래, 이데올로기 그건 관념들과는 다르지, 그래, 이 데올로기는 "자신을 체현하는" 제도들과 섞여 있지, 그래, **이데올로기적 장치들**에 대해 말해야 해. 그리고 기능주의는(어떤 전체의 모든 요소와 **모든 기관을 완벽하게 정의하는 것은 기능**이라고, 교회를 정의하는 건 용서의 종교적 기능이며, 학교를 정의하는 건 교육 기능이고, 가족을 정의하는 건 양육 기능이고, 국가를 정의하는 건 공무$_{\text{service public}}$ [2] … 기능이라고 생각하는 철학) 이런 견해를 수용할 만반의 태세를 갖춘다. 하지만 바로 여기서 분리의 선이 그어진다. **직접 드러나는** 국가가 바로 문제이기에. "공무"가 아니라. 공무는 국가의 한 측면일 뿐. 물론 계급사회에서. 국가는 계급사회에만 있으니까.

주요 이데올로기 장치들은 이데올로기적 **국가**장치들이라고 주장하는 것을 왜 그토록 역설하는가? 그것들["주요 이데올로기 장치들"]

---

2. 1976~1977년에 알튀세르는 프랑스 공산당에서의 프롤레타리아독재 개념의 임박한 포기에 반대하는 공개적 전투를 벌인다. "공무"라는 용어는, 이 무렵 그의 텍스트와 논쟁적 언술에서 빈번히 나오는 이 용어는 공산주의 지식인 프랑수아 힝커[1937~1998]가 1976년에 발표한 논문에 등장하는데, 힝커의 주장은 "민주화된" 국가가 이러한 (공무) 역할을 해낼 수 있다는 것이었다. 이 관념은 J. Fabre-François Hincker et L. Sève, *Les communistes et l'État*, Paris, Éditions Sociales, 1977, p. 180에서 재론되는데, 이 책은 고전적

마르크스주의 국가관의 포기를 정당화하고, 그럼으로써, 선거 승리 이후에 "좌파 정부"에 참여하려는 프랑스공산당 지도부의 야심을 정당화하려는 것이었다. 국가가 "공무들"의 관대한 제공자 역할로 축소될 수 있으리라는 통념은, 알튀세르의 눈에는, 자신이 프랑스공산당 내부에서 이의를 제기하고 있던 "매우 의심스럽고, 심지어 공공연하게 우익적이며 부르주아적인 입장들"의 집약이었다. 이 표현은 그가 1976년에 프롤레타리아독재에 바친 200쪽가량의 미간 원고에 나온다(L. Althusser, *Les Vaches noires. Auto-Interview*).

222

의 계급적인 이데올로기적 기능과 국가라고 하는 계급 지배 장치 사이에 실존하는 유기적 관계를 명백히 하기 위해서. 모든 것이 마치, 국가권력을 장악해 지배적으로 된 계급은 "무엇보다도 물리적 폭력으로 기능하는" 억압적 국가장치들(군대, 경찰, 법원)의 사용 이외에, **무엇보다도** "이데올로기로", 다시 말해 설득을 통해 또는 지배계급의 관념들의 주입을 통해, "합의"에 의해 **기능하는** 다른 유형의 장치들의 사용을 필요로 했던 것처럼 흘러간다. 이는 지배계급의 판타지나 호사가 아니다. 지배계급은 강제에 의해서만이 아니라 설득과 합의와 동의라고 하는 무상의 보충적 호사에 의해서도 지배하고 싶어 할 것이다. 그 어떤 지배계급도 강제만으로는 자신들의 지속성을 보장할 수 없으니까. 따라서 지배계급은 자신들이 지배하고 착취하는 계급 성원들의 자유로운 동의를 확보해야 하거니와 자기 계급 성원들의 자유로운 동의 역시 확보해야만 한다. 그런데 자기 계급의 성원들이 저 자신들의 사적이고 개별적인 이익들을 저 자신들이 속한 계급의 일반적 이익에 종속시키기를 쉽게 수용하지 않으며, 적나라한 폭력에 의한 것 말고 다른 식으로, 바로 이데올로기에 의해, 그리고 피지배계급이 지배계급의 관념들에 동의하는 것에 의해 군림하는 것이 자기 계급의 지배에 필수적이라는 관념을 수용하지 않는다. 그래서 이데올로기적 지배 기능이 보장되는 일은 지배계급 및 이들의 지배 도구인 국가에 의해서만이 아니라 지배계급의 이데올로기가 **실효적 지배이데올로기로** 구성된다는 조건에서 비로소 이루어질 수 있는데, 이는 이데올로기적 투쟁 안으로의 국가의 개입을 요청한다. 그런데 국가가 이 지배이데올로기를 지배계급의 이데올로기들 중 **하나**가 아니라 지배계급의 **단일** 이데올로기로 만드는 이런 상대적 **통일성**을 보장한다면, 지배이데올로기 및 이것의 **이데올로기적 국가장치들**로의 실현과 관련된 이 모든 것에서 국가의 역할이 규정적임은 명확하다.

이 모든 것은 아주 명료하게 다음을 말하고자 함이다. 국가 개념을 개입시키지 못한다면, 어떤 계급사회의 이데올로기적 장치들의 본질이 그러한 이데올로기적 **국가**장치들이라고 지칭하지 못한다면, 이 사회에서 이데올로기가 어떻게 기능하는지를, 이데올로기적 투쟁이 누구에게 유리하게 돌아가는지를, 이러한 이데올로기가 어떤 제도들로 실현되는지를, 그리고 이 투쟁은 어떤 제도들로 구현되는지를 이해할 수단이 막혀버린다는 것. 바로 이와 같은 이유로, **이데올로기적 국가장치들이라는 개념**이 **이데올로기 장치들이라는** 단순한 **개념**의 단순한 형식 밑에서 맥 빠지게 될 현실적인 이론적 위험이 실존하는 것이다.[3]

이것을 조금 더 자세히 살펴보자.

하나의 지배계급은, 자신이 국가권력을 장악하게 될 때, 자기 앞에, 낡은 국가장치에 봉사하며 그 장치 안에서 기능하는 다수의 이

---

3. 삭제 구절: "반면에, 이 개념과 관련해서 극도로 흥미로운 질문이 상정될 수 있겠다. 국가는 단수인데 도대체 왜 이데올로기적 국가장치들이라고 복수로 말하느냐고, 실제로 물을 수 있겠다. 왜 억압적 국가장치라고 말하듯 그렇게 단수로 이데올로기적 국가장치라고 말하지 않는가? 이러한 다양성을 부각하는 데에 무슨 이점이 있는가? 특히나, 이데올로기적 국가장치들의 "목록"은 명백히 종결되지 않는데도, 의료적인 이데올로기적 국가장치, 건축적인 이데올로기적 국가장치와 기타 등등도, 기업 역시 명백한 이데올로기 주입의 자리이니까 어쩌면 심지어 경제적인 이데올로기적 국가장치도 저 목록에 추가될 수 있는데도 왜 굳이 이러한 다양성을? 처음엔 내가 일종의 열린 연구의 형식으로 복수형을 제안했던 것 같다. 이러한 다양성을 통합해야 할 필요를 여전히 느끼면서도 말이다. 엥겔스 자신이, 물론

데올로기 장치가 실존하는 것을 확인한다. 이 장치들 자체는 선행 통합 과정의 귀결인데, 이 과정은 국지적이고 권역적인 이데올로기들을 지배계급 이데올로기의 통일성에 종속시키는 것을 지향한다. 그런데 기원적으로 이 국지적이고 권역적인 이데올로기들은 이러한 통합에, 따라서 이 지배이데올로기의 기능에 봉사한다는 목표 속에서 정련된 것들이 아니었다. 외려 그것들은 상응하는 실천들에 뿌리박고 있었는데, 이 실천들의 다양성은, 극단적으로, 자신들의 물질성이라는 면에서 환원 불가능 하다. 이렇듯 자본주의 탄생 시기에, 봉건제 쇠퇴의 장구한 시기에, 예컨대 여전히 농노인 농민들과 차지농들과 소작농들과, 가내 노동자들의 이데올로기 같은 "국지적 이데올로기들"이 공존한다. 그리고 예컨대 상이한 종교적 분파들의 (개신교뿐만 아니라 알비 지방 카타리파의) 이데올로기, 과학적 실천들과 발견들에 수반되는 이데올로기 등등의 권역적 이데올로기들 또한 공존한다. **이데올로기들의 물질성 안에는 다양함**이 있고, 이 다양함은 낡은 지배이데올로기 안에서는 완전하게 통합될 수 없고 새로운 지배이데올로기의 통일성 안으로도 완전히 흡수될 수 없는 것이다. 바로 이와 같은 이유로, 이 통합 과정의 변증법을 원리상 인정

지나가며 한 것이긴 하나, "국가는 제1의 이데올로기적 역량"이라 말하지 않았는가. 이는 이데올로기적 장치들의 국가적 특성에 대한 강조에 근거를 부여하는 것이자, 국가가 이 장치들에 강제하는 이러한 통일성이 이데올로기적 국가장치 같은 단수 표현으로 표현될 수 있으리라는 시사인 것. 우리가 탐지해낼 수 있었던 저 다양성을 포섭하는 단수 표현. 반성컨대 나는, 생산양식에 따라 혹은 역사적 시대에 따라, 모든 사정을 인식해 결정하지 못했다. 하지만 또한 시인하는바, 이데올로기적 국가장치들을 수단으로 하여 자기 내부 성원들과 피착취 계급 성원들의 동의 위에 자신들의 지배를 확립하려고 하는 지배계급에 필수불가결한 계급투쟁의 역사 전체를 고려하면서, 이러한 다양성을 지배이데올로기의 통합 전체에 선결적인 물질적 조건으로 느끼게 하는 것이 우선적이었던 것 같다."

하는 것이, **이데올로기적 국가장치들의 열린 복수성** 안에 이러한 인정을 기입함으로써 그렇게 하는 것이 내게는 올바른 것으로 여겨진다. 열린, 이라고 함은 계급투쟁의 발전이 예단될 수 없기 때문인데, 계급투쟁의 발전은 낡은 이데올로기 장치들에 생명과 일관성을 다시 부여할 수도 있고(예컨대 소련 같은 우리 시대 일부 국가에서의 교회), 전적으로 예기치 못한 새로운 것들을 창출할 수도 있는(현대의 대중매체를 통해 눈부신 발전을 현재 겪고 있는 정보장치) 것이다.

이데올로기와 이데올로기적 국가장치들에 대한 이론의 이와 같은 소묘가 불러온 가장 유력한 반박들은 이론적이고 정치적인 성격의 것이었다. 이런 관점에 대해 기능주의로 전락하고 있다고, 지배이데올로기 체계의 절대적 규정에 각 개인을 종속시킨다고들 비난했다. 내가 그런 식으로 경제결정론을, 마르크스주의에 대한 경제주의적 해석에 의해 최우선 순위로 올라온 바로 그 경제결정론을 이데올로기 안으로 옮겨올 거라고들. 모든 개인이 지배이데올로기에 의해 주체로 "호명"된다면, 이데올로기 장치들이 완벽하게 통합된 지배이데올로기의 법칙에 **단형적으로** 종속된다면, 그로 인해 분명해지는 것은 야당이(예컨대 공산당이) 체계의 법칙에 종속되고 체계에 의해 온전히 규정되는 한 부분에 불과한 것이 된다는 점이다. 그렇게 야당은 체계 안으로 들어설 것이고 체계에 봉사할 것인데—더 정확히 하자면, ["야당은"] 지배계급에 봉사하면서 노동계급을 꼼짝 못하게끔 하고 예속의 이데올로기를 주입해서 결국은 반역에 나서지 못하고 자신들이 겪는 착취를 감내하게끔 하는 도구가 될 것이다. 이런 일이 일어날 수 있다. 노조나, 학교나, 다른 곳이나 사정이 동일할 수도 있다. 사회 전반에서든 사회의 여러 부문에서든, 지배질서 변화를 지향하는 정치 행동의 가능성은 그 어디에서도 열려 있지 않을 것이다. 극단적으로, 모든 정치 행동은 개량주의에 바쳐질 것이고, 다시 말해 사실상 부르주아 지배 체제를 개선하는 데에 바쳐질 것이고— 모든 혁명적 행동은 불가능할 것이다.

하지만 이는 계급투쟁과 계급에 관한 마르크스주의 이론에 대해, 하부구조의 상부구조 규정이라는 그리고 하부구조에 대한 상부구조—이데올로기와 국가—의 "반작용"이라는 마르크스주의 이론에 대해 오해하는 것이요, 계급투쟁에 관한 부르주아 이론에 동조하는 것이다. 실제로 부르주아 계급투쟁은 항상 자신의 이데올로기적 헤게모니를 노동계급에 강제하고, 노동계급의 투쟁 조직들을 자신에게 종속시키며, 그 조직들 내부로 침투해 마르크스주의 이론을 수정하려는 **경향**을 띤다. 이데올로기적 국가장치들에 대한 이론은 여하간 이러한 역사적 사실을, 부르주아가 자신들의 지배적 위치를 보존하고자 한다면 포기할 수 없는 이러한 경향을 규명한다. 부르주아가 계급투쟁의 와중에 자신들이 양보해야만 했던 위치들을 다시 확보하려는 경향을 언제나 갖고 있음은 전적인 사실로 계급투쟁의 역사에 기입되어 있다. 부르주아는 되돌아가서 낡은 질서를 "복원" 하려는 경향을 가질 뿐 아니라, 더 미묘하고 훨씬 더 심각한 것인 즉슨, 노동계급에 해야만 했던 양보들을 자신들의 투쟁에 동화시킬 능력이 있는 것으로 밝혀진다.

예컨대 노동자들의 위대한 성취들의 역사를 누구나 안다. 노동일 단축, 노조 권리 인정, 단체협약 등등. 이들 성취 중 어떤 것도 부르주아가 기꺼이 내준 것은 없으며, 프롤레타리아와 그들의 전투 조직들이 이끈 장구한 유혈 투쟁 끝에 받아낸 것이다. 그런데, 매번, 부르주아는 정연하게 후퇴하는 법을 알았고, 양보했던 개혁들을 저자신들의 착취체계에 지금까지도 통합해오고 있다. 예컨대 부르주아는 노동자들에게 노조 관련 권리를 인정하기로 동의해야 했더라도, 이렇게 만들어진 노조들을 자기네 제도들의 법적 질서로 능숙하게 통합시킬 준비를 갖춘다는 것이다. 다시 말해, ['부르주아는'] 상당수의 노조로 하여금 "황색 노조" 또는 파업 파괴자 역할을 하게할 준비를 갖춘다는 것이다. 부르주아는 "사회적 수혜들"을(사회보장 또는 자녀수당 같은) 부여해야 했더라도, 노동자들에게 직접적이든(노동자 분담금) 간접적이든(생산의 잉여가치분에 대해 직접 또는 간접으로 —조세처럼— 공제되는 기업주 분담금 또는 국가 보조금) 아주 능숙하게 그 대가를 치르게 하는 법을 알았다.

　동일한 "법칙"이 분명히 정당들을 지배한다. 프롤레타리아가 정치적 결사의 권리를 획득하기 위해서는 장구한 유혈 투쟁이 필요했다면, 부르주아는 그 결과를 완벽하게 이용할 줄 알았고, 다수의 노동자 투사를 사회민주당으로 조직해 개량주의의 대의로 끌어들일 수 있었다. 제국주의의 도래는 이와 같은 실천들을 변화시키지 않았다. 정반대로 그것은 제국주의 중심부에서 노동 조직화의 새로운 형태들(테일러주의와 포드주의)을 창출해 —그리고 "제3세계" 국가들에 새로운 착취 형태들을 강제해— 이와 같은 실천들을 가속화하고 격화했다. 새로운 노동 조직화 형태들의 창출은 생산 일과와 위치에서의 자유를 노동자들에게 준다는 명목하에 노동자들을 부르주아 이데올로기에 훨씬 더 예속시켰다. 제3세계의 새로운 착취 형태들은 정치적 "자유화"의 **명목하에 강제되었다.**

부르주아 계급투쟁 안에서 작용하는 "경향적 법칙"(마르크스[4])이 이렇듯 존재하며, 이 법칙은 그 행위자들과 희생자들의 의식으로부터 독립적으로 작동한다. 결과는 다음과 같다. **부르주아 계급투쟁은 결코 [저 자신들을] 무장해제 하지 않는다. 그 투쟁이 진지를 포기해야만 할 때, 이는 진지를 되찾기 위함이다.** 대개 예전의 조건들보다 더 우월한 조건들로.

이 법칙의 가장 선명한 사례 하나는 제2차 세계대전이다. 제국주의 모순들은 자본주의 세계를 과거의 자본주의가 겪어본 적 없는 위기 형태로 이끌었다. 통화적 또는 경제적일 뿐만 아니라 정치적이고 군사적이기도 한 위기로. 이러한 위기의 깊숙한 곳에서는 전 세계 자본가계급과 전 세계 노동계급 및 착취당하는 "제3세계" 국가들 사이의 모순이 역시 여전히 작동했지만, 이번엔 유례없이 큰 규모의 작동이었다. 과거의 자본주의는 잉여상품 파괴와(바다에 투기) 인력 고용의 일시적 유예로(실업) 자체의 "순환적 위기들"을 해소했다. 내가 **"해소"**라고 말하는 이유는, **이들 위기의 현현이 그 원인들을 무화했기 때문**이다. 다시 말해, 일단 과잉생산이 파괴되면, 더 건전한 기반 위에서 생산이 재개될 수 있었다는 것이고, 인력 고용이 축소되면 더 유리한 기반 위에서 고용이 재개될 수 있었다는 것이다.

제국주의와 더불어 모든 것이 변했다. 요컨대 금융적이고 생산적인 자본은 더는 일국적인 것이 아니라 국제적인 것이 되었고, 세계

---

4. L. Althusser, "Marx dans ses limites", *op. cit.*, p. 449-452를 보라.
   Écrits philosophiques et politiques, t. I,

적인 상품시장만 실존하는 것이 아니라 세계적인 자본시장도 있어서 모든 투자와 전 세계적 투자 이동 및 동맹을 통치하게 되었으니, 그리하여 위기는 세계적인 것이 되었다. 게다가 서로를 정복하고 싶어 환장한 국가들을 대립시키는 이 위기는 정치적이고 군사적인 것이 된다. 그렇게 해서 세계적 위기는 재화와 인간의 대량 파괴를 초래하는 제국주의 전쟁이라는 형식을 취한다. 그리고 또한 거기에서, **이 위기는 자신을 촉발한 곤란들에 대한 해법을 나타내니, 위기는 그 자체가 저 자신에 대한 치료법인 것이다.**

자본의 과잉생산이 있었는가? 전쟁이, 공장들과 생산설비들을 파괴한 그것이 이러한 과잉생산을 대부분 제거한다. 인력 과잉이 있었는가? "전면"전이, 이 무서운 혁신이, 병사들만이 아니라 한 국가의 주민들을 무차별적으로 공격하는 이런 전쟁이 기존 잉여인력을 파괴한다. 그렇게 해서 자본주의 생산은, 다시 말해 자본주의 착취는 자본주의를 위해 더 건전한 기반 위에서 다시 출발할 수 있다. 물론 제1차 제국주의 전쟁[제1차 세계대전] 와중에 러시아에서의 사회주의로의 혁명적 이행에 의해, 그리고 제2차 제국주의 전쟁[제2차 세계대전] 이후에 중부유럽과 중국에서의 이행에 의해, 이러한 기반들이 좁아졌다고들 말할 것이다. 제국주의는 불길을 차단할 줄 알았고, 그리하여 더 나은 조건에서 **제국주의는 자신의 좁아진 기반 위에서 스스로를 다시 조직**하니, 전쟁이 위기의 즉각적 원인들을 파괴했기 때문이다. 더욱이 제국주의는 전에 양보해야만 했던 진지를 이데올로기적으로든 정치적으로든 경제적으로든 재정복하려는 시도를 끊지 못한다. 제국주의는 심지어 그 시도에 성공하기도 했으니,

여러 눈부신 이면도 있긴 하지만(베트남), 세계 지도 어디에선가의 성공이 그런 이면에 보상이 되었다(칠레 등등).

하지만 이 모든 무의식적 과정에서 가장 이례적인 것은 제국주의가 어떤 길을 통해 저 자신의 고유한 위기를 극복하기에 이르렀는가를 보는 데에 있다. 그것을 이해하기 위해서는 분명히 이 위기를 이 위기가 생산된 현실적 차원에서 다시 말해 고립적으로 파악된 이런저런 국가적 차원에서가 아니라 세계적 차원에서 사고해야만 한다. 이 아연실색케 하는 현상을 그런 식으로 관찰할 수 있다. 1929년에 제국주의 세계에 정면으로 타격을 가했던 위기[대공황]는 그 훨씬 이전에 독일과 이탈리아와 일본에서 공공연하지만 제한된 상태로 실존했다. 그런데, 이 위기에 맞선 정치적 "해법들"은 무엇이었던가? 그것들은 두 종류였다. 파시스트적 해법과 인민민주주의적 해법.

제1차 세계대전의 패자들로 가장 먼저 영향을 받은 국가들인 이탈리아와 일본과 독일은 파시즘으로, 다시 말해 치안 정책을 사용하고 차별주의적 민족주의 이데올로기를 제시해 자신들의 실행들을 정당화하는 권위주의적이고 폭력적인 국가 구성으로 답했다. 하지만 사태들을 잘 살펴보면, 이와 같은 치안 정책은 아주 위협적인 상황에 노출된 계급 정치의 방편에 불과했음을 알게 된다. 노동계급의 강력한 전투에 부닥친 제국주의 부르주아의 정치인 이것은 매우 숙고된 정치적 방책들 안에서 반격의 힘을 찾는다. 하지만 이들 정치적 방책은 아주 정밀한 경제적 착취 정책의 방편이자 덮개에 불과했다. 독점체의 집중, 국가와 독점체들의 긴밀한 동맹, 경제와 생산과 유통이 독점체에 봉사하도록 [경제와 생산과 유통을] 관리하기 등등의 정책. 그런데 이처럼 파시스트 국가의 경제에서 벌어진 일이, "국가독점자본주의"의 태동이라 부를 수 있는 그 일이 인민민주주의 국가들에서도 동시에 벌어졌다. **비록 대립적인 정치 형태들 아래서이긴 하지만.**

파시스트 국가들의 제국주의 부르주아가 자신들의 고유한 계급투쟁을 통해 강제하기에 이르렀던 것, 그것을 프랑스와 에스파냐와 미국에서는 노동자들과 인민 세력의 계급투쟁이 강제했다. 인민전선들은, 중요한 차이들에도 불구하고 루스벨트의 뉴딜과 마찬가지로, 분명히 그것을 원하지는 않았지만, 역사에서 가장 거대한 독점체 집중의 도구들이었다. 루스벨트가 반독점 투쟁으로 자신의 인기를 세웠음은 별로 중요하지 않다. 그에게 반독점 투쟁이 필요했던 것은 사회복지(사회보장, 실업자 지원, 집중이 국가자본주의의 집중이라는 형태를 띨 때조차도 집중을 결정적으로 돕는 정책들)의 제도화에 필수적이었던 "국가의 확장"을 독점체들에 강제할 수 있기 위함이었고, 이런 제도화는 1929년의 너무 심대한 위기의 "민주적" 해법에 필요불가결한 것으로 일본과의 전쟁 개시로 자극된 미국 경제를 더 "건전한" 기반 위에서 다시 출발시킬 수 있도록 하기 위함이었다. 프랑스와 에스파냐에서 인민전선 정부가 채택한 "사회적" 방책들은 그들의 패배 이후에도 결국 동일한 효과들을 가져왔다.

부르주아는 필연적 후퇴를 하게 되었을 때에도 신속하게 역습에 나설 수 있었고, 게다가 그들의 성공은 이례적으로 신속했다. 분명히 부르주아는 세계 분할을 위한 제국주의 국가들의 목숨을 건 투쟁을 동일한 방식으로 끝장낼 수 없었으니, 전쟁은 불가피했다. 하지만 전쟁은 전 세계적으로 자본과 인력을 파괴함으로써 위기의 청산에서 저 나름의 역할을 해냈다. 틀림없이, 이 유혈 모험의 끝에서 제국주의 부르주아는 퇴각했지만 어디까지나 자신들이 보존했던 **한계들 안에서**이고, 대담하게 자신들을 재건해냈고, 일시적으로 상실했던 세계에 대한 공격에 다시 나섰다.

이와 같은 위기의, 본질적으로 경제적이고 정치적이지만 또한 이데올로기적이기도 한 이와 같은 위기의 본질적 동인들을 내가 이렇게 요약한다면, 이는 제국주의 체계와 그것의 국가장치들이 노동자들의 성취들을 "회유"하는, 그리하여 그 성취들이 혁명적 장래를 약속할 수 있었던 그런 순간이 일단 지나고 나면 그것들을 자신들의 목적에 봉사시키는 능력이 어느 정도일 수 있는지를 보여주려 함이다. 이데올로기적 지형에서 이처럼 확보되었던 것(노동계급의 새로운 자유들, 후일 레지스탕스에서의 인민투쟁의 가치들 같은 것)이 나중에는 부르주아의 이데올로기적 계급투쟁에 의해 부르주아 대열 안으로 "통합"되어버리는 상태에 놓인다. 거기서 작동하는 것은 지배계급의 이데올로기적 투쟁의 거역할 수 없는 **경향**인바, 실존하는 이데올로기 요소들을, 피지배계급들의 이데올로기의 선진적 형식들도 포함해, 외재적 작업에 의해서가 아니라 적대적 이데올로기의 요소들의 내부에서 작용하는 변형에 의해, 지배이데올로기의 법에 가능한 최선을 다해 종속시키는 경향. 그런데 이런 작업은 이데올로기적 국가장치들이라는 제도들의 실존 외부에서는, 그리고 그것들의 개입 외부에서는 분명히 사유 불가능 하다.

이데올로기적 국가장치들과 그것들이 실어 나르는 지배이데올로기가 **지배계급의 투쟁 기능이자 수단인** 한에서, 비로소 **그것들은 기능주의적 관점에서 벗어난다.** 까닭인즉 계급투쟁이 국가장치들의 경계에서, 그리고 이데올로기적 국가장치들의 경계에서 멈추지는 않기 때문이다. 지배계급의 계급투쟁은 실제로 공백 속에서 실행되지 않는다. 그것은 현실의 적에 맞서, 한편으로는 과거의 지배계급에 맞서 다른 한편으로는 새로운 피착취계급에 맞서 투쟁한다. 그래서 그것은 자신의 전략과 전술에서 이러한 적의 실존과, 적이 점하는 위치들과, 적의 이데올로기적 무기들을 고려해야만 한다. 틀림없이, 그것은 폭력으로 적을 끝장낸다. 과거의 지배계급을 국가권력 장악으로, 피착취 계급을 착취라는 폭력과 국가권력이라는 폭력으로 끝장내는 것이다. 하지만 그것이 적에게, 기성 질서에 대한 적의 동의를 전반적으로 획득하는 이데올로기적 "헤게모니"(일종의 지도력)를 발휘하지 못했다면 ["그것은"] 자신의 권력을 지속적으로 실행할 수 없었을 것이다. 따라서 그것은 낡은 이데올로기적 국가장치들을 장악해야 하는 한편으로 이런 이데올로기적 힘 관계의 현실을 고려함으로써, 일정 한도 내에서는 적의 관념들을 존중해 그 관념들을 자신들에게 유리하도록 반전시킴으로써, 새로운 이데올로기적 국가장치들을 건설해내야 한다. 요컨대, 그것은 낡은 이데올로기적 국가장치들의 변형과 새로운 것들의 건설에 의해 저 자신들의 이데올로기적 헤게모니를 구축할 수 있도록 명철한 계급투쟁을 벌여야만 한다.

그리고 이와 같은 투쟁은 명령으로 결산되는 것이 아니며 저절로 결산되는 것은 더더욱 아니다. 부르주아가 그 투쟁을 끝내는 데에는 오랜 세월이 필요했다. 아무리 역설적으로 보일지라도, 그람시에게 소중해 보이는 어떤 관념과 모순된다 할지라도, 그래도 말할 수 있는바, 이탈리아 부르주아 같은 일부 민족부르주아는 결코 거기에 다다르지 못했고 틀림없이 앞으로도 다다르지 못할 것이다. 이는 내가 옹호하는 테제에 더욱 근거가 되어준다. 왜냐면 억압적 국가장치를 정의하고 보유하는 영역에서는 미결정성이 군림할 수 없지만, 그에 반해, 이데올로기적 국가장치들의 영역에서는 사태가 훨씬 더 불확실할 수 있기 때문이다. 거기서 우세한 것은, 물론, 지배이데올로기로의 통일 경향이지만, 이 경향은 프롤레타리아 계급투쟁 효과들에 의해 "상쇄"(마르크스)될 수 있다.

바로 이것이 내가 다음처럼 말하려는 이유이다. 이데올로기적 국가장치들에 대한 마르크스주의 이론은 모든 기능주의에서(그리고 모든 구조주의에서: 계급투쟁 효과들에 종속되지 않는 고정적 기능들을 실행하는 제도들의 자리들을 정의해주는 구조주의에서) 벗어난다고. 왜냐면 그것은 이데올로기 지형 안에서의 계급투쟁에 대한, 이 투쟁의 실존 조건들과 형식들에 대한, 요소들의 자리들과 기능들이 종속되는 투쟁에 대한 이론일 뿐이기 때문이다. 이것이 매우 구체적으로 뜻하는 것인즉슨, 어떤 계급이 지배적 계급으로 이어서 헤게모니적 계급으로 구성되는 모든 역사가 보여주듯, 계급투쟁은 다른 무엇보다도 국가장치들 자체를 판돈으로 걸 뿐만 아니라 계급투쟁이 이데올로기적 국가장치들 안에서 펼쳐진다는 것(68년 5월을 보라), 거기서 계급투쟁이 국면에 따라서는 간과될 수 없는 역할을 해낼 수 있다는 것이다. 그래서 생각되는 것인즉슨, 예컨대 정치적이

235

고 이데올로기적인 국가장치 내부에서 노동자 정당들과 부르주아 정당들을 대립시키는 투쟁을 고려해볼 때, 이 투쟁이 극단적 강도를 띨 수 있다는 것이다. 틀림없이 이 투쟁은 선거와 의회에 관련된 투쟁일 뿐이지만, 그것은 선거에서의 투표와 순전히 의회 안에서의 논쟁을 훌쩍 뛰어넘어 연장되는 것이다.

내가 이런 형식의 투쟁을 제시하는 마당에 더 정밀하게 할 필요가 있다. 이 투쟁은 정치적이지 이데올로기적인 것은 아니라고들 실제로 말할 것이다. 정당들은 **정치적 장치**의 일부를 이루지 이데올로기적 국가장치의 일부는 아니라고들 말할 것이다. 이는 정확하지 않다. 또는 도리어 사태를 극단화하면서, 각각의 정당이 하나의 이데올로기적 국가장치라고, 그러하니, 정당으로서의 그것은 지배계급의 지배체계에 통합된 상태에 놓인다고들 말할 것이다. 이 또한 정확하지 않다.

이러한 뉘앙스들을 이해하기 위해서는, 이러한 뉘앙스들이 중요하니, (억압적) 국가장치와 이데올로기적 국가장치들 사이의 구별에 특히 유의해야 한다. 억압적 국가장치의, 통합되어 있고 잘 정의되는[5] 이 장치의 일부를 이루는 것들로는, 국가수반, 정부와 그 행정부, 집행 권력의 수단, 무장력, 경찰, 사법부와 그 모든 장치(법원, 감옥 등등)가 있다. 이를 더 정확하게 하면, 지배계급의 통일성과 의지를 재현[/표상]하는 공화국 대통령과, 그가 지휘하는 정부와 행정부가 **국가장치**의 일부를 이루고, 국가장치의 이러한 부분이 국가와 그것의 정치를 지휘한다. 이를 더 정확하게 하면, "일반의지에 복무"하며

---

5. 삭제: "이데올로기적 국가장치들 같은   복수형이 아니라."

236

"공무"의 역할을 해낸다고 자처함에도 행정부 자체는 억압적 국가장치의 일부를 이룬다. 부르주아 통치의 정치를 세부적으로 적용하는 책임을 지는 행정부는 그 정치를 통제하고 인가하는 책임도 지며, 따라서 그 정치를 존중하지 않는 이들을 진압하는 책임도 진다. 행정부가 하나의 동일 사회구성체의 모든 이에게 이익이 되는 것으로 보이는 기능들을 충족시킨다고 하더라도(교육, 커뮤니케이션 수단, 우편, 토목 등등), 경험이 보여주는바, 외관상 "중립적인" 그와 같은 활동들을 계급의 이익들이 전반적으로 지배한다. 사례 셋만 들어보자면, 기간시설 공사는 대부분 트러스트들에 이윤이 되며, 교육은 노동력의 물질적이고 이데올로기적인 재생산 요청에 종속되고, 대중매체는 지배계급의 이데올로기적 계급투쟁의 수중에 있다. 이 모든 것이 다수의 모순 속에 있다.

그래서 **정부**를 재론하자면, 그것이 의회와 (우리의 경우엔 보통선거로) 선출되는 상원 앞에 (다소간) "책임"을 진다하더라도, 그것은 억압적 국가장치에 속한다. 그것의 구성 요소들(과 거기 의존하는 모든 공무원)이 우리가 **정치적 국가장치**라고 부를 것을, 억압적 국가장치의 필수적 부분인 그것을 구성한다.

우리는 반면에 "정치체계"를 이데올로기적 정치국가 장치라고 부를 것인데, 이는 또한 해당 사회구성체의 "정치적 구성"이라 불릴 수도 있다. 이 체계가 하나의 동일 계급의 지배 아래 변이될 수 있다는 사실을 고려하면서 말이다. 이처럼 부르주아지는 연쇄적으로 자신의 계급 독재를 실행해왔다. 납세자 민주주의 공화국, 제국, 헌장 군주제, 입헌 군주제, 공화정, 황제 정치, 의회 공화국, 점령기의 파

237

시즘 정권, 현행의 대통령제 공화정.

이데올로기적 정치국가 장치는 "인민 의지"의 재현(또는 비재현) 양식에 의해 정의될 수 있으며, 정부는 이 "인민 의지"의 대표자들 앞에서 "책임"진다고 간주된다. 하지만 주지하듯 정부는 숱한 방편을 사용해 이런 "책임"을 회피한다. 정부가 보통선거의 제도화에 동의할 때, 부르주아 국가의 경우 무한한 자원을 사용해 보통선거의 작동을 왜곡하듯이(납세유권자 체계, 여성과 청년의 투표 배제, 여러 등급의 선거, 양원제, "권력 분립", 선거 부정 등등). **"이데올로기적 국가장치"**에 대해 그러하듯 "정치체계"에 대해서도 말하는 것을 종국적으로 가능케 하는 것은 일정한 현실에 조응하는 허구이다. 이 체계의 부분들이, 기능 원리와 마찬가지로, **인민 각자가 품는 정치를 국가가 뒤따라야 한다는 "관념들"에 따라 인민이 자신들의 대표자들을 자유롭게 선출하는 것에 입각한다는** 허구.

바로 이와 같은 허구의 기반 위에서(국가의 정치는 지배계급의 계급투쟁 안에서 지배계급의 이익들에 의해 종국적으로 규정되기 때문에) "정당들"이 창출되는 것이며, 이 정당들은 국민의 정치의 대립적 기본 선택들을 재현[/대표]représentation한다고 간주된다. 각각의 개인이 자기가 선택하는 정당에(이 정당이 불법 선고를 받지 않는다면) 투표함으로써 자기 견해를 "자유롭게" 표현할 수 있다는 것이다. **정당들** 안에는 일정한 현실성이 있음에 주목하자. 대체로, 정당들은 계급투쟁 안에서 적대하는 사회계급들의, 또는 계급 갈등을 통해 자신들의 특수 이익을 더 우세하게 만들려는 사회계층들의 이익을 재현[/대표]한다. 바로 이러한 현실성을 통해, 기본 계급의 적대는, 선거 책략들의 장애에도 불구하고, 더하든 덜하든 밝혀지게 된다는 것이다.

이런 분석이 옳다면, 여하간 이로부터 귀결되는 것인즉슨, 혹자들이 나를 계급투쟁 가능성 일체를 부인하는 "이론"에 가두기 위해 나로 하여금 말하도록 만들고 싶어 하지만, 다음과 같이 주장하는 건 어떤 명목으로도 있을 수 없다는 점이다. **어떤 정당이든, 노동계급의 정당들 역시, 이데올로기적 국가장치들에 속하고, 부르주아 "체계"에 통합되며, 그러하니 자신들의 계급투쟁을 이끌 능력이 없다고 선언하는 것.** 내가 말한 것이 정확하다면, 정당들의 실존은 계급투쟁을 부인하기는커녕 전적으로 그것에 입각한다는 점이 명확해진다. 그리고 부르주아계급이 노동계급 정당들에 자신들의 이데올로기적이고 정치적인 헤게모니를 영속적으로 행사하고자 한다면, 이것 또한 계급투쟁의 한 형식인데, 부르주아가 거기 도달하는 건 오로지 노동자 정당들이 부르주아의 함정에 걸리는 한에서일 뿐이다. 노동자 정당 지도자들이 겁을 먹거나(1914~1918년 신성 동맹 참조), 그냥 단순히 [노동자 정당들의 기반을] "팔아"먹거나, 물질적 수혜와 교환해("노동 귀족") 또는 부르주아 이데올로기의 영향에 굴복해("수정주의") 노동자 정당들의 기반이 혁명적 임무에서 일탈하게 되는 경우에 한에서.

혁명적 노동자 정당들, 일례로 공산당들을 고려해본다면 이 모든 것이 더욱 명확해질 수 있다. 그 정당들은 노동계급의 계급투쟁 조직들이기에 부르주아계급의 이익에도 부르주아 정치 체계에도 완전히 이방인임은 분명하다. 그들의 이데올로기(당원을 충원하는 기반)는 부르주아 이데올로기에 적대적이다. 그들의 조직 형태(민주적 집중제)는 부르주아 정당들의 조직 형태들과 아무 관련이 없으며 사민당이나 사회당과도 아무 관련이 없다. 그들의 목표는 자신들의 활동을 의회에서의 계급투쟁에 한정하는 게 아니라 자신들의 활동을 경제적 계급투쟁에서 정치적이고 이데올로기적인 계급투쟁에 이르는 전면적 노동자 행동으로 펼쳐가는 것이다. 그들의 궁극적 소명은 "정부에 참여"하는 게 아니라 부르주아 국가권력을 전복하고 파괴하는 것이다.

이 대목을 강조해야 하는데, 대부분의 서구 공산당이 오늘날 자신들을 "수권 정당"이라 천명하고 있기 때문이다. 정부에 참여하는 일이 생기더라도(주어진 특정 정세에서는 그렇게 하는 것이 옳을 수도 있다), **공산당이라면 어떤 명목으로도** 부르주아 **정부의 "수권 정당"으로 정의될 수는 없으며**, [이는] 그 정부가 프롤레타리아독재라고 하더라도 마찬가지이다.

이 논점이 핵심이다. 공산당이라면 부르주아 국가의 사안들을 "관리"하기 위해 부르주아 국가의 정부에 들어갈 수는 없기 때문이다(이 정부가 결연히 민주개혁을 추진하려는 통합 "좌파" 정부라 할지라도). 게다가 ["공산당이라면"] 프롤레타리아독재의 정부에도 들어갈 수는 없을 것이니, **공산당이 파괴를 준비해야만 하는 국가라고 하는 것의 사안들을 관리**하는 데에 이 정부의 궁극적 소명이 있음을 고려하면 말이다. 공산당이 전력을 다해 이러한 관리에 실제로 헌신한다면 [공산당은] 그것["국가"]을 파괴하는 데 기여할 수는 없을 터이다. 따라서 어떤 명목으로도, 공산당이라면 "수권 정당"으로 처신할 수는 없으니, 왜냐면 "수권 정당"이라는 것, 그것은 "국가 정당"이라는 것이기 때문이다. 부르주아 국가에 봉사하든, 프롤레타리아독재 국가를 영속화하는 데에 기여하든, 여하간 그렇게 귀착되는 것. 공산당의 소명은 국가 파괴에 기여하는 것인데 말이다.

이와 같은 양립불가능성을 이해하게끔 해주는 것, 그것은 최종심급에서 공산당에 고유한 정치적 실천 유형이다. 그것은 부르주아 정당과 전혀 다른 "정치적 실천"(발리바르)을 실제로 갖는다. 부르주아 정당이 사용하는 것은 유력 부르주아의 거점과 자원들, 그들의 경제적 지배와 착취와 국가장치와 이데올로기적 국가장치들 등등이다. 부르주아 정당은 실존하기 위해서 우선적으로, 자기 이념으로 규합해내고자 하는 인민대중을 묶어세울 필요가 없다. 확신과 선전과 규합의 노동을 책임지는 것은 바로 사회질서 자체인 것이다. 부르주아 정당으로서는 이기적 확신으로 전환되는 지배의 완숙한 과실들을 따기 위해서라면 선거 캠페인을 잘 조직하는 것으로 대부분 충분하다. 달리 보자면, 바로 이런 이유 때문에 부르주아 정당은 [저 자신이] 실존하기 위해서 과학적 교리를 필요로 하지는 않는 것이다. 부르주아 정당으로서는 이미 확신에 찬 "파르티잔들"을 규합하기 위해서라면 지배이데올로기의 본질적 주제들을 키우는 것으로 충분한 것이다.

역으로, 혁명적 노동자 정당이라면 당원들에게 제공할 것이 전혀 없다. 그럴듯한 직책도, 물질적 수익도. 그 정당은 있는 그대로의 모습으로 제시된다. 노동자 계급투쟁의 조직으로. 이 조직이 온 힘을 기울여 사용하는 것들은 과학적 교리와, 당원들의 자유 의지와, 당규에 기반을 둔 일치이다. 그것["혁명적 노동자 정당"]은 계급투쟁을 그 모든 형태 즉 경제적이고 정치적이며 이데올로기적인 형태들로 이끌어가기 위해 자신의 당원들을 민주집중제 형식으로 조직한다. 그것은 피착취 노동자들의 단순 반역을 기반으로 해서가 아니라 과학적 이론 및 현행 계급투쟁 안에 실존하는 역관계로서의 구체적 상황에 대한 구체적 분석을 기반으로 해서 투쟁 노선과 정치적 실천을 정의한다. 그것은 지배계급의 투쟁 형식들과 힘을 최대한 면밀하게 계산한다는 것이다. 부르주아 국가를 문제 삼지 않는 좌파 정부에 어느 순간 들어가 거기서 자신의 목표를 견지하며 자신의 고유한 계급투쟁을 벌이는 것이 유용하고 "옳은" 것인지를 그 당이 판단할 수 있는 것은 바로 이러한 "노선"에 따라서이다. 어떤 경우든 그 당은 노동자 조직의 직접적 이익들과 실천들을 노동계급의 미래의 이익들에 언제나 종속시킨다. 그 당은 자신의 전술을 공산주의 전략에 다시 말해 무계급사회 수립 전략에 복속시킨다.

이와 같은 조건들에서, 공산주의자들이 자신들의 당은 "새로운 유형의 당"으로 부르주아 정당들과는 총체적 차이가 있다고, 자신들은 "새로운 유형"의 투사들로 부르주아 정치인들과는 총체적 차이가 있다고 말하는 것은 근거가 있다. 그들의 정치 실천은, 비합법이든 합법이든, 의회 밖에서든 의회에서든 부르주아적인 정치적 실천과는 아무 관련이 없다.

공산당 역시 부르주아 정당들과 똑같이 어떤 이데올로기에 기반을 두고 구성된다고들, 게다가 공산당 스스로 그것을 프롤레타리아 이데올로기라 부른다고들 틀림없이 말할 것이다. 맞다. 공산당에서도 역시, 이데올로기는 정의된 사회집단을 "공고히 하는"(그람시) 역할을 행한다. 공산당에서도 역시, 이러한 이데올로기가 "개인들을 주체들로 호명"하며, 그들의 주관적이고 객관적인 행동 동력을 구성한다. 하지만 프롤레타리아 이데올로기라 불리는 것은 프롤레타리아의 순수하게 자생적인 이데올로기가 아니다. 까닭인즉 프롤레타리아는 자신들의 통일성을 의식하는 능동적 계급으로 실존하기 위해서 경험뿐만 아니라(프롤레타리아가 한 세기 넘게 이끌어온 계급투쟁 경험) 객관적 인식들도 필요로 하며, 이 인식들을 마르크스주의 이론이 제공하기 때문이다. 마르크스주의 이론에 의해 조명된 이런 경험들이라는 이중적 기반 위에서 스스로를 구성하는 것이 프롤레타리아 이데올로기인데, 이는 노동계급 전위의 단일성을 노동계급의 계급투쟁 조직들 안에서 "공고히 하고" 통일할 능력이 있는 대중 이데올로기이다. 이것은 매우 특수한 이데올로기이다. 대중의 층위에서 모든 이데올로기와 마찬가지로 기능하기에(개인들을 주체들로 "호명") **그 형식에서는 이데올로기**이지만 (계급투쟁에 대한 과학적 이론에 기반을 두고 확립되기에) **그 내용에서는 과학적 이론**인 것.

[프롤레타리아 이데올로기는] 이데올로기임은 맞다. 하지만 여느 이데올로기는 아닌 것. 실제로 각각의 계급은 특수하지만 자의적이지는 않은 어떤 이데올로기 안에서, 저 자신들을 통일하고 자신들의 계급투쟁에 방향을 부여할 능력이 있는 이데올로기 안에서, 스스로를 재인한다. 주지하듯, 봉건 계급은 **종교 이데올로기** 즉 기독교 안에서 그렇게 저 자신을 재인했으며, 부르주아계급은 마찬가지로 적어도 자신들의 지배 시기 동안엔 두말할 것 없이 **법 이데올로기** 안에서 저 자신을 재인했다. 노동계급으로 말하자면, 그들도 역시 종

교적이고 도덕적인 이데올로기 요소들에 민감하긴 하지만, 무엇보다도 **정치 이데올로기** 안에서 저 자신을 재인하는데, 이것은 부르주아 정치 이데올로기가 아니라 프롤레타리아 정치 이데올로기로 계급들의 철폐와 공산주의 수립을 위한 계급투쟁의 이데올로기이다. 프롤레타리아 이데올로기를 구성하는 것은 바로 이러한 이데올로기인데, 이것은 최초의 형태들에서는 자생적이고(유토피아적 사회주의)이어서 노동운동과 마르크스주의 이론의 융합에 의해 교육된다.

이와 같은 이데올로기는 지식인들이(마르크스와 엥겔스) 노동운동에 베푼 교육의 결과이고 노동운동은 어떤 이유인진 몰라도 여하튼 그 이데올로기를 채택하게 되는 거 아니냐는 의구심이 있다. 그 이데올로기는, 카우츠키가 원했듯이 그렇게, "외부로부터 노동운동 안으로 도입되는" 것이 아니었다. 마르크스와 엥겔스가 계급적인 이론적 입장들 위에 자신들의 이론을 세우지 못했더라면 아예 그 이론을 구상하지 못했을 것이기 때문이니, 이는 자신들 시대의 노동운동에 실제적으로 귀속된 효과이다. 노동운동과 마르크스주의 이론의 융합 결과인 이 이데올로기는, 실제로, 가혹한 부침을 겪은 장구한 계급투쟁의 결과였고, 여전히 이 투쟁은 극적인 분열들을, 제국주의 계급투쟁이 좌우하는 분열들을 가로질러 이어진다.

이러한 현실이 이데올로기와 이데올로기적 실천에 대한 질문을 다시 제기한다. 그것["이데올로기"]의 메커니즘에 대한, 대략 해명된 그 메커니즘에 대한 질문이 아니라 그것의 "미망"에 대한 질문이다. 프롤레타리아 이데올로기라는 사례에서 우리가 어떤 이데올로기는 그 형식에서만 이데올로기적이고 그 내용에서는 과학적일 수 있음을 보았기 때문이다. 이데올로기라는 것이 그저 순전히 오류일 뿐이라면 게다가 그것이 미망일 뿐이라면, 어떻게 이런 일이 가능하겠는가? 현실에서, 지상의 어떤 이데올로기도, 그것이 종교라 해도 [그것은] 순수하게 자의적이지는 않다. 이데올로기는 언제나, 아무리 오인이라는 형태를 띤다 하더라도, 따라서 필연적으로 미망이라 하더라도, 현실적 질문들 즉 문제들의 지표이다. 내가 다음과 같이 말함으로써 감지하게 만들고 싶었던 것이 바로 이데올로기의 이와 같은 이중성이다. 이데올로기는 **오인**의 형태 아래 있는 **인지**이고, **미망**의 형태 아래에서 어떤 현실을 **암시**하는 것이라고.[6]

나는 확실히, 그냥 오류가 아니라, 미망이라고 말한다. 왜냐면 오류를 범하는 자는 오류를 범하는 것일 뿐 다른 건 없으니 그가 자신의 오류를 발견하는 날 그는 그 오류를 깨닫고 진리를 택하기 위해 그 오류를 포기하기 때문이다. 하지만 모든 미망은 본성상 흔히 말하듯 끈질기다. 미망은 지속되며, 특정한 방식으로, 진리에 전혀 아랑곳하지 않는다. 미망 안에 있는 무엇인가는 지속되는 것에 또는 미망을 지속시키는 것에 "이해관계"가 있다. 어떤 원인이 미망 안에서 작동하는데, 미망은 그것을 인지할 수 없으며(미망은 그것을 필연적으로 오인하며), 그것은 오류 속에서의 이러한 영속에 이해관계가 있다. 이 원인이 "대상" 안에 있을 수 없다는 점에서, 이 원인은 주체를 뛰어넘으면서도 주체 안에 있다는 점에서, 이 원인은 사회적인 것이고, 이 원인이 복무하는 지속가능한 "이해관계들"도 특정한 사회적 "원인들" 또는 "가치들"의 이해관계들이다. 바로 이와 같은 이

---

6. Cf. L. Althusser, "Idéologie et appareils idéologiques d'État", *Sur la reproduction*, *op. cit.*, p. 289.

해관계들의 층위에서 이데올로기의 이중성의 근거를 찾아야 한다.

사회의 모든 구성원이, 그들이 사회를 지배하든 그들이 지배를 받고 착취를 당하든, 특정한 "자명함들"을 자유롭게 받아들이는 것이, 예컨대 신의 실존, 초월적 도덕, 도덕적이고 정치적인 자유의 실존 등등을, 또는 더 단순하든 더 복잡하든 여하간 다른 모든 신화를 자유롭게 받아들이는 것이야말로, 군림하는 사회질서에 필수적이라는 점을 전제하자—그러면 어떤 재현[/표상]체계가 배치되는 것을 보게 될 것인데, 그 누구도 그것의 문자 그대로의 의미에서의 저자가 아닌 이 체계는 "진실"이자 동시에 "허위"이니, 인간들에 의해 살아지는 현실들을 그것["이 체계"]이 고려하는 한에서는 진실이고, 그것이 이런 현실들에 "자신의" 진실을 강제하고 그리하여 인간들에게 이 현실들의 "진실된" 의미를 부여하며 그들을 이와 같은 의미에 가두고 여기에서 빠져나와 이 모든 그럴듯한 이야기가 진실인지 여부를 약간이라도 알아보려는 것을 금지한다는 한에서는 허위이다. 이러한 것이 이데올로기일 터이니, 오인-인지요, 미망-암시이며, 비교될 수 있는 가능한 외부가 없는 체계로, "외부"일 뿐인 체계이다. 이런 체계는 지상에 실존하는 이 모든 것을 포괄하며, 최소한의 경험에 앞서, 모든 것에 대한 진리를 언표하기 때문이다.

이데올로기들만이 이처럼 기이한 정의에 조응하는 것은 아님을 확실히 말해두어야 한다. 관념론 철학들 역시 이런 유형에 속한다. 그것들은 외부를 용인하지 않으며, 그것들이 외부 세계의 실존을 인정한다 하더라도, 거의 언제나, 그것들은 그 세계를 완전히 흡수해버리고, 과거와 현재와 미래의 만사의 진리를 미리 소유한다. 이러하니 그것들은 순수 "외부"에 다름 아니다. 그렇다고 관념론 철학들만 이러한 방식으로 기능한다는 것은 아니다. 과학들 그 자체는, 그것들을 이데올로기와 구별해주는 "단절"에도 불구하고, 이데올로기로 전락할 수 있다. 마르크스주의 자체도, 스탈린주의 시대에, 틀어박혀서, 외부 없이, 이러한 방식으로 기능했으니, 다시 말해 어떤 예외도 없이 외부에 군림해, 억누를 수 없는 순수 "외부"가 되었던 것이다.

이데올로기가 이처럼 이중적 형식으로, 인지이지만 오인으로 제시된다면, 이데올로기가 모든 인식 가능성과, 따라서 과학적 인식과, 미리, 그것도 근원적으로, 단절되는 것이 아님이 이해된다. 그래서 사실상 역사는 항상 우리에게, 자신들에게 기초가 되는 이데올로기로부터, "단절"에 의해 태어나는 과학들의 사례를 제공하는데, 이 단절은 마르크스와 엥겔스가 조금 성급하게 주장했던 "전복"이 아니라 매우 복합적인 국면들의 효과이다. 이 국면들에서는, 이데올로기 요소들과 철학 요소들인 "이론적 생산관계들" 아래에서 물질적 실천들이 개입한다.

이데올로기는 이처럼 실천들과 그것들의 추상들의 앙상블에서 관건적 위상을 점한다. 1. 실천은 이데올로기 아래에만 있다. 2. 국지적 이데올로기들과 권역적 이데올로기들이 있다. 3. 이데올로기는 스스로를 지도적이고 헤게모니적인 계급으로 구성하려는 지배계급의 투쟁의 효과 아래 지배이데올로기로 경향적으로 통일된다. 4. 지배이데올로기에는 피지배이데올로기의 요소들을 자신의 체계로 통합하는 경향이 있어서, 피지배이데올로기는 지배이데올로기에 흡수된다. 5. 이데올로기는 개인들을 주체들로 호명함으로써 작동한다. 6. 이데올로기는 이중적이니, 오인-인지이고 미망-암시이다. 7. 이데올로기는 외부를 갖지 않으며, 그래서 이데올로기가 외부일 뿐이다. 8. 이데올로기는 외부로부터, 자신의 투쟁의 형식들 안에서, 철학을 지휘한다. 9. 이데올로기는 모든 과학에 구성적인 이론적 생산관계들의 일부를 이룬다. 10. 하나의 과학은 이데올로기처럼 "실천"될 수 있으며, 그래서 이데올로기 층위로 격하될 수 있다. 11. 프롤레타리아 이데올로기는 특수한 이데올로기로, 프롤레타리아의 자생적 이데올로기와 계급투쟁 법칙에 대한 마르크스주의 이론의 융합의 결과이다.

이로부터 나오는 결론인즉슨, 계급투쟁 다시 말해 정치적 실천은 이데올로기 아래에만 있다는 것. 하지만 그럼으로써 우리는 정치적 실천에 대한 질문으로 다가간다.

13.

정치적 실천[1]

마르크스 자신이 말했던바, 정치적 실천의 본질은 계급투쟁에 의해 구성되었는데, 정작 계급들 및 그것들의 투쟁을 발견했던 건 마르크스 자신이 아니고 부르주아 경제학자들과 부르주아 역사가들이었다(마키아벨리로부터 19세기 초 경제학자들과 역사가들까지).

마르크스가 1852년에 단 한 번 했던 이 언급은 무의미하지 않으니, 그것이 포함된 동일 편지에서 그는 고유하게 자신에게 속하는 것이 "프롤레타리아독재의 필연성을 논증"했음이라고 지적하기 때문이다.[2] 하지만 그것[마르크스의 1852년 언급]이 흥미로운 또 다른 점은, 이론에서 "좌익주의적" 일부 마르크스주의자들이 믿는 것과는 반대로, [마르크스가] 정치와 계급들과 계급투쟁이라는 것을 부르주

---

1. 초고에는 "철학적"이라 되어 있으나 이는 명백한 착오이다.

2. Lettre à J. Weydemeyer du 5 mars 1852, *Correspondance Marx-Engels*, "*Lettres sur Le Capital*", Paris, Éditions Sociales, 1964, p. 59.

아가 완벽하게 알았다고 지적한다는 점이다. 다만 부르주아는 정치적 실천의(따라서 계급투쟁의) 형태들이 몇몇 정황을 제외한다면 도처에서 언제나 동일했다고, 요컨대 "영원"했다고 생각했다는 점에서 오류를 범했다. 그런데 동일 편지에서 마르크스는 실존하는 생산양식들에 비춰보면 이러한 형태들은 역사적 의존성이 있음을 역설한다.

겉으로 보기엔 미미한 바로 이 세부들이 계급투쟁에 대한 마르크스주의 이론을 동일한 계급투쟁에 대한 고전적 부르주아 이론으로부터 구별해준다. 부르주아 이론가들은 계급투쟁이 뿌리내린 저 "토대"를 발견하는 데에 실제로 결코 도달하지 못했다. 생산관계, 계급 착취, 달리 말해 생산에서의 계급투쟁 또는 "경제적 계급투쟁", 생산양식들에 따라 변주되는 투쟁.

도식적으로 표상되는, 계급투쟁에 대한 고전적 부르주아 이론은 계급투쟁을 선재하는 계급들 사이의 갈등적 충돌의 결과로 간주한다고들 실제로 말할 것이다.

이 충돌의 가장 고전적인 형상은 전쟁과 침략이다. 17세기와 18세기에 봉건적이고 부르주아적인 이론가들은 이런 식으로 사태를 표상했다. "야만인들"이 옛 로마 제국 영토들을 침략해 그곳의 주민들을 노예로 삼고 이어서 농노로 만들었다는 것. 그리하여 야만인 계급은, 승리한 침략의 효과로 전에는 로마인들에게 지배를 받던 현지인 계급을 지배했다는 것. 이것이 봉건제의 기원이라는 것인데, 이 "고딕 체제régime gothique"(몽테스키외)는 처음엔 게르마니아의 숲에서 군림했다. 거기서 왕은, 일종의 전사 민주주의démocratie de guerriers 안에서, "귀족 중의 귀족"에 불과했다. 그런데 이 동일한 이론가들이 변질된 왕들의 악습을 고발하니, 왕들이 후일 "평민들"과 동맹을 이뤄 자신들의 법을 [자신의] 옛 동류인 귀족들에게 강제했다는 것이다.

부르주아 이론가들은 바로 이것에 반박했던 것이니, 이 왕들은 로마 제국의 정치적 법을 재실행하는 것 말고는 달리 한 것이 없으며 그리하여 노동하는 인민들을 영속적 전쟁에 의해 심대하게 침해했던 다수의 난폭한 귀족을 자신들에게 종속시켰다는 것이다. 여기서도, 대립되는 두 계급. 한쪽엔 왕과 평민이 있어 이들은 다스리고 생산한다. 다른 한쪽엔 착취하는 귀족이 있어 이들은 인민이 모든 것을 감당했던 전쟁의 전리품으로 살아간다. 하지만 두 경우 모두, 이러한 정치적 관계들 요컨대 이러한 갈등들의 기원에는 순수하게 **외재적인** 동일한 **충돌**이 있으니, 그것은 군사적 침략이라는 충돌이다.[3]

부르주아 정치 이론가 중에서 가장 심오한, 마르크스의 직접적 선조인, 마키아벨리는 더 멀리 나아갔다. 그는 정치적 관계가 우발적이고 충돌적인 것이 아니라 필연적으로 적대적인 것임을, 갈등이 일차적인 것임을, 지배와 예속이 모든 정치적 실천의 모든 형식을 관장했음을 이해했다. 그래서 그는 이로부터 정치적 실천에 핵심적 결과들을 끌어냈다. 강자들을 경계하려면 인민에 의지해야 한다는 것 등등. 하지만 마키아벨리가 보지 못했거나 명확하게 말하지 못했던 것은 이와 같은 정치적 적대가 **생산 자체에서의** 착취라는 적대에 뿌리내리고 있었다는 점이다.

---

3. L. Althusser, *Sur la reproduction*, op. *cit.*, p. 205-206, note에서 알튀세르는 마주침에 대한 봉건적 이론 두 가지를 약간 상이한 방식으로 요약한다.

진정으로, 부르주아적인 정치적 실천의 본성을 이해하기 위해서는, 훨씬 더 멀리 나아가, 그 실천이 자본주의 생산양식에 뿌리내리고 있다는 문제를 제기해야 했다. 마키아벨리의 시대에 사태들이 명확하게 드러나기에는 아직 이 생산양식이 충분히 확고하지 않았다.

생산양식이란 무엇인가? 생산하는, 다시 말해 어떤 사회구성체의 인간들의 생존에 필요한 생산물들을 자연에서 끌어내기 위해 자연에 도전하는 특정한 방식. 자연과의 이러한 관계는, 물질적이고 기술적인 관계인 이것은 각각의 생산양식에서 규정된 사회적 관계들을 작동시킨다. 이 사회적 관계들에는 노동과정에서의 협력의 형식들 및 노동의 분할 형식들과 조직 형식들뿐만 아니라 다른 무엇보다도 **이와 같은 관계들에 의해 정의되는 사회 집단들이 생산의 물질적 수단들과 맺는 소유 또는 비소유의 관계들**이 있다. 생산양식을 정의하는 것은, 생산관계들 아래, 생산력들(생산수단들 + 노동력)과 생산관계들의 통일이다.[4]

그럼에도, 생산양식이라는 것이 하늘에서 떨어져, 아무 순간에나, 아무 상황에서나 지상의 이러이러한 지역에 실존하는 사람들을 사로잡는다고 생각해선 안 될 것이다. 하나의 주어진 생산양식이 자신의 내부에서, 자동적으로, 게다가 확정적 형식 아래, 후속될 생산양식을 발생시킨다고 생각해서는 더더욱 안 된다. 마르크스의 59년 『정치경제학 비판을 위하여』 서문에 나오는 일부 성급한 정식들에도 불구하고,[5] 생산관계들이 생산양식 발전에 적응한다고, 그리고

---

4. 이어지는 10개 단락에서 개진되는 테제들을 알튀세르는 L. Althusser, "Le courant souterrain du matérialisme de la rencontre"(1982), *op. cit.*, p. 570~576에서 재론한다.

5. K. Marx, *Contribution*…, *op. cit.*, Préface de 1859, p. 5.

모든 생산양식은 이처럼 그것의 생산력들의 발전 정도 또는 그것의 생산관계들의 적응 정도에 의해 정의된다고 생각해서는 안 된다. 이 상이한 해석들 안에서 실제로 우리가 상대하는 것은 기계적 결정론이고 선형적 변증법이다. 현실에서는 사태들이 훨씬 복잡하다. 하나의 주어진 생산양식으로 하여금 후속 생산양식을 발생시키도록 자동적으로 강제하는 운명이란 없다.

자본주의 생산양식을 사례로 들어보자. 마르크스가 자본주의 기원들에 대한 자본주의적 "이론"을 어떤 능변으로 조롱했는지는 모두들 알고 있다. 자본주의 이데올로그들에게는, 어떤 독립적인 소생산자가 자기 노동의 생산물들을 곧바로 써버리는 걸 **절제할** 줄 알았던 데서 (…) 자본주의가 태어날 것이다. 기원들에 있었을 만한 것은 이처럼 다수의 독립인 소생산자들이니, 이들은 본인과 아내와 자식이 먹고살 것들을 생산했다. 그런데 어느 날, 그들 중 하나가 자신에게 필요한 것보다 많이 생산하게 되어서, **잉여**를 갖게 되었고, 이것을 사용해서 어느 극빈자의 노동을 고용했다. 그러면서 그가 알게 된 바는 이 잉여의 일부를 다른 독립적인 소생산자들과 **교환**할 수 있다는 것, 그리고 교환되는 단위들의 가치를, 금속 **화폐**를 수단으로, 계약에 의해, 안정적 방식으로 고정할 수 있다는 것이다.

이로부터 생산물 거래와 노동력 거래가 태어났다. 임노동자는 굶주려 죽는 걸 면하게 해주려는 [고용주의] 호의 덕분에 자연스럽게 고용되었다! 하지만 그의 고용주가 그의 노동 생산물 전부를 그에게 주지는 않았다. 그가 식구들과 먹고살 딱 그만큼만 주었다. 이로부터 **노동 착취**가 태어났다. 그렇게 독립소생산자가 임노동자들을 고용하는 고용주가 되고 또는 자기 생산에서 증가된 잉여분을 파는 상인이 되니, 그 소생산자는 자신의 화폐 보유분이 늘어나는 걸 보게 되었고, 이제 최초의 자본가가 되었다. 요컨대 절제와 끈기와 관대함 덕분에! [이것이] 자본주의 이데올로그들로서는 다음과 같은 것들을 논증하는 최상의 방식이었던 것. 1. 자본주의란 자연 질서에 속하는 것으로 언제나 실존해왔다. 2. 자본주의란 자연 질서에 속하는 것으로 언제나 실존할 것이다. 3. 자본주의 질서를 침해하는 것은 자연에 맞서는 짓이다.

마르크스가 문헌에 입각해 제시했던바,[6] 사태들은 전혀 다르게 흘러왔다. 그는 자본주의가, 생산양식으로서의 그것이 필연적이긴 했어도 운명적인 것은 전혀 아니었던 어떤 **역사적 "마주침"**에서 태어났음을 논증했다. **"자금이 있는 사람들"**과 **"자유로운 노동자들"**과 **과학기술상의 발견들**의 마주침. 전자본주의적 수단들(고리대, 야만적인 또는 불평등한 교역, 절도, 강탈, "공동체 재산"의 전유, 소생산자들의 재산 몰수 등등)로 재물을 축적했던 "자금이 있는 사람들." 자신들의 인신과 운신은 자유로우나 폭력에 의해 자신들의 노동수단(땅, 연장)을 박탈당한 "자유로운 노동자들." 노동과정을 혁명한 과학기술상의 중요 발견(나침반, 광학 장치, 증기기관, 방직기 등등).

흔히들 도식적 견지에서, 자본주의 생산양식이 봉건적 생산양식 태내에서 봉건적 생산양식에 의해 산출되었다고들 말한다. 봉건적 생산양식에 자본주의 생산양식의 "맹아"가 내포되어 있었기 때문이라는 것이다. 이렇게 해서, 헤겔 관념론 철학이, 본질적으로, 논

---

6. L. Althusser, "Livre sur l'Impérialisme" (1973, inédit)에서 개진된 테제.

지를 펼쳤으니, "즉자"(맹아)와 "대자"(발전된 맹아)의 구별을 사용하는 그것이다. 물론 자본주의 생산양식은 (적어도 이 시대에는) 봉건적 생산양식 내부에서만 태어날 수 있었다. 하지만 그것은 거기에서 낯선 방식으로 태어나니, 이 방식은 언제나 감지되었던 것은 아닌데, 마르크스까지도 그러했다. 실은 이들 **"자금이 있는 사람들"**이 부르주아의 선조들로, 절대왕정의 국가에서 하던 정치적 역할을 포함해 기능이라는 면에서는 이미 부르주아이거나 또는 경향상 부르주아가 되고 있는 이들인데, **이 부르주아들이 자신들의 사회적 기원에서도 사회 안에서의 위상에서도 전혀 부르주아가 아니었던** 것이다. 그들 중 다수가 귀족으로, 상업과 금융업에 몰두했다(독일과 네덜란드 참조). 그들 중 다수는, 이 대목이 가장 놀라운데, 토지 귀족이자 대토지소유자였고, 이들은 이런저런 이유로(예를 들면 스코틀랜드에서는 광대한 사냥터를 마련하려고!) 소생산자들의 밭을 약탈해 그들을 거리로 내몰았고―심지어는, 자신들의 땅에 있는 광산을 개발하는 데 열중하거나 또는 그 땅을 가로지르는 크고 작은 하천의 수력에 너지를 이용해 야금업의 기반을 놓았다(바로 프랑스에서). 이들 봉건세력이 고유한 의미에서의 부르주아들의 근거와 **마주친 자신들 나름의 근거로** "자유화"에, 다시 말해 자본주의 생산의 구성에 필수불가결한 노동자 수탈에 참여했다.

그러니 다음의 관념을 정당하게[7] 지지할 수 있다. **자본주의 생산양식은 부르주아와**(그리고 부르주아가 되는 봉건세력과) **마주쳤노라고.** 또는 더 정확히 하자면, 부유한 **봉건세력** 즉 자기 재산을 집중시키

---

7. (알튀세르의 주석) 이브 뒤루(Yves Duroux).

고 개발하려는 탐심에 젖은 토지 소유자들과, 국제 교역에서 태어난 **부르주아들**(요컨대 "자금이 있는 사람들")과, 박탈에 의해 **"자유로워진" 노동자들**에게 동시에 작용하는 이 독립적 과정들의 "마주침"으로부터 자본주의 생산양식이 태어났다고.

사태들을 이렇게 보게 된다면, 자본주의 생산양식이 봉건적 생산양식의 태내에서 태어나긴 했으나 **상대적으로 자율적인 과정들의 교차로부터** 태어났음을, 이 과정들은 자본주의[8] 생산양식의 출현을 용인하지 않는 조건들 속에서 마주치지 못할 수도 있었고 마주칠 수도 있었던 것임을 확실히 인정하게 된다. 그 증거는 **자본주의 생산양식은** 지속가능해지기 이전에 이미 **역사 속에서 출생하고 사망하고를 여러 번 했다**고 생각할 여지가 충분하다는 점에 있다. 예컨대 포 계곡의 이탈리아 도시국가들에서는 14세기 말경 놀라운 조건들이 결합되어 있었으니, (수력에너지 덕에) 기계화된 대공장이라는 조건, 임노동자라는 조건, 세분된 노동이라는 조건이 그것이다. 이와 같은 관점에서, 부르주아의 특이한 정치적·사회적 역할을 사유하는 것이 시작될 수 있는데, 이런 역할은 역사가들을 부단히 난처하게 만든다. 역시 절대왕정의 국가에 참여하는 것에 의해 자본주의 생산양식의 도래를 선취하는 이 부르주아가 역설적으로 봉건적 생산양식에 온전하게 속한다는 점에서.[9]

이 부르주아가 전자본주의적 귀족이면서도, 공장에서, 광산에서,

---

8. 원고에는 "봉건적"이라 되어 있으나 이는 명백한 착오이다.

9. 자본주의는 "여러 번 태어나고 죽는"다는 관념은 L. Althusser, "Livre sur l'Impérialisme", *op. cit*.에서 제안된다.

"봉건 체제 자체에 충분히 잘 통합된 부분"으로서의 봉건적 부르주아에 관해서는 L. Althusser, *Montesquieu. La politique et l'histoire*, Paris, Puf, coll. "Quadrige", 1992(1959), p. 114ff. 참조.

항구에서, 자신의 임노동자들의 잉여가치를 강탈하는 **착취 계급**이었던 한에서 이러한 도래를 선취했던 것이다. 이와 같은 착취 조건이 **부르주아적인 정치적 실천**을 처음부터 그리고 줄곧 각인해왔노라고 말할 수 있다.

그런 각인에는 두 이유가 있다. 우선은 부르주아적인 정치적 실천이 부르주아가 자신들의 임노동자들에게 감내하도록 만든 저 착취를 반드시 고려해야만 했기 때문인데, 이는 임노동자들의 반란에 맞선 [부르주아의] 자기방어를 위함일 뿐일 것이다. 다음으로는 부상하는 초기 부르주아가 너무 약해서 홀로 국가권력을 장악하지 못했고, 그래서 자신들의 피착취자들의 분노를 봉건국가에 맞서도록 돌려세우는 데에 가장 큰 이해관계가 있었고, 따라서 **봉건제 독재에 맞서 자신들의 피착취자들과 동맹을 맺는 데에** 가장 큰 이해관계가 있었기 때문이다. 봉건제에 맞선 부르주아의 계급투쟁이 국가권력 장악에 그치지 않고, 무장해제 하지 않은 동일한 적의 반발에 맞서 국가권력 장악 이후에도 오래 이어졌기에, 부르주아가 이러한 적을 끝장내기 위해 자신들의 피착취자들과 동맹을 맺어야 할 필요를 오래 가지고 있었기에, 이러한 적을 물리치고 나서도 부르주아는 동일한 실천을 집요하게 계속해 이번에는 노동계급을 분열시켜 자신들이 얻어낼 수 있었던 부분과 동맹을 맺으려 하기에, 부르주아적인 정치적 실천은 반드시 이와 같은 매우 특수한 조건들에 의해 각인되었음이 이해된다.

부르주아적인 정치적 실천의 고유함은(이런 면에서 봉건제의 정치적 실천과 프롤레타리아적인 정치적 실천과 근원적 차이가 있는) 언제나 그리고 여전히 다음과 같은 점에 있다고 말할 수 있다. **인입된 인물들에 의해, 더 정확히 하자면, 부르주아가 착취하고 지배하는 계급 또는 계급 중 일부가 인입된 행위에 의해 작동한다는 것.** 1789년에 프랑스에서 혁명 군중의 대다수가 농촌과 도시의 하층민이고, 프랑스와 유럽에서 1830년과 1848년의 혁명들을 자신들의 개입으로 결정했던 것은 노동계급이다. 자신들의 계급적 성과들이 달성되었을 때, 매번, 부르주아는 자기들 편에서 싸웠던 그 하층민 "부대들"을, 필요하다면 무력을 써서, 질서로 되돌려 보낼 수 있었다. 그리고 예컨대 48년 6월과 71년처럼 코뮌 아래에서 위협이 너무 강해질 때는, 부르주아는 대대적 수단을 동원한 군사적 학살을 저질렀다. 그 후로도, 부르주아는 노동계급의 분열 안에서, 자신들이 유지시키는 이 분열 안에서 부단히 동맹들을 지어냈다. 만들어냈다.

본질적으로, **자신들[부르주아]의 고유한 계급적 목표를 자신의 피착취자들을 통해 달성한다는 것,** 이는 [부르주아가] 그들[피착취자들]을 정치적으로 위로부터 지배할 줄 안다는 것이고, 이는 동시에, [부르주아가] 그들을 이데올로기적으로 위로부터 정복할 줄 안다는 것이다. 요컨대 국가에 의해서. 부르주아의 권력은 이처럼 전형적으로 **국가권력**이며, 부르주아의 고유한 정치적 실천은 이처럼 그것의 고유한 계급 국가의 실천이다. 바로 이와 같은 이유 때문에, 부르주아가 자신들의 국가를 "완벽하게" 하는 데에 그토록 주의를 기울였던 것이고, 필요한 모든 장치를, 이것들["필요한 모든 장치"]이 억압적이든 이데올로기적이든 간에 이 국가가 갖추도록 하는 데에 그토록 주의를 기울였던 것이고, 모든 수단을 다해 자신들의 이데올로기를 지배이데올로기로 통일시키는 데에 그토록 주의를 기울였던 것이다. 부르주아에 고유한 정치적 실천은 다음처럼 요약될 수 있다. 부르주아가 [자신이] 지배하는 인민대중의 힘을 최대한 활용해, 국가의 억압과 국가의 이데올로기에 의해 인민대중을 지배하기.

부르주아가 다루는 이데올로기적 무기 중에서 제1선에 등장하는 것은 **이데올로기적 정치국가 장치**인데, 무엇보다도 (이 경우에 해당되는) 의회 대의 체계는 부르주아의 피착취자들의 의지를 "자유로이" 부르주아에게 종속시키는 곡예를 실현하는 데에 도달했던바, 이를 이루어내는 선거 메커니즘에서 각자는 자신의 개별 의지를 표현하고 "일반의지"는 투표 집계에서 도출된다고 여겨졌다. 제국주의 전쟁이 폭발했을 때 국가라고 하는 정치적이고 이데올로기적인 이 지배체계가 발휘한 실효성을 굳이 제시해야 할까? 도시와 농촌의 인민은 "조국을 위해" 싸운다고 믿어서 반란 없이 무기를 들고 나섰지만, "기업가들을 위해 죽으러"(아나톨 프랑스) 갔던 것이고, 몇몇 폭동이 위협적이었을 때(1917년 전방 반란들은 [앙리 필리프] 페탱에 의해 피에 잠겨버렸다) 최후의 폭력 방도들에 의해 진영으로 되돌아갔다.

부르주아 상승의 여명기에 마키아벨리가 부르주아의 실천을 구상했을 때, 그는 봉건 세력을 궁지에 몰아넣을 어떤 군주를 상상했다. 하지만 자기 역할을 해내는 상태에 있기 위해서는 이 군주가 부르주아 대중에게 의지해야만 했고, 자신의 국가가 지속되기 위해서는 이 군주가 "다수가 되어서" 자신의 큰 그림에 인민의 신뢰를 얻어내야만 했다. 마키아벨리의 군주는 이미 이러한 인간이고 부르주아의 상징인데, ["마키아벨리의 군주는"] 부르주아와 이들의 피착취자들과 동맹을 맺으며, 무장력과 이데올로기로 그들을 지배할 국가를 수립한다. 부르주아는 노동하지는 않고 노동을 시킨다는 것, 그리고 이를 위해 부르주아는 자신들의 피착취자들을 지배한다는 것, 이와 마찬가지로 **부르주아는 자신들의 손을 움직이지 않고 타인들 즉 자신들이 착취하는 이들의 손이 움직이도록 만든다는 것.** 자신들의 고유한 권력을 보장해주는 것을 착취와 지배로부터 끌어내는 [부르주아의] 감탄스러운 정치적 실천.

프롤레타리아적인 정치적 실천이 완전한 차이가 있거나 있어야 한다는 점을 충분하게 말하지 못했다. "정치의 새로운 실천"(발리바르)[10]을. 그럼 ["프롤레타리아적인 정치적 실천은"] 과연 어떻게 다를 것인가? 프롤레타리아가 살기 위해 가진 것은 자신들의 손뿐이다. ["프롤레타리아가"] 싸우기 위해 가진 것은 자신들의 관념들과 논리뿐이다. 프롤레타리아는 정의상 무장해제 된 이들이다. 언제나 부르주아 부대의 무기에 위협을 받는 이들. 프롤레타리아가 무장을 원한다면 [그들은] 무기를 확보해야만 한다. 맨손으로, 목숨을 걸고. 하지만 자신들의 관념들도 그들로서는 확보하기가 어렵다.

그 이유는, 프롤레타리아는 지배계급의 관념들의 지배 아래, 그 지배가 직접적이든(교회, 국가) 간접적이든(학교, 정치 체계 등등) 간에, 살았기 때문이다. 프롤레타리아가 반란에 나서 약간의 독립성

---

10. É. Balibar, *Cinq études du matérialisme historique*, Paris, Maspero, coll. "Théorie", 1979(1972), p. 99, n. 12: "나는 이 표현을, 알튀세르가 "철학의 새로운 실천"이라 말하면서 레닌과 관련해 이미 사용했던 정식화를 이어가기 위해서, 의도적으로 제안한다. (⋯) 정말이지, 알튀세르가 제시하듯, 철학은 더할 것도 덜할 것도 없이 이론에서의 정치에 다름 아니니, 이는 두 양태 아래 있는 동일한 문제인 것이다."

을 확보하길 원한다면, [그들은] 자신들이 따르던 관념들을 사용하는 걸로 시작하게 될 것이다. 루터[원문 그대로. 참고로 이 책의 영어판은 옮긴이 주를 달아 '루터'는 아마도 '뮌처'의 착오일 거라 밝혀놓았다] 아래 독일농민전쟁처럼 종교적 관념들을, 사회주의의 시초 형태들처럼 도덕적 관념들 또는 법적 관념들을, 부르주아적인 정치적 관념들을 (자유 평등), 기타 등등. 이런 관념들의 깃발 아래 들고일어난 각각의 반란이 패배하면서, 실험과 성찰 속에서 긴 노동이 이루어지고, 인민은 부르주아의 제의를 받아들이는 또 다른 관념들을 찾는다. 점차 인민은 이들 관념이 기만적이고 자신들을 기만하기 위한 관념들임을 감지하게 되며, **자신들에게, 오직 자신들에게만 속하는 관념들**을 그리하여 자신들의 계급상의 적에 대한 이데올로기적 예속으로부터 자신들을 자유롭게 하는 데에 적절한 관념들을 추구하게 된다. 인민은 그 시대의 전투적 노동운동에서 온전한 자격을 지닌 구성원들인 지식인들의 저작들에서, 처음엔 [데이비드] 오언에게서, 이어서 [피에르 조제프] 프루동과 [미하일 알렉산드로비치] 바쿠닌에게서, 마침내 마르크스와 엥겔스에게서 즉 **마르크스주의 이론에서** 이러한 관념들을 "찾아내게" 된다. 긴 전투, 긴 경험, 이면이 없진 않은. 여기서도 역시, 숙명적인 어떤 것도 없으며, 이와 같은 **"마주침"**(정도의 차이는 있지만 부르주아와 자본주의 생산양식의 "마주침"에 비견되는) 이 없다면 노동운동과 마르크스주의 이론의 "융합"과 "통일"은 일어나지 못했을 것이다. 그것["융합과 통일"]이 언제나 허약하다는 점은, 오늘날에도 여전히, 이러한 "마주침"의 상대적으로 우발적인 특성을 입증한다. 하지만 이와 동시에, 그것의 효과들이 지속된다는 점은 이러한 "마주침"의 근거[11]를 입증한다.

부르주아적인 정치적 관념들은 무엇보다도 **타인들을 위한 관념들**이기 때문에 부르주아의 실천과 분리되는데, 이런 ["부르주아적인 정치적"] 관념들과 차이를 갖는 프롤레타리아의 ["정치적"] 관념들은 **투쟁**으로부터 태어났기 때문에, 행동들로 번역되는 것을 피할 수 없으며(번역되지 못하면 사멸한다), 이러한 행동들로부터 투쟁 조직으로 나아가는 것을 피할 수 없다. 처음엔 **노조들**의 선조들인, "융합" 이전에 형성되는, 경제투쟁 조직들. 나중엔 **정당들.**

그리고 다시 강조하건대, 부르주아적인 정치적 실천들과 차이를 보이는, 조직화된 프롤레타리아의 ["정치적"] 실천들은 언제나 매개들이 없는 직접적 실천들이었다. 프롤레타리아들이 단결을 이루어 낸다면, 이는 그들이 자신들은 "자신들의 힘에만 의지할 수 있음"을 알았다는 것이다. 그들의 생활조건과 노동조건을 방어하기 위해 파업에 나서는 건 바로 그들이다. 권력 장악을 위해 봉기에 나서는 건 바로 그들이다. 오래된 가혹한 경험의 효과 아래, 어떤 전문가가 급습을 조직하는 **무장폭동주의**에도, 정치적 참여 없이도 총파업이 인민에게 권력을 주리라고 꿈꾸는 **자생주의**spontanéisme에도 프롤레타리아적인 정치적 실천들은 이방인으로 지속된다. 프롤레타리아 정치 조직들은, 정치인 카스트 또는 기술관료들에 의해 지배되는 부르주아 정치 조직들과는 반대로, 토의와 결정과 집행에서 가장 큰 민주주의를 향한 경향을 지닌다. 비록 이런 전통을 잃어버릴 수도 있긴 하지만 말이다. 대중의 이와 같은 대대적인 정치적 경험에 기

---

11. 제1초고: "필연성."

반을 두고 새로운 정치 이데올로기가 조금씩 고양되고 강화되는데, 여기서 역사를 만드는 것은 개인들도 관념들도 아니라 바로 자유롭게 조직된 대중이다.[12]

분명히, 부르주아적인 정치적 실천으로부터 프롤레타리아적인 정치적 실천을 구별해주는 것, 그것은 그 실천의 **전망들**이다. **주관적** 전망들이(부르주아는 자신들의 착취를 유지하길 원하고, 프롤레타리아는 정치사회적 혁명을 원한다) 아니라 **객관적** 전망들. 자신들의 고유한 실천의 형태들에 대해 잘 안다 하더라도 **부르주아는 계급투쟁의 법칙들에 대한 과학적 이론을 구사하지는 못하며 그 이론을 인식하고자 하지도 않기 때문이다.** 계급투쟁의 본성과 관련해 우리가 검토했던 신화들에 속하는 무엇인가가 부르주아에게는 언제나 남아 있다. 부르주아는 자신들의 지배가 사라지고 이와 더불어 계급 및 계급투쟁도 사라지는 데에는 그 어떤 근거도 없다고 생각한다. 부르주아는 자신들이 임노동자들에게 강제하는 착취 질서가 자연스럽고 정상적인 것이라고 생각한다. 그러니 인간들이 무턱대고 불행하게 방황하지 않으려면 우두머리들이 있어야만 한다는 것이다. [부르주아에게] 이를 위해서는 힘으로 또는 교활한 약속으로 인간들을 꼼짝 못하게 하는 걸로 족하다. 부르주아는 자신들이 일시적 질서를 대표한다고는 단 한순간도 의심하지 못하며, 기껏 의심한다고 해봐야(실은 점점 더 의심하고 있는데) 더 가중된 에너지로 그 질서를 방어하기 위함이다. 하지만 어떤 식으로도 부르주아는 자신들을 강박

---

12. "존 루이스J(ohn) L(ewis): '역사를 만드는 것은 인간이다.' 마르크스-레닌주의: '역사를 만드는 것은 대중이다.'"(L. Althusser, "Réponse à John Lewis", dans *Réponse à John Lewis, op. cit.*, p. 24).

하는 이러한 위협의 객관적 이유를 인식하고자 하질 않는다.

마르크스주의 이론에 의해, 프롤레타리아는 역사를 만드는 것이 계급투쟁임을 안다. 그 이론에 의해, 프롤레타리아는 자칭 정치경제학이 부르주아 이데올로기의 이론적 형성에 불과하다는 것을, 사회학과 심리학이라는 군림하는 학문들과 더불어 피착취자들을 기만하고 이들 피착취자를 피착취 조건들에 "적응"시키는 쪽으로 가게 되어 있다는 것을 안다. 그 이론에 의해, 프롤레타리아는 제국주의의 위기들이 "전 지구적"일지라도 대중이 역사의 무대에 난입해 부르주아 질서를 전복하지 않는 한 부르주아에 의해 극복될 수 있을 것임을 안다. 바로 그 동일한 마르크스주의 이론에 의해, 프롤레타리아는 계급사회의 질서가 모두 지배계급의 독재로의 경향을 지닌다는 것을, 그러니 프롤레타리아독재로 부르주아독재를 전복해야만 역사의 흐름을 변화시키고 공산주의로의 길을 열게 된다는 것을, 사회주의는 저 공산주의의 "하위 국면"(마르크스)[13]일 뿐이라는 것을 안다. 역사의 필연적 법칙들에 대한 이와 같은 인식은, 프롤레타리아를 정치적 수동성에 빠트리기는커녕, 역으로 프롤레타리아에게, 그들의 조직들과 동맹들을 통해, 역사에 개입할 수단을 제공한다. 그래서 프롤레타리아는 이와 같은 전망들이 유토피아적인 것이 아님을, 왜냐면 공산주의는 꿈이 아니라 하나의 필연성이자 경향으로 현재 역사에 기입되어 있기 때문임을 안다. 그렇다. 공산주의는 이미 우리 사이에서 오랫동안 실존하니, 그것도 맹아가 아니라 현실로 실존하는바, 예컨대 공산주의 조직들에서, 또 다른 (심지어 종교

13. K. Marx et F. Engels, *Critique des programmes de Gotha et Erfurt*, Paris, Éditions Sociales, coll. "Classiques du marxisme", 1972, p. 32.

적인) 공동체들 또는 활동들에서 실존한다—다만 **거기서 군림하는 것은 그 어떤 상품 관계도 아니고 인간 해방을 꿈꾸며 그에 맞춰 행동하는 개인들의 자유로운 연합이라는** 절대적 조건에서.

바로 이것이 공산주의자들의 실천에 그토록 특별한 특성 즉 "다른 인간들 같지 않은" 인간들이라는 특성을 준다. 공산주의자들은 의회 또는 지자체 내부에서 활동할 때조차 "다른 인간들 같은" 인간들이 아니다. 이는 그들이 이러한 회의체들의 단순한 폐쇄적 지평도 그리고 이것들["회의체들"]을 선출하는 유권자들의 지평도 고려하지 않는다는 것이다. 그들의["공산주의자들"]의 활동은 광범위한 대중을 위한 것이요, 공산주의의 오늘뿐만 아니라 내일과 장래를 위한 것이다. 그리고 바로 이와 같은 이유 때문에 그들은, 이런 기반 위에서, 선의를 가진 다수의 인간과 마주칠 수 있는 것이며, 이들은 ["선의를 가진 다수의 인간"] 예컨대 종교인들처럼 다른 이데올로기들을 신봉할 수도 있지만 동일한 방향으로 활동한다.

프롤레타리아 중에서 가장 우수하고 가장 의식적인 이들인 공산주의자들의 실천에 마침내 최종적 특성을 부여하는 것, 그것은 기본적으로 공산주의자들이 자신들의 정치적 실천 안에서, 자체 규칙들에 의해 불가피하게 제한되는 모든 민주주의의 종언을 포함해, **모든 정치의 종언**을 추구한다는 점이다. 이는 공산주의자들이 **모든 정치는** 원하든 원하지 않든 간에 **국가와 연계됨**을, 국가는 착취 계급의 지배 기계에 불과함을, 까닭인즉 국가는 계급투쟁의 산물로 계급사회 전반의 재생산 조건들을 보장함으로써 지배계급의 투쟁에 복무하는 것이기 때문임을, 안다는 것이다. 따라서 공산주의자들은 **정치가 종언을 맞이하도록** 정치적으로 행동한다. 정치와 계급투쟁이 어느 날엔가 종언을 맞이하도록 공산주의자들은 정치와 계급투쟁을 사용한다. 바로 이것이 변증법이다. 헤겔이 말했듯이, 중력에 맞서 중력을 사용하는 걸 배워라, 그리하면 집을 지을 수 있을 터, 저 홀로 안정되게 서 있는 궁륭들 위에다.

공산주의자들이 또한 알고 있는바, 이미 레닌이 말했듯, 일상의 경험이 보여주듯, 통과하기 가장 어려운 순간이 바로 사회주의이니, 난류와 역류로 가득한 이 강에서 프롤레타리아독재에 의해 자본가들에 맞서 키를 확고하게 지켜내지 못한다면 사회주의라는 배가 표류할 수 있다는 것. 사회주의는 이제 자본주의가 아니지만 아직 공산주의도 아니기 때문이다. 그것은 하나의 **이행기**이고, 여기서는 자본주의적 관계들(잉여가치, 임금, 화폐, 국가와 그것의 장치들, 정당 체제)[14]과 공산주의적 관계들(집단소유, 정당 등등)이 공존한다. 그래서 이러한 이행기에는, 계급투쟁이, 새롭고 때로는 오인하기 쉬운 형태들 아래에서일지라도, 언제나 지속되며, 횡단의 흐름을 위협한다. 그렇다. 경제주의적이고 관념론적인 노선을 따른다면 자본주의로 다시 떨어질 수도 있는 것이다. 공산주의로의 경로는, 마르크스 자신에게서 선지자적 이데올로기로 존속하는 그것과는 반대로, 결코 사전에 보장되지 않는다. [이는,] 소련에서 하듯, 이미 공산주의의 "물질적 토대들"(이것은 마르크스주의 이론에서는 아무 의미도 없는 개념이니, 이 이론은 하부구조인 "토대" **자체**를 말하지 생산관계와 구별될 수도 있을 그런 "물질적 토대들" 따위는 말하지 않는다)을 놓고 있는 중이라

---

14. 제1초고: "공산당."

고 천명한다고 해도 마찬가지이다. 이로부터 나오는 것이 정치적 경각심의 필연성이니, 이는 공산주의의 전망을 결코 시야에서 놓치지 않으며, 공산주의의 도래가 우발적임을 잘 알면서도 즉각적 개혁들에 이 먼 도래를 결코 희생시키지 않는 그런 경각심이다.

정치의 그토록 독창적인 실천에 의해 그토록 심원하게 고무된 프롤레타리아 이데올로기가 대부분의 여타 실천에 각인 효과들을 가질 수 있다는 점을 군이 추가해야 할까? 이러한 실천의 가르침들이 생산이라는 실천으로, 노동 조직으로, 정당과 여타 조직의 민주주의로, 하물며 자연과학으로 확장되기만 해도 놀라운 결과들을 기대해볼 수 있다. 하지만 마르크스가 "미래의 가계를 꾸리길" 원하지 않은 것과 똑같이, 우리도 예단을 조심한다. 핵심적인 것, 그것은 우리 주위에서 태어날 수 있는 이 모든 것에, 이미 태어나고 있는 중인 이 모든 것에 주의를 기울이는 것이다.

정치적 실천에 대한 이 간략한 분석에서 무엇을 유념할 것인가? 그 실천이 **추상과의 종별적 관계**를 우리에게 제시한다는 점. 생산이라는 실천도, 기술적 실천도, 이데올로기적 실천도, 이들 실천은 말할 것도 없고, 정치적 실천도 추상들을 모면할 수는 없다. 우선적 이유는 정치적 실천의 모든 규정 안에서 이 실천에 표식을 남기는 (경제적, 정치적, 이데올로기적) 관계들이라는 절대적 조건 아래에서 이 실천이 실존한다는 점이다. 다음 이유는 이러한 사회적 관계들 아래, **정치적 실천 자체가 추상들을 생산한다**는 점인데, 우선은 실천적이고 이어서 추상적이자 이론적인 이 추상들은 행위와 검증에서 자신의 고유한 장을 변경한다. 마지막 이유는 이 추상들이 과학이라는 추상과 "마주치게" 된다는 점인데, 이 과학을 구성하는 지식인들은 자기들 시대의 문화로 무장하고 있지만 프롤레타리아계급의 이론적(철학적) 입장들 위에서만 이런 과학을 확립할 수 있다.

하지만 여기엔 한 가지 차이가 있는데, 이데올로기적 실천과 관련해서 이미 주목된 이 차이가 더 강조된다. 요컨대 정치적 실천이라는 이 모든 사회적 과정은, 심지어 이 과정이 계급투쟁의 적대적 분할이라는 형식을 띨 때조차도(계급사회에서는 언제나 이 경우에 해당하지만), **외재적 대상보다는 과정 그 자체와 더 관련된다**는 것이다. 틀림없이 우리가 제시할 수 있었던바, 부르주아적인 정치적 실천의 경우에는, 자신을 위해 타인들을 행동하게 만드는 것 요컨대 계급관계라는 상황 위에서 행동하도록 부르주아의 피착취자들을 "조작하는" 것이 문제였다. 여하튼 실천의 일반적 도식에 따르자면, 기존 질서를 변형하기(또는 방어함으로써 보존하기) 위해 작업 수단들을 사용하는 것이 문제였다. 하지만 바로 이 경우에, 과정의 "주체" 즉 부르주아는 그 과정에 연루되어 있어서 부르주아는 어떤 상황에 외부로부터 [저 자신에게] 작용을 가하지 못했다. 정반대로 말하자면 계급관계라는 상황이 자체적으로 작용을 가했던 것이며, 자신들의 이윤을 위해 자신들 대신 자신들의 피착취자들이 행동하게 하는 부르주아가 그것을 매개한 것이었다. 이 말인즉슨, **전반적으로 고려된다면**, 이러한 실천은 아리스토텔레스의 첫 번째 정의(외재적 대상의 생산)보다는 두 번째 정의(자신에 의한 자신의 변형)에 훨씬 더 조응한다는 것.

프롤레타리아적인 정치적 실천의 경우는 더 말할 것도 없다. 왜냐면 이 경우에는, 그 어떤 매개도 없으며, 이러한 조건을 스스로 감당하는 것이, 그리하여 **객관적 상황의 변형과 자신의 변형의 통일성을 실현하는 것**이 실천의 고유함이기 때문이다. 마르크스는 『포이어바흐에 관한 테제』에서 이와 같은 동일성에 대한 최초의 정식화들을 제시했는데, 여기서 그는 대상(힘들의 관계)과 주체(조직화된 혁명적 계급)의 변형의 동일성으로서의 혁명적 "프락시스'에 대해 말한다. 이 경우에, 부르주아적인 정치적 실천 안에서 지휘하는 자들과 행동하는 자들 사이의, 관념들과 행동 사이의, 외재성으로 잔존했던 것이 객관적 상황과 전투적 혁명 세력 사이의 상호 변형과 통일의 변증법에 유리하도록 사라진다.

이론에 대한 실천의 우위라는 마르크스주의적-유물론 테제에 완전한 의미를 부여하는 것은, 이 경우에, 이런 새로운 관계이며 이런 새로운 구체적 추상이다. 거기서 명확하게 보이는 것은, 한쪽에 있는 물질적일 뿐일 실천과 다른 한쪽에 있는 정신적이고 명상적일 뿐일 이론 사이의 도식적 대립이 관념론 철학의 대립들에 속한다는 것인데, 정치적 실천은 여기서 이론에 의해 길러지고 정치적 이론은 "실천의 가르침들'에 의해 온통 고무되기 때문이다.

실천과 이론 사이의 관계 및 이론에 대한 실천의 우위는 내용의 견지에서 사유되어야만 한다. 이미 실존하는 이론의 모든 변형은 실천에서 유래할 수 있지만, 이론이 결핍된 순수한 실천은 해당되질 않는다. 반면에 이론은, 정치투쟁의 변형들을 바탕으로 수립된 이론은 구체적 경험들의 형식 아래 실천으로부터 받았던 것을, 풍요로운 과학적 추상들 속에서, 실천으로 되돌린다. 이론과 실천의 통일은 이처럼 원환을 이루는데, 또는 다음처럼 말해도 좋다면 일종의 기관차 바퀴인 셈인데, 이 바퀴의 회전 즉 **실천**을 보존하고 가속하기 위한 **밧줄**이 언제나 걸려 있는 바퀴와 같다고 해도 좋을 것이다. 하지만 운동을 보존하고 재개하는 중량 자체는 바퀴에 고정된다. 정치적 실천에 대한 분석은 선행 분석에서 우리가 배웠던 것을 확인한다. 모든 실천은 추상적 관계들을 조건으로 가지며 이 추상적 관계들은 궁극적으로 사회적 관계들에 즉 계급관계들에 의존한다는 사실 인식. 이와 같은 관점에서, 정치적 실천은 하나의 특권적 상황을 점하니, 생산의 원료와 행위자와 도구로서 바로 이 계급관계들 자체를 직접적으로 갖기 때문이다.

이제 우리가 철학적 실천으로, 그것의 고유한 추상 형식들로 나아갈 수 있을까? 아니다. 다른 두 실천, 우리〔의 의도〕에게 매우 중요한, 정신분석적 실천과 심미적 실천을 검토하는 것이 선결되어야 하기 때문이다.

14.
정신분석 실천

20세기 벽두에 프로이트에 의해 정초된 정신분석(또는 "분석") 실천이 인정받기 시작하고 이어서 그것의 이데올로기적이고 정치적인 유효 범위가 의심받기 시작한 것은 고작 제2차 세계대전 이후일 뿐이라고들 말할 수 있다. 그것의 발견은 일종의 스캔들을 대표했으니!

프로이트가 실제로 말하려고 시도했던 것은 인간을 모든 면에서 의식적인 존재로, 감각할 수 있는 법적이고 도덕적이고 정치적이고 종교적이고 철학적인 주체로, "이면이 없는" 투명한 존재로 여기는 부르주아적인 관념론적 표상을 청산해야 한다는 것이었다. 프로이트가 말하고자 했던 것은, 생물-신경-생리학자들이 오랫동안 말했던바, 인간은 **하나의 몸**과 하나의 뇌를 가지며 그가 생각할 때 그는 자기 몸과 뇌에서 벌어지는 일을 알지 못한다는 그런 것이 아니다. 이런 것을 철학자들은 오래전부터 말했다. 프로이트가 말하고자 했던 것은, 인간이 생각할 때, 그의 대부분의 사유가 자신의 외부에 있는 사회적 활동의 산물에 불과하듯, 그는 자신의 사유들을 생산하는 메커니즘이 무엇인지를 알지 못한다는 그런 것이 아니다. 이런 것을 역사가들과 여타 사회학자들은 오래전부터 말했다. 프로이트는 이와 같은 "외부"에 대해 말하지 않았다. 차라리 그가 말했던 것은 **사유 그 자체의 안에 있는** 어떤 외부이다.

프로이트가 말했던바, 사유는 본질에서 무의식적이지만 그래도 사유이며, 사유의 의식적 부분은 한정된다. 그는 이렇듯 의식 conscience이 아니라 의식적 주체가 아니라 "심리 장치"에 대해 말했으니, 이것은 주체 없이 전적으로 홀로 사유하며, 주체 내부의 전의식적이고 의식적인 사유를 부여받는 이 부분에 자신의 "무의식적 사유들"을 강제한다. [프랑스의 시인·소설가] 프랑수아 모리아크는 자신이 어른들은 "이면을 갖지 않는"다고 확신했던 아이였노라 말한다. 요컨대, 프로이트에게 오기까지 인류가 믿지 않았던 것은(프로이트 이전에도 의구심은 있었으나) 사유가 "이면"을 갖는다는 것, 사유의 진리로서 사유와 결착된 의식의 이면에는 "무의식"이 있다는 것, 무의식은 그 나름의 방식으로 "사유"해—생물학적 또는 사회적 현실이 아니라 매우 특수한 비물질적 현실을 이룬다는 것이다.

기독교 철학자 [니콜라] 말브랑슈가 이미, 신에 대해 말하면서, "그는 우리들 없이 우리들 안에서 행동한다"[1]라고 한 바 있다. 프로이트의 무의식은, 정도의 차이는 있어도, 동일한 방식으로 작동했다. 무엇인가가, "이드"라는 것이, 이름 붙일 수 없는 것이, 주체 없는 것이 우리의 "심리 장치" 안에서, 그러니 우리 안에서, 우리의 의식적 의지의 인가 없이 행동했고, 우리의 의식적 사유들과 행위들까지도 통치했다.

이와 같은 현실의 구체적 사례를 그리 멀리서 찾으려 할 필요가 없었다. [그 구체적 사례는] 꿈에, 일상생활에, 가장 기이한 본능들에 있으니. 소포클레스가 무대에 올렸던 이야기, 자신의 아비를 죽이고 어미와 결혼하는 아들의 이야기, 디드로는 그 이야기를 야생의 아이들에게서 재확인했다. 그 아이들을 방치해두면 [그 아이는] 제 아비를 죽이고 제 어미와 잠자리를 하려 들 것이라고.[2] 기이한 "본능"이라 함은, 모든 이성에 낯설고, 굶주림처럼 충동적이며, 비견될 그 어떤 모티프도 없기 때문인가? 위험 없는 다른 성관계에서는 얻을 수 없는 것을 이 살해에서는, 이 근친상간에서는 얻기 때문인가? 이 경우, 인간 각자는, 여하튼 아이 각자는 자신보다 더 강한 어떤 힘에 의해 자신 내부에서 자신의 의지와 관계없이 "움직여진다."

일상생활에서 **"실착 행위들**actes manqués"[의식적 의도에 반反하지만 무의식적 욕망을 나타내는 행위] 즉 이성과 무관한데 그 어떤 이성보다 더 강력한 행위들, 겉으로 보면 의미가 결핍된 행위들, 그렇지만 이런저런 세부를 망각시키든가 이런저런 기억을 소생시키든가 이런저

1. N. Malebranche, *Réflexions sur la prémotion physique*, dans N. Malebranche, *Œuvres complètes*, éd. A. Robinet, t. XVI, Paris, Vrin, 1958, p. 35. "(…) 신이 우리 모르게 우리에게서 생산하는 이런 감정과 이런 (욕망) 흐름이 원죄의 질료를 이룬다." "실효적 원인으로서의 신은, 우리 모르게 우리에게서, 우리의 모든 지각과 모든 충동을 생산한다."

2. D. Diderot, *Le neveu de Rameau*, éd. H. Coulet, dans D. Diderot, *Œuvres complètes*, t. XII, Paris, Hermann, 1975, p. 178. "어린 야만인이 홀로 방치되어 어리석음이 온존되었고 유아의 미미한 이성에 서른 먹은 남자의 정념의 폭력이 결합되었다면, 그 야만인은 제 애비의 목을 비틀고 제 어미와 잠자리를 가질 것이다."

런 무의식적 욕망을 "실현"함으로써 어떤 무의식적 욕망을 드러내는 행위들은 무엇을 말하는가? 프로이트는 마치 해몽하듯 그렇게 당황스러운 능란함으로 저 행위들을 판독했다. 인간의 가장 오래된 전통은 꿈에 예언의 권능을 부여했다. 이와 같은 인정은 자신들의 장래를 통제하려는 무의식적 인간 욕망을 나타냈다. 하지만 세부적으로는, 잠자면서 "꿈꿨던" 것이지만 이야기될 수 있도록 망각에서 구제된 것에 대해 깨어 있는 상태에서 만들어진 이 기이한 이야기들에 대한 분석에서 숱한 무의식적 욕망이 드러났다! 프로이트는 자신보다 50년 앞서 독일 철학자 포이어바흐가 종교에 대해 말하기 위해 구사했던 것과 동일한 용어들로(소원성취Wunscherfüllung) "욕망 실현"에 대해 말했다.[3]

각각 관찰가능한 이 모든 사실을 설명하고 이로부터 가르침을 끌어내야 했다. 그것이 프로이트의 작업이니, 그는 이러한 행위들과 그것들의 의식conscience 이면에서 어떤 **무의식적 장치**의 실존을 상정하려 했다. 이 장치에서 행동하는 것은 "충동들"에 의해 움직이는 무의식적 욕망들이다. 생물학적인 것과 심리장치의 경계에 위치하며, 환상이라고 불리는 매우 종별적이고 수는 많지 않아도 대단히 기이한 형성들 안으로 경제적이고 동역학적인 배분 법칙에 따라 투

L. Feuerbach, *L'Essence du christianisme*, trad. J. P. Osier et J. P. Grossein, Paris, Maspero, coll. "Théorie", 1968, p. 355. "성취된 것으로 표상되는 모든 욕망은 하나의 사실이다." S. Freud, *Naissance de le psychanalyse. Lettres à Wilhelm Fließ, notes et plans*, Paris, 1956, p. 246. "꿈은 욕망의 성취일 뿐만 아니라 히스테리 발작이기도 하다. 이는 히스테리 증상에도, 그리고 틀림없이 모든 신경증 사태에도 해당된다. 이는 이미 내가 격심한 착란에서 인식해냈던 것이다." Cf. L. Althusser, "Sur Feuerbach", *Écrits philosophiques et politiques*, t. II, *op. cit.*, p. 227.

자되는, 힘들인 충동들.

환상들이라는 말로 프로이트가 뜻했던 "판타지들"은 상상적이지만 무의식적인, 자율성과 실효성이 부여된 특정 "무대"에 배치됨으로써만 실존하는 재현[/표상]들이다. 이 무대에서 그것들["판타지들"]은 상호 간에 친화 아니면 적대라는 **관계들**을 맺고 나타나는데, 이 관계들은 유년기에서 끌어낸 현실적 상황들과 유사한 배치들을 무의식이라는 요소 안에서 재현[/표상]하는 것 같다. 현실의 유년기에는, 유아와 그의 어미(그의 사랑의 첫 대상)와 아비가 (그 밖에 형제자매도) 있다. 이 현실적 인물들 사이에는 의존과 사랑과 공포와 경쟁 등등의 관계들이 실존하는데, 유아는 이들 관계에 대해 조금씩 만족스러운 또는 실망스러운 경험을 한다. 무의식 안에는, **환상의 형식 아래**, 이 모든 "인물"의 등가물이 있는 것 같지만, 이 인물들은 어디까지나 무의식적 이미지들(이마고들)의 형식 아래 재현[/표상]되는 것이며, 대부분은 응축되어 있어서, 어미라는 환상은 필요시에는 아비의 이미지를 재현[/표상]할 수 있으며 유아라는 환상 또한 아비와 어미 등등의 이미지를 재현[/표상]할 수 있다.

그런데 가장 주목할 만한 것은 이 환상적 "인물들" 사이의 관계들이 무의식이라는 "무대", 이 "다른 무대"(프로이트)에 출현하며 마치 성적 욕망들에 의해 그것들이 연결되어 있는 것 같다는 점이다. 유아는 실제로 자기 어미"와의 잠자리를" 욕망하며, 그 어미의 "인물"은 가슴과 얼굴 등등의 유아적 실존의 최초 계기들 안에서 붙잡게 되는 것들일 뿐인 "부분 대상들objets partiels"로부터 출발해 점차적으로 조성된다. 프로이트가 이처럼 현실적 관찰로부터 출발해 "유아 성욕"의 실존을 발견했던 것은 아님에 주목하자. 물론 그럴 수도 있는 것이지만, 그는 분석 치료 중인 성인들의 환상들에 대한 분석으로부터 출발했다. 그러한 실존을 오래전부터 맹렬하게 검열했던 문화를 앞에 놓고 그러한 실존을 확언한다는 것은 대단한 스캔들이었다. 하지만, 실제로, 일상생활(꿈 등등)의 경험이든, 분석 치료를 받는 성인들의 무의식에 대한 분석 경험이든, 이런 경험에 의해 제공되는 모든 사실을 설명하기 위해 유아 성욕 가설이 필요했던 것이다. 그것 없이는, 이 모든 사실이 불가해한 것으로 남는다.

이와 같은 사실들을 상대로 노동을 하면서, 프로이트는 이 사실들을 규명하는 데에 맞춰진 종별적 추상들을 만들어내려 했는데, 이것이 저 유명한 "토픽들"이다.[4] 어떤 추상 공간에서의 특정한 배치를 토픽이라 부르는데, 토픽에서는 정의된 다수의 현실이 형상화되고 그 현실들의 고유성들과 무엇보다도 그 현실들의 관계들에 따라 ["정의된 다수의 현실이"] 특수한 역할을 하게 된다. 1차 토픽에서, 프로이트는 첫 계기에는 (의식conscience 및 주체[5]에 대한 모든 관념과 단절하기 위해) "무의식"을 배치했다. 무의식적 사유들(또는 충동들 또는 환상들)의 자리인 "무의식" 위에 프로이트는 **"전의식préconscient"**을 놓았는데, 이것은 의식적인 것들이 아니지만 마음먹으면 의식적인 것들(평범한 기억들)이 될 수 있는 사유들의 자리이다. "전의식" 위에 그는 의식conscience이 아니라 **"의식conscient"**을 놓았는데, 이것은 지각

---

4. 1차 토픽에 관해서는 S. Freud, "L'inconscient"(1915), dans S. Freud, Œuvres complètes, t. XXIII, Paris, Puf, 1968, p. 203–242를 보라. 2차 토픽에 관해서는 S. Freud, "Au-delà du principe du plaisir"(1920), Œuvres complètes, t. XV, 2éd., Paris, Puf, 2002를 보라.

5. 삭제: "또는 토대(프로이트의 토픽은 토대와 상부구조라는 마르크스주의 토픽과 유익하게 비교될 수 있다.)"

과 행동의 기관이다. 한쪽의 의식conscient −전의식 군과 다른 한쪽의 무의식 사이에 그는 **억압**의 막대barre를 도입했는데, 이 무의식적 힘은 무의식적 사유들이 의식conscience으로 등장하지 못하도록 막으며 그런 사유들의 유효한 힘을 무의식 내부에 유지시킨다. "무의식 inconscient"은 일반적인 에너지 저장고였고, 거기 있는 힘들은 엄밀한 에코노미économie에 따라 전의식과 의식으로 배분되며, 거기서 이 힘들은 빈번하게 관찰되는 기이한 현상들을 촉발한다.

저 사실들을 규명하는 데에는 이러한 추상으로 충분한 듯했다. 하지만 새로운 사실들이, 모든 면에서 의식적이라 자처하는 "자아"의 본성과 특히 관련되는 사실들이, 프로이트로 하여금 자신의 추상적 배치를 변경하도록 압박했다. 이로부터 나온 것이 "2차 토픽"인데, 이것은 무의식 지형을 "자아"에까지 확장했다. 그리하여 새로운 배분이 앞에 놓였다. 토대에는, **"이드"**가 있고, 이것은 자신의 고유한 행동 지형에 한정되지 않았다. 그 위에, **"자아"**가 있고, 의식적 "지각−의식conscience"에 조응하는 이것은 감시와 행동의 기능이다. 이어서 **"초자아"**가 있고, 무의식적 심급인 이것은 금지를 재현[/표상]하며 "이드" 안의 무의식적 사유들을 억압한다. 마지막으로 **"자아−이상"**이 있고, 이는 무의식적−의식적 심리적 인격이 동일시를 위해 뒤쫓는 관념의 무의식적−의식적 재현[/표상]이다.

이와 같은 상이한 심급들 사이에서 프로이트가 항상 확립했던 것은, "이드" 안에 위치하는, 그리고 개인의 심층적인 생물학적 현실인 충동과 본능에 —어떻게 결착되는지에 관한 언급은 없이— 결착된, 어떤 무의식적 에너지의 분배와 할당 그리고 투입과 역투입의 경제적이고 동역학적인 관계들이다. 이런 에코노미 덕에(프로이트는 여기서 고전파 정치경제학의 생산-분배-재분배-투입 이론에서, 또한 거대 철학체계를 수립해 모든 것을 에너지로 환원시킨 독일 화학자 [프리드리히 빌헬름] 오스트발트의 에너지론에서 영감을 받았다), 프로이트는 일상적 경험 및 치료의 임상 경험에서 관찰되는 모든 사실을 규명할 수 있었다.

이러한 이론에서 가장 주목할 만하고 가장 이례적인 사실은 프로이트가 유아 성욕의 객관적 현상들에 대한 체계적 관찰 없이도 그 이론을 온전히 세공해냈다는 점이다. 외려 성인들에 대해, 그리고 무엇보다도 성인들의 분석 치료에 대해 실행된 관찰들로부터 출발해. [그래서 그것은] 무모한 외삽이라는 비난을 받을 수 있었다. 하지만 유아 성욕 안에서 관찰되는 사실들이 프로이트의 가설을 입증했다. 관찰을 통해 유아가 이론의 여지가 없는 성욕뿐 아니라 "다형적多形的 도착"도 타고났음이 드러난 것이다(유아들의 성욕은, 성인들의 성욕과는 다르게, 무차별적으로 모든 유형의 형태를 띨 수 있고, 모든 유형의 성적 대상에 고정될 수 있다).

가장 아연실색했던 것 그리고 여전히 그러한 것은 이 모든 이론과 이 모든 메커니즘의 **절대적으로 자율적인** 특성이다. 실제로 모든 것이 무의식의 메커니즘들 안에서 일어나는데, 마치 그것들은 완전히 독립적인 삶을 사는 것 같으니, 그것들의 기초가 되는 생물학적 실존 조건에 대해서도, 그것들을 간접적으로 좌우하는 사회적 실존 조건에 대해서도 **공히** 독립적이다.

이 테제가 이론적 스캔들과 동시에 몰이해를 유발한다. 이 모든 메커니즘이, 생물학적인 것과 사회적인 것을 분명히 조건으로 갖는 이것들이 실존 조건들에 대해 독립적일 수 있으리라는 관념이 허용될 수는 없었던 것이다. 그렇지만 모든 저항에도 불구하고, 명백한 것을 인정해야만 했다. 프로이트의 이론은, 어떤 미지의 대양 한가운데 솟은 섬처럼 고립된 이론이지만, 사실들을 제대로 규명했고, "순조롭게 돌아갔으며", 그 이론이 입각하긴 하지만 의존하지는 않는 현실들의 도움이 필요하지 않았다.

이와 같은 역설을 설명하기 위해, [카를 구스타프] 융은 사회적이거나 또는 생물학적인 기원을 갖는 "집단 무의식inconscient collectif"에 호소하고, [빌헬름] 라이히는 초자아로 투사되는 가족 구조들에 호소하는 등 프로이트의 제자들은 보충적 가설들을 내놓아야만 했다. 프로이트는 이 모든 외삽에 맹렬히 저항했고, 자신이 이미 제시했던 사실들과 설명들에 매달렸다. 이로부터 비롯된 분석 운동 내부 위기들과 분열들은 아직도 해소되지 않았다.

이러한 국면에서, 전력을 다해, 분석 이론이 외관상 의존하는 현실들에, 예컨대 신경-생물학과 사회적이고 가족적인 구조들에 대한 이론에, 마르크스주의에 그 이론을 결부시키는 시도를 해야만 했을까? 추상적이고 위험한 이와 같은 구성물들로 전락하고, 그리하여 생물학이든 역사유물론이든 간에 이런 것으로부터 프로이트의 이론을 도출하는 리스크를 무릅쓰고서. 경험이 보여주었던바, 이는 모험으로의 전락이었다. 특히 라이히와 그의 제자들의 시도들이 입증했던 것처럼. 그들은 야심적이긴 했으나 자신들이 포착했노라 자부한 현실들을 정치적으로 전혀 장악하지 못했다.

오늘날의 프랑스에서 라캉이 하듯이, 분석 이론의 일시적인 과학적 고립뿐만 아니라 그 이론의 고독이라는 리스크를 무릅쓰고, 그 이론의 현실적 자율성에 강세를 두는 것이 더 유효했던가? 이러한 태도가 가장 옳아 보이긴 한다.[6] 적어도 지금으로서는. 인접 과학들의 발견들을 예단하지 않으면서, 때로는 이론을 신중한 과학적 **미완** 상태에 놔두는 것을 받아들여야 한다. 또한 실제로 경험이 보여주는바, 과학의 완성이란 포고되지 못한다.

분석 이론의 역사에 대한 경험이 여하간 보여주는바, 이데올로기적이지는 않지만 아직 과학적인 것도 아닌 객관적 추상들이 이런 상태에서 존속할 수도 있고 그래야만 하는 것이기도 하다. 인접 과학들의 성숙도가 인접한 과학적 "대륙들"의 재통합을 가능케 할 정도에 이르지 못하는 한에서는. 계급투쟁이 그 결말에 당도하려면 시간이 필요한 것과 마찬가지로, 어떤 과학이 과학으로 구성되는 것에도 그 결말에 당도하려면 역시 시간이 필요하다. 게다가 분석 이론이 고유한 의미에서의 과학이라는 형식을 가질 수 있을는지는 확실치 않다.

하지만 분석 이론의 이론적 명운이 어떻든 간에 그 이론의 가장 주목할 특성은 **그 이론이 실천과 맺는 관계**이다. 여기서 유의해야 할 핵심은 프로이트의 이론이 어떤 종별적 실천에 입각해서만 수립될 수 있다는 점이다. 치료라는 실천, 또는 한 개인의 무의식 안에서 환상적 관계들의 변형이라는 실천. 그리고 또 유의해야 할 핵심

---

6. 제1초고: "이러한 태도가 가장 옳아 보이긴 한다. 비록 라캉은 프로이트가 인접 과학들의 발견들을 예단하지 않으려 하면서 신중한 과학적 미완 상태에 항상 두느라 신경 썼던 하나의 이론을 철학적으로 완성하려는 유혹에 저항하지 않았지만 말이다."

은 분석 이론이 어떤 실천의 생산에 의해서만 발전될 수 있다는 점이다. 경험이 진행되면서 부단히 조정되는 치료라는 실천.

치료란 무엇인가? 이것은 실험적 상황으로, 익히 알려진 실험과학들의 실험 장치들과 조립들에 여러모로 비견될 만하다. 하지만 이것은 또한 실천적 **상황**이기도 하니, 자신의 대상 안에서의 변형들을 촉발하는 이것은 이 변형의 효과들을 생산하는 특수한 도구들 덕택에 이루어진다. 치료는, 제3자에 의해 지배되는 외관상의 양자 고독 안에, 무의식의 법칙들과 분석가와 환자를 설정하는데, 일부에서는(라캉) 환자를 피분석자analysant라고 부른다. 이는 피분석자가 종국적으로 자신의 변형의 동력임을 강조하기 위함인데, 아리스토텔레스가 이미 말했듯 "의사가 자신을 치료하는 것"이며, 거기서 분석가는 피분석자의 언술 즉 무의식적 의미작용으로 넘쳐나는 그 언술에 다만 "구두점을 찍고"(라캉) 굴절시키기 위해 있는 것이다. 분석의 기원들에서는 신경증 환자들(정신질환자들 또는 광인들과 달리 외부 세계와의 접촉을 유지하긴 하지만 바로 이 세계와의 관련에서 중대한 곤란을 겪는 환자들)만 치료되었다. 이제는, 무엇보다도 [오스트리아 태생의 정신분석학자] 멜라니 클라인의 작업 이후엔, 분석이 정신질환자들과, 고유한 의미에서의 "광인들"과 고투하고 있다.

치료에서, 우리는 실천에 대한 우리의 범주들을 재발견할 수 있는데, 물론 고칠 것은 고치고서 말이다. "원료"는 환자 자신, 그의 무의식inconscient, 그의 의식conscience과 실천적 생활 태도에서 그의 환상들의 "병리학적" 배치에 의해 생산된 효과들이다. 치료 효과의 생산 도구들은 한편으로는 **전이**에 의한 분석가와의 무의식적 동일시이고, 다른 한편으로는 분석가와 피분석자에 의한 무의식적 환상들의 **정교화**(훈습durcharbeiten)이다. 전이는 일정한 시간의 끝에 가서야 비로소 "발휘"되는데(발휘된다면), 그때 일련의 상담이 끝나고 환자는 분석가와 자신을 동일시하기에 이르는바, 환자는 분석가를 부모라는 인물의 대리인으로 "취급"한다. 환자는 분석가에게 "투사"하니 다시 말하자면 자신의 무의식적 욕망들을 그에게 귀속시키는 것이다. 마치 아무것도 말하지 않거나 또는 거의 말하지 않으면서 자신을 들어주는 이 현실적 인물로부터 그것들["무의식적 욕망들"]이 온다는 듯이.

환자는 모든 것을 자유롭게 말할 수 있어서, 그리고 "그래야만" 해서, 그는 이런 기이한 상황에서 자신의 무의식적 욕망들을 표현하기에 이른다. 그는 어떤 사안을 말한다고 믿고, 어떤 **요구**를(나를 도와줘! 나를 사랑해줘!) 표현한다고 믿지만, 자신이 전혀 다른 사안을 말한다는 것을 점점 깨닫게 되는데, 그는 어떤 무의식적 욕망을 표현하기 때문이다(나는 너를 억압하길 욕망해! 나는 죽기를 욕망해! 나는 전능하기를 욕망해! 나는 사랑 받기를 욕망해!). 이러한 모순이 점차 활성화되고, 환자는 자신의 의식적 사유들을 자신의 무의식적 욕망들과 비교함으로써 이 양자가 각자 서로에 대해 노동하도록(훈습하도록) 하는바, 이것이 종국적으로 촉발하는 것은 "정서들"(특정한 무의식적인 환상적 이미지들로의 심층적이고 무의식적인 정서적 유착들)의 재배분이요, 무의식적이고 의식적인 심리장치의 전반적 재균형이다.

그리하여[7] "치유"가 개입하는데, 이것의 최종 순간은 역전이의 청

---

7. 삭제: "모든 분석이 '종결될 수 없는'   것임에도 불구하고."

산이다. 분석가는, 그가 아리스토텔레스의 신과 유사한 "부동의 동력"으로 멀리서 태연하게 있을 거라고 여기는 막연한 관념과는 반대로, 바로 그 자신이 자신의 고유한 무의식적 욕망들을 환자에게 투입하기 때문이다. 그가 환자 곁에서 환자를 응시하려 안달이든, 환자를 서둘러 치워버리고 싶어 하든 간에 말이다. 따라서 분석가는 이 대목에서 피분석자에게서 즉 부단히 능동적 역할을 하는 피분석자에게서 도움을 받아, **자신의 고유한 역전이를 분석**해야만 하며 그리하여 분석을 종결로 이끌어야만 하는 것이다. 전이와 역전이가 모두 청산되지 않을 때 치료는 이러한 "종결되지 않는 분석"이 될 수 있는 것인데, 프로이트는 자신의 최후 텍스트들에서 이것을 묘사했다. 이와 같은 청산이 잘 이루어지면, 치료는 끝을 볼 수 있고, 환자를 양호한 조건들에서의 사생활로 되돌려 보낼 수 있다.

치료의 장치 및 이것의 실천에서, 분석은 전혀 혹은 거의 등가물이 없는 어떤 구체적 경험을 나타낸다는 점이 주목될 것이다. 분석가는 거기서 의사가 전혀 아니니, 다시 말하자면 사회에 의해 과학적 **앎**이 투여된 권위가 아니라는 것이다. 그에게 치료할 **권리**를 부여하는 앎 다시 말해 자신이 어디가 아픈지를 알고 그래서 치유되기 위해 의사를 찾아가는 환자의 치유 **요구**에 응답할 권리를 부여하는 앎. 분석적 실천은 의학적 실천에 대해, 또는 "안다고 가정된 주체"(라캉[8])인 자신의 앎의 권위와 자신의 사회적 권력의 권위에 의

---

8. J. Lacan, *Séminaire*, XL, "L'Identification", séminaire du 15 nov. 1961, gaogoa.free. fr/Seminaires_HTOL/09_ID15111961. htm. "코기토에 대한 이른바 데카르트적 탐구들로부터 출발해 발전되어온 철학 노선에는 내가 다음과 같은 형식으로 적시했던 단 하나의 주체만 있어왔다. 안다고 가정된 주체라는 형식. (…) 타자는 앎의 이러한 가정을 대표하는 표본들의 하치장이고, 이를 우리는 무의식이라 부르는데, 이는 주체가 앎의 이러한 가정에 스스로 몰입되어 있는 한에서이다."

해 치유해주고 상담해줄 능력이 있는 주체를 내포하는 모든 실천에 대해, 이제껏 있어온 가장 중대한 문제제기이자 질문하기이다. **분석가는 의사도, 도덕적 또는 실천적 상담가도, 고해신부 또는 사제도, 심지어 친구도 모두 아니다.** 그는 단순히 주체 없는 과정의 침묵하는 행위자인데, 거기서 (그의) 환상들은, 침묵 속에서 하지만 현실적으로, 또 다른 개인(피분석자)의 환상들과 대면하며 그리하여 피분석자의 환상들에 균형을 다시 잡아 그의 심리 장애들을 종결시키는 상태로 이끈다.

이처럼 실천들의 세계 안으로 새로운 실천을 도입함으로써, 분석은 이데올로기와 철학 안에 경이로운 효과들을 생산했다. 이데올로기와 부르주아적인 법적·도덕적·종교적 철학의 완전한 지배 안에서, 의식conscience과 주체의 철학의 완전한 지배 안에서(후설은 프로이트의 동시대인이었다), 분석 이론은 진정한 "코페르니쿠스적 전복"을 실행했다. 코페르니쿠스 이전에는 태양이 지구 주위를 돈다고들 믿었다. 코페르니쿠스는 지구가 태양 주위를 돈다는 객관적 진리를 관철했다. 프로이트 이전에는 인간의 모든 것이 그의 의식conscience 주위에서 돈다고들, 인간의 본질은 의식conscience이라고들 믿었다. 프로이트는 의식conscience은 파생된 효과일 뿐이라는, 인간의 의식conscience이 무의식inconscient 주위를 "돈다는" 진리를 관철했다. 도덕적·법적·종교적 이데올로기들의 선입관들이 그에게서 받았던 타격은, 그것들이 전통적인 부르주아 질서 전체에 의해 지지되지 않았더라면 아마도 치명적이었을 터이다. "호모 프시콜로지쿠스homo psychologicus"(본질에서 심리학적 존재인 인간)에 대한 이런 프로이트적 비판은, 관념들의 역사에서는 "호모 에코노미쿠스homo economicus"(경제적 욕구들에 의해 정의되는 인간)에 대한 마르크스주의적 비판만이 견줄 만한 것인 이 비판은 철학 전반에 걸쳐 상당한 반향을 낳았다. 이러한 효과들의 인정에서 라캉은 프랑스에서 중요한 역할을 했다. 비록 그가 이러한 효과들을 논란이 된 방식으로 해석해야만 했음에도.[9] 그래서 프로이트의 유물론 **철학**과 마르크스의 그것 사이의 특정한 접속이 나타나며, 약간의 흥미로운 결과들을 생산해내는데, 이는 라이히와 여타 다른 이들의 위험천만한 시도들과는 무관하다.[10]

프로이트의 미증유의 실천의 돌출에서 어떤 가르침을 끌어낼 것인가? 우선은 다음과 같은 첫 번째 가르침이니, 황무지에 방치된 오래된 경험들에 입각해 실천들이 돌출할 수 있고 이것들이 경험들의 장 전체를 완전히 혁신할 수 있다는 것. 이어지는 가르침인즉, 언제나 이 실천들은 비록 규정된 추상적 관계들의 구성이 전적으로 역설적이라고 해도 이 관계들 아래에서 돌출한다는 것. 실천들의 인식 안에서 돌출하는 미증유의 대상의 본성과 이 관계들에 조응한다고 밝혀지는 것으로 족하다는 것. 마지막 가르침인즉, 이 관계들은 분석의 관계들(무의식들 사이의 전이 관계들)만큼이나 이색적일 때조차도, 문제가 된 이론 및 실천에서 결정적이라는 것. 여기에 추가해야 하는 것은 분석 실천이 프락시스에 대한 아리스토텔레스의 오래된 직관을 더욱 풍부하게 해준다는 점인데, 여기서는 바로 주체

9. 제1초고: "상대적으로 논란이 될 만한."

10. 알튀세르가 염두에 두고 있는 것은 십중팔구 『카이에푸르라날뤼즈(Cahiers pour l'analyse)』(1966-1969)인데, 이것은 알튀세르의 일부 제자가 창간에 참여했던 잡지이다. 이 잡지 10권을 온라인에서 열람할 수 있다. cahiers.kingston.ac.uk

자신이 분석가를 매개로 자신에게 고유한 변형을 스스로 생산한다.
또한 이 대목에서, 분석 실천은 혁명 실천에 근접하는데, 다만 양자
의 대상이 분명히 동일하지 않다는 점은 논외인바, 분석 실천은 한
개인의 무의식의 배치만을 변형하는 데 비해 혁명 실천은 한 사회
의 계급구조를 변형하기 때문이다.

　방금 거론한 이 근접은 이론적으로도 실천적으로도 후과가 없지
않다. 실은 프로이트 자신이 무의식적 이마고들과 가족 인물들의
사회적 형상들 사이에서, 무의식의 미장센과 가족의 미장센 사이에
서, 사회적 검열과 무의식적 억압 사이에서 모종의 평행론을(스피노
자주의적 테제를 보라)[11] 이미 지적했다. 하지만 프로이트는 이런 단순
한 암시를 넘어가지 않으려고 몹시 조심했으니, 그렇지 않았더라면
그는 사회학주의sociologisme의 결함에 빠져 무의식적 이미지들을 가
족의 사회적 인물들의 순수한 재생산들 또는 이미지들로 간주했을
것이다. 어쩌면 이러한 암시적이긴 하지만 후속물은 없는 연계의 현
단계를 뛰어넘을 수 있을 날이, 외관상 "인접한" 과학들(신경생리학?
가족 구조 및 가족 이데올로기에 대한 이론?) 안으로 새로운 발견들이
이루어질 날이 올 것이다. 이와 같은 미래 발전들을 선취하려면 커
다란 리스크를 감수해야만 하는데, 라이히는 자신의 시대에 헛되이
이런 리스크와 맞섰고, 오늘날에는 자생주의적인 좌익주의 신봉자
들이 이런 리스크를 뒤쫓고 있다.

　어떤 과학이 자신의 독립을 보전하고 그저 단순히 지속되길 원한

11.　알튀세르는 다른 곳에서, 특히 "Trois notes"(1966), op. cit., p. 150, "Le courant souterrain"(1982), op. cit., p. 539, 그리고 무엇보다도 Étre marxiste en philosophie(1976, inédit)에서 스피노자주의적 속성들 사이의 '평행론'을 시사한다.

다면, 그것은 때로는 아주 오래 어쩌면 무한정 자신의 고유한 정의된 추상들의 고독 속에서 살아가는 것을 받아들여야만 한다. 실존하는 여타 과학의 추상들과 자신의 추상들을 혼합하길 원하지 않으면서.

15.
예술적 실천

　그럼에도 불구하고[실존하는 과학들로부터의 고립에도 불구하고] 정신분석이 또 다른 실천과 그것의 이론에, 미학적 실천과 [그것의] 이론에 심층적 효과들을 발휘하지 않은 채로 지속된 것은 아니다.

　예로부터 인간들은 기이한 대상들을 생산해왔는데, 그것들은 그 어떤 물질적 유용성도 갖지 않는다는 특수성을 지니며 식욕이나 성욕 등등 인간의 그 어떤 생체 욕구에도 부합하지 않는다. 기원적으로 이러한 대상들에는 언제나 사회적 의미작용이 예컨대 종교적이긴 하지만 직접적으로 실천적이지는 않은 의미작용이 부여되었다. 그것들의 고유함은 **무용성** 덕에 애호된다는 것인데, 다만 그것들이 그것들을 보거나 만지거나 들어서 "소비"하는 사람들에게 **쾌락**을 준다는 조건하에서 그러하다. 예술의 대상들이 되어야만 했던 것의 최초의 증거들이 이와 같은 특이한 대상들에서 확인된다. 하지만 또한 기원에서부터 그것들에서 확인되는 것은 그것들을 표시해야만 했던 이중성이다. 이러한 대상들은 물론 **무용**했지만 **사회적**이었다. 아름다운 대상들이기 위해서는 사회 집단에 의해 그렇다고 인정되어야만 했던 것이다. 하지만 사회 집단은 거기서 오로지 형태들과 소리들의 아름다움만을 본 것이 아니라, 어떤 공통의 본질에 대한 인정인 보편적 인정을 통해, 자신들의 인정을, 자신들의 고유한 사회적 통일성의 인정을 찾아냈다. 그런데 이 통일성은 다른 관계들과 다른 기능들에 의해 이미 보장되었으니, 예술의 사회적 대상들이 이것들["다른 기능들"]에 추가했던 것은 무용하면서도 아름다운, 그리하여 **쾌락**을 책임진다는, 외관상 인간 공동체에 필수적인 기능이었다.

이와 같은 특이한 귀속의 결과로 **새로운 추상형식**이 생산된다. 예술의 모든 대상은, 다른 모든 생산물처럼, 일정한 원료를 변형하는 노동에 의해 물질적으로 생산된다. 하지만 이런 물질적 변형의 결과는 인간들의 생체 욕구를 만족시키는 데에 적절한 어떤 유용한 대상의 생산이 아니라 인간들에게 특별한 쾌락을, 시각적 소비나 청각적 소비 등등에 의해 생산되는 "허구적 승리"(프로이트[1])라는, **위험 없는 무상의 쾌락**을 제공하기에 적절한 대상의 생산이다. 요컨대, 예술의 대상들의 생산이라는 추상은 어떤 형식을 갖춘 외관상 날것의 특정 원료(돌, 나무, 소리)의 생산(전시, 현시, 재현)이라는 역설적 형식 아래 제시된다. 추상은 이처럼 **구체적 대상**이라는 형식 아래 제시되는데, 다음과 같이 말해도 된다면 거기서 질료는 자신을

---

1. Cf. L. Althusser, "Sur Brecht et Marx",   *op. cit.*, p. 555.
   Écrits philosophiques et politiques, t. II,

감싸는 미학적 형식 안에서 완전히 적나라하게 주어진다. **필연적 추상이 어떤 무용한 구체의 형식 아래 실존한다.**

그런데 이 구체의, 이 예술작품의─조각, 회화, 음악 등등의─ 고유함은 **쾌락을 주는** 데에 있으니, 심지어 그 작품이 관객들에게 비극의 공포를 재현할 때도 그러하다. 예술작품들은 왜 우리를 감동시키는가? 마르크스는 고대 비극들에 대해 다음처럼 말했다. 그것들은 인류의 유년기이며 인간들이란 자신들의 유년기를 즐기기 때문이라고.[2] 아리스토텔레스는, 더 심원하게, 공연은 카타르시스와 같다고 말했으니, 이것은 인간들을 공포로부터 상상적으로 풀어주는 것이요, 볼 수는 있어도 완수하지는 않아도 되는 행동으로부터 자신들을 풀어주는 어떤 안도의 쾌락을 인간들이 두려움 앞에서 느끼게 해주는 것이라고.[3] 아주 운이 좋은 것이다. 그들["인간들"]은 금지된 또는 불가능한 행동을 욕망했는데, 그것이 그들의 눈앞에서 위험 없이 펼쳐지는 것이니.

이러한 직관을 이어받아 프로이트는 예술작품에서 욕망의 실현을,[4] 꿈에서처럼, 상상적 실현을, 객관적으로는 효과가 없지만 주관적으로는 유쾌하게 응시하는 실현을 본다. 인간들은 자신들이 실현할 수 없는(유토피아에서처럼 실현의 조건들이 갖춰지지 않아서이든, 사회적 검열로 실현이 금지되어서이든 간에) 욕망의 충족을 상상적 쾌락으로 겪고 싶은 욕구를 느낀다는 점, 이것은 논란의 여지가 없는 사실이자 사회적 관계들의 기능 작동에 필수불가결한 사실인 것 같

2. K. Marx, *Contribution, op. cit.*, p. 175.
3. Aristote, *Poétique*, 1449 b.
4. S. Freud, "Le poète et l'activité de fantaisie", *Œuvres complètes, op. cit.*, t. VIII, p. 159–171.

다. 모든 생산양식에는 생산의 **"부정비용**faux frais**"** 즉 일정한 효과들을 생산하는 데에 기여하지만 정작 그 자체로는 **아무런 기여도 하지 않는** 생산물들이 실존하는 것과 마찬가지로, 사회적 관계들의 재생산 안에도 또 다른 효과들을 생산하는 데에 기여하지만 정작 그 자체로는, 어떤 상상적 쾌락을 생산하는 것 말고는, 아무런 기여도 하지 않는 심미적 **"부정비용"**이 있는 듯하다.

이 상상적 쾌락이 무엇에 기여할 수 있을까? 논란의 여지 없이, 실존하는 실천들과 이데올로기들을 뒷받침하는 것에. 아이가 **놀이**의 쾌락 속에서 진정한 배움을 얻는다는 것은 사실이니, 그 배움이 아이를 생산이라는 실천들에도 사회적 관계들에도 적합하게 만들어준다. **놀이와 대중공연과 축제** 등등이 인간들을 하나의 동일한 장소에 집결시켜서 [그들로 하여금] 동일한 쾌락 대상을 소비하게끔 함으로써 [그들의] 사회적 유대를 강화한다는 것은 사실이니, 그 쾌락 대상은 사회적 관계들과 이상들을 찬양하거나 또는 그것들에 대한 금지를 "희롱"한다. 그럼으로써 예술작품들은, 직접적으로 감각 아래 놓이는 형태와 질료로 조합된 대상들이기에 순수하게 이데올로기적인 것은 아닌 이 작품들은 이데올로기의 영지 안으로 들어와 자기 자리를 점하니 이데올로기적 대치의 기본적인 정치적 분할 안에 있게 된다.

거기서 예술작품들이 점하는 자리는 우리가 익히 알고 있는 저 완전한 모호함 속에 있으니, 결정적으로 이데올로기는 국가와의 관계에서 정렬되기 때문이다. 저 작품들이 지배이데올로기에 봉사하든 피지배계급의 투쟁 "가치들"에 복무하든 간에. 틀림없이 미학적 형식들의 역사는 예술가에 의해 노동이 가해지는, 보거나 듣게끔 주어지는 이러한 **질료**와 항상 관련된다. 틀림없이 이 역사는, 물질성이 가득한 이 역사는 이러한 질료의 객관적 가능성들에, 대리석일 수도, 나무일 수도, 직물일 수도, 색채일 수도, 소리일 수도, 연극과 소설의 "주제"일 수도 있는 가능성들에 의존한다. 하지만 이 가능성들의 선택과, 고유하게 미학적 형태들 안에서의 이 가능성들의 결합은 역시 이데올로기에, 그리고 이데올로기를 이데올로기 자체로부터 분리해내는 투쟁에 달려 있다. 이와 같은 역설적 조건이 예술가의 미망 즉 예술가로서 [자신이] 작품만을 만든다고 믿는 미망과 소비자의 미망 즉 [소비자로서 자신이] 심미적 소비 행위만을 한다고 믿는 미망을 동시에 설명해준다. 본질은 "그들의 등 뒤에"(헤겔[5]) 있다는 것. 요컨대, 이데올로기적 대치 안에. 예술작품들로 하여금 이데올로기적 대치의 대의에 기여하도록 부단히 시도하는 이데올로기적 대치 안에.

이로부터 내려질 결론인즉슨, 미학적 실천도, 다른 실천들에서처럼, 아름다움을 창조하는 순수 행위이기는커녕 **추상적인 사회적 관계들 아래에서** 펼쳐지는 것인데, 이 관계들은 아름다움을 정의하는 규범들이거니와 계급투쟁의 이데올로기적 관계들이기도 하다는 것. 또한 이로부터 내려질 결론인즉슨, 이데올로기라는 것이 언제나 사물들을 허위로 제시하는 면도 있어서, 예술은 인간들에게 제공하는 쾌락의 경이로움에 더해, 순수와 아름다움과 절대적 자율성이라는 이데올로기를, 지배계급의 지식인들에게 알리바이 구실을 하는

---

5. G. W. F. Hegel, *Logique(Encyclopédie),*   *op. cit.,* § 25.

이데올로기를 고무할 수도 있다는 것. 바로 이 때문에, 전통적으로, **관념론 철학자들은 예술과 아름다움에 늘 매혹되었던 것이다.** 관념들의 혼전 위에 있는 관념들에 매혹되었던 것과 마찬가지로. 사회적 갈등에는 어떤 식으로든 출구가 있는 법이라고, 문화와 아름다움에서 모두는 "하나가 될" 수 있으리라고 인간들을 설득하는 관념들에.

예술을 이데올로기 안으로 "밀어붙이기", 모든 유심론 또는 관념론 철학들의 동기, 이런 것들을 소련처럼 사회주의적임을 자처하는 나라에서 오늘날에도 관찰할 수 있다. 그 정도로 많은 철학적 작업과 교육을 미학에 바치는 나라가 아마도 지상엔 없을 것이다(미학적 생산물들의 비통한 빈약함에도 불구하고). 레닌그라드의 미학 교수 하나가 언젠가 내게 어이없는 설명을 해주었다. 그의 말인즉슨, 노동을 싫어하는 내색을 하는 노동자들은 도급제로 일을 해서 돈을 더 벌라는 제안을 받게 된다는 것. 이건 그들의 흥미를 끌지 못하는데, 그들이 돈을 벌어봐야 할 일이 없기 때문이다. 그래서 개인적 **흥미** 이후에 개입하는 것이 사회주의 **도덕**이니, 노동자들이 사회주의 사회를 위한 의무로 노동을 더 해야 한다고들 말한다. 이것 역시 그들의 흥미를 끌지 못하는 걸로 보이니⋯. 그러자 마지막 논변이 그들에게 제시된다. 더 노동하라, 당신들의 노동은 단순한 노동이 아니라 **작품, 예술작품이고**, 당신들은 예술가이니까. 그들["노동자들"]은 알아듣지 못한다. 하지만 그들이 이러한 언술을 뱉도록 하기 위해, 미학자의 자리들이 늘어나고, 인민 내부에서 순수미술 취향을 일깨우려는 노력이 이루어진다. "예술로의 도피"는 "종교로의 도피"와 등가물일 수도 있다. 사회가 마주친 현실적 난관들에 대한 상상적 해법을 거기서 찾으려는. 예술이 인간들에게 현실적으로 쾌락을 제공한다면, 너무나 자주 예술로의 도피도 있다. 구체적 대상의 물질성 안에 실존하는, 그러니 나쁜 추상일 뿐인, 이 특이한 추상으로의 도피.

추상에 대한 이 긴 분석으로부터 우리가 약간의 잠정적 결론들을 끌어낼 수 있을까?

우리가 우선 말할 수 있는 바는, **인간들이 추상 속에서, 추상적 관계들 아래서 산다**는 것, 이런 관계들이 그들의 모든 실천을 좌우한다는 것이다. 우리가 이어서 말할 수 있는 바는, **추상 일반은 실존하지 않으며**, 상이한 실천들과 그것들의 상이한 유형들에 따라, 상이한 유형들과 수준들의 추상이 실존한다는 것이다. 또한 우리가 말할 수 있는 바는, 추상 일반은 실존하지 않더라도 **일반적 추상들은 실존하며**, 이것들이 상이한 실천들의 앙상블을 좌우하고 이 실천들의 고유한 추상들에 다소간 심층적으로 영향을 미친다는 것이다. 이러한 **일반적 추상들은 사회적 관계들이다.** 생산과 유통과 분배의 관계들, 정치적 관계들, 이데올로기적 관계들—이 모든 관계는 계급 및 계급투쟁 관계들에 따라 정렬된다.

마지막으로 우리가 말할 수 있는 바는, 이 모든 추상적 관계는 그 것들이 **사회적 실천들의 물질성 안에 뿌리내리고** 있고 계속 그런 한에서만 추상적이라는 것이요, 그것들이 **구체의 종국적 생산**을 가능케 하는 한에서만 추상적이라는 것이다. 그 생산이 소비 대상의 생산이든, 정치적 관계들과 이데올로기적 관계들과 환상적 관계들의 변형이든, 예술작품의 생산이든, 그 밖의 다른 생산이든 간에.

사회적 생산의 이 거대한 순환 전체가, 이 순환의 상이한 회전들의 리듬 안에서, 이 순환의 복합적 얽힘들 안에서, 추상에 대한 현실-구체의 우위 아래, 따라서 이론에 대한 실천의 우위 아래 작동한다. 하지만 순환의 그 어떤 순간에도, 한쪽의 실천 또는 구체와 다른 한쪽의 이론 또는 추상 사이 순수한 구별은 관찰되지 않는다. 매 순간에, 모든 실천은 추상적 관계들 아래에서만 실존하며, 이 관계들은 이론의 층위로 갈 수 있다. 매 순간에, 모든 추상적 관계는 이론적 관계들도 거기 속하는데, 실천 안에, 구체 속에 뿌리내린다는 조건에서만 실존한다. 인간의 역사라 불리는 것을 계급투쟁의 형식 아래 생산하는 것, 이것을 **인간의** 역사로, 다시 말해 육체성에서 벗어난 역사가 아니라 인간사의 무게와 물질성과 유한성과 번민과 발견과 기쁨으로 가득한 역사로 되게 하는 것, 그것이 이 광대한 순환의 모순들이다.

16.

철학적 실천

마침내 철학으로 돌아가기 위해 우리에겐 실천들과 그것들의 추상들로의 이 긴 우회가 필요했다. 철학도 추상 아래 그리고 추상 안에서 살아간다면 도대체 철학의 고유함이란 무엇인가라는 질문으로 돌아가기 위해. 철학적 실천의 본성은 무엇인가라는 질문으로. 다른 견지에서 말할 수 있는 것으로는, 철학적 실천이 변형하는 대상은 무엇인가라는 질문.

또한 이 긴 우회가 필요했던 것은 우리가 지체 없이 제시하는 본질적 이유 때문이다. **철학적 실천이 변형하는 것, 그것은 상이한 사회적 실천들이 그 아래서 자신들의 고유한 효과들을 생산하는 이데올로기들이라는 것.**

우리는 편의적 측면에서 사태들을 파악함으로써 철학에 대한 질문에 달려들 것이다. 철학적 명제들의 특성이라는 측면에서.

내가 "새끼고양이가 죽었어"라고 말할 때, 나는 그 동물 또는 증거에 입각해 입증될 수 있는 어떤 사실을 진술하는 것이다. 언어의 추상은 이미 거기에 현존한다. 내가 "모든 물체는 1차방정식이 진술하는 법칙에 따라 떨어진다"라고 말할 때, 나는 역시 어떤 사실을 진술하는 것이지만, 이건 다른 추상의 사실이니 과학적 개념들의 추상이 그것이다. 내가 말하는 것은 이러한 여기의-물체(지붕에서 떨어지는 새끼 고양이라는 물체)가 아니라 우리의 유클리드적 공간에 실존하는 모든 물체이기 때문이다. 내가 이와 같은 차원의 명제를 진술할 때마다, 나는 내 인식에서 무엇인가를 틀림없이 변화시킨다. 나는 새끼고양이가 죽었다는 것을 몰랐고, 모든 물체가 단순한 법칙에 따라 떨어진다는 것도 몰랐으니까. 하지만 나는 나의 "대상들"과 관련해서는 아무것도 변화시키지 못한다. 내가 새끼고양이에게 생명을 되돌려주는 것도 아니고, 고양이가 지붕에서 떨어지는 것을 막지도 못하니까.

그렇지만 언어에는 상이한 명제들도 실존하니, 이것들은 대상과 관련해서 무엇인가를 변화시킬 수 있다. 내가 10미터 떨어져 있는 피에르에게 "와!"라고 말할 때, 나를 아는 피에르가 내 말을 듣고 오는 일이 벌어질 수 있다. 이 경우, 나의 부름이 사태의 질서에 무엇인가를 변화시켰으니, 피에르의 위치가 변했기 때문이다. 누군가 내 문을 두드려 내가 "누구세요?"라고 물을 때, 나는 문 뒤에 있는 사람에게 답을 하라고 청하는 것이고 그 사람은 그렇게 할 수 있다. 하지만 그 사람이 침묵할 수도 있다. 여기 있는 명제들은 행동적일 수 있지만, 그 행동이 전적으로 내게 달려 있는 건 아니다.

지형을 바꿔보자. 재판장이 좌정해 "공판 회기를 시작한다"라고 선언할 때, 그는 어떤 문장을 공표한 것이고, 그 결과는 [공판에] 입회하는 사람들의 견해 또는 대립이 무엇이든지 간에 여하튼 실제로 회기가 시작되는 것이다. 영국 언어학자 [존 랭쇼] 오스틴은 이런 명제들을 일컬어 "수행적"이라고,[1] 다시 말해 [이런 명제들은] 직접적으로 작용한다고, 단지 공표되는 것만으로 자신들의 효과를 생산한다고 한다.

철학적 명제들, 어쨌든 모든 철학이 스스로 행한 사유들을 요약하는 명제들의 본성에 대해 이해하기 위해서, 우리는 "수행적" 명제라는 통념으로부터 출발할 수 있다. 어떤 철학자(예컨대 데카르트)가 "신이 실존한다"라고 쓸 때, 그는 조금은 마치 "공판 회기를 시작한다"라고 선언하는 재판장처럼 구는 것이다. 그렇다고 해도 데카르트의 선언이 그 자신의 철학세계 안에서가 아니라면 신의 실존을 유발하는 건 아니라는 차이점을 제외하면 말이다. 말하자면, 그가 어떤 세계, 바로 자신의 철학이라는 세계를 "시작하는" 것이다. 그의 문장이 그에게는 신이 실존하도록 하는데, 그가 신이 실제로 실존하며 이는 의심할 여지가 없다는 듯이 무절제한 논증에 나서기 때문이며, 그의 철학의 다른 모든 명제가 신의 실존에 달려 있기 때문이다.

철학적 명제는 **"수동적"** 명제들과 유사하지 않으니, 이 명제들은 어떤 사실("새끼고양이가 죽었다") 또는 어떤 법칙(물체의 낙하 법칙)에 대한 인식을 제공하는 것으로 그친다. 철학적 명제는 **능동적** 명제이

---

1. J. L. Austin, *Quand dire, c'est faire*, trad.   G. Lane, Paris, Seuil, 1970, p. 41ff.

니, 이 명제는 특정한 실존 효과를 생산하며, 없음으로부터 신이라 불리는 무엇인가가 있음으로 나아가도록 하는데—다만 문제가 되는 것은 이러한 신의 **현실적** 실존이 아니라 신의 **철학적** 실존일 뿐이라는 게 단서로 달린다는 점이다. 신의 저자 및 이 저자의 제자들의 철학에서의 실존. 그리고 우리는 이와 동시에 이런 고유성의 반대편을 즉각 고려한다. 바로 이 동일한 철학적 명제가 그 어떤 객관적 인식도 제공하지 않기 때문이다. 물론 그 명제를 진술하는 철학자에겐 그것이 논란의 여지가 없는 인식을 구성한다. 그럼으로써 즉각적으로 볼 수 있게 되는 것은 철학이 능동적이라면 이는 오로지 철학에서만 그런 것이지 현실 세계에서는 아니라는 점이다.

이와 같이 언급된 간명한 지적들이, 바로 그것들이 우리의 소박한 믿음 전부를 전복한다. 우리는 철학이 우리에게 최고 수준의 인식 즉 만물과 그것의 "본질"에 대한 인식을 제공한다고 생각했다. 그런데 여기서 제시되는 것은 철학이 논란의 여지가 없는 인식을 제공하는 데 그치는 것이긴 하지만 이는 어디까지나 철학을 진술하는 철학자에게만 해당한다는 것이다! 우리는 철학이 "명상적"이라고 즉 자신의 대상 앞에서 수동적이라고 생각했다. 그런데 여기서 제시되는 건 철학이 능동적이라는 것이다! 우리는 철학이 현실적 대상들을 상대한다고 생각했다. 그런데 여기서 제시되는 건 철학이 우리 앞에서, 그리고 철학에 있어서, 현실적 대상들과 아무 관련이 없는 무엇인가를 생산한다는 것이다! 우리는 완전한 혼란에 처한다.

이는 우리가 과학적 실천이든(인식들을 제공하는) 이데올로기적 실천 등등 우리가 분석했던 다른 실천이든(인식들이 아니라 실천적 변형들을 생산하는), 그런 실천의 양식 위에서 철학적 실천을 사유하지 않을 수 없다는 것이다. 따라서 우리의 관점을 수정해야만 한다.[2] "신이 실존한다"는 데카르트의 명제로 돌아가자. 그렇다, 이것은 능동적 명제이다. 하지만 그 명제는 데카르트의 철학세계 안에서가 아니라면 그 어떤 현실적인 것도 생산하지 못한다. 이는 데카르트의 언표가 순전히 미망이라는 말인가? 아니다. 철학적 "사실"이라는 한계들을 초과하지 않고도 다음처럼 말할 수 있어서 우리는 말하려는 것인바, 데카르트는 신의 실존을 "정립"하고 그럼으로써, 자신보다 앞서 실존하던 것에서 예컨대 무신론자들 사이에서 무엇인가를 변화시키지만, 이러한 **입장 정립**은 아무리 능동적이어도 순전히 철학적인 것으로 남으며 그것의 저자의 체계 안에 사로잡힌다는 것이다. 그래서 우리는, 비현실적 존재이지만 문제가 되는 철학에 본질적인, 어떤 존재의 실존을 이와 같이 "정립"하는 철학적 명제를, 희랍어의 번역어로 정확히 **입장 정립**을 뜻하는 "테제"라고 부를 것이다.

그러니 우리는 다음처럼 말할 수 있다. **철학은 현실적 대상에 대한 인식을 생산하지 않으며, 테제들을 정립한다고.** 테제들이 진술하

---

2. 알튀세르는, 그 자신이 1960년대 전반기에 과학적 양식으로 철학을 사유했던 알튀세르는, 1966년 5월에 자신의 관점을 정정하기 시작한다. 그는 "철학의 정치적 본성"이라는 자신의 새로운 관점을 「마르크스주의 철학의 역사적 임무(La Tâche historique de la philosophie marxiste)」(1967. 5)의 마지막 장에서 처음으로 공표한다. 여직 프랑스어로는 미간인 이 텍스트는 1968년에 헝가리어 축역본으로(L. Althusser, *Marx-az elmélet forradalma*, trad. E. Gerö, Budapest, Kossuth, p. 272-306), 2003년에 영어 완역본으로 출간되었다(L. Althusser, *The Human Contriversy and Other Writings*, éd. François Matheron, trad. G. M. Goshgarian, Londres, Verso, p. 155-220).

는 것은 철학적 "대상"의 실존이라든가 이 대상의 고유성들이다. 따라서 우리는 다음처럼 말할 수 있다. (과학적 실천과 생산적 실천이 대상을 갖는다는 의미에서는) **철학은 대상을 갖지 않으며**, 철학이 시야에 두는 다른 것은 **목표들 또는 판돈들**이라고.[3]

철학적 테제들의 예. "나는 생각한다, 고로 나는 존재한다." "신은 실존한다." "신은 무한히 완벽하다." "나는 의심한다, 고로 신은 실존한다." "물체들은 연장이다." "'나는 생각한다'는 것은 내 표상들의 다양성을 수반한다." "존재한다는 것, 그것은 지각된다는 것이다." "세계는 나의 표상이다." "의식은 지향적이다." "물질은 사유에 대해 일차적이다." 기타 등등. 주지하듯, 철학적 명제들의 본성에 대해 우리가 제안한 정의는 유물론 테제들만큼이나 관념론 테제들에도 유효하다. 따라서 철학이라고 하는 것의 어떤 "본성"이 있을 터, 이것은 철학에서 관찰될 수 있는 대립들을 포괄한다.

철학적 테제는 무엇으로 조합되는가? 과학적 **개념**과 구별하기 위해 우리가 **범주**라고 부르는 추상적 용어들로. 하나의 과학적 개념이 하나의 대상을 갖는다고 일컬어지는 의미에서, 범주는 대상을 갖지 않는다. 범주의 의미는 철학적 체계를 구성하는 범주들의 앙상블에 의해 범주에 부여된다. 하나의 범주가 하나의 테제의 역할을 할 수 있다. 그 범주가 문제가 되는 철학의 **입장 정립**을 정확한 지점에서 요약하는 상태의 것이라면 말이다. 하나의 테제가 하나의 범주의 역할을 할 수 있는 건 그 범주가 그 테제에 의해 요약되는

3. L. Althusser, *Lénine et la philosophie suivi de Marx et Lénine devant Hegel*, Paris, Maspero, coll. "Petite collection Maspero", 1975(1968), p. 28‒35에 수록된 「레닌과 철학」에서 소묘되고, L. Althusser, *Philosophie et philosophie spontanée des savants, op. cit.*, p. 13‒18에서 발전된 테제들.

상태에 있을 경우이다.

각각의 철학적 테제 역시, 각각의 범주가 범주체계의 앙상블로부터 자신의 의미를 받아들이는 것과 마찬가지로, 철학적 테제들의 체계의 앙상블과 관련된다. 이래서 어떤 철학의 모든 이론적 요소 사이에는 엄밀한 내재적 연결이 실존한다. "체계"라는 연결, 더 정확히 말해 "구조"라는 연결. 테제의 형식 아래 특정 범주들을 모아놓는 것이 논쟁적 질문들에 대해 철학이 택하는 입장 정립을 표현한다. 데카르트가 "나는 생각한다, 고로 나는 존재한다"라고 쓸 때 그는 토마스파thomiste의 철학에, 사유가 실존과 동일시되지 않는다는 철학에 맞서는 입장 정립을 택한 것이다.

철학적 명제들의 능동적이고 실천적인 의미가 정확해지기 시작하는 지점이 바로 여기이다. 철학적 테제가 대상을 갖지 않는다면, 그것이 정립하는 대상이 현실적 대상이 아니라 순전히 철학에 내재하는 대상이라면, **이 대상은 철학적 적수에게서 지형을 점령하기 위한 수단이 되는** 것이다. 이러한 철학적 대상은 "전투적" 배치를 표상하는데, 바로 이 배치에 의해서, 철학적 전투에서, 문제가 되는 철학이 정의된 적수에 맞서 정의된 입장 정립들을 확보한다. 실제로 하나의 테제는 오직 다른 테제에 맞서, 적대적인 다시 말해 차이가 있거나 또는 상반되는 테제에 맞서 정립된다. 요컨대 **모든 테제는 본성상 안티-테제인 것.** 각각의 철학은 이렇듯 작동 중인 일종의 이론적 무기처럼 보인다. 전장에서 전개되는, 철학의 테제들이 뒤따르며 구성하는 무기. 이 테제들은 적이 이미 점령하거나 점령하려고 겨누고 있는 논란이 되는 지형을 점령하라는 명을 받은 철학의 돌격대이다. 철학이 대상을 갖지 않으며 엄밀한 의미에서의 인식을 제공하지도 않는 이유가 이제 이해된다. 철학에 목적이란 인식들의 생산이 아니라 적이 지닌 이론적 힘에 맞서는 전략적이고 전술적인 전쟁이며, 이 전쟁에는 모든 전쟁이 그렇듯 **판돈**이 걸려 있는 것이다.

실제로 철학은 다시 말해 상이한 철학들의 앙상블은, 시대마다, 이론적 전장이라고 표상되어야 한다. 칸트는, 그 전장에서 (자기 철학이 승리해 다른 철학들을 전부 무장해제 시키면서) 비판 철학의 "영구 평화"가 군림하게 하고팠던 그는 선행 철학인 "형이상학"(칸트의 표현)을 정확히 "전장Kampfplatz"이라 불렀다. 추가해야 하리라. 옛날 전투들의 참호들로 인해 구멍이 뚫린 파란만장한 전장이라고. 포기했다가 점령하고 다시 점령당한 요새들이 늘어선 전장이라고. 유난히 치열했던 전투들의 이름이 붙은 전장이라고. 과거로부터 튀어나오는 새로운 전투부대들의 부활에 좌우되는 전장이라고. 선도적 새로운 세력을 규합하는 전장이라고. 추가해야 하리라. 전장에는 주어진 시대마다 주요 전선이 부차적 전선들과 나란히 나타날 수 있다고. 모든 적대 세력이, 모든 부차적 전선과 마찬가지로, 이 주요 전선 주위에서 결집되고 양극화된다고. 추가해야 하리라. 최초의 역사철학 이래로 전투들이 지속된 전장이라고. 동일한 전투가, 새로운 임시 이름들 아래 관념론과 유물론의 전투를 이어가는 동일한 전투가 항상 있는 전장이라고.

관념론자들은 엥겔스의 테제를 종종 먹잇감으로 여겼는데, 이 테제에 따르면 철학사 전체는 유물론에 맞서는 관념론의 영속적 투쟁에 다름 아닌 것이다. 사실상, 관념론이 자신의 이름으로 모습을 드러내는 것은 드물었고, 반면에 유리할 게 없는 유물론은 가면 쓴 모습으로 나오지 않았으며, 자신이 원하는 모습에 완벽하게 도달하지 못했더라도 원했던 그대로를 표명한다. 관념론자들은 엥겔스의 도식주의를 비난했다. 그렇다. **이 테제는 도식적**이나 다만 잘못 해석되는 한에서만 그렇다.

사실 이 테제를 왜곡해서 다음과 같이 묻는 것은 매우 쉽다. 그 역사의 어느 지점에서 실재론과 명목론 사이 대립이, 기계론과 역동설 사이 대립이, 유심론과 실증주의 사이 대립 등등이, 요컨대 관념론과 유물론 사이 갈등이 보이는지를 우리에게 제시해보라고! 이것은 철학들을 진영으로 묶어서 한쪽에는 전부 관념론 철학이 있고 다른 한쪽에는 전부 유물론 철학이 있다는 식으로 상정하는 것이요, 그 역사 안에서 전선은 부동의 상태로 유지된다는 것이니 허깨비를 찾는 짓이다. 현실에서, 언젠가는 각 체계에 대한 연구들을 통해 이런 구별을 세심하게 다듬어야만 하겠지만, **모든 철학은 관념론적 경향과 유물론적 경향이라는 적대적 두 경향 중 하나의 다소간 완결된 실현일 뿐이다. 그런데 각각의 철학에서 실현되는 것은 경향이 아니라 두 경향 사이의 모순이다.**

이것은 편의적 이유들 때문이 아니다. 일례로 외국인 용병들을 사와서 자신들의 부대에 합류시키는 정치를 한다고 마키아벨리가 비난한 군주들을 고무할 수 있었던 유의 이유들 때문은 아니라는 것이다.[4] 이것은 철학적 전투의 본성 자체와 관련된 이유들 때문이다. 어떤 철학이 적수의 입지들을 점령하길 원한다면, 이 철학은 적

---

4. N. Machiavel, *Le Prince, op. cit.*, p.   110–112.

수의 부대 다수를 저 자신의 편으로 규합해야 하며, 적수의 철학적 논변들을 그 적을 향해 되돌려주는 것도 포함해야 한다. 네가 적을 알고 싶다면 적국으로 가라던 괴테를 인용하는 레닌.[5] 네가 적을 무찌르고 싶으면 그의 땅과 부대뿐 아니라 **무엇보다도 그의 논변**을 탈취해라. 논변을 가져오면 부대와 땅도 가져오는 것이니. 모든 철학은, 소명으로서, **전장 전부를** 점령하고자 한다는 점을 잘 보아야 한다. 철학은 적수들의 입지들을 점령하기 위해 **선제적으로** 무장해야만 한다. 다시 말하면, ["철학은"] 현재 적이 점령한 입지들을 점령할 채비를 미리 갖춰야만 하며, 적의 고유한 군대와 논변을 미리 탈취해야만 한다.

이렇듯 각각의 철학은, 다음처럼 말해도 된다면, **미리** 무찌른 자신의 적을 자신 내부에 가지고 있으며, 적의 모든 반격에 **미리** 대응하고, 적의 고유한 배치 안에 **미리** 잠입하며, 이런 병합을 해낼 수 있도록 자신의 배치를 손질한다는 것이다. 바로 이와 같은 이유 때문에 모든 관념론 철학은 필연적으로 자신 내부에 유물론적 논변들을 포함하는 것이며, 그 역도 성립한다. 지상에는 총체적으로 관념론적이거나 또는 총체적으로 유물론적이라는 의미에서 순수한 그 어떤 철학도 실존하지 않는다. 마르크스주의 유물론 철학이라 불리는 것이 그 자체로 총체적으로 유물론적이라고 자처할 수는 없을 터이니, 그럴 경우 그 철학은 전투를 포기하는 것이고 관념론이 점령한 입지들을 선제적으로 탈취하길 단념하는 것이기 때문이다.

---

5. "Wer den Feind will verstehen, muß in Feindes Lande gehen." 이는 레닌이 *Matérialisme et Empirocriticisme*, Paris, Éditions Sociales, 1963, p. 313에서 인용한, [이반] 투르게네프의 각색인데, 괴테의 원문은 "Wer den Dichter will verstehen/ Muß in Dichters Lande gehen"이다.

근사한 설명이라고들 말할 것이다. 그래서 우리는 적들이 이렇듯 서로 싸울 수 있다고 생각한다. 전장에 대해서들 말한다. 무엇보다도, 전장 전체의 주인이 되기 위해 적의 입지들을 점령하는 것이 중요한 승부의 지형들이 실존한다고. 그런데 적어도, 어떤 승부에서는, 다들 알다시피 승리가 목표인데, 물론 이 승리는 재미를 위한 것이다. 승부가 나면 선수들은 그 지형을 떠난다. 철학자들은 재미삼아 서로 싸우는 선한 아마추어들인가? 승리만을 위해? 그리고 싸움의 쾌락과 관중에게 자기 재능을 과시하는 쾌락을 위해? 그럼 관중은 어디에 있는가?

이런 논변을 진지하게 다루어야 하는데, 무엇보다도 우리가 지금까지 어떤 일반적이고 영속적인 전투의 **형식적** 조건들을 정의하는 것을 해왔을 뿐이기 때문이다. 이 전투는 홉스가 『리바이어던』에서 묘사한 자연상태의 인간들의 전투와 완전히 닮았다. 그런데 적어도 홉스에게서는 인간들이 왜 싸우는지가 이해될 수 있다. "재화를 위해서"라는 것이 최종 심급에서의 이유로, 경쟁과 명예 같은 다른 이유들을 받쳐준다. 반면에 **이 철학적 전투의 물질적 판돈들은 도대체 어디에 있는가?** 이 판돈들이 없다면 이 전투는 순수 명예를 위한 투쟁이라는 관념론적 견지에서 사유되는 큰 위험 부담을 짊어진다.

게다가, 철학사를 재고해보면, 이론적 전투에서 그어지는 전선에서 기이한 변화들이 확인된다. 때로는 정치와 도덕에 관해 싸우고(플라톤), 때로는, 이 경우엔 아주 침착하게, 수학과 생물학과 수사학과 덕에 관해 싸우고(아리스토텔레스), 때로는 물체 낙하에 관해 싸우고(데카르트), 때로는 실체에 관해 싸우고(스피노자, 흄), 때로는 순수 과학에 관해 싸우고(칸트), 기타 등등. 전선이 이와 같이 전위된다면, 전투가 이와 같은 예기치 못한 돌출부에 필사적으로 매달린다면, 이렇듯 변주되는 목표에 관한 동일한 전투가 무한정 되풀이된다면, 이는 **철학적 전투가 자신의 고유한 전장 안에서 전위된다**는 뜻인데, 이 전위는 사건들의 특정한 흐름을 쫓아 이루어진다. 이 전장에는 부재한 사건들. 하지만 이 전장의 심층에서 반향을 일으켜 이와 같은 전위들을 촉발하는 사건들. 과학적 발견들의 역사의 사건들, 정치와 도덕과 종교의 역사에서의 사건들, 기타 등등. 따라서 재미삼아 하는 이 전투에는 **현실적 판돈들**이 [걸려] 있는데, 이 전투에 걸린 진지해 보이는 판돈들이 정작 전장에서 직접적으로 보이지 않는 이유는 ["판돈들이"] **이 전장 외부에 놓여 있기** 때문이다.

이 판돈들을 알려면 이것들을 향해 돌아서야 한다. 그렇게 하면 이것들이 우리가 분석했던 사회적 실천들의 앙상블로 이루어졌음이 확인된다. 먼 곳에서 철학적 전장 내부에 반향을 일으키는 역사적 사건들의 차원에서, 실천들과 이데올로기들이 언제나 동일한 자리를 점령하지는 않으며, 언제나 동일한 역할을 하지도 않는다. 기원전 6세기와 5세기 희랍에서의 수학의 발견 같은 과학적 사건은 당대 실천들과 이데올로기들 사이에 실존하는 모순적 통일성 안에서 돌연 등장할 수 있으며, 플라톤이 아주 잘 해냈듯, 전력을 다해 수선해야 하는 장애를 일으킬 수 있다. 또한 정치가 플라톤이 개혁하고자 했던 도시국가의 (민주적) "퇴폐"도 있었다. 갈릴레이 물리학의 발견 또는 만유인력의 발견 같은 또 다른 과학적 사건은 군림하던 이데올로기적 직물을 "찢을" 수 있으며, 데카르트 같은 이의 또는 칸트 같은 이의 철학적 반응을 유발할 수 있다. 하지만 일반적으로는 거대한 이데올로기적 전복들 안에서 일차적 역할을 하는 것은 과학적 사건들이 아니다. 아무래도 그것은 사회정치적 사건들이니, 이 사건들은 생산관계와 정치적 관계들을 손보고 아울러 이데올로기적 관계들도 건드린다. 이데올로기 안에서의 이 거대한 변동에 대응해야 한다. 그럴 때 철학이 개입해 그것의 낡은 배치를 손질하며, 이렇게 촉발된 전복들에 대처한다.

하지만 우리의 지칠 줄 모르는 상대는 말할 것이다. 이 사안에서 과연 철학은 무엇을 하려는 것이냐고. 철학자들은 세상에서 물러난 사람들, "진리 추구"만을 머리에 담고 있는 사람들 아닌가? 그런데 그들이 개입한다면, **왜, 어떤 명목으로, 어떤 효과를 노리고** 개입하는 것인지를 과연 누군가 우리에게 설명할 수 있을까? 우리는 역시 이 반박을 진지하게 다루고 응답해야 한다. 하지만 그러기 위해서는 우리가 국가로의 우회를 거칠 필요가 있다.

17.

지배이데올로기와 철학

실제로 우리가 주목했던바, 이데올로기는 최종 심급에서 주요모 순에 의해 구조화되었고, 이데올로기를 그것의 모든 부분에서 관통 하고 표시하는 이 주요모순은 지배이데올로기를 피지배이데올로기 에 대립시키는 모순이다. 과연 지배이데올로기란 무엇인가? "지배계 급의 이데올로기"(마르크스).

우리가 아는바, 이 지배이데올로기가 갖는 기능은 국가권력을 장 악해 자신들의 독재를 실행하는 사회계급이 "지도적" 계급이 되게 끔 해주는 그것이다. 다시 말해, 그 계급의 피착취자들과 피지배자 들에게 어떤 이데올로기를 제시해 그들의 자유로운 동의(합의)를 얻 도록 해주는 그것. 그들의 반란을 방지하는 이데올로기를. 그들이 자발적으로 복종하는 이데올로기를. 하지만 또한 우리가 아는바, 피착취자들의 복속 및 권력을 장악한 계급의 지배 아래 사회를 통합하는 것이 지배이데올로기가 갖는 유일한 기능은 아니다. 그것이 우선적으로 갖는 기능은, 이 동일 계급을 통일하고, 모여 있는 상이한 사회계층들을 통합된 정치적 의지 안으로 융합해, 주어진 역사적 시기에, 마침내 이 사회계급을 형성해내는 것이고, 최상(의 경우)에, 이 계급의 생산관계 및 이 계급의 생산 즉 역사의 발전을 보장하는 것이다. 지배이데올로기가 지배계급의 피착취자들인 타자들에 의해서만 사용되는 것은 아니다. 그것은 우선 지배계급 자신들이 사용하기 위한 것이고, 기회가 되면, 그 "낙하"에 의해 피지배계급들이 사용하는 것이다.

한 단어가 이와 같은 설명 안에서 되돌아왔다. 통일성, 통합하다, 통합. 권력을 잡은 각각의 계급은, 사회정치적 혁명의 끝에서, 자신들의 지배를 굳건히 하기 위해서는 실제로 사회정치적 선행 배치 전체를 손질해야만 한다. 각각의 계급은 자신들을 계급으로 통합해내야만 하며, 자신들에게 필요한 동맹자들과의 통합을 구성해내야만 하며, 자신들이 물려받은 국가장치들을 변형하고 그것들의 모순들을 극복해야만 하며, 특히 국가를 통합하거나 또는 국가의 통일성을 강화해야만 한다. 그러니 너무나 자연스럽게 각각의 계급은, **특수한 통합 작업에 의해**, 자신들이 군림하기 위해 필요한, 실효적이기 위해서는 단일해야만 하는 이 지배이데올로기를 구성해야만 한다.

바로 거기서 지배계급은 실천들 및 이것들이 고무하고 이것들을 통치하는 이데올로기들의 물질적 다양성과 충돌한다. 헤시오도스를 떠올려보라. 뱃사람에게 그의 관념들을 주는 건 뱃사람의 노동이고, 농민에게 그의 관념들을 주는 건 농민의 노동이고, 대장장이에게 그의 관념들을 주는 건 대장장이의 노동이라던 헤시오도스. 거기 있는 환원될 수 없는 무엇인가는 자연의 변형이라는 실천들로부터, 바람과 바다와 땅과 쇠와 불에 맞선 오랜 전투로부터 유래한다. 하지만 떠올려보라. 이 모든 "국지적" 실천들 및 이것들에 조응하는 "국지적" 이데올로기들은 인간이 사회를 이루어 산 이래로 고립되어 유지되지 않았음을. 이것들 위에서, 이것들을 통합하면서, "권역적" 이데올로기들이 형성되어 인간들에 의해 광범위하게 분유되는 이데올로기들인 종교와 도덕과 정치 관념과 미학 관념 등등을 생산한다. 마지막으로 떠올려보라. "국지적"이고 이어서 "권역적인" 이데올로기들의 이런 앙상블이 두 기본적인 정치적 경향으로 결국 재결집된다는 것을. 서로 대치하는 지배계급(들)의 이데올로기와 피지배계급들의 이데올로기로. 전자는 후자를 분쇄하고 침묵으로 끌어내리며 오인하게 만든다는 것, 후자에 말을 허하는 때는 후자를 더 잘 반박하기 위해서라는 것, 이것은 너무 확실하다. 하지만 후자 역시 실존한다. 피착취자들과 예속자들에게는 반역으로의 경향 역시 실존하기에. 노예들 사이에 군림하는 평화는 노예들의 세상을 속일 수 없다. 주지하듯 그건 예속의 평화이니.

반역과 혁명의 이러한 대항-역량이 지상에 존재하지 않았더라면, 권력을 잡은 계급의 저 기막힌 조심스러움이 이해되지 않았을 것이다. 홉스가 말했다. 당신들의 문을 보라고. 거기엔 자물쇠가 채워져 있는데, 왜 그런가라고. 도둑들이나 또는 가난한 이들에게 공격을 받을까봐 미리 두려워하기에 그러는 게 아니라면 무엇이겠느냐고.[1] 똑같이 다음처럼 말할 수 있다. 당신들의 지배이데올로기를 보라고. 거기엔 문들이 다 닫혀 있고, 신을 총감독 삼아 모든 것이 제자리에 있도록 하는데, 왜 그런가라고. **당신들의 적들에게 공격을 받을까봐 미리 두려워하기에** 그러는 게 아니라면 무엇이겠느냐고. 당신들이 예속시키고 침묵시킨 바로 그들에게. 이렇듯 극한에서, 모종의 함성들에 의해서만 또는 더 진지하게 말하자면 모종의 반역들에 의해서만 절단되는 인상적인 침묵 속에서, 군림하는 거대한 이데올로기적 장치가 증언하는 것은 실존하는 이데올로기적 권력에 맞서 가해지는 위협이다.

지배계급은 따라서, 완전한 필연성에 따라, 그리고 또한 전적인 긴급함으로, **자신들의 이데올로기를 지배이데올로기로 통합**해내야만 한다. 이렇게 하기 위해서 그들은 전선의 상태와 이데올로기적 논변들을 우선 고려해 자신들에게 도움이 될 수 있는 것을 장악해야 한다. 자기편에 도움이 될 수만 있다면 이와 같은 논변을 생산했던 누구라도! 그들이 이렇듯 찾는 것, 여기저기 분산되어 있는 그것을 그들이 찾아내고, 더는 그들에게 적합하지 않은 선행 통일성을 그들이 깨트리거나 또는 내부에서 손질해 결국 적합해지도록 해야만 한다. 이는 저절로 이루어지지 않는다. 그토록 괴리된 숱한 요소를 총괄적으로 쥐고 올바르게 조립해 이를 지배계급의 정치적 목표에 적합한 단일 이데올로기로 만들라! 과거의 지배계급과 새로운 피착취계급인 적대 계급들이 지배계급으로 하여금 자신들의 지배이데올로기를 한가한 순간에, 정성껏 사전에 확정된 계획에 따라,

1. T. Hobbes, *Léviathan*, trad. F. Tricaud et M. Pécharman, Paris, Vrin, coll. "Librairie philosophique", 2004, p. 107-108.

"수리할" 여가를 남겨주지는 않으니까. 요컨대, 이 모든 긴 통합 노동은 투쟁들의 융합 속에서, 계급투쟁을 통해 이루어지며, 그것 자체가 계급투쟁의 요소이고 삽화이다.

플라톤을 보자. 희랍에서 대토지소유자들이 군림하던 시대에 대한 향수를 지닌, 아테네 민주주의를 경멸하던, 어느 정도는 이 시대의 기술관료이고 선동가인 소피스트들의 궤변 및 수학의 등장과 대결하던 이 귀족, 그는 철학의, 그것도 자기 철학의 고지에 올라 "대지의 친구들"과의 전투에 나서 거대한 무기를 전장으로 쏘아 올려야만 한다. 그는 모든 것에 대해, 모든 실천에 대해, 모든 직업에 대해, 모든 관념에 대해 말한다. 당신들은 그가 쾌락을 위해 이처럼 한다고 생각하는가? 외려 이 남자는 국가 지도자들에게 봉사하고자 한다(시칠리아에서). 이와 동시에 그는 그들에게 자신의 철학 저작을 바치고, 그는 이 저작의 매우 정확한 효과들을 기대한다. 플라톤은 무엇을 하는가? 사태의 흐름에 맞서 반역하면서, 그가 이 시대의 정치인들에게 **제공하는** 것은 당대의 위대한 사건들에 의해 찢긴 지배이데올로기를 꿰매는 개인적 작은 공헌과, 과거의 귀족 이데올로기를 당시의 취향에 맞춰 복원하는, 말하자면, "현대화 aggiornamento"하는 —하지만 이미 일어난 것을 고려해— 개인적 시도이다. 철학자 개인이 그 이상을 할 수는 없다. 그가 국가 지도자의 자리를 차지하고 자기 철학을 강제할 수는 없다. 그는 자기 철학을 벼려서 제공하는 데 그친다. 하지만 **자기 철학을 벼리기 위해, 그는 말하자면 국가 지도자 자리에**, 또는 자신이 그들의 이해를 대변하는 저 **사회계급의 자리에 자신을 놓고**, 자신을 철학에서의 "왕"으로 삼았다. 바로 이 계급을 위해 그는 철학적 꿰매기의 이 광대한 저작 모두를 다듬어냈다. 새로운 시대가 강제한 새로운 기반들 위에서 낡은 귀족 이데올로기를 통합하는 저작.

이와 같은 조건이 개인으로서의 철학자들이 철학과 맺는 관계를 설명한다. 그들은 이러한 역사적이고 정치적인 임무에 책임을 느끼고 그것을 시도하는 한에서만 철학자이다. 이로부터 나오는 것이 철학자들의 진지한 비상함이다. 그들이 마치 니체처럼 거슬리더라도 말이다. 까닭인즉 그들 모두가 ["저 자신이"] 가능한 참된 역사적 임무를 부여받았다고 느끼기 때문이다. 사태는 이처럼 흥미롭게 진행된다. 말하자면 아무도 그들에게 명령을 내리지 않았는데, 그들은 마치 ["저 자신이"] 위임을 받은 듯이 행동한다는 것이요, 그들은 저 자신이 지배계급 또는 피지배계급들의 대표자들이라고 느낀다는 것이다. 그래서 그들은 말하자면 철학적 생산물의 시장에 나와서, 자신들의 이론적 상품을 구매하고자 하는 이에게 그것을 제공하는 것이다. 이 상품은 그들이 기대한 매수자 또는 전혀 예기치 못한 매수자를 찾아내게 되니, 이들 매수자에게 이 상품이 필요한 것은 [매수자들이] 자기식으로 사용하기 위해서이기도 하고 [매수자들이] 자신의 고객이 쓰도록 하기 위함이기도 하다. 또한 그들이 거래를 성사시키지 못해 되돌아가는 일도 생기니, 그들은 자신들의 소소한 노동을 계속한다. 마침내 기회가 올 때까지 ―또는 그들의 죽음 이후 한참이 지나, 잘 설명되어야 할 이런 역사적 마주침 중 하나에 의해― 또는 전혀 오지 않을 때까지. 이렇듯 역사에는 놀라운 **양의 버려지는 철학들**이 실존하는데, 이것들이 숱한 이론적 부스러기이긴 하지만 시장에서 매수자를 찾은 완제품의 부스러기들이다. 물질적 생산에서처럼 철학적 생산에도 역시 생산의 엄청난 "부정비용"이 실존한다.

틀림없이, 이 생산 전체에는 이론적 장인들이 실존하는데, 이들은 자신들의 개별적 환상들로부터, 또는 자신들의 망상으로부터, 또는 자신들의 주관적 선호로부터, 또는 이론 만들기라는 자신들의 단순한 쾌락으로부터 하나의 철학을 만들어낸다. 하지만 전반적으로 보자면 이러한 생산들은 전부, 가까이서 또는 아주 멀리서, 이런 저런 측면으로, 관념론과 유물론의 대립 법칙 아래 놓인다. 이는 어떤 철학자가 철학적 전장을 지배하는 이 가차 없는 법칙에서 초연해질 수 없다는 뜻인데, 이 법칙이 원하는 바는 최종 심급에서 직접적이든 간접적이든 각각의 철학이 두 진영 중 하나 또는 두 진영의 주변들(오류 또는 사기)로 정돈되는 것이다. 이와 같은 귀속이 명시적일 것이 요구되지는 않으며, 각각의 철학이 유물론적 테제 또는 관념론적 테제를 한마디도 빼지 않고 채택할 것이 요구되지도 않는다. 그것의 생산이 전장의 일반적 전망 안에서 정돈되고, 적들이 점령한 입지들과 ["적들이"] 활용한 논변들을 그 생산이 고려하는 것으로 족하다. 심지어 이 고려가 명시적일 필요도 없다. 때로 어떤 침묵들은 어떤 선언들만큼이나 웅변적이다. 예컨대 데카르트. 그는 수학과 물리학과 의학(그에겐 도덕이 의학의 응용일 뿐이다)에 대해, 그리고 당연히 신에 대해 말한다. 하지만 그는 정치에 대해서는 거의 아무것도 말하지 않는데, 반면에 그의 동시대인 홉스는 그것을 지나치게 과하게 다룬다. 마치 스피노자와 라이프니츠가 하듯이. 하지만 정치에 대한 데카르트의 침묵은, 그가 다른 곳에서 신에 대해 "자신의 왕국에서는 마치 왕과 같은 주인이요 주권자"[2]라고 말한 것과 연동되는 이 침묵은 정치에서 그의 당파가 어디인지를 보여준다. 절대왕정의 당파. 데카르트의 철학이 과학 및 진리 이데올로기의 지형 안에서 봉사하는 부르주아의 이해관계에 필수적인 당파.

데카르트보다 앞선 경우를 예로 들어보자면 마키아벨리 같은 사람. 그는 역사와 정치군사적 이론에 대해서만 말하지 철학에 대해서는 한마디도 말하지 않는다. 하지만 역사와 정치에 대해 말하는 그의 방식이 눈멀게 하는 식으로 누설하는 ["그의"] 철학적 입장들은 아리스토텔레스 주석가들 및 군림하던 기독교 이론으로부터 물려받은 도덕화하는 정치 전통에 근원적으로 적대적이다. 침묵은 이처럼, 침묵이 정치적으로 강제되는 특정 조건들에서는(마키아벨리는 자신이 지배적 철학의 적임을 철학적으로 선언할 수 없었다), 하나의 철학적 입장을 나타낼 수 있다. 그런데 이러한 가치가 침묵에 부여되는 것은 오로지 철학적 전장에 군림하는 관념들 사이의 힘 관계에 의해서일 뿐이다. 이 가치는 그의 침묵에도 불구하고 확립되는 것이니, 이 침묵은 현존하는 힘들의 일부를 이루기 때문이다.

실존하는 이데올로기 요소들을 지배이데올로기로 통합해내는 임무는 지배계급의 계급투쟁의 임무이니, 그것은 계급투쟁에서 파생되는 형식들을 통해 완수된다. 그런데 바로 여기서 철학이 대체될 수 없는 역할을 하는 것이다. 철학은 이 전투에 개입해 그 어떤 다른 실천도 실현할 수 없는 어떤 소명을 완수하기 때문에.

2. R. Descartes, Lettre à M. Mersenne du 15 avril 1630, Œuvres, op. cit., t. I, p. 145. "왕이 자기 왕국에서 법을 수립하듯, 자연에서 이러한 법들('수학적 진리들')을 수립했던 것은 신이다." Cf. R. Descartes, Méditations, Sixièmes réponses, Œuvres, t. IX, première partie, p. 236.

18.

철학이라는 이론적 실험실

이와 같은 소명을 표상하기 위해 우리는 다시금 **조립공** 비유를 사용하겠다.[1] 그 조립공의 전문성이 무엇인지는 상관없다. 하지만 관념들을 고정하기 위해, 그가 기계공이라고 가정하자. 여기 있는 이 노동자는 기계를 만들기 위한 복합적 부품을 다뤄야만 한다. 그는 강철 부품, 철 부품, 구리 부품 등등의 여러 물질적 요소를 사용한다. 그는 그것들을 가공한 뒤에 조립해 적합하게 유지 기능 하도록 해야 한다. 마감과 적응의 긴 노동. 하지만 방금 내가 했듯이, 이 부품들은 동일 원료—**철**—로 구성되지 않는다고, 생산 상태 및 제작할 기계의 성질상 **구리** 부품을 쓰는 것이 요청된다고, 이 부품은 최근에 발견되었으며 이 금속으로 하는 공정 때문에 반드시 필요한 부품이라고 가정하자. 기계공은 이 구리의 실존 및 그 속성들을 고

1. L. Althusser, Cf. *Philosophie et philosophie spontanée des savants, op.* *cit.*, p. 57-58.

려해서 새로운 방식으로 부품 전체를 조립해야만 한다. 그는 부품들이 모두 철이었을 때 조립하듯이 그렇게 조립하진 않을 것이니, 구리의 조형성 차이와 약한 강도 탓이다. 그는 자신의 조립 작업에서 이 새로운 구리 부품의 성질을 고려할 것이다. 그리하여 부품들이 **새로운 방식으로 조립**될 것이다. 새로운 조립 작업, 극단적으로는, 새로운 조립공. 철 부품을 조립하는 건 아주 잘 할 수 있더라도 구리 부품이 등장할 때 철 부품으로 일할 수는 없으니까.

사태는 철학에서도 거의 이처럼 진행된다. 또는 차라리, 익히 알려진 과거의 금속들 사이에서 등장한 새로운 금속의 발견으로부터 출발해 철학이 필요해진다고 할 것이다.

실제로, 이데올로기 요소들의 앙상블을 통합하기 위해 언제나 철학이 요구되었던 건 아니다. 더 많은 사회의 역사에서 종교가 아주 오랫동안 이런 통합자 역할을 해왔다. 인간 활동들의 앙상블과 거기 조응하는 이데올로기들이 자기 자리를 차지하기 위해서는, 지배 계급이 자신들의 지배를 보장하기 위해 필요로 하는 이 통합된 이데올로기를 구성하기 위해서는 신의 실존과 ["신의"] 세계 ["신의"] 창조와 최종적 구원이라는 거대한 신화들로 충분했다.

하지만 새로운 유형의 앎이, 더는 기술적이지도 이데올로기적이지도 않은 과학적인 유형의 앎이 역사에 등장한 시대가 왔다. **과학적 앎**. 그것은 기성 질서에 심각한 위험을 불러왔으니, 사물들에 대한 "절대적" 인식이 신성한 계시로부터가 아니라 인간들의 고유한 과학적 실천으로부터 인간들에게 다가올 수 있다는 증거를 그 앎이 인간들에게 주었기 때문이다. 그리하여 권력들의 질서가, 종교적 앎이 정치적 역량과 관련되었던 이 질서가 그 앞으로 흔들릴 수 있었다. 이러한 유물론적 위협에 반격을 가해야 했다. 기성 권력에, 이 권력을 지닌 사람들에게, 이 사람들의 착취를 받는 자들의 후천적 복종에 저 위협이 훼손을 가했으니. 새로운 실천과 그것의 역량을 장악해야 했고, 기성 질서에 그것이 진입하도록 해야 했다. 하지만 이처럼 하기 위해서는, 종교인과는 다른 사람들이 그 위협당한 질서를 복원해야 했고, 다른 "조립공들"이 혁신된 기계를 —하지만 대체적으로는 동일한 기계를 낡은 부품들과 새로운 부품들을 합쳐서 작동시켜야 했다. 새로운 과학적 실천을 자유자재로 다룰 줄 아는 사람들 다시 말해 수학에 능숙한 사람들만이 바로 이런 사람들일 수 있었다.

바로 이와 같은 단절 및 이 단절이 일어났던 정치적 국면으로부터 철학이 태어난다.[2] 철학은 그 기능에서 **이데올로기들을 지배이데올로기로 통합**해내는 역할을 하면서 종교의 뒤를 이었을 뿐이다. 하지만 그 내용에서 철학은 새로운 실천이 인간 세계에 가져온 새로운 요소들을 자신에게 종속시켜야만 했다.

과연 수학은 인간들에게 무엇을 가져왔는가? 이러한 계시. 증명된 앎을 확보하기 위해서는 순수하고 추상적인 대상들에 관해 순수하고 추상적인 방법들로 논증해야 한다는 것. 이러한 새로움을 고려하지 못했던 자는 수학적 실천에서 비롯된 이데올로기에 뒤쳐졌거나 또는 뒤처지는 상태에 처하게 될 수도 있었다. **모양 "빠지는"**

---

2. [이 책] 2장("철학과 종교")의 정정된 판본에서, 알튀세르는 이 대목의 후속 부분에서 전개된 일부 관념들을 수정하면서 [내용에] 포함시켰는데, 그럼에도 이 장을 그대로 두었다.

꼴을 보이지 않으려면, 수학적 증명 원리들을 채택하는, 이 원리들이 지배계급들의 이데올로기적 목표들에 봉사하도록 하는 이 경이로운 양보에 동의해야 했다. 그런 것은 아무래도 좋다. 실험이 시도될 수 있었고 결정적일 수 있었다. 실험이 시도되었고 결정적이었다. 플라톤의 저작이 이를 증언한다. 플라톤, 자기 학교 박공에 "기하학을 모르는 자는 이곳에 들어오지 말라"라고 쓴 그는, 하지만 이와 동시에 —이것이 시사적인데— 자신의 체계에서 부차적 지위로 격하된 수학을 철학 자체에, 그리고 최종 심급에서 정치에 종속시킨다. 농민은 누구나 안다. 문간에 보초로 세우려면 사나운 개를 붙잡아 조련하는 걸로 족하다는 것을. 그 개가 [자신에게] 복종할 것임을. **적의 언어를 훔쳐와 적을 길들이는 것.** 바로 이것이 이데올로기적 투쟁의 비밀인데, 주어진 역사적 근거들 때문에 그 투쟁이 철학적 투쟁이라는 형식을 띨 때 역시 그러하다.

플라톤이 철학의 창설자였는지 여부를 묻는 질문은 답을 결코 찾지 못할 리스크가 있는 질문이다. 왜냐면 플라톤에 앞선 다른 사람들 예컨대 파르메니데스 같은 이들이 있기 때문인데, 그들은 그들 나름의 논증 방식으로 수학의 실존을 고려했다. 플라톤처럼 파르메니데스도 관념론자였는데, 지배이데올로기가 문제시되기에, 그리고 지배계급의 이데올로기라서 지배이데올로기는 필연적으로 관념론적이기에, 철학이 관념론으로 시작되었다고 상상하는 것이 편리할 듯하다. 이 관념론은 수학의 등장에 대응하기 위한 거대한 관념론적 "현대화"였을 것이다. 하지만 사태들이 그렇게 진행되었는지는 확실치 않다. 플라톤의 저작들에서 일종의 유령이 확인되기 때문인데, 그것은 유물론자 데모크리토스의 유령이다. 그["데모크리토스"]의 논고 80개가(거대한 작업!) 파괴되었는데, 하나의 저작을 여러 부만들기 어려웠던 시대인데도 자발적 파괴를 한 것이 아닌가 생각이 들 정도로 기이한 정황이다.

철학이 데모크리토스에게서 다시 말해 유물론에서 시작되었을 수 있는데, 그["데모크리토스"] 유물론은 수학의 발견과 그의 시대의 접속이 가져온 "가치들"을 이론적 제한 없이, 철학적으로, 실증적으로 표현할 것이다. 이미 철학적인, 이미 철학적인 견지에서 논해진 바로 이러한 위협에 맞서 플라톤은 자신의 전쟁 기계를 건설했을 것인데, 이 기계가 명시적으로 맞섰던 "대지의 친구들"에서는 데모크리토스의 신봉자들을 쉽게 확인할 수 있다. 여하튼간에 여기서 우리는 지배이데올로기가 실행하는 가차 없는 선택의 사례를 생생하게 목격하니, 계속해서 남게 되는 이는 데모크리토스가 아니라 플라톤이고, 그를 통해, 관념론 철학이 계급사회의 역사 전부를 지배했고, 유물론 철학을 억압하거나 또는 파괴한다(저주받은 철학자 에피쿠로스의 경우, 우리가 단편들만을 가지고 있는 것이 우연은 아니다).

그렇지만, (수학의 등장에 의해 그 실존이 촉발된) 철학의 시작의 조건들로부터 철학이 과학사의 사건들에만 반응했다는 주장을 도출해서는 안 될 것이다. 과학이 대표했던 위협을 끝장내기 위해서 요구되는 언술의 절대적 조건을, 자신의 대상과 논증의 추상적 형식을 통해 제공했던 것이 바로 철학[프랑스어판에서는 "과학"이지만 영어판을 참조해 "철학"으로 수정했다]이었음에도, 또한 철학은 자신의 역사에서 다른 식으로 위협적인 모든 다른 사건에 대응해왔다. 철학

325

사에 결정적 영향력을 발휘했던 것은 거대한 사회적 격변들이요 생산관계들과 정치 관계들에서의 혁명들이라고 실제로 말할 수 있다. 하나의 경제적 혁명에서 정치에서의, 뒤이어 이데올로기에서의 혁명으로 나아가려면 시간이 필요하니 즉각적으로는 아니고 일정한 지체라는 조건에서 그런 영향력이 발휘된다. 사후적으로든(이에 해당하는 것이 헤겔의 유명한 정식화이다. 철학은 미네르바의 올빼미처럼 황혼녘에야 날아오른다는)[3] 역설적으로 사전적으로든. 그렇다, 사전적으로. 까닭인즉 사회의 심부에서 무르익은 사회혁명이 터져 나오는 것을 오랫동안 가로막을 수 있던 것이 기존 권력의 납 덮개이며 적소의 국가 및 이데올로기 장치들의 억압이기 때문이다.

하지만 토대 안에서 생산된 변화들이 낡은 지배계급의 지배 아래 반향을 일으킬 수 있으며, 적소의 이데올로기 자체에 영향을 미칠 수 있다. 부르주아 부상의 역사의 사례가 이 테제를 예증한다. 자본주의적 관계는 서유럽에서 14세기부터 자리 잡기 시작했는데, 이로부터 3~4세기가 더 지나야 비로소 부르주아 정치혁명이 새로운 법과 새로운 국가장치와 새로운 이데올로기로 그 관계를 비준한다. 하지만 그 사이에, 토대에서의 변화들은 기존 제도들 안에서 그 나름의 길을 냈다. 절대왕정이, 자본주의 부르주아와 법복귀족을 연합시킨 이 이행기 국가 형태가 이미 그러한 사태의 표현이었다. 이 시대에 담대한 부르주아들은 후일 지배적인 것이 될 어떤 이데올로기의 초석을 놓기 시작했으니, 법 이데올로기에 입각하는 부르주아 이데올로기가 그것이다.

---

3. G. W. F. Hegel, *Phénoménologie* …, t. I,   *op. cit.*, Préface, p. xx.

동일한 방식으로, 프롤레타리아 이데올로기도 부르주아계급의 지배 밑에서, 180여 년 지속되었으나 아직 진정한 완성에는 이르지 못한 투쟁의 와중에 발전해왔다. 여기서도 역시 이데올로기가 혁명에 앞선다. 하지만 이데올로기가 이와 같은 선취를 거둘 수 있는 것은 우연이 아니다. 이는 부르주아 생산양식이 이러한 이데올로기에 미리 호응하는 요소들을 이미 내포하고 있기 때문이다. 점차 생산을 사회화하는 요소. 계급투쟁에서 피착취자들을, 산업 집중에 의해, 노동 규율에 의해, 19세기 토지귀족에 맞서 부르주아 편에 서는 정치투쟁 안으로 또는 노동계급의 전위조직 및 노동계급 전체와 맞서 부르주아가 벌이는 살벌한 투쟁 안으로 강제 등록 시키는 것에 의해 교육하는 요소.

하지만 이데올로기가 역사를 선취하는 이 놀라운 현상을 이해하고자 한다면, 권력을 장악한 계급의 지배 아래 발전한 이 전위적 이데올로기는 지배이데올로기가 저 자신에게 강제하는 조건들 아래서만 우선 표현될 수 있다는 사실 또한 고려되어야 한다. 가장 급진적인 철학자들과 부르주아 이데올로그들도 신을 바다에 던져버릴 수는 없었다. 그들이 이신론자였더라도. 심지어 그들이 "신자들의 신"이 아니라 "철학자들과 과학자들의 신"[4]을 믿는, 또는 스피노자의 신-즉-자연이나 홉스의 벙어리 동물-신을 믿는, 그리하여 동시대의 신자들을 전율케 했던 무신론자였을 때조차도. 전위적 부르주아 철학은 이처럼 봉건 이데올로기의 "가치들"과의 외관상 타협을 거쳐야만 했다. 실제로 이 "가치들"이 봉건 이데올로기에 맞서

4. 58쪽 주 2를 보라.

도록 활용하는 식으로. 데카르트는 말했다. "라르바투스 프로데오 *larvatus prodeo*(나는 가면을 쓰고 나아간다)"고.[5] 가면이 벗겨지려면 봉건 권력이 무너져야 했다. 프롤레타리아 이데올로기의 경우도 사정은 다르지 않다. 그 이데올로기 역시 부르주아 이데올로기로부터, 종교 자체로부터(벨에포크의 부르주아는 종교적이지 않았다), 도덕 이데올로 기로부터, 법 이데올로기로부터 차용해온 범주들을 착용해야만 했 다. 노동계급의 선두에 선 투사들은 신의 아이들의 우애라는 깃발 아래, 1789년의 자유와 평등이라는 깃발 아래, 공동체의 깃발 아래 투쟁했고, 그런 이후에야 자신들의 고유한 이데올로기인 사회주의 와 공산주의 이데올로기를 확보하기에 이른다.

이 경이적인 사회정치적 변동들에서, 그리고 그것들의 이데올로 기적 연장들에서 철학은 침묵하며 자기 역할을 했다. 모순적이지만 유효한 역할을. 결국 어떤 역할인가?

그것을 표상해보기 위해 우리가 들었던 조립공 사례를 재론해보 자. 하지만 이번엔 우리가 방금 분석한 요청을 고려하면서. 계급투 쟁의 효과에 의해 모든 이데올로기가 복종하게 되는 요청. **실존 이 데올로기를 지배이데올로기로 구성하라는 요청, 인류 역사의 주어진 한 시기에 실존하는 이데올로기 요소들 전체를 지배이데올로기로 통 합하라는 요청.**

이제 우리는 하나의 핵심을 획득한다. 인류 문화에서 과학들이 실존한 바로 그 순간부터는, 그 어떤 이데올로기라도, 그것이 종교 이데올로기일지라도, 내가 말한 이러한 임무를 끝내거나 이러한 역

---

5. 65쪽 주 12를 보라.

사적 임무를 감당해내기는 가능하지 않으니, 지배이데올로기로서는 유물론적일 수밖에 없는 효과들을 과학들이 홀로 생산하도록 방치하는 일은 위험하기 때문이다. 따라서 이와 같은 통합 임무는, 과학들을 이성 위에 다시 말해 종속된 자리에 둘 수 있으며, 실존하는 과학적 증명 형식들과 이 형식들의 예견되는 불가피한 효과들을 자유자재로 다룰 수 있는 "이론"에 의해 과학들을 자신에게 복속시킬 수 있는 "이론"에 의해 완수되어야 하는 것이다. 이것은 선택의 문제가 아니다. 외려 힘 관계의 문제이다. 거기서도 역시 중요한 건 선제적 해법이다. 철학은 "선수를 쳐야"만 한다. 철학이 제때 개입하지 못하면, 철학이 구제하고자 한 모든 이데올로기적 질서가 무너질 위험에 처하기 때문이다.

따라서 지배이데올로기에 봉사하는 이와 같은 이데올로기적 통합 작업에 전적으로 종별적 방식으로 참여하는 것이 철학의 소관이다. 나는 확실히 **참여**라고 말한다. 지배계급과 지배이데올로기로서는 모든 권력을 철학에 위임한다는 문제가 아니기 때문이다. 철학적 앎과 권력을 동일시하는 부르주아 이데올로그들 또는 현대 좌파들은 철학이 **주관적으로** 자신에게 귀속시키는 권력과 앎을, **지배이데올로기 내부에서 규정적 이데올로기에 의해** 철학에 **위임된** 권력과 노하우[할-줄-앎]와 혼동한다.[6] 이미 인지된 생산양식들에 따라 과연 어떤 것이 이러한 **규정적** 이데올로기인지를 우리는 곧 볼 것이다. 하지만 여하튼간에 철학은 지배이데올로기의 운명이 달린 이러한 이데올로기적 통합에서 해야 할 자기 역할이 있다. 이 역할은 무

---

6. L. Althusser, *Sur la reproduction, op. cit.*, p. 209–213에서 논쟁적 기조로 전개된 관념.

엇인가?

나는 철학이 수공업 장인의 공방에 비견될 수 있다고 말하겠는데, 거기서는 **이론적 조립공**이 치수에 맞춰 부품들을 제작해, 실존하는 이데올로기 형식들의 상이한 (다소간 동질적이고 다소간 모순적인) 요소들을 연결하며, 이를 통해 지배이데올로기라면 마땅히 그래야 할 상대적으로 통합된 이데올로기를 만들어낸다. 물론, 새로 제작된 이 부품들이, 질료와 형태라는 면에서, 연결해야 할 요소들에 완전히 낯설 수는 없다. 그렇지만 중요한 건 이것들이 새 부품들이라는 점이고 ["이것들이"] 모든 가능한 연결에 사용될 수 있어야 한다는 것이다. 철학자 둔스 스코투스가 이런 질문에 가장 정확한 말을 했다. "필요 없는 존재들을 늘려서는 안 된다."[7] 번역해보자. **필요 없는 연결 부품들을 늘려서는 안 된다.** 이데올로기를 잘 통합하기 위해서는, 그 통합의 부품들인 연결 부품들도 통합해야 한다. 바로 거기서 시사되는 것은 다용도 부품들의 "대량 생산"의 필요인데, 이 데올로기적 연결이 관철되는 사례들의 앙상블에서 그런 부품들이 사용될 수 있어야만 한다. 근대 공업에 의해 대량 생산 되는 접합부들에 대해 생각하는 것으로 족하다. 그것들["접합부들"]이 무한히 많은 경우에 사용될 수 있으니까.

그런데 자연스럽게, 호환적 연결 접합부들을 생산함으로써 하나의 이데올로기를 통합하는 것뿐 아니라 연결해야 할 **부품들도 통합**

---

7. Duns Scot, *Traité du premier principe*, éd. R. Imbach, trad. J. D. Cavigoli, J. M. Meilland et F. X. Putallaz, Paris, Vrin, coll. "Bibliothèque des textes philosophiques", 2001, p. 103. "필연성이 없는 다수성을 제기해서는 안 된다." 알튀세르가 여기서 인용하는 등가적 표현은 종종 [윌리엄] 오컴의 것이라 여겨지지만 그의 것도 둔스 스코투스의 것도 아닌 것 같다.

하는 것이 문제이니, 게다가 후자는 경제적이고 효율적인 유일한 해법이니, 철학자-조립공의 노동은 **가능한 한 보편적 범주들을 다듬어내는 것**으로 이루어지는데, 이 범주들은 **이데올로기의 상이한 지형들을 자신들의 테제 아래 통합할 수 있다.** 바로 여기서, "전체"를 인식한다는, 또는 "완전하게 알고 인식한다는" 관념론 철학의 오래된 주장의 1차적 의미가 발견된다(2차적 의미가 무엇인지는 곧 보게 될 것이다). 철학은 자신의 통제를 다시 말해 자신의 범주들을, 실존하는 것의 앙상블을 상대로 강제해야만 한다. 이는 현실적으로 실존하는 대상들의 앙상블을 상대로 직접적으로 이루어지는 것이 아니라 이데올로기들의 앙상블을 상대로 이루어지는 것으로, 이데올로기들 밑에서 상이한 실천들이 작동하며 현실적 대상들을 변형한다. 이 대상들이 자연이든 사회적 관계이든 간에. 그런데 철학이 이처럼 자신의 이론적 권력을 실존하는 모든 것을 상대로 강제한다면, 이는 쾌락 또는 과대망상에 의한 것이 아니라 전혀 다른 이유에 의한 것이다. 요컨대 현행 이데올로기 안에 실존하는 모순들을 끝장내기 위해, 이 이데올로기를 지배이데올로기로 통합하기 위해.

14세기에서 17세기 사이에 부르주아 철학 안에서 벌어진 일을 잠시 살펴보자. 하나의 동일한 범주가 도처에서 관철되니, 그리하여 결국 상당수의 국지적이고 권역적인 이데올로기들과 이것들에 조응하는 실천들이 설명된다. 이 범주는 **주체**라는 범주이다. 법 이데올로기(상품관계들의 법 이데올로기로 여기서는 각각의 개인이 원리상 법적 능력을 갖는 주체로서 자신이 양도할 수 있는 재화의 소유자이다)의 일부인 이 범주는 데카르트를 통해 철학 지형에 침범하고, 이 지형은 과학적 실천 및 그것의 진리들을 보장한다("나는 생각한다"의 주체). 또한 이 범주는 칸트를 통해 도덕 이데올로기("도덕의식"의 주체) 및 종교 이데올로기("종교의식"의 주체)의 지형에 침범한다. 이 범주는 벌써 오래전에 자연법 철학자들을 통해, 사회계약에서의 "정치적 주체"를 갖고 정치 지형에 침범했었다. 확실히, 이 근사한 통일성은 또 다른 철학자들(콩트 등등)이 답하려고 노력한 파란들을 종국엔 겪을 것이다. 하지만 인상적인 방식으로, 부르주아 상승의 장구한 역사에서, 이 통일성이 나타나는 모습 그대로의 것으로는, 이 통일성이 우리가 방어하는 테제를 입증한다.

실제로 우리가 이 장구한 역사에서 보는 것은 철학이, **이데올로기들과 이에 조응하는 실천들의 앙상블을 통합할 수 있는 범주를 "노동"해**, 성공적으로 그것을 적용하고, 이 실천들의 행위자들이 그 범주로 자신들을 재인하도록 압박한다는 것이다. 마침내 ─그리고 문제가 되는 이들로는 철학자들, 모럴리스트들, 정치인들, 글쟁이들, 이 모든 이 아래로는 부르주아 되기를 희망할 수 있었던 피착취자들이 있을 따름인데─, 해당 실천들을 지배했던 이데올로기들이 일단 변경되자 이 실천들은 이 범주를 통해 변경되었다. 이러한 통일성은 관념들로 그치지 않는데, 그것이 정치적 반역을 촉발하는 것으로 귀결되기 때문이니, 이 반역은 영국혁명과 프랑스혁명에 이르러야만 했다.

틀림없이 여기서 철학의 역할에 대한 관념론적 관점을 조심해야만 한다. 철학은 자신이 원하는 것을 실존하는 이데올로기들을 가지고 만들지 않는다. 마찬가지로, 이데올로기들을 통합하는 고유한 그 어떤 범주이든 철학은 그 어떤 물질적 지지도 없이 [그 범주를] 명령으로 만들어내지는 못한다. 철학이 피해갈 수 없으며 존중하지 않을 수 없는 객관적인 물질적 구속들이 존재한다. 이데올로기적 통합이라는 이런 작업은 따라서 모순적이면서 또한 언제나 미완의 것으로 남는다. 극복할 수 없는 곤란들이 언제나 실존한다. 앎을 너무 빠르게 통합하고자 했기에 데카르트는 단지 상상적인 물리학을 만들어냈는데, 이것은 힘을 고려하지 않는 물리학이었다. 하지만 이 난점을 고려하기 위해, 이것을 잘 이해한 라이프니츠는 훨씬 더 상상적인 새로운 통일성을 고찰했다.[8]

자신들이 "가면을 쓰고 나아간다는" 것을 알고 있던, 지배적 범주들과 아무 관련이 없는 진리들을 이 범주들 아래에서 사유할 도리밖에 없는 이들 유명한 철학자에 관해, 그들이 손실 없이 저기서 빠져나온다고 믿어서는 안 된다. 데카르트가 정치권력에 대해 침묵했다면, 이는 그가 정치 이데올로기의 미망들을 분유했기 때문이니, 이 미망들 아래에서 이 권력은 비판되지 않으며 인지되지 않은 채로 주어진다. 스피노자가 자연법 개념들을 비판하기 위해 이 개념들 안에서 정치권력에 대해 말했다면, 그의 비판은 너무나 간략해서 그는 도덕을 모든 정치권력의 토대라고 단순히 거부하는 것 너머로 나아가지 못했고, 힘을 저 동일한 권력의 토대라고 보는 추상적 관점 너머로 나아가지 못했다.

그리고 마지막으로, 부르주아 이데올로기의 관점에서 만들어진

---

8. G. W. Leibniz, *La réforme de la dynamique*, éd. M. Fichant, Paris, Vrin, 1994; *idem*, "Échantillon des Démonstrations universelles, ou Apologie de la Foi tirée de la Raison", *Discours de métaphysique…*; *op. cit.*, p. 279-280.

이러한 명세서 안에서, 반反봉건 전선 옆에 있는, 부르주아 철학의 반反임노동 전선을 간과해서는 안 된다. 거기서도 역시, 이데올로기를 지배이데올로기로 통합한다는 임무는 적당히 넘어갈 수도 없지만 현실적으로 극복할 수도 없는 장애들과 마주친다. 착취당하는 어느 임노동자에게, 그가 부르주아와 동류이며 동일한 권리를 소유한다고, 그도 역시 자유로운 도덕적·정치적·법적·심미적·과학적 "주체"라고, 이 권리들 거의 모두가 그에게 실천적으로는 거부되고 있는데도 그렇다고 믿게 하라니 말이다! 지배적인 철학은 이데올로기의 통합이라는 자신의 기능에서 갈 수 있는 곳까지 나아가지만, 헤겔이 말했듯, 자기 시대 너머로 도약할 수는 없으며, 마르크스가 말했듯, 자기의 계급적 조건 너머로도 도약할 수 없다.

여하튼 우리는 여기서, 전통적으로 철학이 하나의 체계라는 형식으로 제시되었던 이유를 포착한다. 체계란 무엇인가? 그것은 **유한한 요소들** 즉 무한이라는 범주를 포함하는 일련의 **유한한 범주** 아래 놓이는 요소들의 앙상블이다. 이 요소들이 상호 연관 되는 것은 하나의 동일한 필연적 근거에 의해, 어디에서나 동일시되는 하나의 동일한 연결에 의해서이다. 그리고 그것은 어떤 요소도 자신에게 가해지는 통제에서 벗어날 수 없는 **닫힌** 앙상블이다. 체계는 이처럼 통일성의 실존의 입증이며 통합의 산물이고, 체계가 제시됨으로써 제시되고 논증되는 통일성이자, 철학이 "전체"를 포괄하고 제어했다는, 그리하여 철학의 관할 아래 있지 아니한 어떤 것도 실존하지 못한다는 가시적 증거이다.

모든 체계의 거부와 부정이라고 공공연하게 자처하는 철학들의 실존이(키에르케고르, 니체) 여기서 반박되지 않는 이유는, 이 철학들은 자신들이 거부하는 체계들의 이면이기 때문이고, 이 철학들은 이 체계들의 실존 없이는 실존하지 못할 것이기 때문이다. 분명히, 이와 같은 관점에 이르기 위해서는, 이 철학들을 고립적으로 사고하지 않고 이것들["이 철학들"]의 실존 조건으로서의 철학적 "전장"에서 이것들 모두를 연결하는, 이것들에서 개인적 증언이나 진리의 주관적 탐구를 보는 데 그치지 않는 그러한 관념을 마련해야 한다. 말해두자. 이 철학들의 역설적 형식은(소피스트들이 등장한 기원전 5세기 희랍 또는 19세기 독일과 같은 역사적 위기의 시기에 이 철학들의 실존이 확인되는 건 우연이 아닌데) 일종의 철학적 유격전 장치를 표상한다는 것을. 이는 이런저런 철학자가 전면전을 펼칠 상태나 힘이 없다고 느끼는 조건들에 부합한다. 따라서 그는 여기저기서, 기습적으로, 아포리즘으로, 공격해 적의 전선을 끊으려 든다. 하지만 우리는 이 철학적 실존 형식에 다른 이유들도 실존할 수 있음을 볼 것이다.

19.

이데올로기와 철학

그렇지만 앞서 언급된 모든 것이 정확하다면 어떤 미망을 경계해야 한다. **철학이 그 본성상 이데올로기의 이론적 통합이라는 기능을 실행할 권리를 소유**한다고 믿는 미망. 철학은 그것의 행위자일 뿐으로, 그러하기에 철학은 다른 곳에서 철학에 온 계획을 집행하는 것에 불과하다고 말할 수 있다. 어떤 계획인가? 그리고 다른 곳이란 어디인가?

이 계획, 그것은 대부분(항상은 아니지만) 무의식적이지만, 우리가 그것을 인지하는 이유는 그것이 이데올로기의 실존 요소들을 지배 이데올로기로 통합하려는 것이기 때문이다. 하지만 그것은 형식적 계획으로, 지시들도 심지어는 본질적 주요 질료도 결여되어 있다. 방금 한 말은 경솔하게 한 것이 아니다. 왜냐면 이 말은 우리를 이미 분석된 통념들로 되돌려 보내기 때문이다. 실제로 우리는 잊지 말아야만 한다. 철학에 의해 완수되는 이 임무는 "이론에서의"(엥겔스) 긴 계급투쟁 과정임을, 따라서 주체 없는 과정임을(철학이 절대적 창조자가 아닌 노동). 이와 같은 임무는 외부로부터, 앙상블을 이루는 계급투쟁에 의해, 더 정확히는, 이데올로기적 계급투쟁에 의해 철학에 강제된다. 계급투쟁 안에서의 힘 관계 탓에, 권력에 도달한 계급 또는 권력 정복을 겨냥한 계급은 이런저런 순간에, 객관적으로, 하지만 다소간 "의식적으로", 자신들을 통합하고 자신들이 착취하는 계급들 안에서도 자신들의 신봉자들을 동원하기 위해, 자신들의 계급투쟁을 잘 이끌도록 통합된 이데올로기를 사용할 **역사적** "**욕구**"를 느낀다.

따라서 형식상으로는, 실존하는 이데올로기 요소들 전부를 점차 통합할 수 있게 해주는 하나의 통합된 철학체계를 구성하라는 "명령"이 철학에 오는 것은 권력 정복 또는 권력 공고화에 관여하는 지배계급으로부터이다. 하지만 이게 다가 아니다. **이러한 "명령"에는 매우 정밀한 "지시들"이 수반**되는데, 이것들은 자의적이지 않은 지시들이다.

역사가 실제로 보여주는바, 착취 계급의 모든 권력은 착취 형태들에, 생산수단이든 노동력이든 그런 것을 소유하고 양도하는 가운데 생산관계에 의해 채택되는 형태들에 입각한다. 마르크스가 말했듯, 권력의 신비 전체가, 국가의 신비가 놓여 있는 곳은 "직접 생산자와 생산수단들 사이의 관계 안"이다.[1] 그런데 이 직접적 관계는, 부르주아의 경우에, **법 이데올로기**와 분리될 수 없는 **법 관계**의 형태 아

---

1. K. Marx, *Le Capital, op. cit.*, t. III, p. 717. *op. cit.*, p. 454-457.
   Cf. L. Althusser, "Marx dans ses limites",

래 표현된다. 법 이데올로기에서 모든 인간은 권리[/법]droit의 주체
요, 자신의 몸과 의지와 자유와 재산과 행위 등등의 주인이요 소유
자이다. 이런 법 이데올로기는 상업적 교환관계들과 관련되거니와
정치 관계, 가족 관계, 도덕 관계 등등으로 확장된다. 부르주아 사회
전체가 이렇듯 법과 법 이데올로기에 입각해 있다. 거기 있는 것은,
마치 점선과도 같은, 실천 자체에서 이미 작동 중인 일종의 이데올
로기적 통합이고, 거의 보편적으로 인정되는 형식이요, 실존하는 사
회적 실천들 대다수에 이미 적응된 형식이다. 이런 형식이 일반화되
어야 한다는 것, 그것은 부르주아적인 정치경제적 실천에서 비롯하
는 요청이다. 부르주아는 상품 생산물들의 자유로운 순환을, 노동
력의 자유로운 순환을, 심지어는, 적어도 그 초창기에는, 사유와 글
쓰기의 자유로운 순환을 원한다. 철학은 **이 형식을 보편화하라는** 역
사적 사명을 이렇듯 받아들여, 각각의 이데올로기 요소 및 그에 조
응하는 실천들에 적합한 양태들을 찾아낸다. 따라서 철학이 바로
이와 같은 형식(주체 형식)을 원료로 삼아 사회적 실천의 모든 지형
에서 유용한 형식이 되도록 다른 어느 것보다 우선적으로 노동을
해야만 한다. 철학은 이 주체 형식이, 모든 가능한 경우에, 모든 유
용한 목적에 복무할 수 있게끔 충분히 추상적인 것이 되도록 해야
만 한다. 철학은 각각의 국지적 또는 권역적 이데올로기에 의해 요
청된 양태들을 이 주체 형식에 부여해야만 한다. 마침내 철학은 통
일성 및 통일성의 보장을 확고히 해주는 최고의 추상들을 이 주체
형식에서 끌어내야만 한다.

그리하여 철학의 전능함이라는 미망이 일소된다. 그런데 그것을

입증하는 건 부르주아 철학의 사례만이 아니다. 봉건제 아래서 철학이 "신학의 시녀"에 불과했음은 충분히 제시되어왔다. 프롤레타리아의 경우에도, 그들이 필요로 하는 유물론 철학이 "**그들의** 정치의 시녀"라고들 말할 수 있겠다. 철학의 새로운 실천이라는[2] "명령"은, 프롤레타리아가 자신들의 투쟁에서 그리고 자신들의 투쟁을 위해 필요로 하는 이 "명령"은 전적으로 프롤레타리아 계급투쟁의 실천에서 유래하기 때문이다. 이에 대해 잠시 숙고해보자. 프롤레타리아는 착취하는 계급이 아니라 착취를 당하기만 하는 계급이다. 프롤레타리아가 종속된 생산관계들은 외부로부터, 자본주의 부르주아에 의해 프롤레타리아에게 강제된다. 생산관계들은 프롤레타리아의 강함이 아니라 차라리 약함을 구성한다. 프롤레타리아는 생산관계들의 실존 및 국가에 의한 그것들의 지고한 축성으로부터 그 어떤 권력도 끌어내지 않는다. 프롤레타리아는 살기 위해 손만 갖고 있듯이, 싸우기 위해서는 관념과 힘만 갖는다. 프롤레타리아는 자신들의 힘을 통일하기 위해, 그리고 부르주아 이데올로기가 규합한 힘에 자신들의 힘을 대립시키기 위해 고유한 이데올로기를 필요로 한다. 프롤레타리아는 프롤레타리아가 구사할 수 있는 이데올로기 요소들을, 그리고 부분적으로는 피억압자들 투쟁의 장구한 역사의 유산인 이데올로기 요소들을 통합하기 위해 고유한 철학을 필요로 하는데, 이 철학은 계급 전투를 위해 프롤레타리아의 이데올로기적 무기들의 앙상블을 **조립**한다.

어떤 경우든 철학은 자신의 전투의 고유한 목적지와 방향을 결

---

2. L. Althusser, "Lénine et la philosophie", *op. cit.*, p. 44-45; "마르크스주의는 프락시스의 철학이 아니고, 철학의 (새로운) 실천이다." 260쪽 주 10을 보라.

정하는 전능한 권력이 아니다. 어떤 경우든 철학은, 자신의 고유한 기원과 힘을 정립한다는 외양을 스스로 부여하는 이 철학은 자율적이지 않다. 철학은 이론에서, **경제적이고 정치적이며 이데올로기적인 계급투쟁의 대표일 뿐이며,** 이런 자격을 갖는 철학은 **"최종 심급에서, 이론에서의 계급투쟁"**[3]이다.

3. L. Althusser, "Réponse à John Lewis",   *op. cit.,* p. 11.

20.
철학과 계급투쟁 과학

마지막 질문이, 게다가 가장 큰 중요성을 지닌 것이 남아 있다. 우리에게 알려진 모든 과거 철학은 앞에서 묘사된 메커니즘에 종속되었다. 그것들의 작용은 모두, "명령을 받아", 지배계급들 또는 지배계급에 봉사하면서, 이 계급의 규정적 이데올로기의 "원료"에 노동을 하면서 이루어졌다. 하지만 이와 같은 조건이 그것들을 이 계급의 목표들에, 또는 이 계급들에, **따라서 그들의 주관성에** 의존적인 것이 되게 했다. 모든 철학이 계급적인 이론적 토대 위에서 전개된다면, 그 철학이 실존하는 이데올로기 요소들을 지배이데올로기로 통합한다면, 게다가 ["그 철학이"] 지배계급들을 유리하게끔 한다면, 그 철학이 인식을 생산하는 것이 아니라 다만 전투에서의 하나의 무기일 뿐임이 이제 이해된다. 무기는 무기인지라 승리의 권력 이외의 다른 것을 생산하지 않는다. 아울러 이제 이해되는 것이 언제나 철학은 인식들을 생산하는 모든 과학에 필수불가결한 실험장치가 없어도 무방할 수 있을 거라는 점이다. 더 정확히 말해, 이런 장치가 철학에는 전적으로 낯설다는 점이, 이런 장치가 철학의 고유한 실천에서는 결코 발견되지 않는다는 의미에서 그렇다는 점이 이해된다.

하지만 사정이 이러하다면, 이는 철학이, 지배계급의 규정적 이데올로기에 의존하는 철학이 **단순한 이데올로기에 불과**하다고 말하는 것 아닌가? 이는 소피스트들 이래로, 철학이란 만물에 대한 진리를 말하는 것이라는 자부심을 조롱해왔던 저 모든 이의 고전적 조소에 노출되는 것 아닌가? 다른 견지에서 말하자면, 철학은 보증 또는 수사학적 장식을 추구하는 어떤 개인 또는 어떤 사회계급의 이론적 망상이 아님을 어떻게 확신하는가? 확정된 것으로 보이는 이러한 계급적 연결을, 철학이 객관적 앎을 제공한다고 자부하는 것이든 혁명적 계급이 자신들의 전투에 방향을 제시해야만 하는 유물론 철학에 대해 기대할 수 있는 확신이든 그런 것들과 어떻게 화해시킬 것인가?

이와 같은 질문들은 진지하게 검토할 만하다. 이 모든 점에서 객관적 결과가 있다면 이는 다음을 확정하면서 우리가 획득한 결과이기 때문이다. 모든 철학은 이론에서 계급적 입지를 점유한다는 것. 따라서 주어진 한 사회 안에 실존하는 계급관계들과 모든 철학 사이에는 필연적 관계가 실존한다는 것. 이러한 객관적 연결이 의식적이며 통제되는 것인지 여부는 또 다른 질문에 속한다. 계급투쟁의 힘 관계 안에서 계급이 점하는 입지들에 대한 질문. 실제로 착취 계급과 관련해서, 정치적이고 이데올로기적인 지배로 귀착되는 모든 장치를 조율하는 것은 무의식적 필연성이다. 생산수단 소유자들이 임노동자들을 착취하는 것은 의도적인 것이 아니라 그들을 초월해 지배하는 계급관계들을 작동시키는 메커니즘의 효과에 의해서이다. 그들이 국가권력을 장악하는 것과 자신들이 지배와 정복의 효과들을 끌어내는 이데올로기를 구성하는 것은 의도적인 것이 아니라 착취 조건들을 보증하기 위해 국가장치 건설을 강제하는 변증법의 효과에 의해서이다. 이 모든 메커니즘에서, 모든 것은 이런 착취 및 이것을 비준하는 지배에 맞춰 정렬되며, 지배이데올로기는, 이것의 통합을 달성하기 위해 이것의 범주들을 조립하는 철학도 마찬가지인데, 계급 착취의 동역학에 의해 운반된다. 이와 같은 조건들에서 이해되는 것은, 지배이데올로기 및 이것을 통합하는 철학의 영역 표시는 지배계급의 목표들 즉 주관성의 경계에 의해 이루어진다는 것과, 철학이 성취한 "앎"은 이런 경계들과 상관적이니 따라서 주관적이라는 것이다.

하지만 아무도 착취하지 않으며, 자신의 해방 및 계급들의 폐지를 위해 투쟁하는 어떤 계급을 가정해보자. 바로 이 계급이 자신들의 전투에서, **자신들의 계급 이데올로기를 통합하면서 자신들을 스스로 통합하려고 시도하는 것을**, 그리고 이러한 통합을 해내는 **철학을 다듬어내면서 이 이데올로기를 통합하는 것을** 가정해보자. 그 경우, 이 계급이 계급투쟁에 대한 과학적 이론으로 무장한다면, 그들의 철학의 정교화 조건들은 완전히 변한다. 왜냐하면 이 철학이 프롤레타리아 정치 이데올로기와 관련해 필연적으로 처하게 되는 의존은 맹목적 예속이 아니라 정반대로 의식적 규정이고, 이 규정은 저 이데올로기의 조건들과 형태들과 법칙들에 대한 과학적 인식에 의해 확실해지는 것이기 때문이다. **프롤레타리아 이데올로기 통일을 감당할 철학을 명령하는 이데올로기에 대한 이런 과학적 인식이야말로 가능한 한 객관적인 철학적 조립의 조건들을 허용해줄 것이다.** 부르주아에 맞선 계급투쟁 안에서 프롤레타리아 계급투쟁과 프롤레타리아 이데올로기의 실존을 지배하는 조건들에 맞춰 이 철학을 조립함으로써.

[올바르게 맞춤으로서의] 조립ajustement이라는 용어는 올바름justesse이라는 마르크스주의적 범주에서 자신의 귀결을 확인한다.[1] 우리는 한참 앞에서, 철학적 명제들은 인식을 생산하지 못하며 과학이 대상을 갖는다는 의미에서는 대상을 갖지 못한다는 것을 말했다. 이는 철학적 명제들은 "참"이라고 할 수 없다는 것이기도 하다. 우리가 이제 제시할 수 있는바, 그 명제들은 "올바른" 것들이라고 할 수 있다. 이 **"올바른"**이라는 단어가 어떤 계급이 자신들의 목표들을 달성하기 위해 투쟁하는 그러한 주어진 상황의 모든 요소를 고려하는 [올바르게 맞춤으로서의] **조립의 효과를 지칭**한다면 말이다. "올바른"은 도덕 범주인 정의가 아니라 실천 범주인 올바름에 연계된 단어인데, 이 범주는 목적들을 추구하는 자의 계급적 성격에 따라 수단들을 목적들에 적응시키는 것을 시사한다. 그래서 우리는, 청년 루카치가 『역사와 계급의식』에서 했듯,[2] [우리가] 프롤레타리아계급의 "보편적" 성격을 상기함으로써 계급적 주관주의에서 빠져나온다고

1. Cf. L. Althusser, *Philosophie et philosophie spontanée des savants, op. cit.*, p. 55–57.

2. G. Lukács, *Histoire et conscience de classe*, Paris, Éd. de Minuit, 1960.

주장하지 않는다. 또한 우리는 프롤레타리아 철학의 "올바름"이 이와 같은 보편성에 근거해 진리와 등가적이라고, 이와 같은 보편성은 주관성의 특수주의를 철폐한다고 주장하지 않는다. 정반대로, 우리가 말하려는 바는 프롤레타리아 철학의 "올바름"이 계급투쟁 법칙의 과학인 객관적 과학의 통제 아래 있기 때문에 그 "올바름"은 주관성에서 벗어난다는 것이다.

그런데 우리는 이 "통제"의 다산성에 대해 그 실존과 약화를 모두 입증해주기에 충분한 역사적 사례들을 갖고 있다. 작금의 우리가 겪는 마르크스주의 철학의 위기 안에서, 결정적으로 마르크스주의 이론의 파산을 초래할 뻔했던 것, 그것은 바로 마르크스주의 철학 테제들의 "올바름"에 대한 "계급적인" 주관주의적 해석이다. 스탈린이 『볼셰비키 공산당사』의 저 유명한 6장에서 마르크스주의와 변증법의 실증주의적 판본을 제공했을 때,[3] 사실상 스탈린은 프롤레타리아 철학에 대한 (부르주아) 주관주의적 관점에 동조했던 것이다. 그가 제공했던 변증법은 하나의 인식으로서, 과학들의 과학으로서 실천에 대한 "가장 일반적인 진리들"을 진술한다. 그리고 그는 방법론을 변증법의 부록으로 삼았다. 그토록 허약한 전제들에서 출발해, 상황의 도움이 더해지면, 기본적인 주관적 결정론을 보존하면서도, 프롤레타리아적이라는 또 다른 계급적 주관주의 안에서 동요하기 쉽다. 과학적 인식에는 계급적 특성이 있으니 "부르주아 과학"과 "프롤레타리아 과학"이 있다던 시대였고, 그것의 역사와 참화는

---

3. J. Staline, "Matérialisme dialectique et le matérialisme historique", chap. 4(et non 6) de L'histoire du parti communiste bolchevik de l'URSS, dans Textes choisis, éd. Francis Cohen, trad. Cohen, t. II, Paris, Éditions Sociales, 1983, p. 79-112.

익히 알려진 바이다(도미니크 르쿠르, 『리센코』를 보라⁴). 그런데 이 경우, 가장 인상적인 것은, **철학적 "올바름"에 대한 이런 관점이 계급투쟁 "법칙들"의 과학에 대한 허위 이론에 입각해 있었다는 점이다.** 스탈린에 의해 위로부터 해석된 마르크스주의 이론은 여지없는 경제주의적 진화주의로 환원되었고, 선도적 이데올로기로서 이 진화주의는 소련에서 군림하던 질서의 기성사실을 정당화하기 위한 용도로 마련되었다. 실상은 스탈린 자신의 독재인 자칭 프롤레타리아독재의 이름으로. 그러한 과학적 "이론"은 자신이 지지하는 철학적 테제들의 "올바름"을, 이 "올바름"이 어떤 것이든 간에 전혀 "통제"할 수 없었다. 정반대로, 스탈린은 그 이론이 필요로 했던 철학을 그 이론에 주었고, 불행히도 마르크스주의 철학자들 다수가 심지어는 스탈린의 호적수들조차 그 철학에서 전혀 빠져나오질 못했다.

하지만 반면에 ―우리는 이것의 역사적 사례들도 갖고 있는데― 프롤레타리아 철학의 테제들의 "올바름"에 대한, 계급투쟁 법칙 이론의 과학적 "통제" 관계를 전혀 다르게 생각해볼 수 있다. 우리가 갖고 있는 그 사례들, 마르크스와 엥겔스와 레닌과 그람시와 마오의 사례들을 보면 그 의외의 특성에 강한 인상을 받지 않을 수 없다. 철학을 건설하는 것에 대한 극도의 신중함이라는 특성.

마르크스만 그렇다고 말하는 것이 아니다. 주지하듯, 일단 『독일 이데올로기』(1845)에서 자신의 과거의 "철학적 의식"을 "청산"하자 마르크스는, 몇 줄 쓴 걸 제외하면, 실천적으로는 최소한의 철학적

---

4. Dominique Lecourt, *Lyssenko. Histoire réelle d'une "science prolétarienne"*, Paris, Puf, "Quadrige", 1995(1976). 알튀세르는 이 저작의 집필을 독려하고, 이 책에 "Histoire terminèe, histoire interminable"이라는 서문(p. 11-21)을 기고했다.

생산도 삼갔다. 하지만 오늘날 아무도 의심하지 않는바, 마르크스의 철학은 그의 이론적 저작들과 정치적 저작들에서 강하게 사유되고 실천되었으며 [그래서] 그는 유물론자이자 변증론자였다. 어느 반마르크스주의적 사회주의자의 저작들에 대한 준엄한 논쟁적 응답이 었던 『반反뒤링론』의 원고를 엥겔스가 보여주었을 때 마르크스는 그것에 동의했다. 하지만 이 저작은 철학개론도 철학체계도 아니었다. 또한 주지하는바, 『유물론과 경험비판론』 및 헤겔 『논리학』 독해 노트들을 제외하면,[5] 레닌 역시 거대한 철학 저작을 만드는 노동을 등한시했고 [대신] 정치적 실천에 매진했다. 그런데 마르크스의 경우와 완전히 마찬가지로, 이러한 실천 안에서 작동 중인 철학이 강력한 데다 예외적 일관성도 갖췄음을 아무도 의심하지 않는다. 그람시는 더더욱 철학에 중요한 기여를 하지 않았으며, 마오 역시 그러했던바 약간의 일회적 개입들만을 철학에 남겼던 것이다.

우리 앞에는 일종의 역설이 놓여 있다. 프롤레타리아 계급투쟁을 목적으로 프롤레타리아 이데올로기의 통일에 도움이 되게끔 철학에서의 프롤레타리아계급 입장이 표현되지 않는다는 것은 생각할 수 없는 일이다. 놀라운 것은, 스탈린과 그 아류들의 변칙적 예외를 제외하면, 그 입장이 소박하고 불연속적이며, 체계들의 고전적 서술과 엄밀함과 철저함이라는 이점들을 누리지 못한다는 점이다. 실은, 무엇보다도, 『공산당 선언』의 표현에 따르자면, 프롤레타리아가 "스스로를 지배계급으로 구성"하는 일, 그리고 이를 위해 자체적 고유한 철학 없이는 사유될 수 없는 지배이데올로기를 스스로 갖추는

---

5. *Cahiers philosophiques*, Paris, Bayard, coll. "Bibliothèque de marxisme", 1996.

일이 있어서는 아니 되는가? 프롤레타리아가 일단 권력을 잡게 되면 프롤레타리아 역시 실존하는 상이한 이데올로기 요소들을 통합하고 프롤레타리아독재 아래 사회적 실천들을 변형하기 위해 이러한 철학을 필요로 하지 않을까?

그런데 내 생각으론, 이와 같은 역설이 **철학에서의 마르크스주의적 입장**에 구성적이다.[6] 다음과 같은 이유 때문이다. 실제로 우리가 보았듯, 이데올로기의 지배이데올로기로의 통일은 지배계급들의 실존과 연결되었다. 역시 [실제로] 우리가 보았던바, 철학의 체계적 통일성이 이러한 통일에 도움이 되며, 이 체계적 통일성은 마치 이러한 통일 과정이 철학의 조건인양 그렇게 이 통일 과정과 연결되었다. 그런데 이제 우리가 부언할 수 있는 것은, 철학 따위의 단순한 "체계"를 초과하는 이 "체계" 전체가 **국가와, 국가의 통일성과 직접 연결되어 있다**는 점이다. 지배이데올로기와 "체계적" 형식을 갖춰 이것에 봉사하는 철학의 통일성에 국가의 통일성을 연결하는 관계를 강렬하게 강조하면서, 엥겔스는 한마디로 "국가는 가장 큰 이데올로기적 권능"이라 말할 수 있었다.[7] 또한 엥겔스가 말했듯, 하지만 이번엔 불행한 말인데, 철학이 "체계들"을 건설하는 것은 "모순들"을 견딜 수 없어하는(변증론자로서는 놀라운 말인데) "인간 정신의 영원한 욕구"에 부응하기 위함이 아니다.[8] 철학은 이데올로기 요소들에 통일성을 강요하기 위해 체계들을 건설하며, 철학은 이 요소들에 통합의 범주들을 제공해야만 한다. 하지만 이처럼 함으로써 철학은

6. Cf. L. Althusser, "La Transformation de la philosophie", *op. cit.*, p. 172-178.
7. F. Engels, *Ludwig Feuerbach et la fin de la philosophie classique allemande*, trad. revue par G. Badia, Paris, Éditions Sociales, coll. "Classiques du marxisme", 1966, p. 76.
8. *Ibid.*, p. 18.

자기 내부에서 국가 형식을 재생산하는 것이다. 모든 다양성보다 더 강한 자신의 통일성을.

부르주아 지배이데올로기의 이와 같은 강제된 형식에, 그리고 지배적 부르주아 철학의 이러한 강제된 수단에, 요컨대 **体系**에 프롤레타리아가 굴복해야만 했는가? 거기서 제공되었던 안이한 해법은 최초의 "사회주의" 철학자들이 ―유토피아주의자들, 생시몽, 푸리에, 프루동 등등― 추구했던 것인데, 그들은 나중에 뒤링이 그랬듯 부르주아 체계들과 경합하는 프롤레타리아 "체계들"을 제작하는 데에 도취했다. 거기엔 완벽한 체계가 주는 이점들이, 제자리에 놓인 사물들의 총체에 대한 서술, 이 사물들의 내재적 관계, 미래에 대한 예견 등등이 확실하게 있어 보였다. 또한 어떤 착취 계급이 체계적 서술 속에서 정연하게 자신들의 미래를 미리 쥠으로써 그 미래를 마음대로 할 수 있으리라는 확신을 갖기 위해 필요로 하는 미망 및 사기의 효과도 있었다.

심오한 정치적 본능 덕에 마르크스와 엥겔스는 이와 같은 안이한 길을 따르길 거부한다. 그들이 보기엔, 프롤레타리아는 "정치의 새로운 실천"을 창안한다는 조건에서만 자신들을 지배계급으로 구성할 수 있으며, 이와 마찬가지로, 정치의 이러한 새로운 실천을 견지하기 위해서는 "철학의 새로운 실천"을 창안해야만 했다. 정치적인 만큼이나 철학적인 이 전망들에서 작동하는 것은 언제나 공산주의 전략이다. 그것은 이제 혁명적이고 공산주의적인 미래를 준비하는 문제이다. 그러니 이제부터는 부르주아 이데올로기와 부르주아 철학의 압박에 굴하지 않고―도리어 그것들에 저항하면서 전적으로 새로운 요소들을 배치하는 것이 문제이다. 모든 것을 좌우하는 것이 국가에 대한 질문이기에, 이제부터는 섬세하지만 매우 강력한 연결을, 국가를 철학에 연결하는 특이나 "체계"라는 형식 아래서의 연결을 절단해야 한다.

이와 같은 연결이 실존함은 마르크스가 밝혀낸 것도 발견한 것도 아니다. 철학자들은 아주 오래전부터 그것을 알았다. 비록 그것의 본성을 정확하게 인식하지는 못했어도. 플라톤은 철학이 국가와 직접적 관계를 맺었다는 점을 매우 잘 알았는데, 이것이 꼭 그의 개인적 야망 때문은 아니다. 서양철학사의 다른 쪽 끝에 있는 헤겔은 그것을 훨씬 더 명료하게 말했다. 국가 안에서처럼 철학 안에서도 권력이 문제라고. 철학 안에는, 다른 관념들에 가해지는 권력을 가지고 그것들을 "착취"하는 관념들이 있다. 국가 안에는, 다른 계급에 가해지는 권력을 가진 계급들이 있는데, 이 계급들이 저 계급을 착취한다. 그런데 관념들에 가해지는 관념들의 권력이, 멀리서, 하지만 현실적으로, 다른 계급에 가해지는 어떤 계급의 권력을 지탱한다. 계급 권력의 표현이 아니거나 또는 지배계급을 그들의 계급 권력 형식들 안에 가두지 않는, 그러한 또 다른 철학으로의 길을 준비하고자 한다면, 철학을 국가에 예속시키는 이 연결을 절단해야 한다.

이런 견지에서 보자면, 장차 태어나야 할(그래서 위대한 마르크스주의 지도자들과 저자들의 상대적 침묵이 이해된다) 그 철학이 이데올로기들과 맺는 관계는 완전히 달라진다. 내가 (『철학과 과학자들의 자생적 철학Philosophie et philosophie spontanée des savants』에서) 제시할 수 있었던바, 관념론 철학은 부르주아의 도덕적·종교적·정치적 "가치들"

에 가장 큰 수혜가 생기는 쪽으로 과학적 실천을 "착취"하며 시간을 보낸다. 철학이 착취 계급의 정치에 봉사하며 과학적 방식으로 저 정치의 효과들을 통제하지 못하는 한에서, 철학이 실천들을 이처럼 착취하는 것은 규칙이고 불가피한 것이다. 지배이데올로기에 예속된 이데올로기들이 실천들을 꽉 죄고 있는 것과, 이 지배이데올로기를 통일하는 철학이 일부 실천을 이용해 다른 실천들에 압력을 가하는 것이 실제로 필요하다.

그런데 철학이 이데올로기들 및 실천들과 맺는 전혀 다른 관계를 마르크스주의의 혁명적 전망 안에서 구상해볼 수 있다. 예속과 착취의 관계가 아니라 해방과 자유의 관계. 이와 같은 대체가 모든 모순을 제거하지 못하리라는 것은 확실하지만, 적어도 원리상으로는, 실천들의 자유를 구속하는 가장 큰 장애들을 치워줄 것이다. 계급투쟁 및 계급들의 실존으로부터 오는 장애들. 우리는 이러한 장래를 선취할 수는 없지만, 긍정적이면서도 부정적이기도 한 충분한 경험들을 갖고 있어서 그 장래의 가능성을 상상하고 풍요로움을 떠올려볼 수는 있다.

21.

철학의 새로운 실천

이 모든 것이 참이라면, "마르크스주의 철학"과 그것의 가능성에 대한 저 숱한 논란의 유명한 질문에 우리가 아마도 답할 수 있을 것이다. 마르크스와 레닌은 이 질문을 그늘 속에 두었지만, 그들의 침묵은 이미 하나의 답변이었으니, 그들은 계급투쟁 법칙에 대한 마르크스주의 과학과 그것을 기회로 등장한 새로운 철학을 동시에 강조했기 때문이다. 그들 이후에 모든 유형의 해석이 나왔다. [에두아르트] 베른슈타인 같은 수정주의자들이 보기엔, 마르크스가 정립한 과학은 어떤 철학에도 적응할 수 있는 것이라서 가장 실효적인 철학이 최상의 철학이었다(예컨대 칸트의 철학). 청년 루카치가 보기엔, 마르크스가 정립한 철학은 자기 내부에, 헤겔의 방식대로, 부당하게도 역사과학이라 불리는 것을 흡수한다. [안토니오] 라비리올라와 그람시는 제2인터내셔널의 경제주의에 반발하던 이 시기에 이와 같은

355

견해를 매우 공유하고 싶어 했다. 스탈린 역시 저 나름의 교조적 방식으로 철학을 자기 내부에 마르크스주의 역사 이론을 포괄하는 하나의 과학으로 삼으려 했다.

그런데 이 모든 해석은, 가장 명민한 것들조차도(그람시), 부르주아 철학의 현존 모델에 의해―철학은 특정하게 정의된 형식들 아래 비로소 실존할 수 있다는 관념에 의해 고무되었다. 특히 체계라는 형식 아래. 또는 존재들 전체를 포괄하며 존재들에 위치와 방향과 목적을 할당하는 "의미"라는 형식 아래. 최상의 경우엔, 과학과 구별되는 "이론"이라는 형식 아래. 나를 평가해보더라도 인정하는바, 내가 이런 관점의 영향에서 항상 벗어날 수 있었던 건 아니다. 초기의 철학 에세이들에서 나는, 마르크스가 "이중의 단절"에 의해 하나의 과학(역사유물론)과 하나의 철학(변증법적 유물론)을 동시에 생산했노라고 말할 정도로, 비록 둘을 혼동하지 않았음은 확실하나, 철학을 과학의 모델 위에서 표상했다.[1] 그런데 내 생각으론, 오류에 빠질 수 있는 이런 식의 표현들을 포기해야 한다.

모든 과학이 어떤 "단절"에 의해 개시되는 것이라면, 이는 과학이 "지형을 변화"시켜야만 하고, 대부분 이데올로기적인 전前과학적 통념들의 낡은 지형을 포기해야만 하며, 그리하여 ["과학이"] 새로운 이론적 기반 위에서 확립되어야만 하기 때문인데, 새로운 철학은 그

---

1. L. Althusser, *Pour Marx*, Paris, Maspero, coll. "Théorie", 1977, p. 235. "마르크스는 사실상, 새로운 문제설정, 세계에 대해 질문을 제기하는 새로운 체계적 방식, 새로운 원리들과 새로운 방법을 정립한다. 이런 발견은 직접적으로 역사적 유물론의 이론 속에 포함된다. 마르크스는 역사적 유물론 속에서 사회들의 역사에 대한 새로운 이론만을 제시하는 것이 아니라 동시에, 암묵적으로 그러나 필연적으로, 무한한 함의들을 지닌 새로운 '철학'을 제시한다." [루이 알튀세르, 『마르크스를 위하여』, 서관모 옮김, 후마니타스, 2017, 400쪽]

러한 식으로 진행되지 않는다. 그 철학은 이와 같은 불연속성에 의해 표시되지 않는데, 그 철학이 어떤 오래된 투쟁의 연속성 안에서 자기 자리를 잡을 따름이라 그렇다. 이 투쟁에서 대립하는 적들은 그 자신들이 주장하는 바가 변하긴 하지만 그 자신들의 목표들은 정세의 변화 내내 동일한 것들로 뚜렷하게 지속된다. 그 철학이 혁명적 계급의, 그 어떤 계급도 착취하지 않으며 모든 계급을 폐지하기를 원하는 그런 계급의 세계관을 철학에서 표상하려는 것이라면, 그 철학은 실존하는 철학적 전장에서 싸워야만 하고, 전투의 규칙들을 수용해야만 하거나, 또는 차라리 바로 이 동일한 전장에서 **적을 착각하지 않고** 자신의 고유한 전투 규칙들을 강제해야만 하는 것이다. 자신의 전투 규칙들을 강제하는 그 철학은 전통적 규칙 대부분을 거부함으로써 적을 당혹시킬 수 있다. 전통적 규칙들은, 예컨대 "체계"라는 규칙, 그리고 진리와 의미와 목적과 보증 등등 여타의 숱한 규칙들은 권력을 쥔 계급의 지배에만 도움이 되기 때문이다. 요컨대, 그 철학은 자신이 주도해 철학의 새로운 실천을 자신의 적에게 강제해야만 한다.

사정이 이렇다 하더라도, 나로서는 "마르크스주의 철학"이 아니라 **"철학에서의 마르크스주의적 입장"[2]** 또는 "철학의, 마르크스주의적인, 새로운 실천"을 말하겠다. 이러한 정의가 내게는 마르크스에 의해 실행된 철학적 혁명의 의미와도, 마르크스와 그 후예들의 정치적이고 철학적인 실천의 의미와도 모두 다 부합하는 것 같다. 그리고 이러한 정의가 진지하게 고려된다면, 제2인터내셔널과 스탈린 이후

---

2. 삭제: "또는 철학에서 변증법적-유물론의   입장"

로 마르크스주의 철학이 빠져 있던 심층적 위기에서 빠져나오는 것이 반드시 시작될 수 있다. 약간 더 정확하게 부언해도 될까? 나는, 교도관의 검열 탓에 그럴 수밖에 없었던 그람시와 달리, 마르크스주의가 "프락시스의 철학"이라고 말하지 않겠다. 프락시스(자기에 의한 자기의 변형)라는 관념이 마르크스주의 안에서 어긋나 있었다고 생각해서 그러는 것은 아니다. 외려 그 반대라고 생각한다. 이와 같은 정식화가 "…의 철학"이라는 낡은 관념론적 형식에 연루될 수 있기 때문에 그러는 것이다. 이런 형식은 어떤 특수한 규정을, 여기서는 바로 "프락시스"를, 사물들의 총체의 본질 또는 "의미"로 지정한다. 온전한 내 생각을 말하자면, 이와 같은 정식화가 철학에서의 마르크스의 입장에 대한 관념론적 해석으로 귀착될 수 있다는 것이다. 일례로 (이탈리아에서는 에마누엘레 파치에게서 보게 되듯) 칸트로의 회귀 또는 후설로의 회귀라는 스타일로.

22.
변증법, 법칙인가 테제인가?

[우리는] 프롤레타리아적인 계급적·이론적 입장들에 입각한 이와 같은 "철학의 새로운 실천" 도상에서 더욱 큰 관념론적 장애에 직면하게 될 것이다. 이 장애는 **이론(즉 과학)과 방법** 사이 낡은 관념론적 구별에 의해 구성된다. 이 구별은 과학적 실천에서 유래한다. 과학자가 자신이 하나의 이론으로 통합할 수 있는 일단의 객관적 인식들에 당도할 때, 그는 자신의 대상을 "문제화"(칸트)하는 어떤 실천적 배치 안에서 전체이든 부분이든 이 이론을 "실현"함으로써 자신의 실험을 해내는 것이다. 이렇게 하기 위해서, 그는 자신의 가용 이론을 "적용"하는 것이고, 이렇게 적용된 이 이론은 이제 과학적 방법이 되는 것이다. 스피노자는 이와 같은 실천을 유물론적 용어들로 번역해 말했다. 방법은 "관념의 관념"에 다름 아니라고. 다시 말해, 새로운 실험에서 획득된 인식의 반영이자 적용이라고. 따라서 방법

은 획득된 인식들에 아무것도 추가하지 못한다고. 방법은 그 인식들을 초월하는 그리하여 마술적 정식에 의해 그 인식들을 획득할 수 있도록 해줄 (초월적) 진리가 아니라고.

그런데 이론과 방법의 구별은 자연스럽게 관념론 철학에 의해 착취되었으니, 이 철학은 그것들의["이론과 방법의"] 차이를 강조했고, 방법을 모든 진리에 선행하며 모든 새로운 진리의 발견을 가능케 해줄 수 있는 진리로 간주하고 싶어 안달이었다. 이래서 데카르트의 경우에 방법은 진리의 반영이라기보다는 원리상 진리에 선행하는 것이니, "진리 탐구"의 순서가 진리 서술의 순서에 선행하기 때문이다. 이래서 라이프니츠 이후 헤겔이 모든 진리 내용보다 우월한 절대적 방법인 변증법을 운운할 수 있었던 것이다. 이러한 관점에서 상대하게 되는 것은 인식생산 과정의 역사적 전제들을 완전히 추상해버리는 시각인데, 하지만 이 시각의 함의는 실험의 과거 역사의 결과가 절대적 소여로 실존한다는 것이요, 아무 대상이든 이 대상으로부터 인식을 끌어내기 위해서는 이 대상에 저 절대적 소여를 적용하는 것으로 족하다는 것이다. 이는 연구자를 아이의 수준으로, 어느 성인이 연구의 규칙들을 제시해주면 이 규칙들이 결과들을 생산하는 걸 보고 감탄할 아이의 수준으로 끌어내리는 것이다. 라이프니츠가 유쾌하게 데카르트적 방법관을 비판하며 말했다. "필요한 걸 잡고, 필요한 그대로 행하라, 그러면 원하던 결과를 얻을 것이니."[1] 요컨대 마술적 조작.

1. G. W. Leibniz, Lettre à P. Swelingius, *Philosophische Schriften, op. cit.*, t. IV, Berlin, Weidmann, 1881, p. 329.

마르크스와 엥겔스는 불행히도 이와 같은 구별을, 방법에 대한 이와 같은 환상적 표상을 물려받았다. 헤겔과 자신들의 관계를 사유하기 위해 그들은 다음과 같은 불행한 정식을 구사했다. 헤겔에게서 내용은 반동적이지만 방법은 혁명적이었다는. 방법, 그것이 변증법이었다. 그래서 엥겔스는, 『자연변증법』에서 이와 같은 구별을 더 전개해 말하길, 새로운 "철학"에서 유물론(즉 물질 및 그것의 속성들에 대한 이론)은 이론이요 변증법은 방법이라 했다. 그리고 그는 유물론에 대한 변증법의 우위를 거의 확언했고, 유물론이 변증법과 모순되지 않고서야 어찌 변화와 보편적 상대성의 법칙에서 벗어날 수 있겠느냐고 물었다.[2] 이렇게 함으로써, 엥겔스는 달리 보자면 물질의 본질적 속성인 **운동**을 방법이라는 이름으로 추상했을 따름인데, 그는 이렇듯 운동의 법칙들(저 유명한 "변증법의 법칙들")을 연구했고, 이 속성(운동)을 물질의 모든 형태들 및 이것들의 변형에 적용했다.

이와 같은 구별을 스탈린이 이어받아 대대적으로 조직했고, 그것은 자연스럽게 황폐해졌다. 다들 감지할 수 있는바, 이와 같은 구별이 전적으로 입각해 있던 관념은 철학이 하나의 과학으로 고유한 대상(물질 및 그것의 속성들)을 갖는다는 것이었고, 전체 또는 존재의 과학으로서의 철학에 대한 체계적 이론으로 불가피하게 귀착된다는 것이었다. 이로부터 "마르크스주의 철학"에 대한 "존재론적" 관점들이 나오는데, 불가피한 "방법론적" 관점들과 중첩되는 이 관점들은 스탈린적 유산을 포기하지 않은 소련 철학자들에 의해 옹호

---

2. F. Engels, *Dialectique de la Nature*,   Paris, Éditions Sociales, 1975.

되었고 여전히 그렇다. 역시 이로부터 나오는 기이하고 역설적인 문제는, 변증법의 "법칙들"이 운동 중인 물질의 "법칙들"이라고 가정하지 않는 한 유물론의 "법칙들"은 실존하지 않는데 도대체 왜 **변증법의 "법칙들"**은 실존하는가라는 물음이며, 왜 물질(다시 말해 객관적 현실성)이 아니라 유물론(다시 말해 철학)을 말하는가라는 물음이다. 또한 이로부터 나오는 자극적인 문제는 과연 변증법에는 **몇 개의 법칙이 실존하는가**라는 것인데, 세 개라고도 네 개라고도 하는 이 법칙들은 단 하나로(엥겔스의 경우에는 운동이고, 레닌의 경우에는 모순이다) 환원될 수도 있을 것이다. 또한 이로부터 나오는 터무니없는 결과는, 물질의 "법칙들"은 이미 알고 있으니 어느 대상에 대한 인식을 생산하려면 그것들을 해당 대상에 "적용"하는 걸로 충분하다는 것이다. 요컨대, 이처럼 특수한 인식을 "일반적 법칙들"로부터 "도출"하는 걸로 충분하다는 것이다.

이 모든 문제에서, 자칭 마르크스주의적 이 관점은 부르주아 철학과 "밀착되어" 있고, 그 철학에 예속되어 있으니, 이 관점 스스로 해방되겠노라 천명하는 바로 저 철학에 자신이 예속된다는 해소 불능의 모순에 사로잡힌다. 이러한 부조리를 제대로 끝내야 한다. 이런 문제제기 방식은 전혀 마르크스주의적이지 않고 전적으로 부르주아 관념론 철학에 조응한다는 점을 인정함으로써.

달리 보자면, 이것이 유물론과 변증법 사이의 이와 같은 구별에 관해 해명할 좋은 기회일 수 있다.

이와 같은 구별은 마르크스주의적 **입장들** 위에서 무엇을 의미할 수 있는가? 철학적 테제들의 다양성 이외에 다름 아니다. 변증법의

"법칙들"이 아니라 **변증법적 테제들**이 실존한다고들 말할 것이다. 마치 유물론적 테제들이 실존하듯이. 유물론은 어느 정의된 대상의 이론이 전혀 아니고, 과학적 실천과 정치적 실천을 지휘하고 방향 잡아주는 테제들의 앙상블이다.

게다가, 자세히 들여다보면 알게 되는바, 이와 같은 구별은 순수하게 유물론적인 테제들이 한쪽에 정렬하고 순수하게 변증법적인 테제들이 다른 한쪽에 정렬하는 식으로 이루어지는 것이 아니다. 역으로, **모든 테제가 유물론적임과 동시에 변증법적인 것이다.** 테제라는 관념 자체가 실제로 이런 결론을 내포한다. 하나의 테제는 자신이 인식을 제공하는 저 하나의 외재적 대상과 대면하며 홀로 실존할 수 있는 것이 아니고 **또 다른 테제와 맞서는 식으로 실존**한다는 점을 우리가 아는 한에서는 그렇다. 모든 테제는 필연적으로 안티테제이고, 모든 테제는 모순의 우위 즉 대립물들에 대한 모순의 우위 아래에서만 실존한다.

이러한 명제가, 그것 자체가 하나의 테제인데, 철학에서의 마르크스주의적인 유물론적 관점의 1번 테제라고 말할 수 있으며, 이 1번 테제는 변증법적임과(대립물들에 대한 모순의 우위를 확인하기 때문에) 동시에 유물론적임을 제시할 수 있는데, 유물론적 이유는 객관적 실존에 대한 테제인 이것이 실존 조건들의 효과들에 대한 실존 조건들의 우위를 확언하기 때문이다(레닌: "모든 것이 조건들에 달려 있다"). 유물론적이라 일컬어지든 변증법적이라 일컬어지든 여하간 모든 다른 테제도 사정은 동일하다. 모든 테제의 고유함은, 그것의 극단적 형식 안에서, 주지하는 바라는 듯이, 또 다른 "현실성"에 대한 하나의 "현실성"의 우위를 확언하고 제기하는 것이다. 모든 테제는 자기 내부에 변증법적 모순을 포함하는데, 하지만 이 모순은 자신의 실존 조건들로 언제나 회귀되기에 이 테제는 동시에 유물론적 테제인 것이다.

이러한 조건들에서는, 변증법적 테제들(이른바 "법칙들")이 몇 개 실존하는가 또는 유물론적 테제들이 몇 개 실존하는가라는 질문은 아무 의미도 없다. 철학적 테제들은 실천들의 전개에 의해 제기되는 질문들에 답하기 위해 "제기"되는데, 이 실천들의 전개는 무한하[기 때문이]다. 그로부터 내릴 수 있는 결론인즉슨, 변증법의 유한한 수의 "법칙들"의 실존을 고백한 "마르크스주의" 철학자들의 "연구"에서까지 입증하듯, **테제들의 수는 무한하다**는 것.

이 중요한 차이들에서, 철학의 실천의 미래 모습이 드러나는 것을 보게 되는데, 그것은 철학 및 그것의 법칙들의 갈등적 장의 실존을 인정하면서도 그 장을 변형해 프롤레타리아 계급투쟁에(아직 이 투쟁의 시간이라면) "혁명을 위한 무기"를 부여하고자 하는 실천이다. 또한 보게 되는 것은, 이런 임무가 한 개인의 일일 수도 없고 시간이 제한된 임무일 수도 없다는 것, 도리어 무한한, 사회적 실천들의 변형들에 의해 부단히 혁신되는, 부르주아 이데올로기와 부르주아 철학의 함정들을 늘 경계하면서 철학을 통합자로서의 철학의 역할에 맞춰 부단히 재개하는 더 정확히 하자면 올바르게 조립하는, 임무라는 것이다. 마지막으로, 이런 임무에서는 이론에 대한 실천의 우위가 부단히 확인되는데, 철학은 계급투쟁이 이론에 파견한 분견대에 다름 아니기 때문이고, 따라서 철학은 궁극적으로 프롤레타리아의 혁명적 실천에 그리고 또한 여타의 실천에 복속하기 때문이다.

하지만, 이와 동시에, 단순한 프롤레타리아 "정치의 시녀"와는 전혀 다른 것이 철학 안에서 인정된다. 이론의 독창적 실존 형식. 전적으로 실천을 향하는 형식. 진정한 자율성을 보유할 수 있는 형식. 정치적 실천과 그 이론 형식이 맺는 관계가 계급투쟁 법칙들과 그 효과들에 대한 마르크스주의 과학에 의해 생산된 인식들에 의해 항상 통제된다는 조건에서. 이 관점에서 틀림없이 가장 이례적인 것은, 그것의 투쟁 목표인 실천들을 착취와 이데올로기적 억압과 부르주아 철학의 모든 형식으로부터 해방하면서도 그것의 모든 규정을 고무하는 심층적 통일성이다. 이래서 레닌은 마르크스주의 이론을 "강철 덩어리"라고 말할 수 있었다. 이 "덩어리"는 체계와는 아무 관련이 없으며, 원리들과 입장들의 견고함이 사실상 목표하는 바는 실천들을 예속시키는 것이 아니라 해방하는 것이다.

이와 같은 "이론" 자체가 계급투쟁 실천에 복속된다는 것, 따라서 그것의 오류들과 실패들 및 편향들에 복속된다는 것이 주지의 사실일 때, 그 이론이 계급투쟁의 수단임과 동시에 판돈을 이루기에 그 투쟁 안에 전적으로 사로잡힌다는 것이 주지의 사실일 때, 그 이론이 부르주아 철학의 관념론적 이미지에서, 모든 것이 사전에 사유되며 구조물 전체를 동요시키지 않고서는 아무것도 문제시될 수 없는 이 폐쇄적 체계에서 벗어날 수 있음이 더 잘 이해된다. 이제 이해되는바, 마르크스주의 철학자는 세상에서 단절된 사람과는 달라야만 하고 그럴 수 있다. 계급투쟁의 이론적 발전의 이론적 조건들을 철학 안에서 사유하는 투사. 철학 안에서 뿐만 아니라 정치적 실천 안에서도 전투적으로 행동하는 이론가.

그래도 아마 마지막 질문이 남을 것이다. 우리를 이 에세이의 시작으로 돌려보내는 질문. 어떤 점에서 모든 사람이 철학자인지를 묻는 질문. 이 명제는 역설적이다. 모든 사회적 실천 지형에서의 심화된 인식들을 전제하는 모든 철학적 테제의 고도로 추상적인 특성이 확실히 인정되기를 원한다면 말이다. 모든 사람이 "이데올로기적 동물"이라는 점은 쉽게 허용될 것이다. 왜냐면 사람은 관념들, 자신의 실천에 대한 관념, 또는 자신의 고유한 실천을 지배하는 실천들에 대한 관념들 하에서만 살아갈 수 있고 행동할 수 있기 때문이다. 하지만 철학자라고 하는 자이니! 앞에서 언급된 바에 따라 틀림없이 인정될 것은, 철학자들의 철학이라는 의미에서 모든 사람이 철학자는 아니라고 해도, 의식적으로는, 지배이데올로기를 통해, 또는 **철학적으로 정교해진** 피지배계급 이데올로기를 통해, 그 모든 사람이 적어도, 철학적 "낙진"같은 것을 받아들인다는 것이다. 그 낙진이 피지배계급의 자생적 이데올로기에 파고들어가게 되는 한에서는.

그렇다. 이런 의미에서, 모든 사람은 잠재적으로 철학자이다. 그가 그럴 시간과 수단을 갖는다면, 자신의 개별적이고 사회적인 조건 안에서 이처럼 자생적으로 체험하는 철학적 요소들에 대해 그가 의식할 수 있으리라는 점에서. 하지만 현실적으로 철학자이기 위해서는, 그가 무엇보다도 철학자들의 철학을 공부해야만 한다고들 주장할 것이다. 전술한 철학을 담고 있는 것은 철학자들의 저작이니

366

까. 그렇지만 이 해법은 대단히 억지스러운데, 책이란 책일 뿐이고, 책이 언급하는 실천들의 구체적 경험이 없다면 우리의 철학자-도제는 책의 의미를 파악하지 못할 위험부담을 지게 되고, 책의 추상적 우주라는 닫힌 원 안에 있는 것과 같을 것이기 때문이다. 책의 고유한 의미의 관건을 주지는 못하는 저 우주에.

이런 의미에서, 위대한 철학자들이, [그들이] 관념론자라 하더라도, 플라톤에서 칸트에 이르기까지 다음의 관념을 지지한 것은 옳았다. 철학은 교육되는 게 아니라는 것. 책에 의해서도 선생에 의해서도. 철학은 실천을 통해 독학하는 것. 이 실천의 조건들에 대해, 이 실천을 지휘하는 추상들에 대해, 사회와 그것의 문화를 지배하는 갈등적 체계에 대해 성찰한다는 조건에서. 물론 책에서 도움을 받아야 하지만, 철학자가 되기 위해서는, 직업 철학자와 대등해지기 위해서는, 레닌이 그랬듯이, 그는 철학 기초 교육만을 받았는데, 철학을 실천 속에서 배워야 한다. 상이한 실천들 속에서, 그리고 무엇보다도 계급투쟁 실천 속에서.

하지만 궁극적으로 철학자란 누구인가라고 묻는다면 다음과 같이 말하겠다. **이론 안에서 싸우는 사람**이라고. 싸우기 위해서는 싸우면서 싸움을 배워야 하고, 그것도 이론 안에서 싸우기 위해서는 과학적 실천에 의해, 그리고 이데올로기적이고 정치적인 투쟁의 실천에 의해 이론가가 되어야 한다.

부르주아가 자신들의 영구적 철학체계들을 생산하기를 단념한 시대에, 부르주아가 관념들에 대한 보장과 전망을 단념하고 자신들의 운명을 컴퓨터와 기술관료의 자동화에 맡기려는 시대에, 부르주아는 사유될 수 있는 가능한 미래를 세상에 제시할 수 없는 시대에 프롤레타리아가 일어나 도전할 수 있다. 요컨대 철학에 삶을 되돌려 줄 수 있으며, 계급 지배로부터 사람들을 해방하기 위해 철학을 "혁명을 위한 무기"로 삼을 수 있다는 것이다.

대중들은 어떻게 비철학자가 될 수 있는가?

진태원(고려대학교 민족문화연구원 선임연구원)

'비철학자들을 위한 철학 입문'이 뜻하는 것

1990년 알튀세르가 사망한 이후 계속 출간되고 있는 그의 유고집은 이제 20권을 넘어섰으며, 조만간 몇 권이 더 출판될 것으로 예고되어 있다.[1] 지금까지 알튀세르 유고집 출간 작업은 두 편집자에 의해 이루어져왔다고 할 수 있다. 알튀세르 유고의 첫 번째 편집 책임자였던 프랑수아 마트롱은 1992년에서 2006년까지 유고집 간행을 진행했으며, 우리에게 잘 알려져 있는 『미래는 오래 지속된다』 같은 알튀세르 자서전[2]을 비롯해 알튀세르 생전에 출판된 저작에서는 찾아볼 수 없던 마주침의 유물론 내지 우발성의 유물론 같

---

1. 알튀세르 유고집의 목록과 의미에 대한 소개는 진태원, 「해제—필연적이지만 불가능한 것: 『검은 소』 한국어판 출간에 부쳐」, 루이 알튀세르, 『검은 소: 알튀세르의 상상 인터뷰』, 배세진 옮김, 진태원 해제, 생각의힘, 2018, 11~17쪽 참조.

2. 루이 알튀세르, 『(루이 알튀세르 자서전) 미래는 오래 지속된다』, 권은미 옮김, 이매진, 2008.

은 비의적秘意的 주제를 담고 있는 저술들,[3] 『정신분석에 관한 저술』
이나 『재생산에 대하여』와 같이 알튀세르 생전의 저작과 연장선에
있는 저술들,[4] 알튀세르의 파리 고등사범학교 정치철학 강의록 등이
그의 손을 거쳐 출간되었다.[5] 그 이후 마트롱을 대신해 새로 유고 편
집 책임을 맡은 G. M. 고슈가리언이 2014년부터 현재까지 5권을 편
집·출간하고 있다. 2018년에 한국어로 번역된 『검은 소』와 『무엇을
할 것인가』[6]를 비롯해 『비철학자들을 위한 철학 입문』과 『철학에서
마르크스주의가 된다는 것』, 『역사에 관한 저술』이 그것이다.[7]

고슈가리언이 편찬한 5권의 알튀세르 유고집은 각기 독자적 개성
을 지닌 저술이지만, 이 책 『비철학자들을 위한 철학 입문』은 그중
에서도 아주 독특하면서도 주목할 특성을 가지고 있다. 그것은 책
의 제목에서 뚜렷하게 드러난다. 비철학자들을 위한 철학 입문. 두
가지 단어가 예사롭지 않다. '비철학자들'과 '입문'.

우선 왜 '비철학자들'인가? 이 책의 첫 장은 바로 '비철학자들'이

---

3. 마주침의 유물론 내지 우발성의 유물론에
관한 저술을 묶은 국역본으로는, 루이
알튀세르, 『철학과 맑스주의: 우발성의
유물론을 위하여』(개정판), 서관모·백승욱
편역, 도서출판 중원문화, 2017; 루이
알튀세르, 『철학에 대하여』, 서관모·백승욱
옮김, 동문선, 1997 참조.

4. 루이 알튀세르, 『재생산에 대하여』, 진태원·
황재민 옮김, 리시올, 근간 예정.
「이데올로기와 이데올로기
국가장치들」이라는 유명한 논문은 이
유고집의 몇 부분을 발췌해 발표된 글이다.
『정신분석에 관한 저술: 프로이트와
라캉(Écrits sur la psychanalyse: Freud
et Lacan)』(Paris: Stock/IMEC 1993)은

아직 한국어판 완역본이 없으며, 일부가
다음 책에 번역되어 있다. 윤소영
엮음, 『알튀세르와 라캉: 프로이트-
마르크스주의를 넘어서』, 공감, 1996.

5. 루이 알튀세르, 『알튀세르의 정치철학 강의:
마키아벨리에서 마르크스까지』, 진태원
옮김, 후마니타스, 2019.

6. 루이 알튀세르, 『무엇을 할 것인가?:
그람시를 읽는 두 가지 방식』, 배세진 옮김,
오월의봄, 2018.

7. 루이 알튀세르, 『철학에서 마르크스주의가
된다는 것』, 주재형 옮김, 그린비, 근간
예정; 루이 알튀세르, 『역사에 관한 저술』,
배세진·이찬선 옮김, 오월의 봄, 근간 예정.

뜻하는 바가 무엇인지 해명하는 데 할애되고 있다. 비철학자들은 일차적으로 철학자들이나 철학을 전공하는 학생들이 아닌 평범한 일반인들을 가리킨다. 노동자, 농민, 사무원들이 그들이요, 또한 임원, 공무원, 의사 등과 같은 전문직 종사자들이 그들이다. 그런데 비철학자들을 대상으로 한 철학 입문서를 쓴다는 것은 별반 특이한 일은 아니다. 우리나라에서도 다소 자극적인 제목을 단 비철학자들을 위한 교양 철학서들을 흔하게 볼 수 있다. 알튀세르가 이 책에 '비철학자들을 위한 철학 입문'이라는 제목을 붙일 때 염두에 둔 것도 철학을 전공하지 않은 일반인들을 위한 철학 개론서가 아니었을까? 어떤 점에서는 그렇다고 볼 수 있지만, 사정이 그렇게 단순하지는 않다.

알튀세르가 '비철학자들을 위한 철학 입문'이라는 제목에서 의도하는 바를 파악하려면 제목에 나오는 또 다른 단어 곧 '입문'이라는 말을 살펴볼 필요가 있다. 입문이라는 한국어 단어에 해당하는 프랑스어 단어나 영어 단어는 대개 introduction이다(독일어로는 Einführung). 실제로 프랑스어나 영어로 출간된 수많은 철학 개론서의 제목으로 사용되는 것이 바로 introduction이라는 단어다. 물론 제목은 introduction으로 되어 있지만 단순한 개론서를 넘어서는 저작들도 여럿 있다. 일례로 알렉상드르 코제브의 유명한 헤겔 『정신현상학』 연구서는 『헤겔 독서 입문』이라는 제목을 달고 있고,[8] 하이데거는 자신의 문제적(나치즘과 연루된) 저작 중 한 권에 『형이

8. Alexandre Kojève, *Introduction à la lecture de Hegel*, Paris: Gallimar, 1980(초판 1947).

상학 입문』이라는 제목을 붙이고 있다.[9] 어쨌든 철학 입문서/개론
서나 연구서에 introduction이라는 제목은 흔히 찾아볼 수 있어도
이 책처럼 initiation이라는 단어를 사용하는 경우는 아주 드물다.

그렇다면 왜 알튀세르는 널리 쓰이는 introduction 대신 initia-
tion이라는 단어를 책의 제목으로 택했을까? 고슈가리언이 전하는
바에 따르면, 알튀세르가 1976년 일종의 철학 교과서로 저술한 첫
번째 원고의 제목은『철학 입문Introduction à la philosophie』이었다고 한
다. 이 제목은 곧바로『철학에서 마르크스주의자가 된다는 것』으로
바뀌었고, 알튀세르는 1977년에서 1978년 사이에 비전문가들 곧
비철학자들을 위한 또 다른 철학 교과서 원고(『비철학자들을 위한 철
학 입문』)를 집필한 다음 이번에는 introduction 대신 initiation이
라는 제목을 붙인다. 이러한 제목의 변화가 뜻하는 바는 무엇인가?

알튀세르 스스로가 사정을 밝히지 않은 이상 그가 제목을 바꾼
의도를 확실히 알 순 없지만, 한 가지 가설을 제시해볼 수는 있을
것이다. 프랑스어나 영어에서 initiation은 introduction보다 다의
적 의미를 지니고 있다. initiation은 우선 말 그대로 '입문'을 가리
킨다. 지식에 대한 입문을 뜻할 수도 있고 활동 내지 생활방식에 대
한 입문을 뜻할 수도 있다. initiation은, 더 나아가, 특히 비밀스러
운 조직이나 (종교) 집단에 가입하는 것, 또는 (종파) 스승으로부터
비밀스러운 교리를 전수받는 것 등을 의미한다. 그렇다면 initiation
이 introduction과 구별되는 특징은, 다른 용어법으로 하면, **당파성**

9. Martin Heidegger, *Einführung in die
Metaphysik*, Tübingen: Max Niemeyer
Verlag, 1953(초판 1935);

한국어판. 마르틴 하이데거,『형이상학 입문:
1935년 프라이부르크 대학에서의 강의』,
박휘근 옮김, 문예출판사, 1994.

이라고 할 수 있다. initiation이라는 의미에서 '입문'하는 것, 이 책의 경우 철학에 '입문'하는 것은 **입문하는 주체에 대해 외재적 관계에 있는 어떤 대상으로서의 철학에 들어가는 것**을 뜻하지 않는다. 그것은 입문하는 주체에게 **헌신** 내지 **참여**를 요구하는 철학이며, 그러한 헌신 내지 참여를 통해서만 존재할 수 있는, 더 정확히 말하면 실천될 수 있는 철학이다. 따라서 **아무나** 철학에 입문할 수 있는 것이 아니다. 곧 알튀세르가 말하는 철학은 적어도 누구나 손쉽게, 가벼운 마음으로 입문할 수 있는 것이 아니다. 그 입문의 길은 **비철학자들**에게만 열려 있다.

우리는 교양을 쌓기 위해서 또는 지식에 대한 호기심에서 철학에 입문할 수 있다. 예컨대 서양철학사에 관한 개론서를 읽음으로써 서양철학의 세계에 입문하는 것, 또는 칸트 철학에 관한 개론서를 읽음으로써 칸트 사상에 입문하는 것이 그러하다. 그리고 이런 경우에 어울리는 단어가 바로 introduction일 것이다. 이때 입문의 대상이 되는 철학은 **중립적이고 단일한 어떤 대상**으로 간주된다. 말하자면 **일반적인 것** 내지 **보편적인 것으로서의 (서양)철학**이 존재하며, 탈레스에서 소크라테스와 플라톤, 아리스토텔레스 등을 통해 확립되고 아우구스티누스, 토마스 아퀴나스 등을 거쳐 데카르트, 스피노자, 라이프니츠, 홉스, 로크, 흄, 칸트, 헤겔이라는 근대의 대(大)철학자들로 계승되고 다시 후설, 하이데거, 러셀, 비트겐슈타인 및 현대의 수많은 철학자에게까지 이어지는 **보편적인 것으로서의 (서양)철학사**가 존재한다고 간주된다.

물론 이와 같은 보편적 철학 및 그 역사 속에는 여러 대립과 논쟁, 분화가 있을 수 있다. 플라톤과 아리스토텔레스 사이에서 대립이 있었고, 데카르트와 홉스, 또는 라이프니츠와 로크 사이에서 치열한 논쟁들이 있었고, 헤겔은 칸트에 대해 신랄한 비판을 제기했으며, 현대에 와서는 유럽 철학자들과 영미 철학자들 사이에(아울러 유럽 철학자들과 영미 철학자들 내부에서도) 갈등과 쟁론이 또한 있을 것이다. 하지만 이러한 대립, 논쟁, 비판, 갈등과 쟁론 등은 모두 보편적 철학 **속에서** 이루어지는 것들이며, 따라서 **보편성을 전제**한다고 할 수 있다.

반면 알튀세르가 '철학자들'이 아니라 '비철학자들'을 위한 철학 '입문'을, 그리고 단순히 introduction이 아니라 initiation으로서의 철학 '입문'을 쓰면서 염두에 둔 철학은, 사람들이 흔히 가정하는 이러한 보편적 철학, 그 내부에 어떤 논쟁이나 갈등이 있든 간에 이미 누구나 전제하는 **철학으로서의 철학**이 아니다. 그것은 오히려 **비철학으로서의 철학**이다. 곧 공식적 철학사에서 무시되어왔고 오늘날에도 여전히 철학으로서 인정받지 못하는 어떤 것, 따라서 철학으로서의 철학에 의해 배제되어온 것이 그것이다.

철학사 책은 셀 수 없이 많고 일부는 훌륭하다. 하지만 **비철학의 역사**를 쓰는 일에 과연 누가 관심을 가졌던가? 내가 뜻하는 바는 이러하다. 지배적인 관념론 철학이(그리고 타자의 압력에 의해 너무나 자주 타자가 제기하는 질문들 안에서만 사유하도록 강제된 피지배적인 유물론 철학마저도) 실존과 역사의 찌꺼기라고, 주목을 받을 자격이 없는 대상들이라고 **무시하고, 거부하고, 검열하고, 포기**

했던 이 모든 것의 역사를 쓰는 일에 과연 누가 관심을 가졌던가 말이다. (94~95쪽)[10]

알튀세르는 '비철학'의 사례로 특히 세 가지를 든다. 첫째, 마키아벨리다. 생전에 알튀세르는 마키아벨리에 관해 단 한 차례의 강연을 했을 뿐이지만,[11] 유고로 발표된 『마키아벨리와 우리』(1972) 및 「마주침의 유물론이라는 은밀한 흐름」(1982) 또는 「철학과 맑스주의: 페르난다 나바로와의 대담」(1984) 같은 저술에서 알 수 있듯, 마키아벨리는 알튀세르의 비의적 사상의 핵심을 이루는 마주침의 유물론 내지 우발성의 유물론을 대표하는 철학자다.[12] 역시 유고집인 파리 고등사범학교 정치철학 강의록이 보여주듯, 알튀세르는 이미 1962년부터 마키아벨리에게 깊은 관심을 기울이고 있었다.[13] 마키아벨리는 오랫동안 권모술수의 대가로 알려져왔으며, 그가 근대 정치사상의 대표자 중 한 사람으로 널리 인정받는 오늘날에도 그는 순수 철학자라기보다는 기껏해야 정치사상이라는 특수한 영역에 속한 인물로 간주된다. 하지만 알튀세르는 마키아벨리가 "역사와 정치군사적 이론에 대해서만 말하지 철학에 대해서는 한마디도 말

---

10. 이하에서 특별한 언급이 없는 한 모든 강조 표시는 알튀세르 자신이 한 것이다. 아울러 이하 본문에 표기된 쪽수는 모두 이 책 『비철학자들을 위한 철학 입문』의 것이다.

11. Louis Althusser, "La solitude de Machiavel", in Yves Sintomer ed., *Solitude de Machiavel et autres textes*, Paris: PUF, 1998; 한국어판. 루이 알튀세르, 「마키아벨리의 고독」, 김석민 옮김, 『마키아벨리의 고독』, 도서출판 중원문화,

2010.

12. Louis Althusser, *Machiavel et nous*, Paris: Tallandier, 2009; 한국어판. 루이 알튀세르, 『마키아벨리의 가면』, 오덕근·김정한 옮김, 이후, 2001; 루이 알튀세르, 「마주침의 유물론이라는 은밀한 흐름」, 『철학과 맑스주의』(개정판), 2017; 루이 알튀세르, 『철학에 대하여』, 1997 참조.

13. 루이 알튀세르, 『알튀세르의 정치철학 강의』, 2019 참조.

하지 않는다"는 점을 인정하면서도, "역사와 정치에 대해 말하는 그의 방식이 눈멀게 하는 식으로 누설하는 철학적 입장들은 아리스토텔레스 주석가들 및 군림하던 기독교 이론으로부터 물려받은 도덕화하는 정치 전통에 근원적으로 적대적이다. 침묵은 이처럼, 침묵이 정치적으로 강제되는 특정 조건들에서는(마키아벨리는 자신이 지배적 철학의 적임을 철학적으로 선언할 수 없었다), 하나의 철학적 입장을 나타낼 수 있다"(320쪽)라고 지적한다. 따라서 지배적 철학에 대해 침묵하면서 그러한 철학이 강제하는 이데올로기적 문제설정에서 배제당한 쟁점 곧 "'부유한 자들'과 '빈한한 자들'의 끝나지 않는 전투"(122쪽)에 대해 분석하고 가난한 민중들의 편에서 군주에게 조언했다는 의미에서 마키아벨리는 비철학을 탁월하게 실천한 철학자의 한 사람이며, "부르주아 정치 이론가 중에서 가장 심오한, 마르크스의 직접적 선조"(251쪽)라고 불릴 수 있다.

알튀세르는 또한 프로이트를 언급한다. 프로이트는 "히스테리 환자들과 대면했고, 인간은 무의식적 사유와 욕망을 지니는데 그것들은 성적이라고 말할 때 자신이 무엇을 말하는지를 알던 사람"(120쪽)이었다. 잘 알려져 있다시피, 알튀세르 사상에서 정신분석은 근본적 중요성을 지니며, 알튀세르는 당대의 프랑스철학계에서 프로이트와 라캉의 정신분석이 갖는 중요성을 가장 먼저 간파하고 마르크스주의 개조 작업에서 그들의 통찰을 활용하기 위해 노력했던 인물이다.[14] 프로이트의 중요성은 무엇보다 사유를 의식과 동일시하고 인간의 사유와 실천을 의식적 자아-주체의 통제 아래 위

---

14. 알튀세르와 정신분석의 관계에 대해서는 파스칼 질로, 『알튀세르와 정신분석』, 정지은 옮김, 그린비, 2019 참조.

치시켜온 오래된 철학 전통에 맞서 "의식conscience 이면에서 어떤 **무의식적 장치의 실존**"(274쪽)을 제기했다는 점에서 찾을 수 있다. 이로써 철학으로서의 철학에서는 인간의 본질적 이성을 위태롭게 하는 병리적 욕망이나 정념 내지 감정으로만 치부되고, 철학적 탐구의 대상이 될 만한 것으로 여겨지지 않던 무의식적 욕망과 성sexuality의 문제가 역사상 처음으로 중요한 이론적·실천적 문제로 부각된다.

철학에서 마르크스주의가 뜻하는 것

하지만 알튀세르가 『비철학자들을 위한 철학 입문』에서 가장 주목하는 비철학은 당연히 마르크스 및 마르크스주의자들이 발견하고 또한 실천해온 비철학이다. 그리고 바로 여기에서 우리는 알튀세르가 이 책에서 제기하려는 문제의 핵심과 그 의의에 대해 이해할 수 있다. 우선 다음과 같은 질문을 제기해보자. 왜 알튀세르는 비철학에 주목하는가? 왜 비철학자들을 위해 비철학으로서의 철학에 대한 입문을 쓰는 것이 필요한가? 마르크스주의자로서 알튀세르에게 이는 다음 두 이유 때문이라 할 수 있다.

1) 철학으로서의 철학은 지배계급의 철학이며, 철학으로서의 철학에서는 착취당하는 피지배계급 및 억압받는 이들은 재현되지도 표상되지도 대표되지도 못해왔다는 점. 또는 그들이 재현되거나 표상되어 왔다면, 이는 그들이 철학할 만한, 더 나아가 그들이 스스로 통치자가 될 만한 자격을 갖지 못했다는 점(플라톤을 상기해보라)을

정당화하려는 목적에서였다는 것.

2) 그렇다면 피지배계급, 몫 없는 이들, 또는 '을'들을 위한 철학, 그들의 해방을 위해 복무하는 철학은 철학으로서의 철학으로 존재할 수 없으며, 오직 비철학으로서만 존재하고 실천될 수 있다는 것. 그리고 이것이 진정한 의미의 마르크스주의 철학이라는 것.

사실 이 두 테제는 알튀세르의 철학적 관점의 변화를 알려주는 징표다. 『마르크스를 위하여』와 『"자본"을 읽자』로 대표되는 초기 알튀세르의 작업에서 철학, 특히 마르크스주의 철학은 대문자 이론(프랑스어로는 Théorie)으로 표시되었다.[15] 알튀세르가 마르크스주의 철학을 대문자 이론으로 표기하는 것은 이전의 관념론 철학들과 단절하려는 그의 의도를 표현하는 것이다. 이런 의미의 '이론'은 (경제적·정치적·이데올로기적) 실천들에 대한 일반 이론이면서 동시에 (과학적이거나 전前과학적인) 이론적 실천들에 대한 이론을 뜻한다. 그런데 마르크스주의 철학으로서의 이론은 이미 완성되어 있는 것이 아니라 『자본』을 비롯한 고전 마르크스주의 저작들 속에 "실천적 상태"로만 곧 아직 개념화되지 않은 상태로만 존재한다. 그리고 이러한 철학의 미완성은 이론적 편향(각종 관념론적 편향들)만이 아니라 정치적·실천적 편향(스탈린주의적 일탈 및 특히 소련과 중국의 대립으로 표현되는)을 낳는 주요한 원인으로 작용해왔다. 따라서 알튀세르는 마르크스주의의 근본적인 이론적 과제를 실천적 상태로만 존재하는 **마르크스주의 철학을 이론화하는 것**으로 제시했다.

---

15. 루이 알튀세르, 『마르크스를 위하여』, 서관모 옮김, 후마니타스, 2017; 루이 알튀세르 외, 『"자본"을 읽자』, 안준범 외 옮김, 그린비, 근간 예정.

그리고 이와 같은 작업의 대표적 성과가 바로 『마르크스를 위하여』와 『"자본"을 읽자』였다. 과잉결정(과 과소결정), 인식론적 절단, 구조인과성, 일반성들 I, II, III, 이론적 반인간주의 등과 같이 우리가 알튀세르에 관해 떠올리는 대표적 개념 대다수가 바로 이 두 저작에서 제시되었다.

그런데 1969년 출간된 『레닌과 철학』에서 알튀세르는 몇 년 전 자신이 제시한 철학에 대한 정의를 "이론주의적" 정의라고 자기비판하면서 새로운 정의를 제시한다. 그것은 철학이란 이론 안에서 정치를 재현/표상/대표한다(représenter)는 정의였다.[16] 알튀세르의 철학에 대한 이 두 번째 정의는 몇 가지 중요한 함의를 지닌다. 첫째, 이제 철학은 과학과 달리 저 자신의 고유한 대상을 가진 이론이 아닌 것으로 규정된다. (마르크스주의) 철학은 오히려 이론적 실천이며, 더 정확히 말하면 관념론 철학의 공격으로부터 과학적 실천(특히 역사에 관한 마르크스주의적 과학)을 보호하고, 이데올로기적인 것으로부터 과학적인 것을 보호하는 실천으로 제시된다. 둘째, 따라서 철학은 **관념론과 유물론의 영속적 투쟁**과 다르지 않다. 마르크스주의 철학은 지배적인 관념론적 철학에 맞서 유물론적 입장을 취하는 것이며, 이 관념론과 유물론 사이에 경계선 긋기를 통해 한편으로 과학적 실천을 옹호하고 다른 한편으로 프롤레타리아계급 같은 피지배계급의 정치적 입장을 옹호하는 것이다.

---

16. 알튀세르 철학에서 représentation(또는 영어로 하면 representation)이라는 개념의 의미에 대해서는 진태원, 「라깡과 알뛰쎄르: '또는' 알뛰쎄르의 유령들 I」, 김상환·홍준기 엮음, 『라깡의 재탄생』, 창비, 2002 참조.

또한 진태원, 「마르크스주의의 탈구축: 네 가지 신화와 세 가지 쟁점」, 인천대학교 인문학연구소 편, 『인문학 연구』 제30집, 2018, 108~113쪽 참조.

당시에도 그랬고 오늘날에도 마찬가지로 충격적인(곧 그만큼 독창적인) 알튀세르의 테제에 따르면, 철학이란 **그 자체로는 아무것도 아닌 것**이며, 유물론과 관념론 사이에 경계선 긋기라는 "이 아무것도 아님의 **반복** 이외에는 아무것도 일어나지 않는 기묘한 이론적 장소"[17]일 뿐이다. 또한 마르크스주의는 "새로운 철학", 관념론적 철학들보다 더 과학적이고 **참된**(바깥의 세계를 더 정확히 재현한다는 의미에서) 철학이 아니며, 심지어 그람시가 표현했듯, "실천 철학"도 아니다. 오히려 "마르크스주의가 철학에 새롭게 도입한 것은 **철학의 새로운 실천이다. 마르크스주의는 (새로운) 실천 철학이 아니라 철학의 (새로운) 실천이다.**"[18]

철학으로서의 철학이란 무엇인가?

알튀세르의 이러한 입장은 이 책『비철학자들을 위한 철학 입문』에서도 여전히 견지되고 있다. 그는 **질서정연한 이론체계로서의 마르크스주의 철학**이란 존재하지 않는다고 주장한다. 마르크스는『독일 이데올로기』이후 철학으로서의 철학에 관해 저술하지 않았으며, 마르크스의 대표작『자본』역시 일반적 철학의 장르에 속하는 저작이 아니다. 또한 레닌의『유물론과 경험비판론』, 그람시의『옥중수고』, 마오의「모순론」같은 저술은 그 나름대로 유물론 철학을 실천하고 있지만, 이 저작들은 보통 철학책의 범주로 분류되지 않

17. 루이 알튀세르, 「레닌과 철학」, 루이 알튀세르 외, 『레닌과 미래의 혁명: 자본주의 위기 시대에 레닌과 러시아혁명을 다시 생각한다』, 진태원 외 옮김, 그린비, 2008, 309쪽.

18. 루이 알튀세르, 같은 글, 326쪽.

을뿐더러 직업적 철학자들에 의해 연구되는 경우도 드물다. 초기 알튀세르에게 이는 통탄할 상황이었을 것이고, 바로 그런 만큼 그는 긴급하게 관념론 철학들보다 더 과학적이고 체계적인 마르크스주의 철학을 이론화해야 할 필요성을 느꼈을 것이다.

하지만 '자기비판' 이후 이제 알튀세르는 이처럼 비철학으로서의 철학을 실천하는 것, 지배 이데올로기 내부에 균열을 내고 피지배 계급의 입장을 옹호하는 것이 바로 **"철학에서의 마르크스주의적 입장"** 또는 "철학의, 마르크스주의적인, 새로운 실천"(357쪽)이라고 말한다. 마르크스주의적인 철학적 실천은 부르주아 관념론 철학들과 경쟁할 수 있고 또한 그것들을 능가할 수 있는 질서정연한 유물론 철학을 구성하는 것이 아니다. 스탈린처럼 마르크스주의를 이른바 '변유'(변증법적 유물론)와 '사유'(사적 유물론)의 철학적 체계로 구성하려는 것은 오히려 "스스로 해방되겠노라 천명하는 바로 저 [부르주아—인용자] 철학에 자신이 예속된다는 해소 불능의 모순에 사로잡"(362쪽)히는 일이다.

질서정연한 체계로서의 철학이 뜻하는 바는, 철학은 저 자신이 다른 어떤 학문보다 더 자율적이고 포괄적인 학문이라고 자처한다는 점이다. 철학은 저 자신에게 바깥이 존재한다는 것을 견디지 못하며, 모든 것의 근거를 설명하고 따라서 그 근거들의 자리를 지정할 수 있는 총체적 체계로 저 자신을 제시하고 싶어 한다. 플라톤에서 헤겔에 이르기까지, 또한 오늘날 이런저런 원대한 체계 구상에 이르기까지 철학은 무엇보다 총체성의 학문으로 자부해왔다. "철학적 추상"은 저 자신이 **"존재들의 '총체성'"**에 유효하다고 자처"(132쪽)

하는 것이다. 반면 알튀세르는 철학의 이러한 자기주장에 맞서, 철학은 자율적인 것이 아니라 본질적으로 **타율적인 것**이라고, 철학은 자기 바깥의 어떤 것, 특히 지배계급의 계급적 이해관계를 옹호하기 위한, **지배계급의 헤게모니**를 구성하기 위한 이데올로기의 기능을 수행하는 것이라고 주장한다.

여기에서 반론이 제기될 수 있다. 알튀세르는 지금 서양철학사의 위대한 철학자들을 너무 손쉽게 폄하하는 것 아닌가? 그들의 위대한 철학이 한낱 지배계급의 이데올로기로 취급될 수 있는가? 역으로 알튀세르가 유물론 철학의 핵심을 철학의 새로운 실천으로 규정하고 그 기능을 피지배계급의 해방에 복무하는 것에서 찾을 때, 이는 알튀세르 스스로 철학을 계급적 이익(그것이 피지배계급의 해방이라고 할지라도)을 옹호하기 위한 도구, 그 선전 수단으로 격하하는 것 아닌가?

알튀세르가 철학이 단순히 지배 이데올로기의 하나라고 곧 철학이 노골적으로 지배계급의 계급적 이익을 옹호하고 찬양하는 낯 뜨거운 변호론들이라고 주장하는 것은 아니다. 세상에는 그런 유의 철학들('철학'이라고 부르기도 어려운)도 있지만 이른바 철학사에 이름을 남긴 위대한 철학들(알튀세르가 특별히 자주 언급하는 철학자들은 플라톤, 데카르트, 라이프니츠, 칸트, 헤겔 등이다)은 그런 단순한 변호론적 이데올로기들과 구별되어야 하는 것이다.

알튀세르는 이 책 2장에서 종교와 철학의 차이에 대해 지적하고 있다. 양자는 세계의 기원 또는 근거에 대해 말하며(기독교는 신에 의한 세계 창조에 대해, 관념론 철학은 세계의 근원 내지 원리에 대해), 또한 세계의 종말이나 목적(최후의 심판이나 역사의 목적)에 대해 말한다는 점에서 공통적이다. 따라서 양자는 세계를 주재하는 주체(창조주 하나님 또는 역사의 주체)에 대해 말한다는 점에서도 공통적이다. 아울러 종교와 철학은 인간의 삶의 근거와 의미에 대해서도 말한다. 특히 왜 인간은 고통을 겪고 죽음을 맞이해야 하는가라는 질문, 모든 인간이 직면할 수밖에 없는 질문들에 대해 답변하려고 한다. 알튀세르에 따르면, 이러한 질문의 이면에는 "출생에 대한 질문과 섹스에 대한 질문 둘 다 숨어 있다."(71쪽) 하지만 이 질문들에 대해 종교는 계시와 믿음에 입각한 답변을 추구하고 철학은 "논거들"을 통해 답변한다. 따라서 철학은 여느 담론 중 하나가 아니라 무엇보다도 합리적 담론이다.

이는 철학의 기원에는 기원전 6세기에 등장한 기하학이라는 과학이 존재함을 말해준다. 세계에 대한 경험적 관찰은 대상의 이런저런 성질에 대한 경험적 지식을 제공해준다. 반면 기하학과 같은 과학은 이런저런 개별적 대상이 아니라 순수한 대상에 대한 지식을 제공해준다. 예컨대 기하학이 제시하는 삼각형에 대한 지식은 특정한 유형의 경험적 삼각형들에 대한 개별적 지식이 아니라 모든 삼각형에 대한 타당한 지식, 따라서 관찰이 아니라 증명과 연역을 통해 얻을 수 있는 보편적 지식이다. 탈레스 또는 플라톤에 의해 창설된 철학은 이런 의미의 보편적 지식으로서 과학적(수학적) 인식을 저 자신의 전제로 삼지만, 역으로 저 자신이 이들 개별과학보다 더 상위에 있다고 주장한다. 왜냐하면 과학의 고유성은 **특정한 대상**(물리학은 물질이나 운동, 생물학은 생명 또는 유전자, 언어학은 언어 등)에 대한 보편적 인식을 제시하는 데 반해, 철학은 "과학들의 과학"으로, 존재하는 것 전체에 대한 보편적 인식으로 자처하기 때문이다.

알튀세르의 흥미로운 통찰에 따르면, 철학은 더 나아가 실존하는 것들 전체에 대한 보편적 학문으로 자처할 뿐 아니라 **실존하지 않는 것들** 내지 **가능한 것들** 전체에 대해서도 사유한다고 주장한다. 그럴 경우에만 철학은 엄밀한 의미의 총체적 과학, 과학들의 과학으로서 존재할 수 있기 때문이다. 서양철학에서 가능한 모든 것에 대한 인식의 가능성을 보증했던 것은 바로 신이었으며, 칸트는 초월론적 주관성에, 헤겔은 역사의 주체로서 이성에 그 역할을 대신 부여한다.

따라서 관념론 또는 "철학으로서의 철학"의 근본적 특징은, 그것들이 실존하는 것과 실존하지 않는 것 총체에 대한 진리를 말한다고 주장한다는 점이다. 그리하여 관념론에 핵심적 범주는 세계의 궁극적 근거와 목적이라는 범주이며, 이는 다시 세계의 기원과 종말이라는 범주와 연결된다. 왜냐하면 기원을 가리키는 이 단어들은 또한, 그리스어 아르케ἀρχή, arche와 라틴어 프린켑스princeps가 말해주듯, 근거와 원리를 뜻하며, 더욱이 권위와 지배(자)라는 뜻도 갖기 때문이다. 근대 철학에서 관념론의 핵심 범주는 주체가 된다. 이러한 범주들을 통해 관념론은 다양하고 복잡한 실천들 전체를 포섭해 그것들을 저 자신의 관점에 따라 재구성하고 질서 짓는다.

추상, 실천, 이데올로기

그렇다면 어떤 의미에서 이와 같은 철학으로서의 철학이 이데올로기적 기능을 수행한다고 말할 수 있을까? 이를 이해하기 위해서는 이 책의 핵심을 이루는 세 개념에 주목할 필요가 있다. 그것은 추상, 실천, 이데올로기라는 개념이다.

우선 추상에 관한 논의가 주목할 만한데, 추상 개념은 경험론에 대한 비판과 관련해 제시된다. 알튀세르가 말하는 경험론은 철학사에서 말하는 경험론보다 외연이 훨씬 넓은 범주다. 그것은 추상의 매개 없이 우리가 직접 외부 사물이나 대상의 본질을 인식할 수 있다고 주장하는 관점을 가리킨다. 경험론에 대한 비판은 『"자본"을 읽자』 이래 알튀세르의 중심적인 인식론적 주제의 하나였다. 이 책의 3장에서 6장까지, 그리고 다른 장의 여러 곳에서도 알튀세르는 생전의 그의 저작에서 찾아볼 수 없던 '추상'에 관한 흥미로운 논의를 통해 경험론 비판의 논점을 훨씬 더 풍부하게 제시하고 있다.

알튀세르가 보기에 경험론은 과학적 실천의 본성을 이해하기 어렵게 만들뿐더러 과학적 실천을 비롯해 경제적 실천, 정치적 실천, 미학적 실천 등과 같은 모든 사회적 실천에 전제된 **이데올로기적 관계**를 사고하기 어렵게 한다는 점에서 과학적 인식의 주요 장애물이 되는 것이다. 우리 바깥에는 우리와 독립해 객관적 실재들이 이미 성립해 있고, 인식이란 이 객관적 실재들이 그 자체 안에 지니고 있는 본질들을 직접 '포착하는'(begreifen이라는 독일어의 어원이 뜻하듯) 것이라면, 인식은 추상이 굳이 관여할 필요가 없는 구체적인 것들에 대한 직접적 인식일 것이며, 우리의 구체적 삶과 실천 역시 추상 없이 존재할 수 있을 것이다.

하지만 우리는 예컨대 추상으로서의 언어 없이는 사물을 인식할 수 없으며, 우리 각자의 정체성도 가질 수 없다. 알튀세르는 오스카 와일드의 재치 있는 말을 인용한다. 만약 신이 에덴동산의 아담과 이브에게 언어를 주는 것을 망각했다면, 아담과 이브가 함께 있어도 그들은 서로 만나지 못했을 것인데, "그들은 말을 할 줄 몰라서 서로를 알아볼 수 없었"(114쪽)을 것이기 때문이라는 것이다. 또한 법이라는 추상이 없다면 사회 속에서의 삶이라는 것도 존재할 수 없다. 왜냐하면 이것은 누구의 소유이고 저것은 누구의 소유인지 규정하는 소유 관계는 법이라는 추상을 통해 확립될 수 있으며, 소유 관계를 통해서만 구체적인 어떤 것을 구체적으로 전유하는 일이 가능하기 때문이다.

각 개인의 구체적 삶을 위해 필요한 것은 단지 언어와 법이라는 추상만이 아니다. 우리 각자가 저마다 특수하게, 개별적으로 수행하는 이런저런 노동(육체노동, 지적 노동, 감정노동 등)은 그 구체적 노동들을 가능하게 하고 규율하고 변형하는 추상적 관계(분업, 노동규칙, 노동시간 등) 속에서 이루어진다. 또한 연인 자신이 의식하든 의식하지 못하든 간에 연인끼리의 극히 내밀하고 구체적인 사랑의 관계를 규정하는 것 역시 익명적 방식으로 전승되는 전형적인 것(유혹의 몸짓, 사랑의 밀어, 이별의 표현 등)이다. **"구체는 자각하지 못하지만 이 [추상적―인용자] 관계가 구체를 지배한다는 것, 구체를 구체로 구성하는 것이 이 관계라는 것."**(113쪽)

따라서 알튀세르가 경험론이라고 부르는 것은 겉보기에는 구체적인 것에 대한 구체적인 인식을 제시해주는 것 같지만, 개인들이 스스로 깨닫지 못하는 가운데 그들의 정체성과 행위, 그리고 그들 사이의 관계를 항상 이미 규정하고 있는 이러한 추상의 존재와 역할을 해명할 수 없게 만든다는 점에서 문제적이다. 이런 측면에서 알튀세르의 철학적 입장은 당대의 (포스트) 구조주의에 고유한 **관계론적 관점**을 함축하고 있음을 알 수 있다. (포스트) 구조주의의 문제설정에서도 각각의 개체는 관계에 선행해 미리 존재하는 것이 아니라 관계들을 통해 비로소 성립하고 작용할 수 있다. 일례로 소쉬르의 구조언어학은 기호가 자의적 관계를 통해 성립한다는 점을 보여주었고, 레비스트로스의 구조인류학은 신화와 친족관계 등을 통해 표현되는 상징적 질서가 개인의 의식과 행위를 규정한다는 점을 보여주었다. 또한 푸코가 『말과 사물』(1966)에서 각 시대의 인식을 규정하는 에피스테메에 대해 말할 때나 『감시와 처벌』(1975)에서 "개인들을 제작하는" 규율권력에 대해 분석할 때에도 이러한 관계론적 관점이 드러난다. 이런 의미에서 개체를 구성하고 서로 작용하게 만드는 관계(이것이 기호적 관계든 상징적 관계든 권력 관계든 간에)는 우리의 눈에 보이지 않고 감각적으로 경험할 수 없다는 의미에서 추상적이지만, 구체적 개체들의 성립 조건이라는 점에서는 **구체적인 것들보다 더 구체적인 것**이다.

추상 개념은 실천 및 이데올로기 개념과 직결되어 있다. 알튀세르는 객관적 실재 대 인식 주관이라는, 서양철학(특히 근대 서양철학)에 특유한 범주쌍 대신에 실천, 추상, 이데올로기라는 범주를 중심으로 자신의 논의를 전개한다. 이는 실천이라는 범주가 인간들이 실재와 맺는 능동적 관계를 잘 표현해주며, 더욱이 인간의 인식과 삶을 과정의 측면에서 이해할 수 있게 해주기 때문이다. 알튀세르는 아리스토텔레스의 포이에시스poïesis와 프락시스praxis 개념을 자기 나름의 방식으로 재규정한다. 전자는 노동도구를 사용해 원료를 변형하는 과정을 뜻하며, 후자는 주체가 자기 자신의 행위를 통해 자신을 변형하는 작용을 가리킨다는 것이다. 그렇다면 실천은 "**행위자들을 실재와 능동적으로 접촉시켜서 사회적 유용성의 결과들을 생산해내는 사회적 과정**"(158쪽)이라고 포괄적으로 정의될 수 있다.

추상에 관한 논의를 염두에 두면, 구체적 실천 역시 추상에 의해 규정된다는 것을 알 수 있다. 모든 실천은 개별적 실천이기 이전에 사회적 관계에 의해 규정되는 사회적 실천이며, 각각의 실천은 몇 가지 추상에 의해 여타의 실천과 구별되는 것으로 분류된다. 생산이라는 실천, 과학적 실천, 이데올로기적 실천, 정신분석 실천, 미학적 실천, 정치적 실천, 철학적 실천 등이 그것이며, 이들 실천에 대한 분석이 7장에서 16장까지의 논의 주제를 이룬다.

마르크스주의자로서 알튀세르는 당연히 "여타의 모든 실천을 최종 심급에서 규정하는 실천이 **생산이라는 실천**"(160쪽)이라고 주장한다. 하지만 알튀세르의 독자들이 잘 알고 있듯, 이것이 단순히 경제주의를 의미하는 것은 아니다. 알튀세르는 마르크스와 프로이트의 유물론적 공통점을 토픽Topik[19]에 관한 사유에서 찾는다.[20] 마르크스가 토대와 상부구조라는 토픽을 제시한다면, 프로이트는 무의

---

19. '장소'를 뜻하는 그리스어 토포스(topos)에서 유래한 이 개념은 '장소론'이라고 번역되기도 한다.

20. 이 점에 관한 좀 더 자세한 논의는 루이 알튀세르, 「마르크스와 프로이트에 대하여」, 『알튀세르와 라캉』, 1996 참조.

식-전의식-의식이라는 토픽, 또는 후기에는 이드-자아-초자아 같은 토픽을 제시한다. 알튀세르의 논점은, 토픽이라는 개념이 총체성을 추구하는 관념론 철학과 달리 **한정된 대상**에 대한 보편적 인식을 가능하게 해주며, 실재들 사이의 차이 및 구체적 인과관계를 분석할 수 있게 해준다는 것이다. 토픽 내지 장소론은, 실재들이 현실 속에서 차지하는 "각각의 자리와 상대적 중요성"(161쪽)을 배치하는 인식론적 장치라 할 수 있다. 따라서 마르크스주의 이론은 "**한정된 대상**을 갖는다. 마르크스는 계급투쟁의 과학의 토대를 놓는다는 것 이외의 그 어떤 것도 자처하지 않는다."(162쪽)

그렇다면 생산이라는 실천은 추상적 관계로서의 생산관계의 지배를 받는다고 할 수 있다. 생산관계는 부유한 계급과 가난한 계급의 양자 대립이 아니라 생산수단이라는 제3항을 포함하는 관계이며, 계급적 관계는 생산수단의 배분에 따라 규정된다. 이는 과학적 실천의 경우에도 마찬가지다. 경험론에 따르면 인식은 외부 대상과 인식 주체 사이의 2항적 관계로 이루어지는 작용이며, 외부 대상에 이미 그 자체로 포함되어 있는 진리를 인식 주체가 (주체의 능력에 따라 상이한 정도로) 포착하는 것과 다르지 않다. 하지만 알튀세르에게 과학적 실천은 3항 관계로 이루어져 있다. 곧 노동력(연구자의 지성)이 존재하고, 노동력이 작업하는 원료(인식의 대상)가 존재하며, 또한 노동력이 사용하는 생산수단(이론, 실험 장치 등)이 존재한다. 과학적 실천 내지 과학적 인식이란 지금까지 획득된 과학 이론이나 실험 장치 같은 생산수단을 사용해 주어진 원료 곧 우리에게 주어진 이런저런 대상을 변형함으로써 새로운 과학적 인식이라는 결과를 생산하는 과정이다.

여기서 중요한 것은 우리에게 주어진 원료로서의 대상이 인식 주관 바깥에 그 자체로 존재하는 구체적 사물이 아니라는 점이다. 이는 경험론적 이데올로기, 또는 데리다식으로 말하면 현존의 형이상학(내지 로고스중심주의)에 불과하다. 우리에게 주어진 대상은 항상 이미 **추상적 관계로서 이데올로기에 의해 매개된** 대상이다. 예컨대 국가라는 것이 우리들 바깥에 이미 객관적으로 주어져 있는 실재처럼 보일 수 있지만, 사실 그것은 항상 이런저런 이데올로기를 통해서만 우리에게 현시될 수 있는 것이다. 공화주의 이데올로기에 따르면 국가는 구성원들의 공동선을 달성하기 위한 결사체인 반면, 고전적 자유주의 이데올로기는 국가를 개인들의 이익과 권리를 보호하기 위해 성립한 계약의 산물로 간주하며, 엄밀한 의미의 민족주의ethnic nationalism 이데올로기에 따르면 국가는 민족의 혈통과 문화에 뿌리를 둔 유기체로 나타난다. 이것들은 각기 상이한 이데올로기들이지만 공통적으로, 국가가 계급지배의 도구라는 점, 따라서 국가의 본질은 피지배계급을 착취하고 지배계급의 지배를 재생산하기 위한 장치라는 점을 은폐하거나 전치한다.

알튀세르는 『마르크스를 위하여』에서 사용한 개념들을 다시 사용해 인식과정을 세 일반성 개념으로 표현하고 있다. 일반성 I이 인식의 원료로 주어진 이데올로기적 통념들을 표현한다면, 일반성 II는 생산수단 또는 노동도구로서 과학적 개념들을 나타내며, 일반성 III은 인식 작업의 결과로서 새로운 과학적 개념들을 일컫는다. 하지만 알튀세르가 강조하듯, 일반성 III이 이데올로기에서 완전히 벗어나 있는 것이 아님을 유념하는 일이 중요하다. 이데올로기는 단순히 인식의 장애물이 되는 가상이나 왜곡된 관념들을 가리키지 않으며, 여타의 사회적 실천을 비롯해 과학적 실천에 대해서도 그 조건을 이루는 것이다. 이 점에서 알튀세르가 스피노자의 인식의 3가지 이론(『윤리학』 2부 정리 40의 두 번째 주석) 및 상상이론(『윤리학』 1부 「부록」 및 2부 정리 17의 주석과 정리 35의 주석)에 크게 빚지고 있음이 명백히 드러난다.[21]

이데올로기, 국가, 철학

이데올로기가 모든 실천의 조건이 된다면, 이는 그것이 사회적 실천의 재생산을 위한 조건이 되기 때문이다. 사실 이것은 「이데올로기와 이데올로기 국가장치들」에서 또는 유고로 출판된 『재생산에 대하여』에서 알튀세르가 제시한 이데올로기론의 핵심 테제 중 하나였다. 어떠한 사회도 생산관계들의 조건을 재생산하지 못한다면 단 며칠도 지속될 수 없다는 점, 그리고 이런 재생산에서 핵심적 역할을 수행하는 것이 이데올로기라는 점, 아울러 이데올로기의 핵심 기능은 이데올로기 국가장치들에 의한 호명 작용이라는 점, 바로 이것이 유명한 알튀세르 이데올로기론의 골자라 할 수 있다.

따라서 철학으로서의 철학이 지배계급을 위한 이데올로기적 기능을 수행한다면, 이는 두 측면에서 그렇다고 할 수 있다. 첫째, 철학은 실존하거나 실존하지 않는 모든 사물에 대한 총체적 인식이라

21. 이에 관한 더 자세한 논의는 진태원, 「스피노자의 『윤리학』: 욕망의 힘, 이성의 역량」, 경북대학교 인문학술원 편, 『동서인문』 제9호, 2018, 31~63쪽 참조.

고 자처하면서 다양한 사회적 실천과 이데올로기를 질서정연하게 재구성하는 작업을 수행한다. 둘째, 이로써 철학은 저 자신을 구체적인 사회적 실천들 및 이데올로기들을 초월한 중립적이고 보편적인 이론으로 제시한다. 실로 과거의 위대한 철학들(예컨대 플라톤, 아리스토텔레스, 데카르트, 칸트, 헤겔 등)일수록 보편적 대상(이데아, 실체, 주체, 이성, 존재 등)에 대해 말하며, 보편적 인간에 대해(귀족과 노예가 아니라, 부르주아계급이나 프롤레타리아계급이 아니라, 남성과 여성 또는 제3의 성에 대해서가 아니라, 또한 유색인과 광인과 동물에 대해서가 아니라), 그 보편적 본질과 행위 방식에 대해 말한다.

알튀세르는 철학으로서의 철학이 수행한다고 자처하는 이와 같은 총체적 인식과 보편적 질서 짓기의 과업을, 실천들 및 이데올로기들을 총괄적으로 질서 짓고 재편하는 국가의 기능과 결부시킨다. 알튀세르 이데올로기론의 중심에는 국가에 대한 새로운 개념화가 존재한다. 알튀세르는, 잘 알려져 있듯, 국가를 국가권력과 국가장치로 구별하면서 또한 국가장치를 억압적 국가장치와 이데올로기적 국가장치들로 구별했다. 그리고 이런저런 사회적 실천과 결부되어 있는 다양한 이데올로기("국지적이고 권역적인 이데올로기들", 225쪽), 예컨대 농민의 이데올로기, 종교적 이데올로기, 가족과 젠더 이데올로기, 정치적 이데올로기, 인식에 관한 이데올로기 등은 의회, 정당, 학교, 가족, 미디어 등과 같은 이데올로기 국가장치들에 의해 일정한 질서 속에서 재구성되고 배치된다. 따라서 철학이 지배계급의 이데올로기에 봉사한다면, 이는 이데올로기 국가장치들이 계급지배의 재생산을 위해 수행하는 이데올로기적 실천 작업의 일환으로 수행되는 것이며, 이데올로기들은 이데올로기 국가장치들의 매개를 거치면서 계급적 성격이 탈각되거나 완화되고 중립적이고 보편적인 것으로 표현된다.

이로써 철학적 실천 및 그 이데올로기 역시 자신의 독자성을 지니게 된다. 알튀세르는 과학과 철학 사이의 차이를 통해 이를 설명한다. 과학이 개념을 갖는다면 철학은 범주(이데아, 물질, 실체, 주체 등)를 갖는다. 그리고 과학적 인식이 참이나 거짓의 기준에 따라 평가될 수 있다면, 철학적 명제는 참이나 거짓이 아니라 "올바른juste" 명제나 "올바르지 못한" 명제로 평가될 수 있다. 철학은, 과학과 달리, "현실적 대상이 아니라 순전히 철학에 내재하는 대상"(305쪽) 곧 **철학적 대상**(예컨대 이데아, 실체, 코기토, 초월론적 주관, 정신, 현존재 Dasein 같은)을 가진다. 따라서 철학이 어떤 대상에 대해 이런저런 명제를 제시하고 이를 바탕으로 다소간 일관성 있는 철학적 체계를 구성한다면, 이는 참이나 거짓의 기준에 따라 평가될 수 있는 **현실 세계에 대한 실효적 인식**을 제공하기 위해서가 아니다. 그것은 오히려 "전장戰場으로서 철학"(칸트)에서 상대방의 입장 내지 테제에 맞서는 안티테제를 제시하고, 이로써 저 자신의 진지를 구축하기 위한 것이다.

일례로 초기 알튀세르 이론의 핵심 주제였던 변증법의 문제를 생각해볼 수 있다. 알튀세르는 헤겔 변증법과 마르크스주의 변증법의 차이를 식별하는 것이 마르크스주의 철학에서 결정적으로 중요한 쟁점이라고 보았으며, 이는 정치적 실천에서도 근본적 중요성을 갖는다고 생각했다. 그리고 그는 이 차이를 드러내기 위해 '과잉결정'

이라는 범주를 제시했다.

알튀세르에 따르면, 헤겔의 변증법은 사회를 구성하는 다양한 계기 내지 심급(경제, 정치, 이데올로기, 과학 등)의 **현실적 차이들 및 그것들 사이의 불균등한 관계**를 식별할 수 있게 해주지 못하며, 따라서 역사적 변화도, 그것이 목적론적 방식이 아니라면, 적절하게 해명하지 못한다. 그 결과, 헤겔식의 변증법(그리고 그것을 한층 더 통속화하는 '정통 마르크스주의'의 변증법)에 의거해서는 왜 유럽에서 가장 생산력이 발전했던 국가(영국이나 독일)가 아니라 가장 생산력이 떨어졌던 국가(러시아)에서 최초의 사회주의혁명이 일어났는지 설명할 길이 없다. 그러므로 진정한 마르크스주의 변증법이라면 다양한 심급 사이의 차이 내지 모순(예컨대 제국주의와 식민지 사이 모순, 지배계급 내부 사이 모순 등)을 설명하고, 이들 모순이 자본주의의 기본 모순(자본과 임노동 사이 모순)을 어떻게 규정하는지, 그리고 1917년 러시아에서 나타났듯 자본과 임노동 사이 모순이 어떻게 기본 모순의 적대관계를 강화하고 폭발시켜서 결국 사회주의혁명에 이르게 하는지 해명할 수 있어야 한다. 알튀세르는 프로이트(와 구조언어학)에서 유래한 과잉결정이라는 범주가 현실 역사에서 나타나는 다양한 모순과 기본 모순 사이의 이러한 복합적인 변증법적 작용을 해명하는 데 효과적이며, 이로써 헤겔 변증법과 구별되는 마르크스주의 변증법의 특성을 잘 보여줄 수 있다고 보았다.

하지만 알튀세르는 몇 년 뒤에는 과잉결정surdétermination, overdetermination 범주에 대해 과소결정sousdétermination, undersetermination이라는 새로운 범주를 추가하며, 또한 『마르크스를 위하여』 및 『"자본"을 읽자』에서 제시된 헤겔 철학에 대한 다소 일방적 평가와 달리 헤겔 철학에는 유물론적 범주 곧 '기원도 목적/끝도 없는 과정'이라는 범주가 존재한다고 지적한다. 이런 변화가 의미하는 것은 무엇일까?

알튀세르는 자신의 초기 작업과 달리 1960년대 후반 이후에는 유물론과 관념론이 서로 상이한 진영을 이룬다고 생각하지 않게 되었다. 그는 오히려 모든 철학에는 유물론적 경향과 관념론적 경향이 공히 존재하며, 각각의 철학 내에는 이 두 경향 사이에 모순이 작용한다고 보게 되었다. 이는 이 책에서도 명시적으로 견지되는 입장이다. **"모든 철학은 관념론적 경향과 유물론적 경향이라는 적대적 두 경향 중 하나의 다소간 완결된 실현일 뿐이다. 그런데 각각의 철학에서 실현되는 것은 경향이 아니라 두 경향 사이의 모순이다."**(307쪽) 따라서 이제 헤겔 철학은 순전한 관념론적 철학이 아니라 관념론적 경향과 유물론적 경향이 공존하고 갈등하는 철학이며, 중요한 것은 역사적으로 실현된 헤겔 철학 내에 존재하는 유물론적 경향(특히 '기원도 목적/끝도 없는 과정'이라는 범주)을 이끌어내는 일이다. 역으로 마르크스를 비롯한 마르크스주의자들의 작업에도 유물론적 경향만이 아니라 관념론적 경향 또한 공존하며, 중요한 것은 마르크스주의 내에 존재하는 관념론적 경향들을, 필요하다면 다른 이론이나 철학에 존재하는 유물론적 범주(예컨대 프로이트의 과잉결정, 스피노자의 구조인과성이나 상상 등)를 통해 제거하거나 정정하는 일이다.

마찬가지로 과소결정 범주는 과잉결정에 여전히 존재하는 목적론적 경향을 정정하기 위해 필수적인 것이다. 과잉결정 범주만으로는 마르크스주의에 내재하는 관념론적 경향을 충분히 제거하거나 정정하는 데 역부족이기 때문이다. 과잉결정은 사회주의혁명이 어떻게 가능하게 되었을까를 사고하는 데는 도움이 될 순 있어도, 왜 '혁명의 객관적 조건들'이 존재하는 데도 사회주의혁명이 일어나지 않을까, 왜 자본주의는 계급모순을 비롯한 다양한 모순이 작용함에도 지속적으로 저 자신을 재생산할 수 있을까, 왜 착취당하고 지배당하는 민중들은 저항하거나 봉기하지 않는가 하는 문제를 사고하는 데는 별반 되지 못한다. 하지만 1960년대 후반 이후 '현실 사회주의 체제'가 돌이킬 수 없는 위기에 봉착한 상황에서 이 문제는 알튀세르에게 매우 중요한 쟁점이었다(사회주의 체제가 붕괴한 오늘날의 시점에서는 더더욱 그럴 것이다).[22] 특히 1976년 프랑스공산당 제22차 전당대회에서 프롤레타리아 독재 노선을 포기하기로 한 결정은 알튀세르에게 더더욱 이 문제를 사활적 쟁점으로 만들었다.[23]

메타철학으로서 '비철학'

그러므로 이 책『비철학자들을 위한 철학 입문』에서 알튀세르가 진정으로 관심을 기울이는 것은 일종의 **메타철학**이라 할 수 있다. 기존에 주어져 있는 이런저런 철학적 담론에 대해 찬성하거나 반대하고 자신의 철학적 입장을 정련하는 것을 넘어, 알튀세르는 철학적인 것의 본성과 역할을 재정의하고, 이를 바탕으로 비철학이라는

---

[22] 따라서 1969년 작성된 『재생산에 대하여』는 과잉결정을 넘어 과소결정의 관점에서 자본주의의 재생산의 문제, 이데올로기의 문제를 사고하려는 노력으로 이해할 수 있다.

[23] 이 문제에 대해서는 진태원, 「루이 알튀세르와 68: 혁명의 과소결정?」, 서강대학교 인문과학연구소 편, 『서강인문논총』 제52집, 2018, 403~452쪽; 진태원, 「필연적이지만 불가능한 것: 『검은 소』 한국어판 출간에 부쳐」, 루이 알튀세르, 『검은 소: 알튀세르의 상상 인터뷰』, 2018 참조.

이름 아래 새로운 철학적 실천의 길을 모색하는 것이다.

메타철학의 층위에서 제일 문제적인 것은 **자기완결성**에 대한 철학의 주장이다. 이는 철학은 총체적 과학 내지 학문이기 때문에 자율적 학문이라는 주장이며, 따라서 철학은 과학 및 정치를 초월해 있다는 또는 적어도 그것들과 독립적 영역을 보유하고 있다는 주장이다. 철학의 이러한 자기주장은 관념론 철학에는 그다지 문제가 될 게 없을 수도 있다. 하지만 알튀세르가 보기에 이는 유물론 철학에는 치명적 문제점을 지니는 것이다.

왜냐하면 첫째, 철학의 자기완결성에 대한 주장은 철학이 사회 속에서 실제로 수행하는 기능을 은폐하기 때문이다. 계급지배 질서의 재생산에 봉사하느냐 아니면 피지배계급의 해방에 복무하느냐 하는 것이 철학이 실제로 수행하는 실천적 기능인 데 반해, 저 자신은 개별 과학 및 사회적 갈등을 초월해 있는 총체적 학문이라는 철학의 자기주장은 철학의 이러한 현실적 기능을 파악하기 어렵게 하는 것이다. 사실은, 현실적으로 철학이 계급적 지배질서의 재생산에 봉사하는 기능을 수행하면서도 초월적 자기완결성에 대한 주장을 통해 그러한 기능을 은폐하는 것이야말로 철학이 더욱 효과적으로 지배의 정당화 기능을 수행하는 방식이다. "철학자들이 세계에서 물러나는 것은 어디까지나 오로지 세계에 개입하기 위함이요, 세계에 진리 즉 권력과 질서의 진리를 명하기 위함이다."(88쪽) **자신이 하나의 이데올로기로서 기능한다는 것을 드러내지 않는 이데올로기야말로 가장 탁월하고 효과적인 이데올로기이기 때문이다.** 이것이 바로 알튀세르가 철학으로서의 철학이라고 부르는 것이다.

둘째, 따라서 알튀세르가 보기에 진정한 유물론 철학은, 철학은 자기완결적인 것, 자율적인 것이 아니라 **본질상 타율적인 것**임을 자각하는 데서 출발해야 하기 때문이다. 철학의 타율성에 대한 알튀세르의 주장은 마르크스, 니체, 프로이트가 각기 제기한 바 있는 철학의 유한성에 대한 비판을 독자적으로 이론화한 것으로 이해할 수 있다. 이 세 '의심의 대가' 이후 철학은 이전과 같이 총체적인 자기완결적 학문으로 자처할 수 없게 되었다. 곧 철학은 계급적 지배를 정당화하기 위한 이데올로기의 표현에 불과한 것으로(마르크스), 또는 노예의 도덕 반란의 이상화로서(니체), 아니면 무의식적 욕망의 표면적 효과에 불과한 자아의 의식에 관한 사변으로서(프로이트) 격하되었다.

이 세 '의심의 대가'들의 비판 이후 메타철학 곧 철학의 본성을 재정의하려는 노력이 현대 철학의 중심 과제의 하나가 된 것은 우연이 아니다. 일례로 후기 하이데거가 형이상학의 '변형극복Verwindung'을 추구하면서 철학 대신 '사유Denken'라는 개념으로 자신의 사상을 표현할 때, 후기 비트겐슈타인이 철학이란 우리가 이미 아는 것을 명료하게 하는 것에 불과하다고 말할 때, 프랑크푸르트 학파가 철학 대신 '비판이론'으로 자신들의 작업을 재규정할 때, 우리는 철학의 유한성에 대한 고발의 반향들을 감지할 수 있다.

하지만 아마도 20세기 후반 전개된 다양한 형태의 프랑스철학이야말로 가장 풍부한 메타철학적 사유의 실험장이라 할 수 있다. 일례로 데리다가 서양의 형이상학을, 기록écriture의 대체보충에 대한 맹목에 기반을 둔 로고스 중심주의logocentrisme 또는 팔루스-로

고스 중심주의phallogocentrisme로 규정해 해체하면서 철학을 탈구축déconstruction으로 전개할 때가 그렇고, 들뢰즈와 가타리가 말년의 공동 저작인 『철학이란 무엇인가?』(1991)에서 과학 및 예술과 구별되는 철학의 종별성을 "개념의 창조"로 정의할 때가 그렇다.[24] 또한 바디우가 전통 철학이 곤경에 처한 이유를 그것이 진리의 일부를 특권화하는 데서 찾으면서, 정치·사랑·과학·예술이라는 네 "진리의 유적 절차procedures génériques des vérités"에 입각해 철학을 재정의할 때, 우리는 또 다른 메타철학적 사유를 발견하게 된다.[25] 마찬가지로 랑시에르가 철학을 아르케에 대한 탐구와 정당화로 규정하고 이를 엄밀한 의미의 정치와 대비할 때에도 역시 메타철학적 성찰의 면모를 찾아볼 수 있다.[26]

이런 시도들과 비교해볼 때, '비철학' 또는 철학의 새로운 실천에 관한 알튀세르의 작업은 몇 가지 한계가 있음에도 여전히 중요한 시의성을 지니고 있다고 평가할 수 있다. 우선 알튀세르 작업의 한계를 그가 자신의 논의를 계급적 관계에만 기반을 둔다는 점에서 찾을 수 있을지 모른다. 오늘날 흔히 이야기되는 것처럼, 성적 지배관계나 인종주의적 차별관계 등은 계급적 착취 못지않게 물질적이고 상징적인 구조적 폭력을 행사하는 데 반해 알튀세르는 오직 계급적 착취관계에만 초점을 맞추고 있기 때문이다.

또한 알튀세르가 지배계급의 정치와 구별되는 프롤레타리아계급의 새로운 정치적 실천에 관해 말하면서, 이와 같은 실천의 근거로

---

24. 질 들뢰즈·펠릭스 가타리, 『철학이란 무엇인가』, 이정임·윤정임 옮김, 현대미학사, 1995.
25. 알랭 바디우, 『철학을 위한 선언』, 서용순 옮김, 도서출판 길, 2010.
26. 자크 랑시에르, 『불화: 정치와 철학』, 진태원 옮김, 도서출판 길, 2015.

"프롤레타리아 이데올로기"(243쪽)의 고유성을 제시한다는 점에서 알튀세르의 또 다른 한계를 발견할 수 있을지 모른다. 알튀세르에 따르면, 부르주아계급이 지배계급으로 구성되기 위해서는 계급적 헤게모니가 필요하고 이 헤게모니를 위해 부르주아계급이 철학의 도움을 얻어 부르주아 이데올로기를 발전시키듯, 프롤레타리아계급 역시 계급지배를 철폐하기 위해서는 우선 자신을 지배계급으로 구성해야 하고 이 구성을 위해서는 자신의 고유한 이데올로기를 발전시켜야 하며, 이는 다시 그 프롤레타리아계급 이데올로기에 고유한 철학적 실천을 요구한다.

이러한 외견적 대칭성에서 차이를 만드는 것은 프롤레타리아 이데올로기의 고유성이다. 왜냐하면 그것은, 부르주아 이데올로기를 비롯한 다른 지배계급 이데올로기들과는 달리 **"그 형식에서는 이데올로기**이지만 (계급투쟁에 대한 과학적 이론에 기반을 두고 확립되기에) **그 내용에서는 과학적 이론"**(243쪽)의 성격을 띠기 때문이다. 차라리 프롤레타리아 이데올로기는 여느 지배계급 이데올로기와 달리 특정 계급의 이익을 추구하지 않고 피지배계급 일반의 보편적 해방을 추구한다는 점에서 지배계급 이데올로기들과 차이가 있다고 할 수도 있었을 텐데, 알튀세르는 오히려 프롤레타리아 이데올로기가 과학적 이론에 기반을 두기 때문에 그것이 고유하다고 말하고 있다.

이는 무엇보다도 프롤레타리아를 지배계급으로 구성하기 위해 필수적인 프롤레타리아 이데올로기가 단순한 역사적 상대주의의 견지에서 해석되어서는 안 된다는 알튀세르의 신념을 표현한다. 하지만 동시에 이는 강력한 물질적 힘을 갖춘 지배계급에 비해 억압

받고 착취당하는 피지배계급에 존재하는 것은 "관념과 힘"(340쪽) 밖에 없다는 것, 따라서 중요한 것은 프롤레타리아가 스스로 과학적 이론에 기반을 두고 자신들의 계급 이데올로기를 발전시켜야 한다는 알튀세르의 요구를 표현하는 것이기도 하다. 다시 말해 대중들 스스로 철학자가 되어야 한다는 것, 아니 대중들은 오히려 철학으로서의 철학에서 벗어난 **비철학의 실천자**가 되어야 한다는 것, 정치의 새로운 실천은 이러한 철학의 새로운 실천을 요구한다는 것이 바로 그것이다.

그러므로 알튀세르의 메타철학이 갖는 한계들은 어떻게 보면 그것의 강점 또는 독창성의 이면이라 할 수도 있다. 마르크스는 『독일 이데올로기』에서 철학을 지배계급의 이데올로기라고 고발한 이후 한 번도 철학으로서의 철학을 추구한 적이 없다. 오히려 마르크스는 역사유물론이라는 새로운 과학을 통해, 그리고 프롤레타리아 계급의 혁명을 통해 **철학을 지양하려고 했다.** 반면 알튀세르가 철학의 타율성을 강조하는 것은 철학을 제거하거나 넘어서자는 말이 아니다. 알튀세르는 『마르크스를 위하여』에서 철학에 대해 "그 이름에 걸맞은 죽음, 철학적 죽음"[27]을 추구했으며, 그 이후에는 새로운 철학이 아니라 철학의 새로운 실천을 추구했다. 요컨대 철학 자체를 제거하거나 넘어서자는 것이 아니라 **철학 안에서** 철학으로서의 철학과는 다른 새로운 철학적 실천을 수행하는 것, 따라서 비철학으로서의 철학을 실천하는 것이 바로 알튀세르 메타철학의 요점이라 할 수 있다.

27. 루이 알튀세르, 『마르크스를 위하여』, 2017,   57쪽.

그렇다면 알튀세르의 철학의 타율성이라는 테제는 동시에 **철학의 분할**이라는 테제를 함축한다. 철학은 보편적이고 단일한 것이 아니라 **그 본질 자체에서 분할되어 있다.** 따라서 유물론(적 경향)과 관념론(적 경향) 사이의 투쟁을 고려하지 않고서는 철학을 이해할 수 없고, 더욱이 실천할 수도 없다. 알튀세르의 메타철학이 갖는 강점 중 하나는 여기서 찾을 수 있을 것이다. 데리다, 들뢰즈와 가타리, 바디우, 또는 그 이전의 여타의 현대 철학자들도, 철학을 이런저런 식으로 재규정했지만, 그 누구도 알튀세르처럼 철학의 고유성을 철학의 분할이라는 데서 찾지는 않았다. 예외가 있다면 아마도 페미니즘 철학에서 이와 유사한 철학의 분할이라는 테제를 찾을 수 있을 것이다. 특히 뤼스 이리가레Luce Irigaray는 라캉에 맞서 상징계는 단일한 것이 아니라 분할되어 있다고, 팔루스의 상징계가 있다면 여성의 상징계도 있다고 주장한 바 있다.

따라서 알튀세르의 철학의 분할이라는 테제는 보편성의 분할이라는 테제와 연결된다. 보편적인 것은 통합적인 것, 총체화하는 것이 아니라, 정의상, **분할하는 것이고 적대적인 것이다.** 이는 총체성의 담론으로서 철학이 보편성의 이름으로 계급지배의 현실을 정당화하며 그것의 재생산에 봉사하기 때문이다. 또는 철학은 페미니즘의 관점에서 보면 마찬가지로 보편성의 이름으로 여성지배의 현실을 정당화하며 그것을 재생산하는 데 봉사한다고 말할 수 있다. 구조적인 인종주의적 차별을 고발하는 흑인 철학자들은 아마도 인종지배에 대해 같은 주장을 할 것이다. 알튀세르에게 이러한 보편의 분할이라는 문제는 피할 수 없는 것이다. 왜냐하면 우리는 자본주의 체제, 따라서 대다수의 피지배계급에 대한 **착취 및 배제**의 체제에서 살아가고 있으며, 더욱이 국가라는 것이 이런 체제의 재생산을 위해 항상 이미 작용하고 있기 때문이다. 그리고 오늘날 **국가 바깥에서의 삶이라는 것이 불가능하다면**, 보편성의 계급적 분할이라는 문제는 누구에게나 피할 수 없는 실존적 문제로 제기된다.

아마도 보편의 분할이라는 문제는 알튀세르가 생각했던 것보다 훨씬 더 복잡하고 다층적인 문제일 것이다. 계급적 분할이 존재한다면, 성적 또는 젠더적 분할도 존재하며, 인종적 분할도 앞의 둘 못지 않게 물질적이며 구조적이기 때문이다. 그렇다고 해도 알튀세르가 제기한 철학의 분할, 보편의 분할이라는 문제는 그 현재성을 상실하지 않고 있다고, 어떤 의미에서는 오늘날 더 큰 적합성을 갖는다고 할 수 있다.

알튀세르 메타철학의 또 다른 강점은, 철학의 새로운 실천의 문제를 **대중들의 지적 해방**의 기획으로 제시한다는 데서 찾을 수 있다. 알튀세르가 어떤 의미에서 보면 용어모순에 가까운 프롤레타리아 이데올로기라는 개념을 강조하는 것은, 새로운 정치적 실천과 새로운 철학적 실천의 과제가 직업적 혁명가들의 과제도 아니고 철학자들의 과제도 아니며 프롤레타리아 대중들 그 자신의 과제이기 때문이다. 프롤레타리아혁명이 추구하는 새로운 정치적 실천(의회 안팎에서 전개되어야 하는)은 직업적 의미에서는 비정치가들인 대중들 자신에 의해서만 가능하며, 마찬가지로 새로운 철학적 실천(철학적 제도 안팎에서 수행되어야 하는)은 직업적 의미에서는 비철학자들인 대중들 스스로 수행할 수 있는 것이다. 20세기에 제시된 수많은 메타철학의 기획들 가운데 이를 대중들 자신의 철학적 실천의 문제와 연결하는 경우는 극히 드물었다. 반면 알튀세르는 단순히 intro-duction이 아니라 initiation이라는 의미를 지닌 『비철학자들을 위한 철학 입문』을 통해 바로 대중들 자신에 의해 수행되는 새로운 철학적 실천의 기획을 추구하고자 했다.

그리고 예컨대 오늘날 한국 페미니즘의 놀라운 대중적 고양은 알튀세르의 통찰이 일리가 있음을 보여준다. 이러한 고양이 보편의 분할, 철학의 분할이라는 문제로까지 심화될 때 아마도 페미니즘 운동의 질적 전화가 이루어질 수 있으리라 예상해볼 수 있다. 이와 유사한 대중적 운동이 오늘날 계급적 배제 및 착취의 문제와 관련해 전개될 수 있을까? 그리고 이를 위해 대중들은 어떻게 비철학을 실천할 수 있을까? 알튀세르의 유고집 『비철학자들을 위한 철학 입문』이 갖는 의의 중 하나를 여기서 찾을 수 있을 것이다.

지은이 _ **루이 알튀세르**Louis Althusser(1918, 알제리~1990, 프랑스)

프랑스의 마르크스주의철학자. 1947년 파리고등사범학교에서 「헤겔 사유에서의 내용에 대하여Du contenu dans la pensée de G. W. F. Hegel」로 학위를 받았다. 이후 같은 학교에서 철학 교수로 재직하며 자크 데리다, 알랭 바디우, 에티엔 발리바르, 자크 랑시에르 등을 가르쳤다.

국내에 『알튀세르의 정치철학 강의: 마키아벨리에서 마르크스까지』(2019), 『무엇을 할 것인가?: 그람시를 읽는 두 가지 방식』(2018), 『검은 소: 알튀세르의 상상 인터뷰』(2018), 『철학과 맑스주의: 우발성의 유물론을 위하여』(개정판, 2017), 『마르크스를 위하여』(2017), 『마키아벨리의 고독』(2012), 『역사적 맑스주의』(2012), 『미래는 오래 지속된다(루이 알튀세르 자서전)』(2008), 『재생산에 대하여』(2007), 『아미앵에서의 주장』(1991) 등이 소개되어 있으며, 그의 유고집이 계속 출간되고 있다.

자기 인생과 저작의 여정에서 가장 강도 높은 정치적 시기의 한복판이었던 1975년에, 알튀세르는 일종의 '철학 입문서' 집필을 결심한다. 이 『비철학자들을 위한 철학 입문』이 바로 그 결실이다. 그렇지만 이 책은 단순한 통속화 작업과는 한참 거리가 멀다. 책은 철학자 알튀세르가 이데올로기, 과학, 종교에 대해, 자신의 성찰에서 중심적이며 여기서 전례 없이 발전되고 있는 '실천' 개념에 대해 제공하는 근본 테제들의 결정체이다. 아울러 자신의 연구에서 종합의 순간, 20세기 후반 가장 영향력 있는 철학자 중 하나의 섬광이 번쩍이는 순간이며, 도래할 사유를 위한 하나의 선언이기도하다. 알튀세르의 아이들인 랑시에르·바디우·지젝·발리바르의 성공이 이 사유의 뜨거운 관여성을 증언한다.

G. M. 고슈가리언이 지금까지 편찬한 5권의 알튀세르 유고집은 각기

독자적 개성이 있는 것이지만, 『비철학자들을 위한 철학 입문』은 그중에서도 아주 독특하면서도 주목할 특성을 가지고 있다. 알튀세르는 책에서 마르크스주의의 역사에서 철학의 새로운 실천을 개시해, 마르크스주의 철학을 마르크스주의를 위한 철학으로 정정함으로써 '비철학자들을 위한 철학'을 선사한다.

옮긴이 _ **안준범**

성균관대학교 사학과에서 「서발턴 역사 개념의 형성 연구」로 박사학위(2009)를 받았다. 번역서로 폴 긴스버그의 『이탈리아 현대사: 반파시즘 저항운동에서 이탈리아공산당의 몰락까지』(2018), 자크 랑시에르의 『역사의 이름들: 지식의 시학에 관한 에세이』(2011), 디페시 차크라바르티의 『유럽을 지방화하기: 포스트식민 사상과 역사적 차이』(2014, 공역)가 있다.

해제 _ **진태원**

서울대학교 철학과 대학원에서 스피노자에 대한 연구로 박사학위를 받았다. 현재 고려대학교 민족문화연구원 선임연구원으로 있다. 저서로 『을의 민주주의』(2017), 『스피노자의 귀환』(2017, 공편), 『알튀세르 효과』(편저, 2011) 등이, 번역서로 자크 데리다의 『마르크스의 유령들』(2007), 『법의 힘』(2004), 에티엔 발리바르의 『폭력과 시민다움: 반폭력의 정치를 위하여』(2012), 『정치체에 대한 권리』(2011), 『우리, 유럽의 시민들?: 세계화와 민주주의의 재발명』(2010), 『스피노자와 정치』(2005), 피에르 마슈레의 『헤겔 또는 스피노자』(2010), 자크 랑시에르의 『불화: 정치와 철학』(2015), 장 프랑수아 리오타르의 『쟁론』(2015) 등이 있다.

비철학자들을 위한 철학 입문

1판 1쇄 2020년 1월 20일
1판 3쇄 2024년 11월 20일

지은이 루이 알튀세르
옮긴이 안준범
펴낸이 김수기

펴낸곳 현실문화연구
등록 1999년 4월 23일 / 제2015-000091호
주소 서울시 은평구 불광로 128, 302호
전화 02-393-1125 / 팩스 02-393-1128 / 전자우편 hyunsilbook@daum.net
ⓗ blog.naver.com/hyunsilbook ⓕ hyunsilbook ⓧ hyunsilbook

ISBN 978-89-6564-245-9 (03100)

이 도서의 국립중앙도서관 출판예정도서목록(CIP)은
서지정보유통지원시스템 홈페이지(http://seoji.nl.go.kr)와
국가자료종합목록 구축시스템(http://kolis-net.nl.go.kr)에서 이용하실 수 있습니다.
(CIP제어번호: CIP2019044854)